WIZARD

WIZARD BOOK SERIES Vol.20

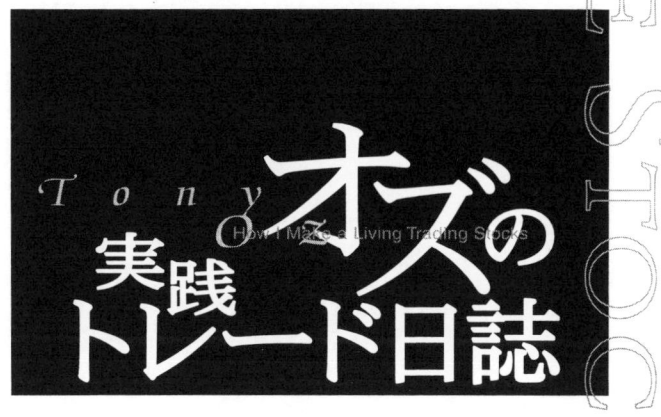

Tony Oz オズの実践トレード日誌

How I Make a Living Trading Stocks

THE STOCK TRADER

全米ナンバー1デイトレーダーの記録公開

トニー・オズ *Tony Oz*
H.I.S.トレードスクール　林 芳夫　訳

Pan Rolling

訳者まえがき

　多くの人はいまだに、デイ・トレードは海の向こうの話だと考えているようだ。しかも英語の苦手な自分には無縁のものであり、何よりも日本から米国の市場に直接アクセスして米国株を取引することなど不可能だ、と思っているようでもある。だが、これはまったく間違っている。最新のテクノロジーは言葉の壁を取り払って、これらのすべてを可能にした。

　デイ・トレード、特にダイレクト・アクセス・トレーディングは実力の世界だ。継続的な教育と訓練をとおして自分の手法を確立出来た者だけに、報酬が与えられる世界である。全米から集まった２３００人のデイトレーダーの大会で３回の優勝を果たしたトニー・オズは、まさにそれを世界に証明してみせた。

　そして今回の公開トレードでは、偶然にもナスダックがまさに暴落と言っても過言でない史上最大の下げを記録した４週間で行われたにもかかわらず、５２％という驚異的なリターンをあげてしまった。相場の上げ下げに影響されない彼のシンプルな手法を、本書でじっくりと時間をかけて習得していただきたい。

　本書ではできるだけ株の専門用語は使わずに分かりやすく訳したつもりだ。だが、もし読者の中に、まだダイレクト・アクセス・トレーディングの基礎知識がそれほどなく、本書の内容で理解できない個所がある方は遠慮なく私にメール（www.yhayashi@his-tradeschool.com）をいただきたい。時間の許す限りお答えするつもりである。

２００１年７月　　　　　　　　H.I.Sトレードスクール　林芳夫

目次

訳者まえがき ……………1

序文 ……………3

著者まえがき ……………9

第1章　〜挑戦〜 ……………13
・出会いという刺激
・「ストック・トレーダー」の誕生
・成功率の高いトレードを伝授する、それは新しい挑戦
・ブローカーを選ぶ

第2章　〜ルール設定〜 ……………21
・初日に備えて
・バーチャート
・ローソク足
・支持線と抵抗線
・需要と供給の変化
・可能性のある取引を目指して
・オーバーナイトスキャン
・アドバイスとガイドライン

第3章　〜リスクと報酬の割合〜 ……………33
・ストップロス
・ストップロス先述
・具体例《3月20日（月）にトレードする銘柄の最終候補》

第4章　〜朝の警告〜 ……………41

第5章	～FOMC会議～	45
第6章	～ゴルフスイング改良～	63
第7章	～ブルの台頭～	81
第8章	～オークランドへ出発～	103
第9章	～初心者から学ぶ～	115
第10章	～グルが語るとき耳を傾けるべきである～	127
第11章	～マーケットは常に正しい～	135
第12章	～ベアが目覚める～	159
第13章	～静観する～	179
第14章	～暴落～	183
第15章	～激しい上げ下げ～	211
第16章	～システムダウン～	237
第17章	～集中してのトレード～	281
第18章	～金曜日で良かった～	301

目次

第19章　〜アフターマーケット〜 ……………… 305

第20章　〜ナスダックが支持線を捜している〜
　　　　　　　　　　　　　　　……………… 323

第21章　〜悪夢か現実か〜 …………… 345

第22章　〜交通渋滞〜 …………… 377

第23章　〜給料日〜 …………… 383

第24章　〜シャンペンはまだ飲めない〜
　　　　　　　　　　　　　……………… 387

第25章　〜成功への鍵〜 …………… 389

第26章　〜4週間のまとめ〜 ……………… 391

エピローグ …………… 397

補足 …………… 411

用語集 …………… 423

あとがき …………… 431

免責事項

　この本で紹介している方法や技術、指標が利益を生む、あるいは損失につながることはない、と仮定してはなりません。過去の結果は必ずしも将来の結果を示したものではありません。この本の実例は教育的な目的のみで用いられるものであり、売買の注文を勧めるものではありません。

序　文

　まだ半分寝ている状態で３杯目のコーヒーをすすりながら、私は４台のモニターの前に３時３０分から座っている。カリフォルニアのトレードは早朝から始まるのだ。
　ここまで来るのに１時間もかかった。だが、それだけの価値は十分にある。何しろ、素晴らしいトレーダーが「自分が取引する姿を見せよう」と言ってくれたのだから（このとき、これがどれだけ特別な体験になるかは知る由もなかった）。
　瞬く間に殿堂入りした『Stock Trading Wizard』の補足本として、２冊目の本では「自分がどのようにトレードで生活しているかを世界に見せたかった」とトニー・オズは言っていた。そして、この２冊目を書く"きっかけ"になったのがティム・バークィン（国際オンライントレーディング・エキスポの創設者）とジム・シュガーマンからの"挑戦状"だった。この挑戦に立ち向かうために、そして、「どのようにトレードで生活しているかを見せたい」という思いを現実のものにするために、トニーは「自身が行ったすべてのトレード」を詳細なトレード日誌として記録した。トレーダーを目指す"すべての人々"の役に立つことを願って、彼は自分のトレードの背後にある「戦術や過程」を詳細にわたって解説した。これは師匠が弟子に「長年の知識と経験を受け渡す」ときと似ている。古典的ではあるが、何世紀も続けられてきた"心がある"伝授方法だ。

●

　本書に記載されている各トレードの記録には、「トニーの思い」や「戦術」「予期せぬ出来事や問題」など、マーケットで起こる一瞬一瞬の困難を、彼がどのように乗り越えたかが示されている。
　このような本は過去に例を見ない。これほどまでに正直に、自らの評判

を賭けに出したトレーダーは今まで皆無だったからだ。過去の最も良かった取引を紹介することは簡単だ。しかし、「良いことも、悪いことも、勝ちも、負けも、すべての動きを"トレードの利益と損失"とともに明かします」と、包み隠さず言うことのできたトレーダーはいなかった。トニーは偉大だ。

　本書で紹介されているのは、チャートやイラスト、公式を含めた１１６トレードの記述である。トニーは調査と準備、喜びと苦労、爽快な勝利と、がっかりするような負けをすべて解説している。そしてもちろん、感情や判断、マーケットメーカーや最新テクノロジーとの闘いにも言及している。

　偶然にも、この本の内容が記録された時期と、２０００年４月に起きたマーケット大暴落の時期が重なってしまった。すべての破壊と殺戮が治まり、たった１４日間で２００億ドルもの資金が泡と消えたマーケットにおいても、ダイレクトアクセスの神は不屈で無傷の姿を（そう、瓦礫の下から誇らしげに）利益とともに現した。

　自分たちの経験や見識にかかわらず、優れたトレーダーの行動や戦術、感情を学ぶ機会を得ることは、だれにとっても有益なことだろう。その意味で、この本はまさに宝であり殿堂入りになるに違いない。この本を読めば、いつの日か、トニーのように"あなた"もトレードで生活できる人間になれるだろう。

　　　　　　　　　　　　　　　　　　　　　　　　　リック・ラポイント

著者まえがき

　「オンライン・トレーディング」は、世界中に脅威の速さで普及している。今、最も注目を浴び、成長しているビジネスだ。事実、ヘアサロンやファストフード店、食料品店など、以前では考えられなかった場所でも、「オンライン・トレーディング」の話題が上がっている。それも、ごく普通に。
　インターネットの爆発的な成長と経済市場における変化に伴い、世界中の関心を集めている「オンライン・トレーディング」。この時代に限った一過性のものではなく、今後、さらに根付いていくものであろう。
　しかし、どんな形にせよ、今ある「オンライン・トレーディング」が、初期段階のものであることは否めない。常に成長し変化し続けるこのビジネスにとって、現時点での知識や実践方法を紹介している内容は、「5年もすれば過去のものになっている」可能性さえある。
　たとえば、諸外国に点在する地方会社の株やオプションや先物を、世界中のトレーダーが自由に取引できる世界市場が誕生したら、どうなるだろうか。もちろん、夢物語に聞こえる人がいてもおかしくはない（何より、現在の体制を保とうとしているニューヨークのフロア・トレーダーが、この夢物語の実現を何としてでも防ごうとするだろう）。だが、近いうちに現実のものとなる可能性は大いにある。今、めざましい進歩を遂げている技術革命に、だれも逆らうことはできない。
　この技術革命は、「ウォール街に挑戦し、このビジネスに参加したい」と考えるすべての人々に通行証を与えた。この挑戦に参加し、終わることのない向上心を保ち、そして、生き残ることができれば、あなたもこの数少ない刺激的なビジネスを楽しむことができるはずだ。そして、この新しい「職業」を本当に楽しむことができれば……。ビジネスとして成立させ、

最高の楽しみを味わうこともできるだろう（「職業」という言葉を使ったのは、「株の取引が労働である」ことを理解してもらうためである）。

さて、話を進める前に、私自身の背景を少し紹介しておく。「私」の話をすることによって、私が話す内容や情報が「どこ」から来ているかを知ってほしいからだ。私が話す内容や情報を信頼してほしいからである。

私は幼少期に、おじさんたちが株市場で取引しているのを見ていた。その場面に強い好奇心を抱いた私は、「市場について学べること」なら何でも吸収したかった。

「将来、何をしたいか」と聞かれれば、私は「ストック・ブローカーになりたい」と、当然のように答えていた。今思うと、ませた子供である。当時は、「ストック・ブローカー」が世界中で一流の職業だと思い込んでいたのだから無理もない。なぜなら、「ストック・ブローカー」が株式市場に一番近い人間だと思っていたからだ。そのころは、「ストック・ブローカー」がセールスマンだとは知らなかったし、現在のようなテクノロジーによって、ブローカーを飛び越えてトレードできるようになるとは、考えもしなかった。

少し早送りして、高校１年の話をしよう。このとき、私は、２つのものに情熱を注いでいた。「スポーツ」と「株」である。もし機会があるのなら、私の同級生に私の休み時間の過ごし方を聞いてみるといい。口をそろえてサッカーをしているか、新聞の経済欄を見ていたと言うに違いない。実際、私はビジネスの世界で起きていることにいつも関心を抱きつつ、ペーパー・トレーディング（正確な言い方をするとペーパー・インベスティング）で、いくつかの銘柄をトレードしていた。

２年生のある日、気分が悪くて学校を休むことにした。しかし、病気で休む日が重なり、ある日、学校から「医者の診断書をもらう」ように告げられた。私は病院に行き診断書をもらった。

家に帰る途中、宝くじのスタンドの前を横切った。そのとき、「次の宝くじの賞金は凄い」という看板が私の目に入った。興味本位でその売店に近づくと、兵士が宝くじを買っていた。その宝くじは銀の部分をコインで削ると、すぐ、結果が分かるものだった。

まえがき

　兵士はその宝くじで3ドルを当てた。売店の人はその兵士に「今、3ドルが欲しい」か、それとも「宝くじをあと3枚欲しいか」を聞いていた。兵士は私のほうを向き「君なら、どうしたらいいと思う」と聞いてきた。「おカネを取るべきだ」と私が言うと、その兵士は私の言う通りにお金をもらって帰って行った。
　私が兵士のやりとりしている間、売店の横に、ある年老いたおじさんが立っていた。彼は私を見ると、「あいつの運に乗ったらどうだ」と言った。「こういう宝くじは絶対当たらないよ」と私が返事したにもかかわらず、おじさんは「あいつの運に乗ったらどうだ」と繰り返し言ってきた。
　おじさんの迫力に負けたのかどうかは分からない。だが、気がつくと私はポケットのおカネを出し、おじさんの勧めた宝くじを買っていた。
　私は、銀の部分を削った。すると、なんとジャックポットを当ててしまったのだ。正確に言うと1万50000ドルだった。
　あまりにも興奮し過ぎていた。あまりにも速く走って家に帰った（私は400メートル走の世界記録を更新していたと思う）ため、医者からもらった診断書を落としてしまったほどだ。この出来事を、すぐ、親に言ったが、簡単には信じてはもらえなかった。7000ドルのプレゼントを渡すと、もはや親も否定はできなかった。
　しかし、最も素晴らしい事実は、これで投資するおカネができたことだった。やっとリスク・キャピタルを手に入れることができたのだ。
「ウォール街よ待っていろ！　今行くぞ！」
　この後、すべてがうまくいったと言いたいが、そう簡単にはいかなかった。私は投資家としてはうまくやっていたと思う。だが、正直なところ、何とか生き残っているという感じであった。
　宝くじ事件の後は、普通の高校生として人生を歩み、日ごとに自分の中の優先順位も変化していった。しかし、相変わらず私は投資を続けていた。どうしても株の取引で生活をするプロのトレーダーになりたかったからだ。唯一口座からおカネを引き出したのは最初の車を買うときだった（その結果、私は1987年の暴落を免れることができた）。
　私がプロ・トレーダーになる過程の中で、もうひとつの大きな運命的な

出来事があった。それは私の未来の妻との出会いである。ウィリアム・オニールの『インベスター・ビジネス・デイリー』や『ザ・デイリー・グラフ』をはじめ、その他の出版物が編集・印刷される場所の近く（5分ほど）に、彼女は住んでいた。私は「彼女のところに行く途中で、その編集室を訪れる」ことを日課にしていた。そのおかげで、プロから専門的なテクニカル分析を学ぶことができた。また、翌日の新聞を今日の夜7時までにもらえることができたのもうれしい出来事だった。一晩中、新聞を参考書に勉強することができたからだ。以来、私は、「株の取引について学べるものについて」はすべてを学ぶように専念してきた。毎日、書ききれないほどの新しいことを学んだ。「私は成功する」と心から信じながら。

　私には基礎的な知識はあったが、肝心の経験が不足していた。テープを読んでチャンスは見つけることはできるのだが、実際のおカネが動くと、ほかの頭のいいトレーダーにチャンスをとられてしまった。

　しかし私は、これらのトレードの過程、結果を詳細に記録するのを忘れなかった。これが功を奏した。記録することによって、いい結果を残せない原因を分析することができたからだ。分析してみると、何度も同じ間違いをしていたことに気づかされた。このとき、「間違いを早く正さなければ、将来、ストック・トレーダーとして成功するのは難しい」と痛感した。このような経験を経て、「詳細なトレードの記録が最大の教科書」になることを知った。そして、私は毎回、"トレード記録"から新しいことを学び、多くの時間を"分析"に費やしていった。

　この本での私の目標は、読者の方々に、私の「側に座って」、私のトレードを見てもらうことにある。なかには「教科書」にできるほどの理想的なトレードもあれば、すべてがうまくいってないようなトレードもある。しかし、それが現実のトレードである。私の経験から新しい見識を得ることができればと思う。

　これは私の「トレード日誌」であり、私の日々の詳細なトレード活動を知ることで、私が学んだことを同じように学んでいただきたいと思う。これが、私の願いである。

第1章
〜挑戦〜

■「出会い」という刺激

　私が「デイトレード」というビジネスを始めたころ、デイトレードでの株取引に関心を抱く人は、ほとんど見られなかった。ほかの業界であれば当然あるはずの"人との触れ合い"が存在しない孤独な世界が、「デイトレード」というビジネスの舞台となっていたのだ。
　１９９８年３月、孤独な世界の住人であった私に転機が訪れた。「デイトレーダーズ・オブ・オレンジ・カウンティー」と呼ばれる組織を知ったからだ。この組織はティム・バークィン氏が設立したもので、"株取引に関する情報・戦術をメンバー同士で交換しながら、みんながより良いトレーダーになる"ことを目的としていた。今まで"孤独"であった私にとって、「私と同じ"言葉"を話し、私と同じようにマーケットに対する"情熱"を抱いている人がいる」事実がどれほど魅力的であったかは言うまでもない。私は、早速、この会に参加したのである。
　最初、私を含め７人しかいなかった会も、オンライン・トレーディングへの関心の高まりとともに飛躍的に成長していった。それに伴い、２週間に一度の土曜日の集まりにも、毎回、新顔が登場するようになった。最終的には、多くのメンバーを収容できる場所が必要になるほどまで発展を遂げたのである。
　われわれの組織が急速に成長した背景には、もちろん、設立者であるティム・バークィン氏の手腕も関係している。彼がカウンティー運営に尽力してくれた結果、１年後、私は「成功するトレードの秘訣」と題した講演を４００人のメンバーの前で行うまでになっていたのだから。
　現在、このグループはデイトレーダーズU.S.Aと呼ばれ、世界中の人

が登録している。今やデイトレードに国境はないのだ。

　組織の成長とともに新顔が増えると、必然的に、初期のメンバーは新メンバーへの指導を行うことになった。私もその指導メンバーのひとりとして、初心者にデイトレードのノウハウを教えた。この「デイトレードについて語る」時間は、私にとって、実に有意義で楽しいものであった。初心者のメンバーたちを指導するなかで、私も多くのものを彼らから学び取ることができたからだ。

　私は「デイトレーダーズ・オブ・オレンジ・カウンティー」を通して、多くの素晴らしい人々に出会うことができた。この"仲間"との素晴らしい出会いが、その後の私の礎となっていると言っても過言ではない。

■『ストック・トレーダー』の誕生

　１９９８年の秋、ベテランメンバーのひとりであるスティーブ・メビウスから、「マーケット・テクニシャン・アソシエイト」主催の夕食会に誘われた。この夕食会では、リンダ・ブラッドフォード・アシュキによる特別講演が行われた。彼女の講演内容は、非常に分かりやすく的を射たものであり、特に「何でもシンプルにする」取引手法と、聴衆を引きつけてやまない彼女の熱意が印象的であった。「デイトレーダー」という職業を愛し、強い誇りを持っていることは、その雰囲気だけで読みとれた。そして、誇りと情熱が彼女の講演をダイナミックで刺激的なものにしていることも伺い知ることができた。

　私は彼女に感化された。彼女の講演は「トレーダー」という私の職業に、本当の意味での誇りを与えてくれた。実際、講演を聞き終えて家路につく"私"は、期待を胸に抱いている"私"であった。

　それは、家に着き、明日のトレードのための準備をしていたときのことだった。不思議なことに「デイトレーダーズ・オブ・オレンジ・カウンティー」のメンバーから何度も質問されたフレーズが思い浮かんできたのだ。「デイトレードはどうやってやるの？」

　気がついたときには、もう、その疑問に答えるための本を書き始めてい

た。それが『ストック・ジャンキー　超短期売買応用編』だ。評価は非常にポジティブなもので、１９９９年の８月、私のパートナーたちの手であらためて編集された。そして２０００年、『ストック・トレーディング・ウィザード』というタイトルで出版されたのである。

この『ストック・トレーディング・ウィザード』誕生の背景に、あの夕食会での特別講演が関わっていたことは確かだ。「トレーダー」という職業への誇りが確固たるものになったことで、「デイトレードというものを世に広めたい」気持ちが養われたからである。

■成功率の高いトレードを伝授する、それは新しい挑戦

私の本が出版されている間、ティム・バートン氏は組織設立当初に掲げていた「トレーダーズネットワークの構築」をさらに広げることに力を注いでいた。尽力のかいあってか、１９９９年９月、ジム・シュガーマン氏とともにカリフォルニア州オンタリオ市で、初の「国際オンライン・トレーディング・エキスポ」開催にこぎつけたのである。エキスポのテーマは教育で、大成功を収める結果となった。このエキスポのなかで、私が最も喜びを感じたのは、世界中から集まってきたデイトレーダーに「会い」「話し」「指導する機会」を与えてもらったことだった。世界中のデイトレーダーとのコミュニケーションを通して、「デイトレードが定着してきた」との実感を持てたことが何よりも嬉しかった。

また、市場に情熱をもつトレーダーたちとの出会いのなかで、「私もそのひとりである」との誇りを再認識できたことも大きな収穫であった。

２０００年の２月１８日～２０日（３日間）、オンタリオ市でのエキスポの成功に続き、ティム氏とジム氏はニューヨークでもエキスポを開催した。私はゲストスピーカーとして呼ばれ、"成功率の高いトレード"について講習を行うことになった。私は、この講習を"普通の内容"から"特別な内容"に昇華するため、ある試みを実施することにした。「実際に行われたトレードのケーススタディーを通して、コンセプトから結果までの詳細を参加者にひとつひとつ解説していく」内容にしたのである。

ニューヨークでのエキスポが始まる2週間前、私は地元の寿司屋でティム氏・ジム氏とともに昼食をとっていた。そこで話題として上がったのは、私の本『ストック・トレーディング・ウィザード』の成功と、エキスポにて開催予定の私の講習だった。私の講習に一番多く予約が入っていたことから、「実際に行われたトレードの詳細分析に対する関心が高い」とわれわれは判断していた。

　すると、今まで真剣な表情で何か考え込んでいたティム氏が、ふいに笑顔で"ある考え"を口にしたのである。「トニー、君への挑戦がある。君の本『ストック・トレーディング・ウィザード』で紹介している戦略を実際にどう使っているか、世界中に見せてやったらどうだい。しかも生ライブで」と。

　この「一言」をきっかけに、私たち3人は次から次へと提案を出し合った。結論として、私は今まで行われたことのない新しい試みをすることになったのだ。

●

　話し合いの結果、手順を次のように設定した。
　なお、実践に即した私の手法は、株取引をしようと考えている人にとって必ず役立つものだと思っていた。私は「3月の末までに口座の準備をする」ことを決めた。

①初心者と同様に全く最初から出発。良いブローカーを調査し、選択する。
②5万ドルの口座を開き、本にあるマネーマージメントとリスク管理に関するルールを守り、すべてその通りに実施。あらかじめ決められた4週間の中でトレードを行う。
③すべてのトレードを、勝敗は関係なく、コンセプトから結果までを発表する。

第1章　挑戦

■取引本部の設置

　挑戦を始める前、何か問題が起きても大丈夫なように、バックアップ用のパソコンを1台用意することにした。21インチモニター、8メガグラフィックカード、RAM256メガ、カスタムペンティアムIII搭載、そしてウィンドウズ98用のOSパソコンを新しく購入した。すでに持っていたパソコンはDSLでインターネットにつなげ、NT4で作業。新しいパソコンはケーブルモデムを通してインターネットにつなげた。新しいパソコンを中心にトレードしたかったので、既存のパソコンからプログラムなどを移し変えた。
　しかし、念には念を入れて設置したにもかかわらず、結局、精神的な安心感を得る以外では骨折り損となってしまった。DSLが落ちたり、通信が切れたり、パソコンがフリーズしたりなど、どこかで絶えず問題が生じていたからだ。
　私のような手の込んだトレード環境は、必ずしも必要ではないと思う。だが、不測の事態に対して備えすぎることは決してない。今、世界はコンピューターテクノロジーに頼っている。この周知の事実にもかかわらず、不測の事態は必ずといっていいほど起こっているからだ。実際、私にも、システムダウンによってトレードで損を出したり、ポジションを持ったまま何もできなかったなどの「痛い経験」がある。このとき、別のパソコンに切り替えることができずにいたら、さらに大きな損失を招いていただろう。
　すべての準備が整った頃、私はパソコン2台、モニター4台、プリンタ、そしてテレビの用意が整っていた。テレビはCNBCを流しておくのと同時に、ケーブルに異常がないかどうかをチェックするために使った。結局、「家具、照明、郵送物、そして数々のインストールと設定」などをすべて含めると、予定に一週間の遅れが出てしまった。

■ブローカーを選ぶ

　これは手順の中で最も大切な要素だろう。私は、過去の経験から、信頼

できるブローカーに口座を開設することがどれだけ重要であるかを知っている。

　私のブローカー選択ガイドラインを紹介する前に、まずオンライン・ブローカーがどのように利益を得ているか説明するべきだと思う。広告で「手数料無料」や「成り行き注文の手数料無料」という宣伝文句を見かけたことがあるだろう。どうして、このようなことが可能なのだろうか。手数料が無料なのに、どうしてテレビの宣伝費を払うことができるのだろうか。それは行間を細かく読めば分かる。

①まず、手数料無料の口座では「カスタマーサービスが限定されている」事実がある。顧客との連絡はすべてインターネット（ほとんどは電子メール）を通して行われる。サービス用の電話番号や、実際に相談できる窓口などは提供しない。すべての取引とサービスはインターネットを通してのみ執行されるのだ。もし45ドルで買った株が急落しているときにインターネットへの接続が切れてしまったらどうなるだろうか。そのときは、残念ながら、どうすることもできない。その取引を救ってくれる人はどこにもいないのだ。何千ドルもの大金を失いかねない。これは危険なことである。

②取引を実行するマーケットメーカーとスペシャリストが、ブローカーから来た注文に対して支払いをする場合がある。つまり、トレーダーの注文を、ブローカーが「マーケットメーカーとスペシャリスト」に「売る」のだ。以前、売買手数料は、ひとつの注文につき9ドル程度であった。
　なぜ、あなたの注文にマーケットメーカーとスペシャリストが平均9ドルもの手数料をブローカーに支払うのか。もうお気づきだろう。彼らはあなたの注文を使って儲けようとしているのだ。

　これでも手数料無料は魅力的だろうか。「タダで手に入るものはない」ことを知っておくのは大切だ。つけは、いずれ自分に回ってくるものだから。
　では、どうやって安全なブローカーを選べばいいのだろうか。私なら消去法を使う。

第1章　挑戦

　最初に、注文の執行にブラウザーを使うブローカーはすべて除外する。ナスダックへの注文送信、確認、注文のキャンセルに、長くても6秒以上は待てないからだ。
　また、約定未定の取引やキャンセルの確認のために、繰り返しリフレッシュボタンを押すのも意味がない。長い目で見れば大きな損失を生む。
　以上のことから、「注文やキャンセル結果を"リアルタイムで表示できる"ソフトを持った」ブローカーを選ぶ。ソフトはReal TickⅢがとても頼もしく、扱いやすいと思う。このソフトは、私が以前から使っているソフトだ。安心感が最大の魅力である。
　この本を最後まで読んでいただければ、私がテクニカル分析を重視したトレーダーであり、チャートを使って仕掛けのポイントと手仕舞いのポイントを認識していることがわかっていただけると思う。チャートは視覚的なものだ。その点でも、Real TickⅢは優れてると思う。このソフトが見せてくれるチャートは、ほかの売買ソフトと比べ高品質で、明るく、分かりやすく、鮮明だからだ。
　次に、オンラインのブローカーでもECNとマーケットメーカーに直接アクセスできないものはすべて除外する。「直接アクセスできないようなブローカーと取引をする」デイトレーダーは、間違いなく不利な立場に置かれるだろう。なぜなら、自分の注文が別のルートを通って売買されるからだ。これは、売るにしても買うにしても、最も良い値段へのアクセスが直接できないことを意味している。
　それにしても、自ら可能性を潰してしまい、不良プラットフォームを使っているデイトレーダーが、いかに多いことか。

私がブローカーを選択する場合

①リアルタイムソフトと市場への直接アクセスを提供するブローカーを最優先する。
②ブローカーのカスタマーサービスと手数料を考慮して、最終的に決める。

第2章
～ルール設定～

　最初のルールはリスク管理である。何か問題が起きた場合の対処法をいつも考えていなければならない。悲観的な見方かもしれない。だが、きちんとしたリスク管理はデイトレードに不可欠なものである。
　上記を踏まえて、次の4週間で行われるトレードのマネーマネジメントとリスクのガイドラインを設ける。
　まず、資金は5万ドルに設定し、信用はその倍の10万ドルまで使えるようにする。ひとつの銘柄に対する投入資金は最高で3万ドル、普通は2万5000ドル程度とする。このようにすれば、一銘柄に集中することはなく、リスクが分散される。
　もちろん例外はある。それは、SPYやQQQやDIAのようなインデックスを取引する場合である。これらのインデックスは数多くの銘柄（30〜500）から成り立っているので、その中のひとつを取引したとしてもすでにリスクは分散されている。よって、この場合は10万ドルすべてを投入してもよいとする。
　次に、特定の銘柄の株価変化率を考慮してリスクを正しく管理する。またオーバーナイトポジションには資金全部を投入してもよいものとする。状況によっては、次の日すぐに売却せずに保有してもよい。もちろん、この場合は、それ相当の理由が必要なのは言うまでもない。
　各週末には、得られた利益をすべて口座から引き出すものとする。たとえば、もしその週に800ドルの利益があれば、それを引き出し、次の週はまた最初の資金の5万ドルでトレードを行うことにするのだ。
　もし損を出しても、損失分を口座に入金しない。再び5万ドルを超えるまでは、その残額でトレードをする。このことによって、スランプに陥った場合でも大きな損失を出さずにすむ。

さらに挑戦のレベルを上げるため、ショート（空売り）はしないものとする。最初は違和感があった。デイトレーダーの中には、ショート制限のある口座でトレードをしている者も、数多くいるからだ（この時点では、ショートをしないというルールのために、その後の４週間、どれだけ自分が苦しむか予想もしなかった）。

■初日に備えて《２０００年３月１９日（日）》

　私の１日はマーケットがクローズしてから始まる。次の日にマーケットがオープンするまでの間に、マーケットリサーチをするからだ。普段はこれを夜に行う。リサーチが終わると、「翌日、自分がどのような銘柄を、どのようにトレードしたらいいのか」のイメージが浮かんでくる。そのイメージをメモを取り、トレードプランを立ててからベッドに入る。
　翌日のトレードに備え、「勝率の高い銘柄」を探すとき、私はテクニカル分析を使う。テクニカル分析は、ある一定の期間の中での株価の動きをもとにした需要と供給の関係を表す。その銘柄が過去に取引された多くのパターンを分析することによって、次にどのような動きをするのかが予測できる。私はできるだけ物事を単純化する。そして、よく理解しているパターン（自分の経験から）でないと取引を行わない。
　これからの４週間のトレードは、バーチャートとローソク足を使って紹介していく。

第2章 ルール設定

■バーチャート
　各バーチャートは、その日の4つの価格領域を表す。それぞれの領域はその日の始値、高値、安値、そして終値である。

◆2-1

始値：その日の最初に取引されたときの価格。
高値：その日に取引された最高値。
安値：その日に取引された最安値。
終値：その日の最後に取引されたときの価格。

■ローソク足

　ローソク足も上記と同じ情報を表す。白と黒のチャートの違いは次のとおりである。

◆2－2

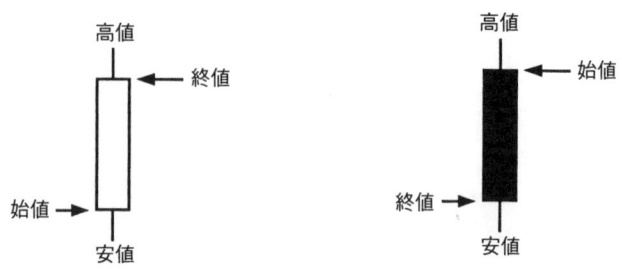

　白いローソクは、その日の終値が始値より高かったことを表し、黒いローソクは、その日の終値が始値より低かったことを表す。
　私のトレードは、「簡単ないくつかのパターンに基づいて判断をする」ものがほとんどだ。そのパターンは、抵抗線、支持線などの要素から成り立っており、トレンドや株価の方向性が含まれている。株価の動きについて、複雑な計算方法で出されるパターンや指標は、すでに明らかになっているパターンの再確認にしかならないと、私は強く思っている。今までの経験から、単純なパターンに焦点を絞ることが自分にとって最も有意義なことであると認識している。

■支持線と抵抗線

　できるだけ簡単な例を使って、「私がどのように支持線と抵抗線を読み、需要と供給の法則を自分のトレードに応用するのか」紹介しよう。右記の図で、午前9時半にＸＹＺ株が43 1/2ドルで取引を開始したと仮定する。株価は下がり始め、午前10時半には41 1/2ドルまで下がるが、そこか

ら上昇に転じ、1時半には44 1/2ドルで取引される。そこからは44～44 1/2ドルの狭い範囲で推移し、午後4時の最後の取引では44 1/8ドルで1日を終えた。

◆2－3

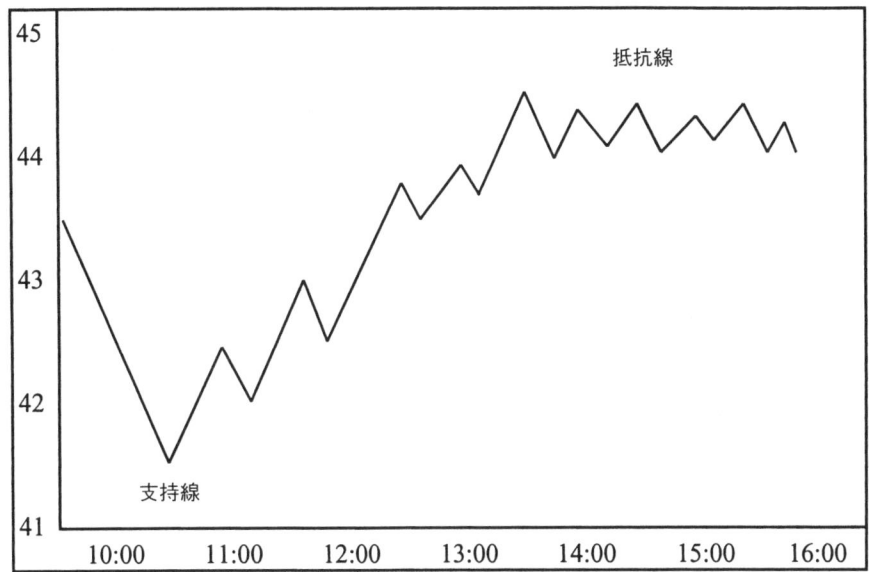

ご覧いただいて分かるように、ＸＹＺ株は43 1/2ドルから41 1/2ドルに下がっている。そこで底（支持線）を打った後上昇に転じ、44 1/2ドルで最高値に達した（抵抗線）。なぜ41 1/2ドルより下に行かなかったのか。なぜ44 1/2ドルより上に行かなかったのか。答えはもちろん、需要と供給の法則の中にある。

どのような商品やサービスも、その需要と供給の法則はとても単純である。

1.需要が供給よりも上であれば、価格は上がる。
2.供給が需要よりも上であれば、価格は下がる。

ＸＹＺの株価が４１ １/２ドルより下に行かなかった理由。それは簡単なことだ。需要が供給を上回ったからである。逆に４４ １/２ドルより上に行かなかったのは単に、供給が需要を上回ったからである。

　次の疑問は、「それでは、なぜ、４１ １/２ドルで需要側が大きくなり、４４ １/２ドルで供給側が大きくなったのか」だろう。別な言い方をすると、「株式市場で需要と供給を決定するのものは何か」ということだろう。

　４１ １/２ドルで需要側が大きかったのは、単に投資家たちはその株価が上がることを期待したからであり、44 １/２ドルで供給側が大きかったのは、投資家たちはその株価が下がると期待したからである。つまり、需要と供給は投資家たちの期待によって決められているのである。

　さらに深くＸＹＺ株の動きを調べれば、「過去の動き」から「これからの動き」がいくつか予測できる。まず、ＸＹＺ株が４１ １/２ドルまで下がったならば、買い手はそこで「買うべき」であり、ＸＹＺ株が４４ １/２ドルまで上昇したならば、そこで「ある程度の売りが出てくる」はずである。この簡単な「需要と供給のコンセプト」が私のトレード手法の土台となっている。

■需要と供給の変化

　もし、ＸＹＺ株が４４ １/２ドル以上の価格で取引されるとしたら、それは投資家たちの期待が変わったと推測することができる。また一方で、ＸＹＺ株が４１ １/２ドル以下で取引されるとしたら、それも投資家たちの期待が変わったと推測することができる。このような投資家たちの期待の変化や、需要と供給の変化は常に起こることであり、これからの４週間、私はそれらの変化を利益に結び付けていくのである。

■可能性のある取引を求めて

　私には可能性のある（＝勝率の高い）取引を見つけるための３つの情報源がある。ひとつ目は毎日確認しているウオッチリスト（３５銘柄を載せ

ている。時折、銘柄を入れ替え、手を加えている）である。2つ目は、マーケットが閉じてから行うスキャンである。このスキャンは、「いろいろな条件に合致し、さらに分析を必要とする」銘柄を表示する。3つ目は、日中に行うスキャン。これも「特定の条件に合う銘柄」を探し出すものだ。

補足Bでウオッチリストの作成の仕方について説明し、補足Dでは、あなたのトレードにも使える、いくつかのスキャンの条件について説明してある。

■オーバーナイト・スキャン

最初に行うスキャンは、ここ3日間に株価が下がった銘柄を検索する。52週間の最高値から下落し続け、支持線に突き当たったか、反転し始めた、またはそれに近い銘柄を探し出す。その検索の公式は以下のとおり。

$$\text{VolAvg20} > 350{,}000$$
$$\text{Last} > \text{P Low}$$
$$\text{P1Close} < \text{P2Close}$$
$$\text{P2Close} < \text{P3Close}$$
$$\text{P3Close} < \text{P4Close}$$

（解説）
VolAvg20：ここ20日間の平均出来高。
Last ：直近の約定値
P Low：前日の最安値
P1 Close：前日の終値
P2 Close：おとといの終値
P3 Close：P2の前日の終値
P4 Close：P3の前日の終値

■アドバイスとガイドライン

　この本で、これからみなさんが手に入れる内容はとても教育的なものだ。多くの図表やグラフが載せられている。読破するには、みなさんの時間と集中力が必要となるはずだ。
　この本は小説として書かれたものではない。デイトレーダーとしての私が、デイトレードでどのように生計を立てているかについてのレッスンが、多く含まれた参考書なのだ。この本を最も効率良く使うために、次に述べるアドバイスとガイドラインに従ってほしい。
　実際に行ったトレードを紹介する各ケーススタディーには、私がトレードしていたパターンを表すチャートが含まれる。何が行われたかを正確に理解するために、時間をかけて、ひとつひとつのチャートを分析することが非常に重要だからだ。テクニカルな分析を行うには、時間がかかる。だが、そのテクニカルな分析をしっかり学び、実行できるようにならないと、その先への道のりは険しいものとなる。
　次の４週間の間に私がトレードする銘柄は、そのティッカーシンボルで表す。例えば、「ＩＮＴＣを２００株、３３ 5/16で買った」と書いてある場合、ＩＮＴＣはインテルのティッカーシンボルである。なお、すべてのトレードに関するチャートを載せている。チャートを見れば会社名も分かるようになっている。
　また、マーケットメーカーはそれらの４文字コードで呼ぶが、ティッカーシンボルと混同しないために、このコードは斜体で記述する。例えば、「*ＳＢＳＨ*は大変な売り手だった」と表現する。マーケットメーカーがだれなのか知りたければ、www.nasdaqtrader.comで調べることができる。記号の一覧をクリックして、検索ボックスで「Symbol、Start With、Market Participant」をチェックし、検索欄にティッカーシンボルを入力し、検索ボタンをクリックする。
　次ページに、いくつかチャートの表記方法を説明する。

第2章 ルール設定

◆2-4

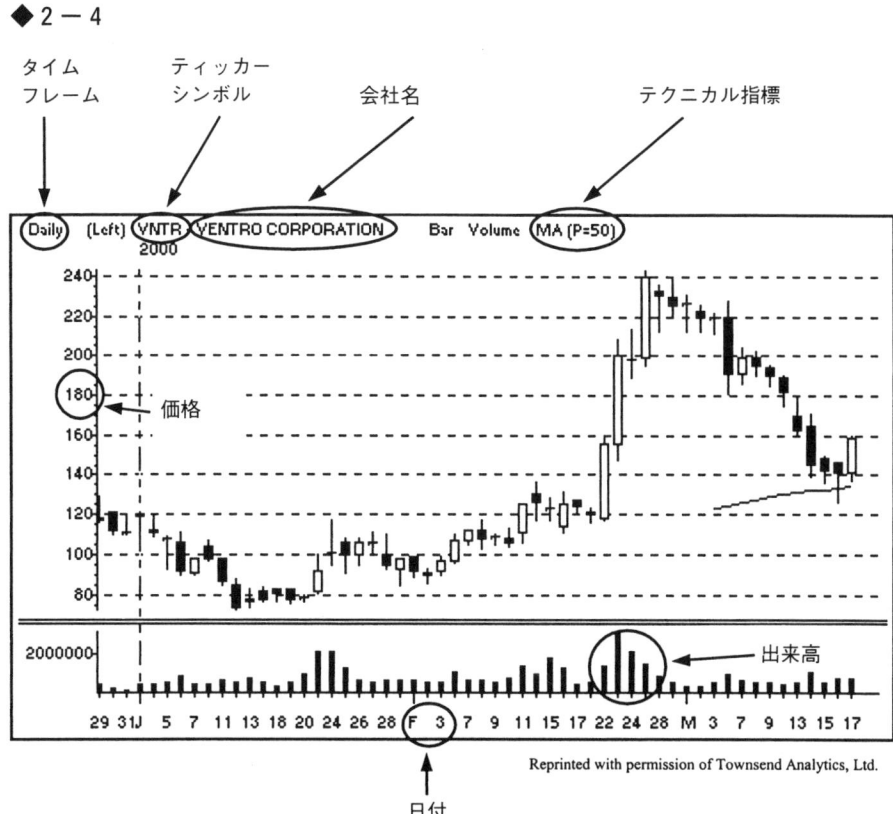

　このチャートで使用されているテクニカル指標はＭＡ、つまり移動平均線（Moving Average）である。（Ｐ＝５０）は、５０のバー（またはローソク足）の平均で、この場合では、５０日の移動平均線である。
◎イントラデイ・チャート（１日）
◎マルチデイ・イントラデイ・チャート（複数日）

◆2－5

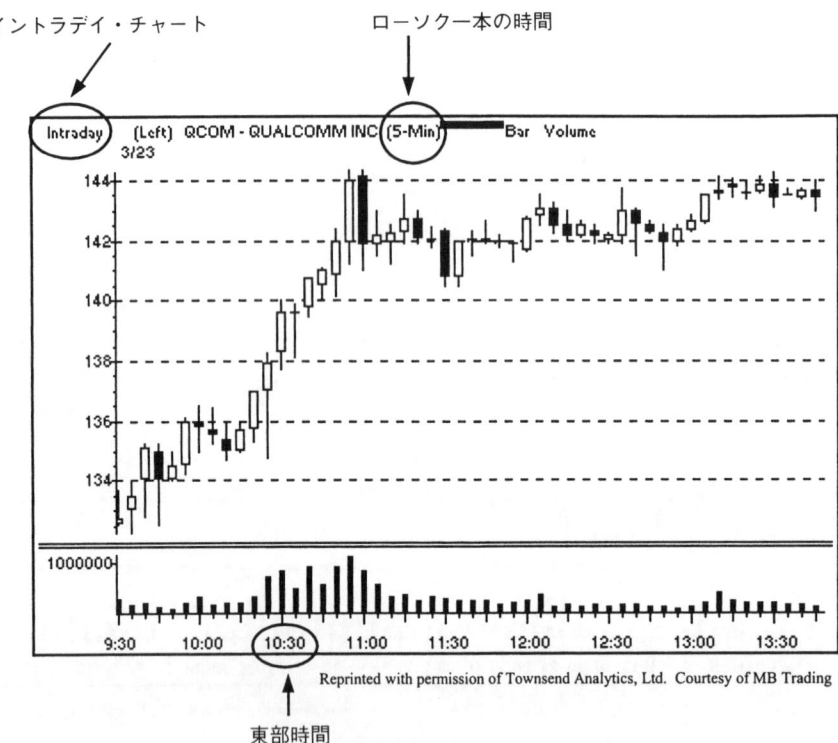

この本を執筆するに当たっての目標のひとつは、私のトレードを、みなさんがすぐ側で見ているような感覚を与えることである。みなさんに、私の頭の中で繰り広げられる戦いを理解してもらうため、トレードをする際の特に重要な内容をいくつか記しておいた。壁に張りついたハエのごとく、すべての行いを観察してほしい。※次ページへ

第2章　ルール設定

◆2-6

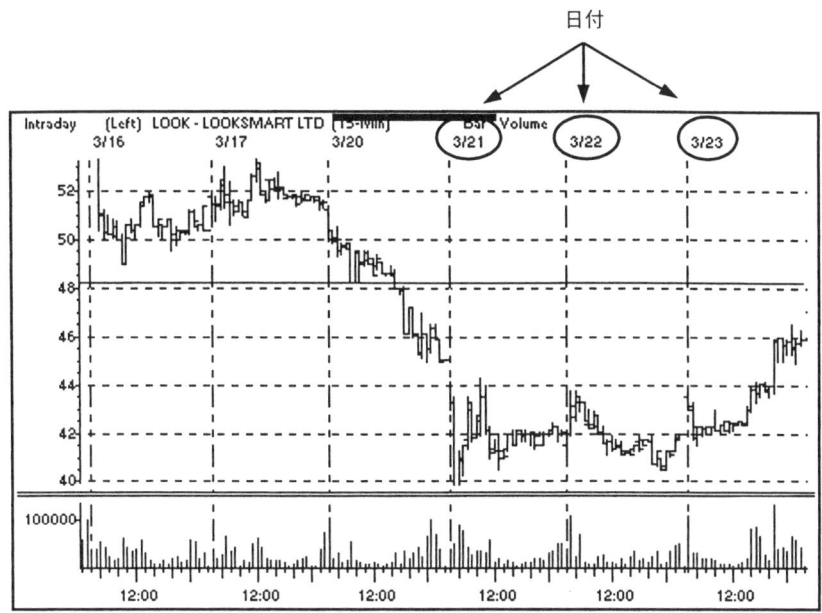

また、私が使用しているRealTickという注文執行ソフトを理解することが非常に大切だ。これは、みなさんが普段使っている従来のソフトとは異なる。このソフトは、「仲介人を除外し自分で注文ルートをコントロールできる」ダイレクト・アクセス・トレーディング専用のソフトである。より多くの注文ルートを選択できるメリットがあるが、時には「複雑になってしまう」デメリットもある（理解するのが難しいかもしれない）。

次の4週間で私が使う5つのオーダー執行方法はＳＯＥＳ、ＳｅｌｅｃｔＮｅｔ、ＡＲＣＡ、ＩＳＬＤ、そしてＩＳＩである。ニューヨーク市場の銘柄は自動的にＩＳＩに回される。ナスダック銘柄に関しては、状況によって残り4つの執行方法から状況に合わせて、どれかを使用する。私の場合、注文の90％はＩＳＬＤを使用している。

これらのアドバイスとガイドラインを念頭に、存分にこの本を満喫していただきたいと思う。

第3章
～リスクと報酬の割合～

　トレーダーは利益以上のリスクを取ってはならない。私は、デイトレードにおいて常にリスクを利益の3分の1以下に抑える。「私が得る利益は、私が取るリスクの3倍になる」計算だ。あるトレードで3ポイント獲得しようと考えたら、1ポイントしかリスクに取れない。たとえば、50ドルである銘柄を購入し、目標が53ドルだとしたら、49ドルを切ったらポジションを閉じなければならないのである。

　私が行おうとするトレードが、このような比率では無理な場合、私は、そのトレードは実行しないようにしている。これは、この4週間の中で私が誠実に守ろうとするルールのひとつである。

■ストップロス

　トレードを成功させる秘訣のひとつに、「有効なストップロス・システム（逆指値の損切りシステムか逆指値の仕切りシステム）を持つ」がある。これから4週間、「有効なストップロス・システムを持つ（＝リスクを最低限に抑える）」ために、次に述べる戦術を適用する。最初に、トレードの「リスク／報酬」の割合を考慮し、次に、どこまでストップロスのポイントを下げても大丈夫かを検討する。そして最後に、テクニカルな支持線がどこにあるかを見極める。なお、ストップロスの設定には次の要素を考慮する。

・今日の最安値の下
・昨日の最安値の下
・今日の支持線の下

・過去2、3日間の支持線の下
・最後の上昇から50％戻した所
・インデックスの最安値の下、および支持線の下

　最初に設定したストップロスまで下がらない場合、株価が上がれば自動的にストップロスの設定も上がる「トレイリング・ストップロス機能」を使って利益を守る。このようなときは、「マーケット全体」「個々の株」「マーケットメーカーの動き」を観察しながら売却のタイミングを見極める。

■ストップロス戦術

◆3－1

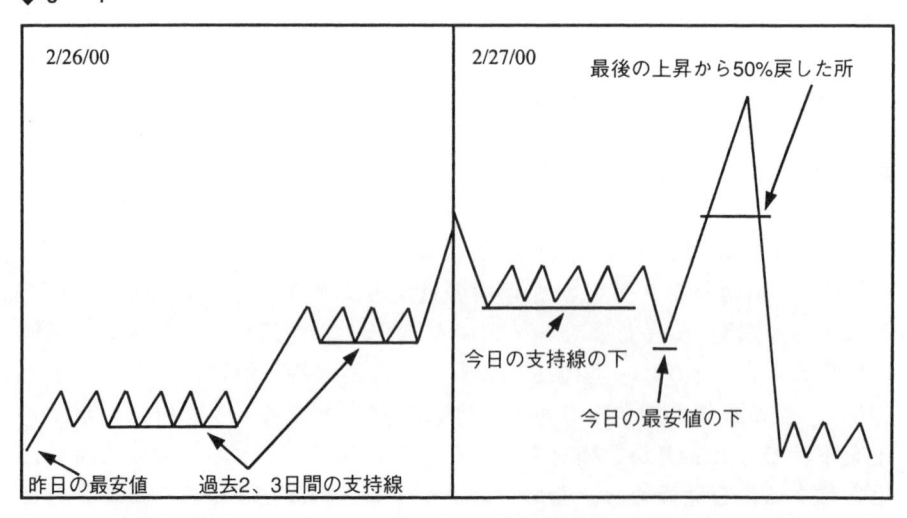

上の2日分のイントラデイチャート（日中足チャート）には、私がストップロスの設定に使う、いくつかの異なった要素が見られる。

第3章　リスクと報酬の割合

◆3月20日、月曜日にトレードする銘柄の最終候補

(1) TCLN：テクニクロン

◆3－2

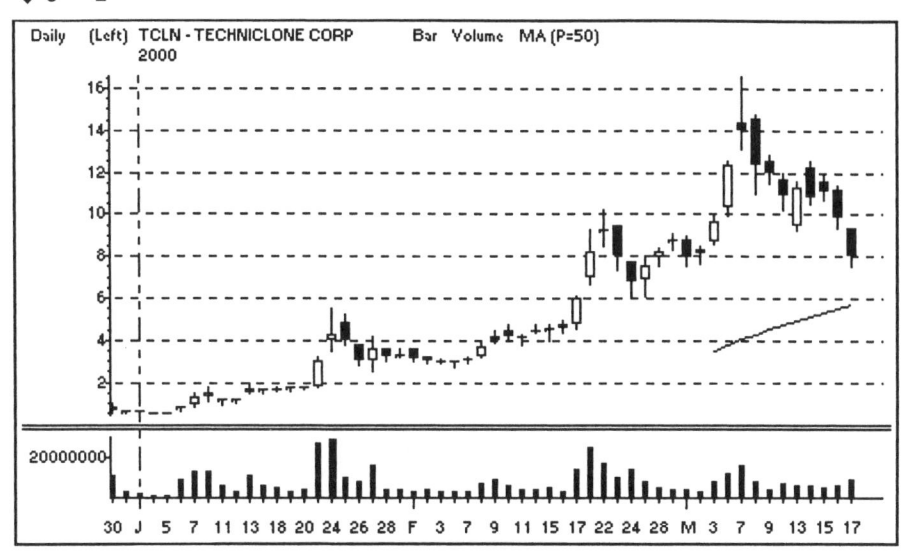

```
Daily  (Left)  TCLN - TECHNICLONE CORP   Bar  Volume  MA (P=50)
               2000
```

TCLNは16 5/8ドルから7 1/2ドルまで値を下げ、次に紹介する支持線に到達したら、再び上昇に転じると予想している。

■6ドル
この銘柄が2000年2月24日に付けた安値。2月24日のときは、この6ドルから上昇に転じている。

■5.72ドル　50日の終値の移動平均線が位置する株価。

■5.50ドル
2000年1月24日に付けた最高値。これは2000年2月17日に起きたブレイクアウトで付けた株価。

TCLNがこれらの価格レベルまで下がり、それから反転することができれば、目標価格は１０～１２ドルの間となる。１０ドルは２０００年２月２２日に出された高値で、１２ドルは２０００年３月１４日に付けられた高値である。
　次にストップロスを決めなければならない。どこでポジションを持つかによっても異なってくるが、私は上記の価格レベルの3/16ドル下に設定した。

（２）ＩＦＭＸ：インフォーミックス

◆３－３

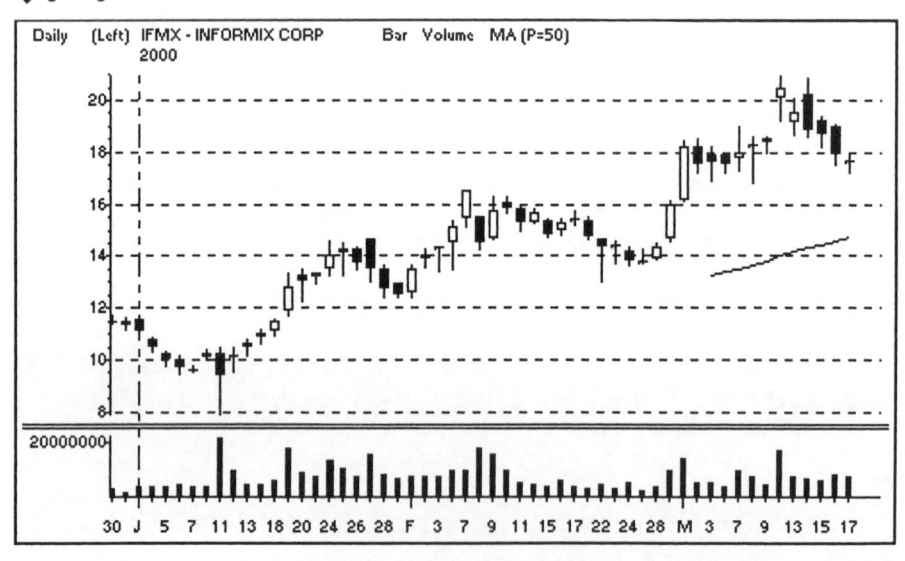

　ＩＦＭＸは５２週間の最高値２１ドルから下げて、１７ 1/4ドルまで値を下げた。私のトレードプランは２０００年２月７日に付けた１６ 1/2ドルでの購入だ。ストップロスは１５ 7/8ドルに設定、目標は１９～２３ドルである。３００株を１６ 1/2ドルで購入し、まだ勢いがあるようならもう３００株を１６ 7/8ドルで購入するプランを立てている。具体的には、

１８ ７/８ドルで３００株を売却、残りの３００株にはトレイリング・ストップロスを設定し、さらなる上げを狙う。

（３）ＲＲＲＲ：レアミディアム

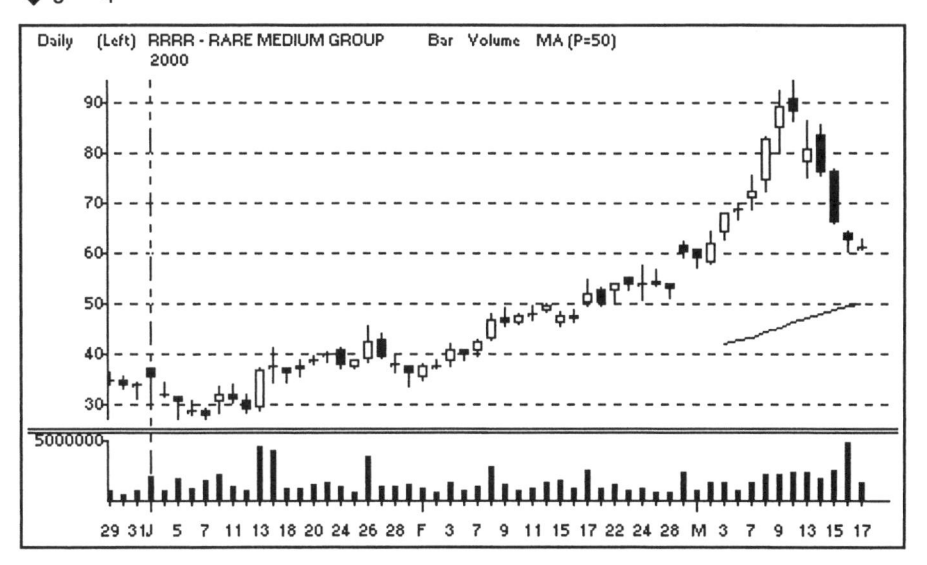

◆３－４

[Chart: Daily (Left) RRRR - RARE MEDIUM GROUP Bar Volume MA (P=50), 2000]

　ＲＲＲＲは９４ 3/4ドルから６０ 1/2ドルに値を下げた。昨日の終値は、前日の終値より安く終わったが、最安値よりは高く引けた。私のプランは、６３ドルより高く取引されるようであれば購入し、ストップロスを６０ 3/8ドルに設定するものだ。目標は２０００年３月１３日に付けた７５ドルである。

(4) RSLC：RSLコミュニケーションズ

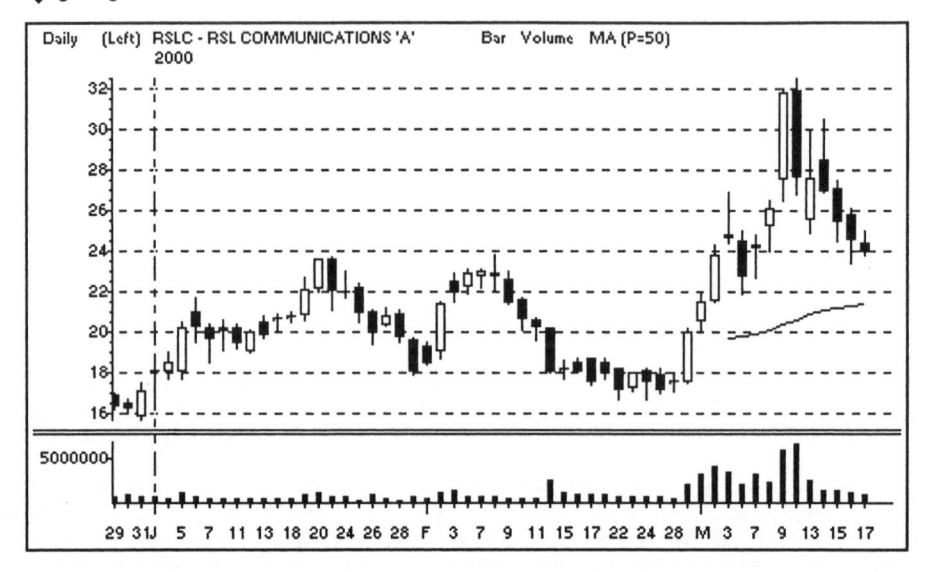

◆3－5

　RSLCは52週間の最高値32 1/2ドルから24ドルまで値を下げ、今は支持線のところにある。昨日の終値は過去9日間での最安値となっている。50日移動平均線は21 1/2ドル付近にあり、そこでの反転が期待できる。目標は24ドル、ストップロスはその日の最安値から1/8ドル安いところに設定する。

（5）ＨＩＦＮ：ハイフン

◆３－６

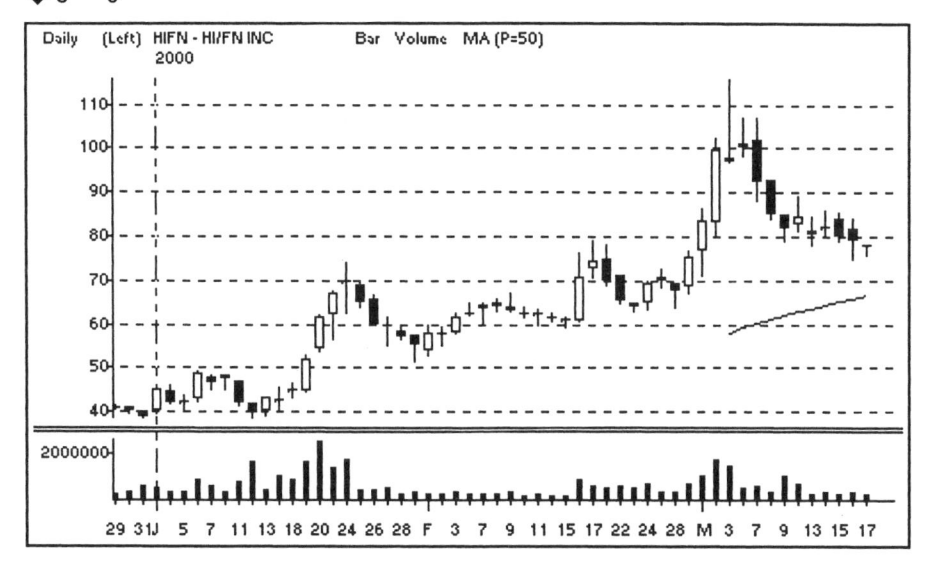

　ＨＩＦＮは１１６ドルから７６ドルに大きく値を下げている。昨日は、その日の最高値の７８ １/16ドル付近で引けている。私は「７８ 3/8ドルより高く取引されるようであれば購入する」プランを立てた。ストップロスは、その日の最安値より1/8ドル安い７５ 7/8ドル、目標を２０００年３月１０日に付けた８９ドルに設定する。

(6) DIIG：DIIグループ

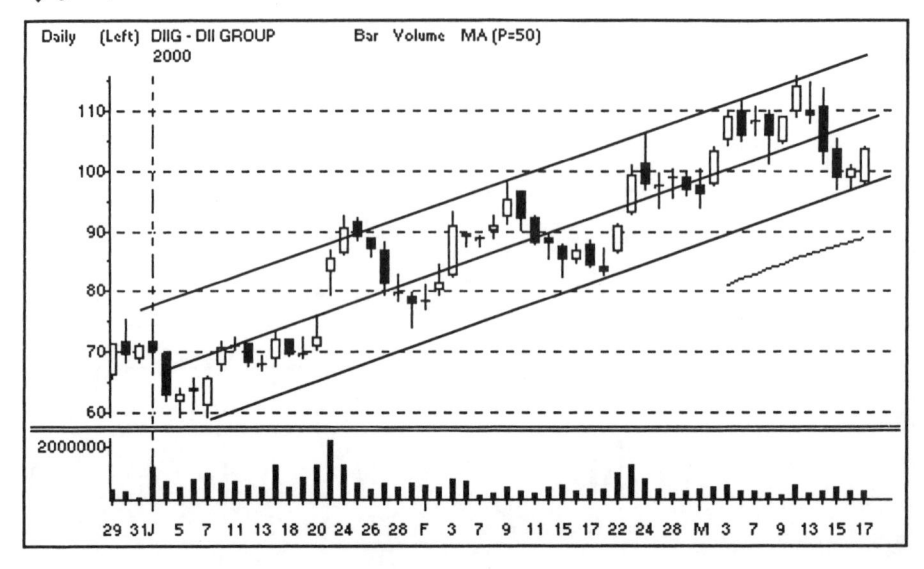

◆3－7

　　DIIGは20ドル幅で規則正しく上昇しており、下値抵抗線から反転を開始した。私は「103 3/4ドルより高く取引されるようであれば購入する」プランを立てた。ストップロスは99 3/4ドルで、目標は115～125ドルに設定。この銘柄は、私が毎日分析しているウオッチリストから見つけたものだ。

第4章
～朝の警告～

◎２０００年３月２０日（月）

　ついに全世界に私のトレードを公開する時がやってきた。緊張はしていたが、どちらかといえば期待感のほうが強かった。昨日リサーチしておいた銘柄はすでにRealTickのマーケットマインダーに登録してある。トレードプランは、よく練ったつもりだ。準備は万全である。あとは実行するのみだ。

　ここ南カリフォルニアでは早朝からトレードが始まる。トレード前にマーケットの動向を把握するため、マーケット開始の１時間前には準備に入る。その日のトレードに影響を与えるような"大きなニュースが飛び込む"ことがよくあるからだ。今日がまさにその日であった。ある会社が２年間の決算の見直しを行うと発表した（後に株主から訴えられることになる）。この会社のことを、私はよく知っていた。そして、わたしの友だちにも何人か、この会社の株を保有している者がいた。

■ギャップオープン（窓空け）

　知らない人がいるといけないので説明しておくが、終値と次の日の始値は必ずしも同じではない。例えば、１００ドルで取引を終了した銘柄の翌日の始値は、６９７ドルであるかもしれないし、２０ドルであるかもしれない。いや、次の日には、まったく取引されないかもしれない。これがオーバーナイトで株を保有するときの危険性である。

　次のような例がある。１９９８年５月１日（金）、ＥＮＭＤは１１ 3/4ドルで、その日のトレードを終えた。週末、あるメジャーなニュース局が

この会社の将来性を高く評価したニュースを流したところ、月曜日には、なんと600％アップの82ドルで寄り付いたのだ。

また、逆の例もある。1995年3月、IDCは、特許侵害で賠償を求めていた訴訟に負けて、場中に取引が停止された。翌日も取引停止となり、ようやく取引が再開されたときは61％ダウンの5ドルであった。

今日はそのような事態が起こった日だった。MSTRを保有していたトレーダーにとっては最悪の日となった。

MSTR：マイクロストラテジー（1）

◆4－1

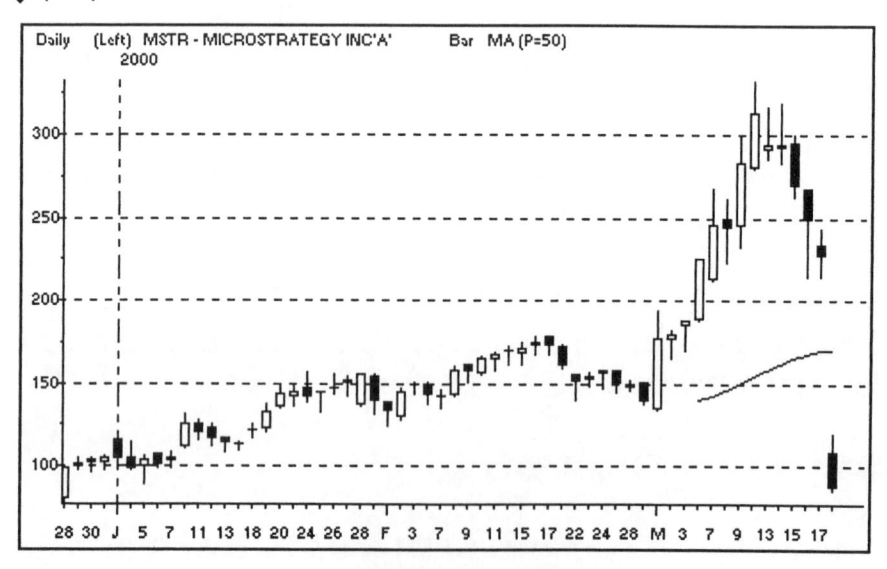

MSTRは333ドルの最高値を付け、金曜日には226 3/4ドルまで下がった。ところが週末に悪いニュースが流れたため、月曜日はギャップダウン（下に窓を空けて）で始まり（109 1/4ドル）、86 3/4ドルで引けたのだ。結局、金曜日に比べ140ポイントも失ったことになる。MSTRは過去に何度もトレードしたことがあるので、よく知っていた。オーバーナイトの危険性を再認識し、最初のトレードに向かった。

第4章 朝の警告

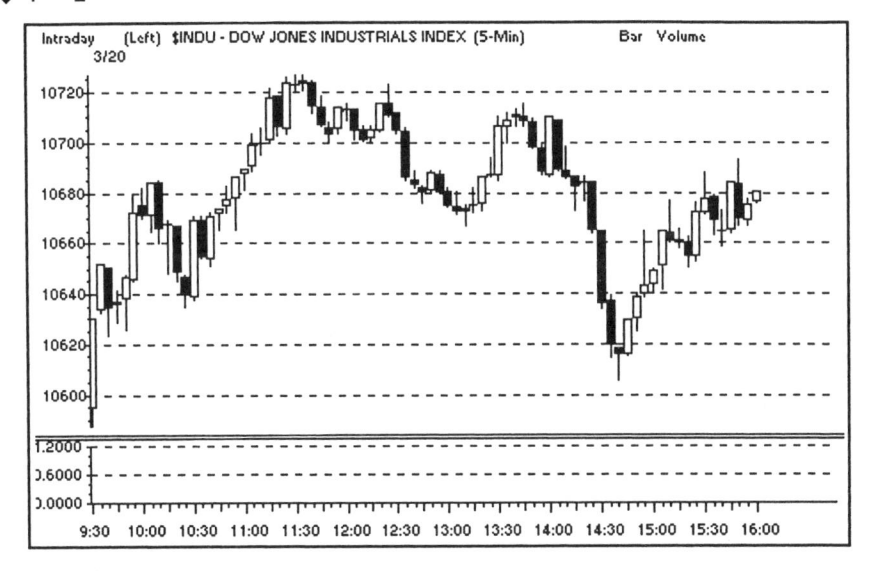

◆4－2

$INDU：ダウ（1）

トレードをする予定だった6銘柄を注意深く観察していたが、どれも当初設定していた条件が欠けていた。ある銘柄はギャップアップ（上に窓を空けて）で始まり、上げた分を埋めにかかっていた。また、ある銘柄は、私が買おうと思っていた支持線レベルの価格を割ってしまった。インデックスは違った方向に動いている。ダウが85ポイント上げているのに対し、ナスダックは179ポイントの下げである。

＄ＣＯＭＰＸ：ナスダック総合指数（１）

◆4−3

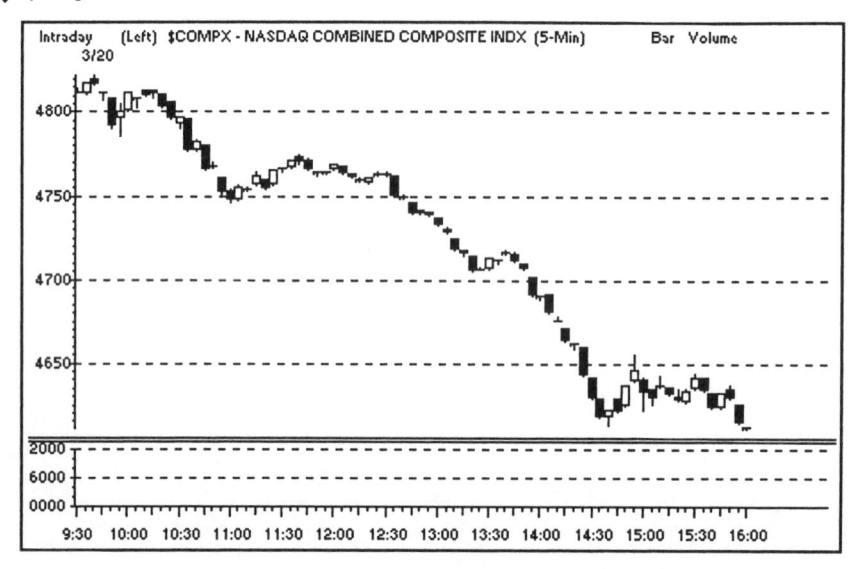

今日はせっかく用意したトレードプランを実行できずがっかりした。一年がかりで結婚式の準備をしておきながら、結婚式の当日、教会に行く勇気のなかった花嫁の気分だ。今日のトレードを楽しみにしていたみなさんも、きっと、失望したことだろう。でも失望は、ウォール街では毎日起こっていることである。今日はトレードはしなかったが大切なものを学んだはずだ。

第5章
～FOMC会議～

◎２０００年３月２１日（火）

　今日の注目の的はFOMC（連邦公開市場委員会）会議での、金融政策の変更であった。FRB（連邦準備制度理事会）が—最近の経済指数の動向から—インフラの恐怖に備えるため、この会議で金利を上げようとするかもしれないのだ。
　アラン・グリーンスパンは最近の経済状況について不吉な警告を出している。われわれのほとんどは、FRBが今日、金利を上げると予想している。だが、いくら上げるかをつかんでいる者はいない。今日のトレードはリスクが高くなると考えたため、昨日の夜に調べておいた銘柄のトレードプランは、まだ、用意していなかった。
　今日は冷静になってマーケット全般の状況を見る戦術である。私はこれをスナイパー戦術と呼ぶ。獲物を狙うスナイパーのように息を殺してじっくり状況判断（＝マーケットと特定の銘柄の動きを観察）。条件が良ければ攻めに転じるのである。
　私は太平洋標準時間の４時４５分に起き、パソコンを起動した。今日は特にトレードプランを立てていないため、イントラデイ銘柄検索ソフトと、ウオッチリスト（いつもトレードする銘柄を登録してある）から、勝率の高い銘柄を見つけようと思う。どのみち、FRBの決断の結果は東部標準時間の１４時１５分にならないと分からないのだ。結論が出るまでは、十分にトレードする時間がある。
　私は勝てる条件がそろうタイミングを待っていた。自信をつけることとポジティブな調子をつくることが、これから始まる４週間に必要だからだ。だからこそ、最初の取引は何としても勝ちたい。起床してから４時間がたち、やっと気に入った条件が見つかった。

MU：マイクロンテクノロジー（1）

◆5-1

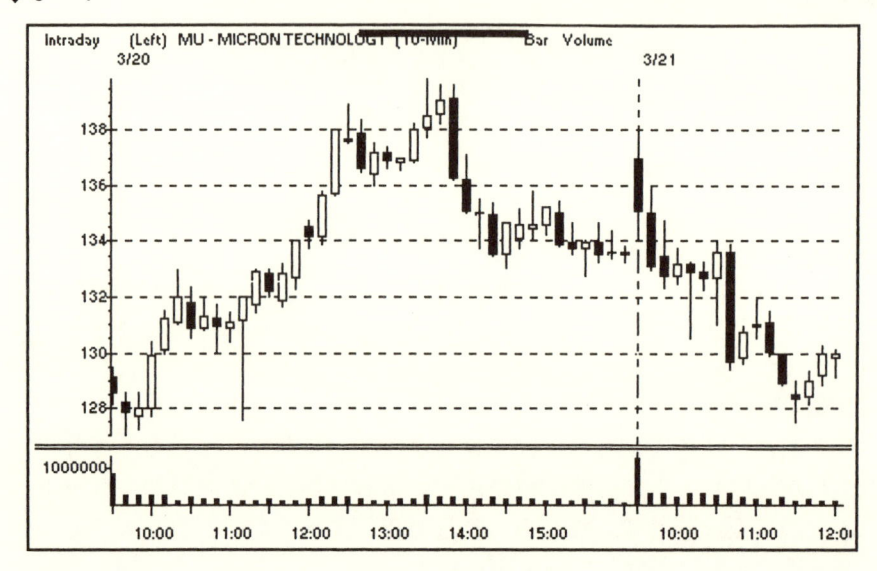

　私のウオッチリストにMUが載っていた理由。それは、「MUが前日の13時30分に52週間の最高値を記録していた」事実をチェックしていたからだ。

　昨日、MUは139 3/4ドルから127 1/2ドルの範囲で取引されていた。寄り付きは129 1/8ドルで始まり、127 1/2ドルまで下げた。この価格レベルで支持線が出現。そこから再び値を上げ始め、過去最高の139 3/4ドルまで到達した。その後MUは値を下げ、133 1/2ドルで1日を終了した。

　今日はギャップアップ（上に窓を空けて）し、137ドルで始まった。138ドルでの取引の後に売りが強まり、11時30分には127 1/2ドルまで値を下げた。昨日の支持線が今日も支持線になっている。株価はそこから上がり始めている。

第5章　FOMC会議

ＭＵ：マイクロンテクノロジー（２）

◆５－２

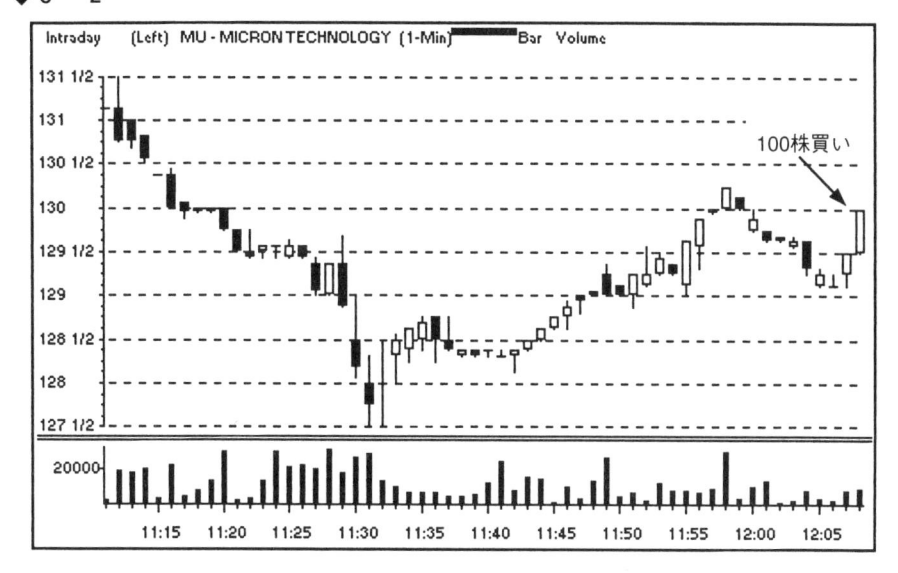

[チャート：ＭＵ - MICRON TECHNOLOGY（1-Min）、11:15～12:05、「100株買い」と注記]

　チャートを見ても分かるように、ＭＵは１２７ 1/2ドルから１３０ 1/4ドルまで値を上げた後、午後１２時５分ごろに１２９ 1/8ドルまで値を下げた。その後、出来高が増加し勢いがついてきたため、１００株を１３０ドルで購入した。目標は１３３ 1/2ドル～１３５ドル。ストップロスは、１２８ 7/8ドル（１２時５分の時点での安値１２９ 1/8ドルより２５セント安い）に設定した。

MU：マイクロンテクノロジー（3）

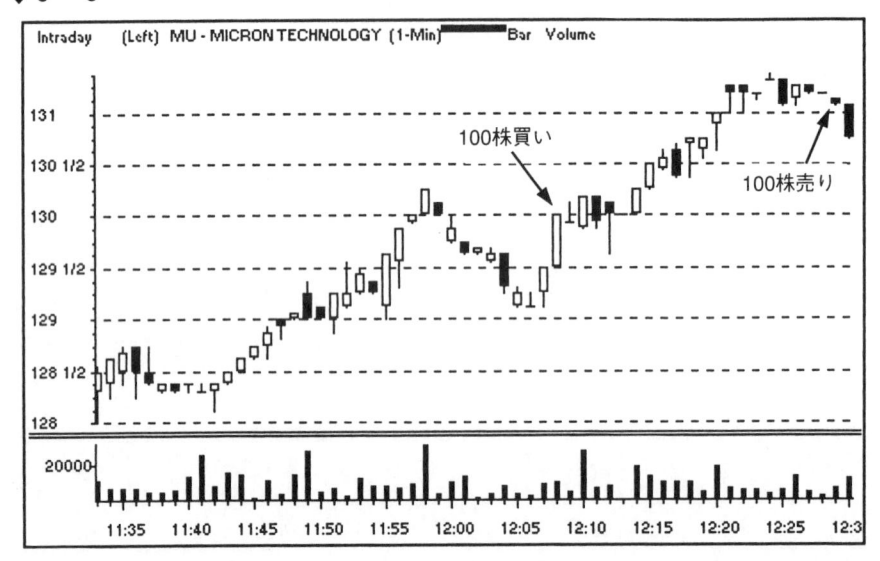

◆5－3

（チャート：MU - MICRON TECHNOLOGY 1-Min、11:35～12:30）
「100株買い」「100株売り」の注釈あり

　MUは131 1/2ドルまで値を上げた。MUをトレードしているとき、ダウが12時18分辺りで最安値を記録したので、私はずっと緊張していた。その後、ダウは巻き返したが、残念なことにMUには変化がなかった。再びダウが下がり始めたためMUに見切りをつけ、100株を131 1/8ドルで売却。利益を確定する。

第5章 FOMC会議

MU：マイクロンテクノロジー（4）

◆5－4

[チャート：ダウとMUのオーバーレイ（1分足）]

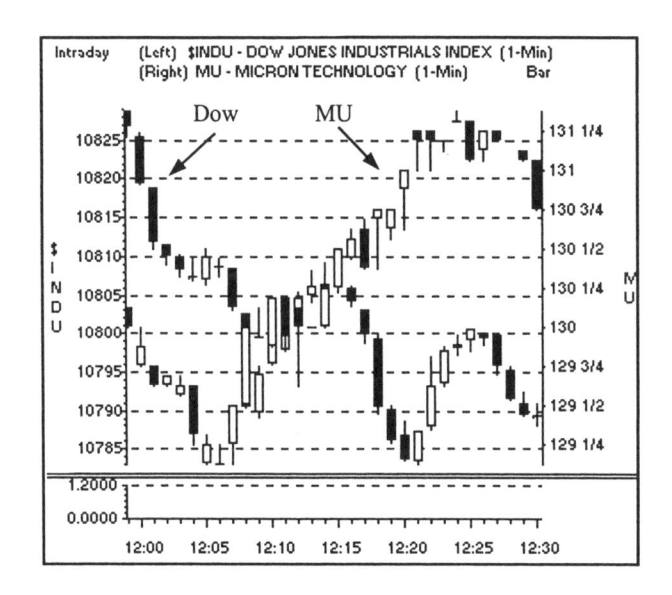

 このチャートはダウとMUのオーバーレイである。12時13分から12時22分の間を見ると、MUが値を上げ、一方でダウが値を下げる逆行現象が起こっている。12時22分から12時25分の間はダウが盛り返し、MUが無変化だった。私が売り注文を出した12時27分には、ダウがまた値を下げだした。今度はMUもダウと同じく下げた。
 このように、トレードをしているときインデックスに注目することは大切なことだ。ほとんどの銘柄は1日を終わってみるとインデックスと連動しているからだ。
 最初のトレードが終わって安心した。ホームランではなかったが、このトレードの「100ドルそこそこの利益」で自信をつけることができたからだ。

MUの取引結果 　102.06ドル

イントラデイ銘柄検索ソフトで機会をうかがっていたとき、ＣＬＲＮが私のパワースキャンに表示された（補足Ｄに私のリアルタイム検索ソフトがどう使われるかについての解説を載せておいた。参考にしてほしい）。

ＣＬＲＮ：クラレント（１）

◆５－５

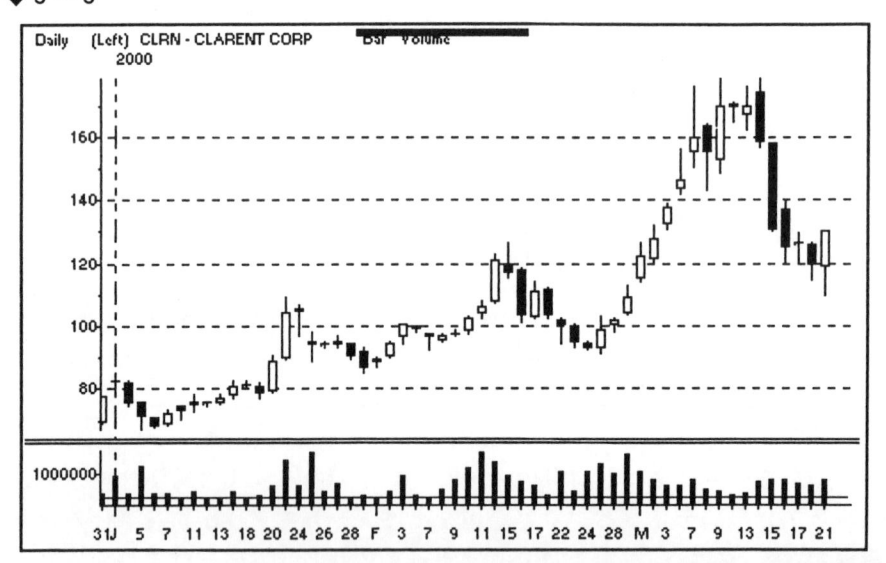

　ＣＬＲＮは１７８　３/４ドルから１１１ドルまで下がった後、前日の最高値を超え、反転を始めた。反転１日目の特徴は、「開始直後に大きく値を下げ始め、割安感が出てきたところで買いが入り始める」ことだ。株価は開始値まで上がるとブレイクアウトし、その日の最高値をどんどん更新していく。右ページの図がその状態を表している。このような日は、株に勢いがあるため進んで買われ、出来高は平均よりも高い。

第5章　ＦＯＭＣ会議

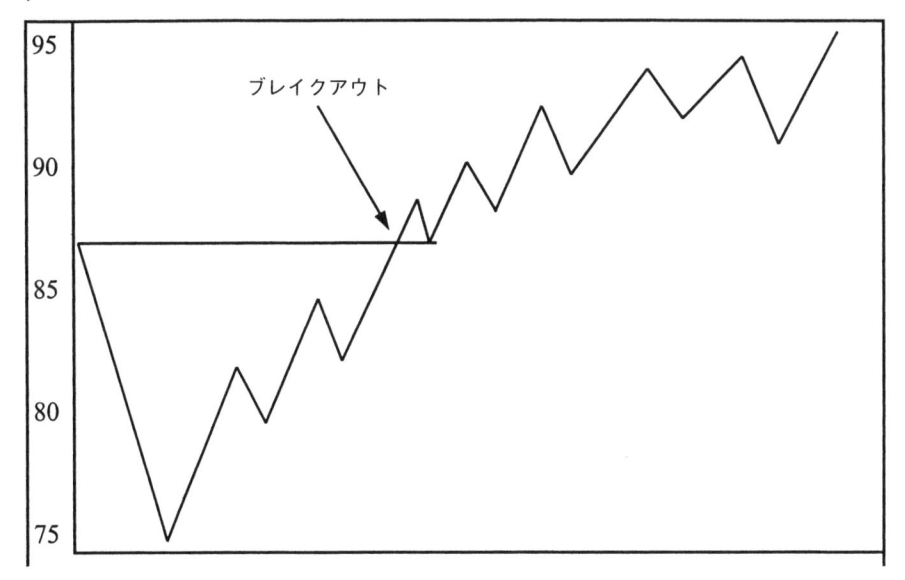

◆5－6

ブレイクアウト

CLRN：クラレント（2）

◆5－7

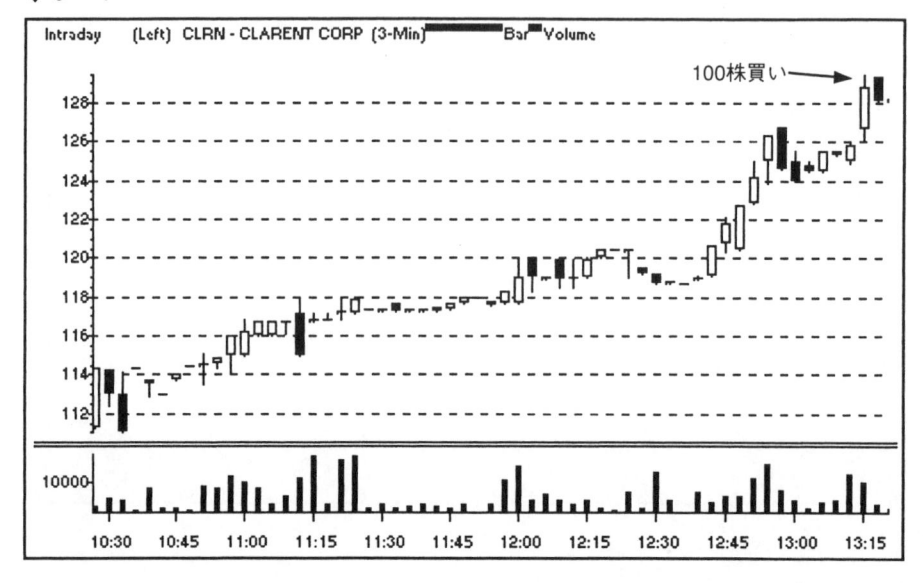

　CLRNは勢いを見せていた。昨日の高値を更新し、さらに今日の最高値を付けてブレイクアウトした。そこで私は、13時15分ごろに129ドルで100株購入。目標は140ドルとした。これは3日前の最高値である。ストップロスは126 3/8ドル（12時55分ごろに出された高値である126ドル3/4のやや下）に設定。

　CLRNはさらに強い勢いを見せ、130ドル台を突破し、135ドルで取引されていた。ストップロスを133ドルまで上げる。あと5ポイント狙っていたが、2ポイント以上は失うつもりはなかった。次に挙げる2点のようにほかにも気になることがあったからだ。

①株が111ドルから135ドルまで急激に上がった。このような場合、再び急激に下がる可能性がある。
②45分後にはFRBの決定内容が発表される。

第5章　FOMC会議

CLRN：クラレント（3）

◆5－8

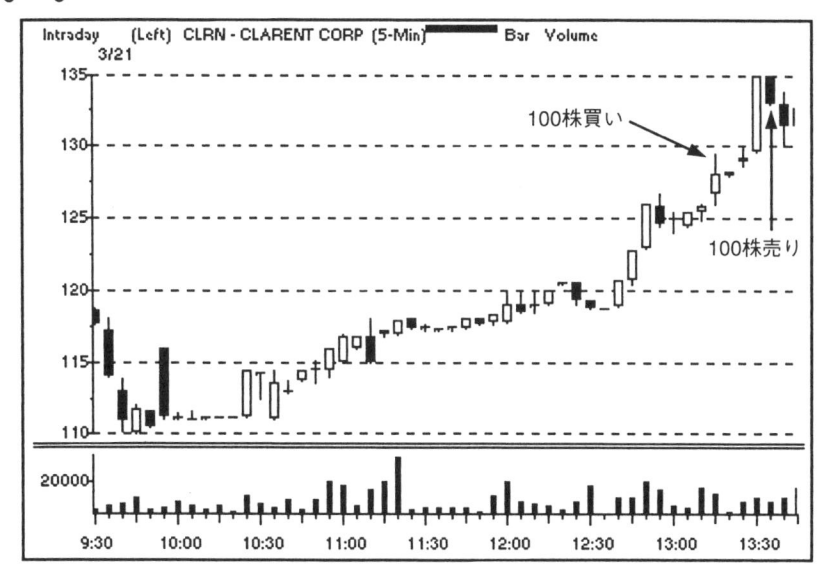

　CLRNは135ドルから少し値を下げ、今は133ドルで取引されている。ストップロスを実行して133ドルで100株を売却した。もちろん、FRBの発表によって、130ドルに下がってから140ドルまでかけ上がることも考えられた。しかし、私は戦術どおりに133ドルに達した時点で売却した。これが自己規律のルールである。

　　　　CLRNの取引結果　　　389.55ドル

ＲＳＬＣ：ＲＳＬコミュニケーション（１）

◆５－９

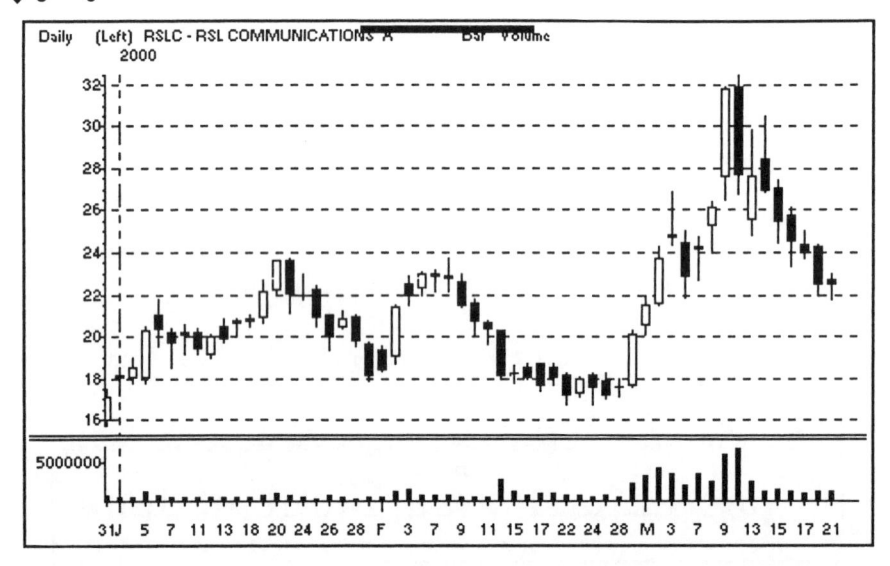

私がＣＬＲＮでのポジションを閉じたあと、ＲＳＬＣに支持線がはっきりと見えてきた。覚えていると思うが、ＲＳＬＣは勝率の高い銘柄として、昨日、私のウオッチリストに入れておいたものである。

第5章　FOMC会議

ＲＳＬＣ：ＲＳＬコミュニケーション（２）

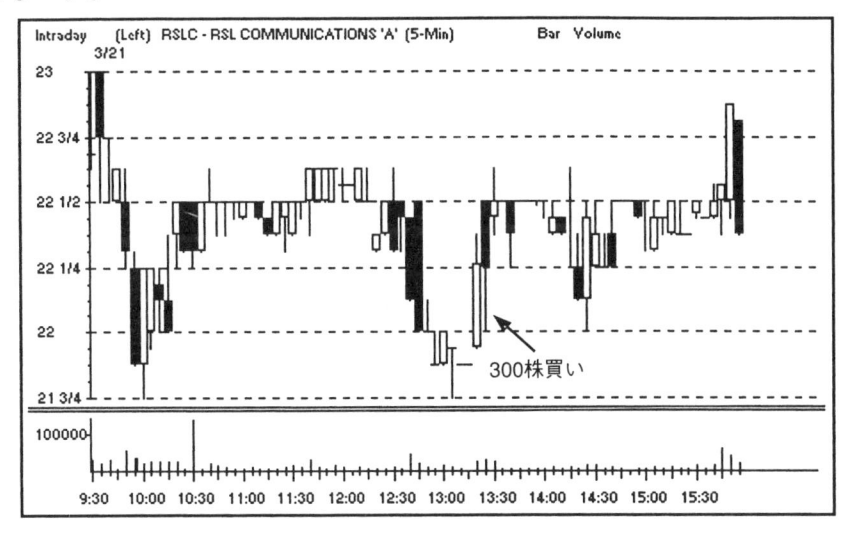

◆5－10

[チャート図：RSLC - RSL COMMUNICATIONS 'A' (5-Min) イントラデイチャート、矢印で「300株買い」と記載]

　ＲＳＬＣで気に入った点。それは、この株が２１ 3/4ドルで２回安値を付け、ダブルボトムを形成したことにある。今は２２ドルで取引されているが、ここで反転を開始しているとしたら、２３ 3/4ドル〜２６ 3/4ドルまで上がるかもしれない。
　そこで私は、「２２ 1/16ドルで３００株を購入し、ストップロスを２１ 5/8ドル（今日の最安値の1/8下）に設定する」プランを立てた。１ 3/4ドル〜４ 3/4ドルポイントを獲得するために、7/16ドルポイントをリスクにかけることになる。「２１ 3/4ドルで２回も持ちこたえた」事実に勇気づけられ、２２ 1/16ドルで３００株を購入。ストップロスは２１ 5/8ドルに設定した。ＦＲＢの発表までそのままの状態を保つことにした。

RMBS：ランバス（1）

　私たちが待ちに待った瞬間がやってきた。「フェデラルファンドの固定歩合を０．２５％引き上げる」と、ついにＦＲＢが発表したのだ。これは、だれもが予想していたことだった。この発表に対する最初の反応は、予想されていた「売りパニック」だった。

　私はＲＭＢＳが急落する様子を観察していた。発表前は２９３ドルで取引していたが、その後、２６９ドルまで値を下げ、今は２７５ドルで取引されている。

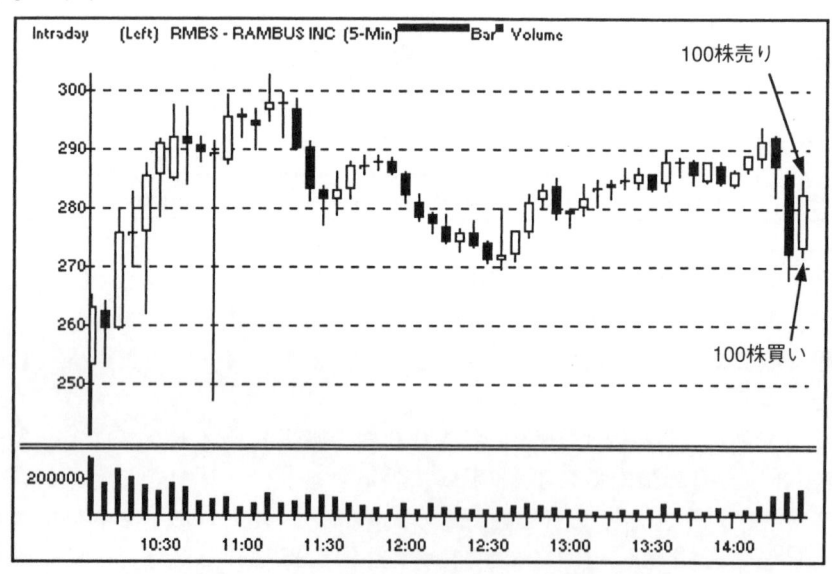

◆５－１１

　私は２７０ドルで反転すると期待していた。２７０ドルは１２時３０分に付けた安値だ。だが私は、落ちるナイフをつかもうとするような、危険なまねはしたくはなかった（私は反転を確認したかっただけなのだ）。

　ＲＭＢＳのように勢いがあり、かつ、変化率の大きな銘柄は、多くの場合、需要と供給のバランスが崩れる傾向にある。売り手が多いか、買い手が多いかの「どちらか」になる。

第5章　FOMC会議

　売りに集中していた"流れ"が買いの"流れ"に変わると、価格は激しく変動する。ＲＭＢＳが２６９ドルで反転を始めると、注文はいきなり２７１ 1/4ドルへ飛んだ。そこで私は買い注文を出した。しかし、注文を出した時点で、すでに、レベル Ⅱ の約定結果の表示は２７４ドルになっていた。当然ながら私の買い注文が約定することはなかった。

　モメンタムトレーダーは銘柄を確実に入手するため、セレクトネットでマーケットメーカー、ＥＣＮを指名し、"市場価格より高い"買い注文を出している。私も仕方なく同じ方法をとった。私はＥＣＮのISLANDに「ＲＭＢＳを１００株、２７５ドル」で買い注文を入力した。ISLANDに２７５ドルで売る人がいたため、私の注文はすぐに執行された。目標は２８５ドル～２８８ドルに設定した。

　ポジションを持って４分が経過し、ＲＭＢＳは目標の２８５ドルに達した。そこで勢いが衰え始めているように見えたため、売り注文を出す。結局、２８３ドル１／４で売却した。

　　　　　ＲＭＢＳの取引結果　　　８１４．０５ドル

MRVC：MRVコミュニケーション（1）

　FRBの発表に対する最初の反応が終わり、買い手が入ってくると、マーケットは徐々に勢いを増し、高値で取引されるようになってきた。このとき私は、ウオッチリストを観察しながら、買いのタイミングを伺っていた。同時に、リアルタイム検索ソフトに現れた銘柄も観察していた。
　MRVCが私のプルバック・スイング・スキャンに現れた。今まさに、112ドルの上値抵抗線をブレイクアウトし、今日の最高値を更新するところだった。それを観察すると同時に、私は、ウオッチリストにあるCIENも見ていた。そちらも上昇トライアングルを形づくり、抵抗線を抜け、さらに高く上がろうとしていた。

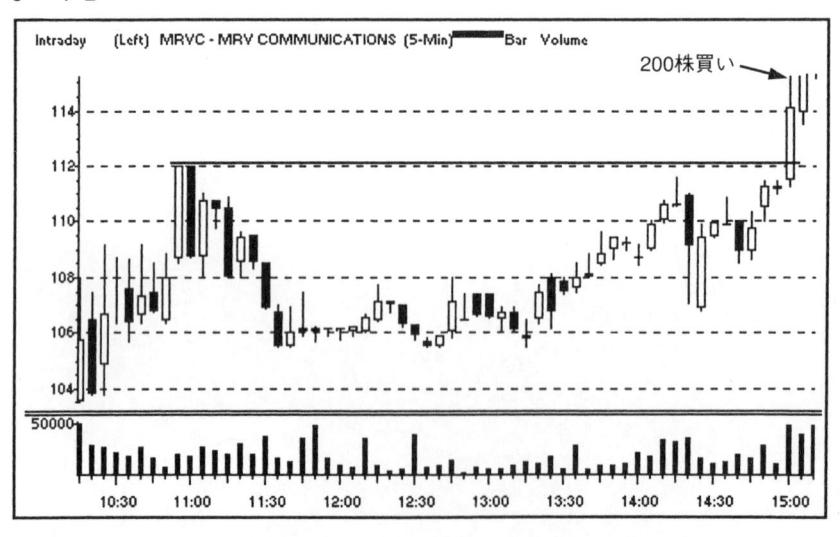

◆5-12

　MRVCは112の抵抗レベルを突破した。そこで私は、ARCAに「200株、113 1/2ドル」で買い注文を出した。だが、速いペースで上がっていたので、ここでは注文が成立しなかった。何と、株価はすでに、114 3/4ドルまで跳ね上がっていたのだ。

注文をキャンセルし、ＩＳＬＡＮＤに「１１５ドルで２００株」の買い注文を、再度、出したところ、ようやく１１４ 15/16ドルで約定した。目標は前日、前々日の抵抗線でもあった１２２～１２６ドルの間。ストップロスは１１１ 3/4ドルに設定した。

ところが、である。残念ながら私のエントリーはベストではなかった。１１３ 1/2ドルで買おうとしたが見逃したからだ。しかし、１１３ 1/2ドルで買ったかのように自分のポジションを管理しなければならなかった。理論的なストップロスは１１１ 3/4ドルにあるからだ。

CIEN：シエナ（1）

　CIENもブレイクアウトして、その日の最高値である138ドルを付けた。ここでは"ブレイクアウトしたときの価格"に近い価格で仕掛けることができた。100株を138 1/2ドルで購入。目標は数日前の抵抗線だった144 3/4ドル～149ドルに設定。ストップロスは136 3/4ドル（上昇トライアングルでの、低いほうのトレンドラインの1/2下）とした。

◆5－13

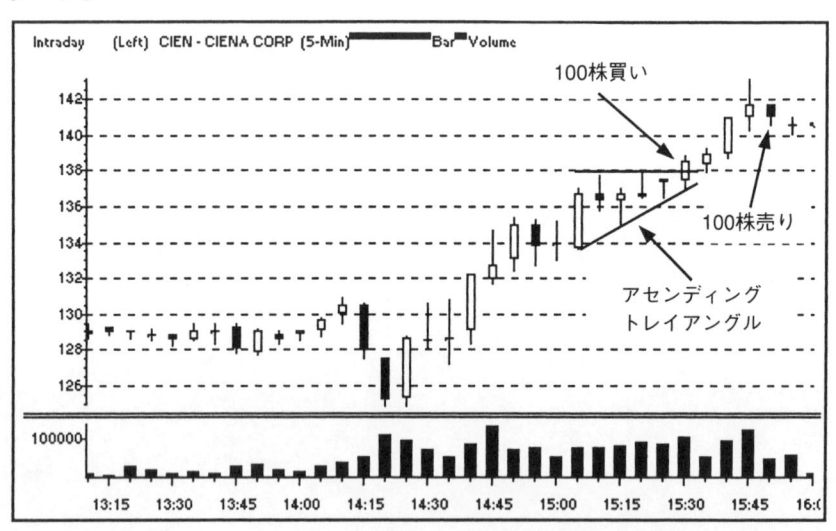

```
Intraday  (Left) CIEN - CIENA CORP (5-Min)    Bar Volume
```

（チャート内ラベル：100株買い、100株売り、アセンディングトレイアングル）

　CIENは143 3/16ドルまで値を上げてから下げ始めた。頭の中でストップロスを引き上げていく。143ドルに達したとき、ストップロスを目標株価より1 3/4ドル低く設定していたが、この時点で141 3/4ドルに引き上げた。
　CIENは143ドルから下げ始めたので、141 3/4ドルでストップロスを実行した。しかし、株はどんどん下がり140 1/2ドルになって、ようやく約定した。これは、「ストップロスを設定していても予想以上に

失う可能性がいつもある」ことを示す"よい忠告"である。最終的に「どこで注文が実行されるか」はだれにも分からないのだ。
　あるとき、ONSLという株が１０４ドルで取引されていた。ほとんどのトレーダーは１００ドルのすぐ下、９９ドル7/8、９９ドル3/4、９９ドル1/8などにストップロスを設定していた。その株は１００ドルをブレイクダウンした途端、下げが加速し、わずか１４分の間に４４ドルまで下がった。９９ドル以上にストップロスを設けていたトレーダーは５０ドルまで落ちて、ようやく約定した。
　もうひとつは１９９９年の末に、QCOMで起きたことだ。その株は、７４０ドルで開始し、２４分の間に６３９ドルまで値を下げた。２４分間で１００ポイント以上もの動きである。取引はベストビッドより３０ポイントも低いところで実行されていた。私も、QCOMから抜け出すのに、市場価格から２０ポイントも低いところでトレードしなければならなかった。ストップロスの設定をしても、必ずしもそのストップロスに達したら自分のポジションから抜け出せるとは限らない。このことを理解しておくことは、非常に重要なことである。

　　　　　　CIENの取引結果　　１８８．０３ドル

YHOO：ヤフー！（1）

◆5－14

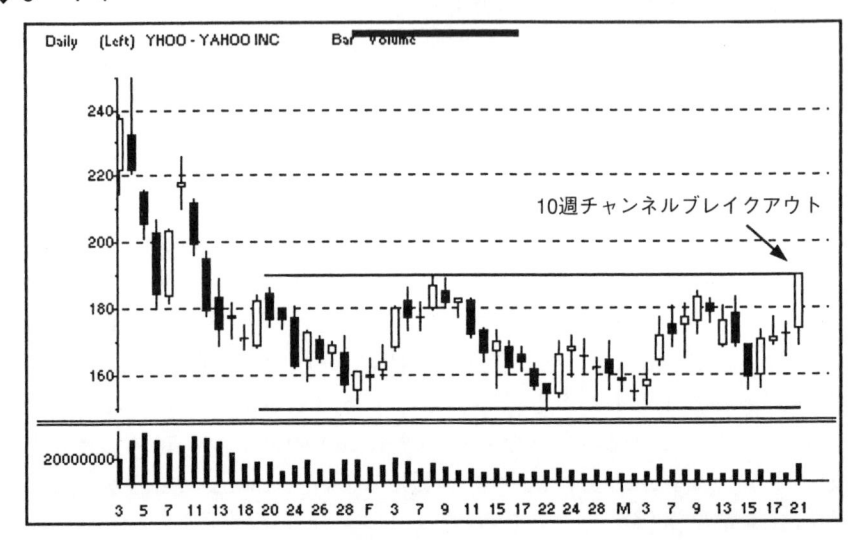

10週チャンネルブレイクアウト

　私がMRVCとCIENを取引していたとき、YHOOが私のパワースキャンに現れた。188ドルを突破したばかりで、まだ値を上げていた。

ＹＨＯＯ：ヤフー！（２）

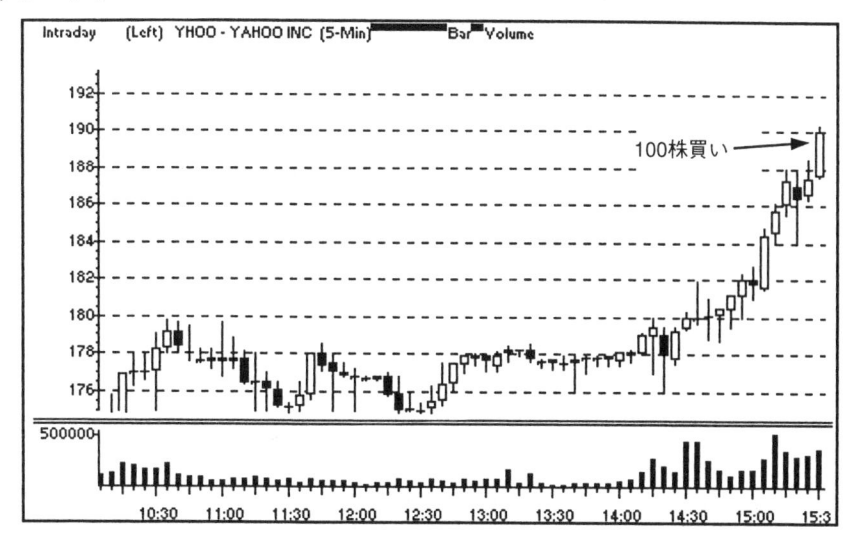

◆５－１５

（チャート：YHOO - YAHOO INC (5-Min) 日中足、「100株買い」の注釈付き）

　私は１００株を１８９　31/32ドルで購入。目標は１９５ドル。ストップロスは１８７　3/4ドルに設定した。その株は１９３　1/4ドルまで値を上げた。しかし、事態が変われば急激に下がることもあると思い、勢いが弱まったところで、１００株を１９２　1/2ドルで売却した。

　　　　　　ＹＨＯＯの取引結果　　２４２．４７ドル

ＭＲＶＣ：ＭＲＶコミュニケーション（２）

　私はオーバーナイトしてもよいと考えている２銘柄をまだ保有していた。ＲＳＬＣとＭＲＶＣである。ＲＳＬＣの動きは目立つものではなかった。だが、ＭＲＶＣは目標の１２２ドルに差し掛かっていた。

◆５－１６

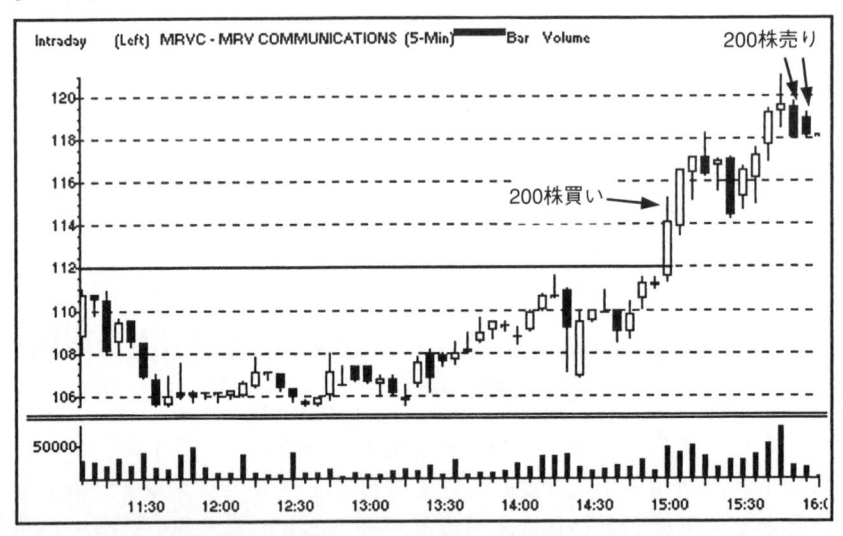

　ＭＲＶＣは１２１ドルまで値を上げた後、再び、下げ始めた。翌日はＭＲＶＣがさらに高く値を上げると確信していたので、少し自由に動かしておこうと考えていた。ところが１１９ １/２ドルまで下がったため、１００株を売却した。
　利益を少し確保し、残ったポジションでチャンスをつかもうと考えたが、ＭＲＶＣは１１８ドルまで下がってしまった。残ったポジションのストップロスだったので、残りの１００株を１１８ドルで売却することにした。

　　　　　ＭＲＶＣの取引結果　　７３３．９５ドル

第5章　FOMC会議

　終了のベルが鳴り、挑戦の2日目が正式に終わった。ナスダックは昨日の終値より101ドル高く引けた。株価の上昇の原動力となったのがFOMC会議の終了と、その直後の発表であった。これから数日のマーケットの上げ相場を感じた。それでも、オーバーナイトで無理はしたくない。

◎オープンポジション　RSLC300株

◎3月21日の総利益　2470.11ドル

第6章
～ゴルフスイング改良～

◎２０００年３月２２日（水）

　マーケットはギャップアップ（上に窓を空けて）で始まり、そして下がり始めた。私はＭＲＶＣとＣＩＥＮの両方を見ていた。ＭＲＶＣは１２５ドルで始まり（やはりチャンスを与えるべきだった）、ＣＩＥＮは１４１ドルで始まった。

ＣＩＥＮ：シエナ（１）

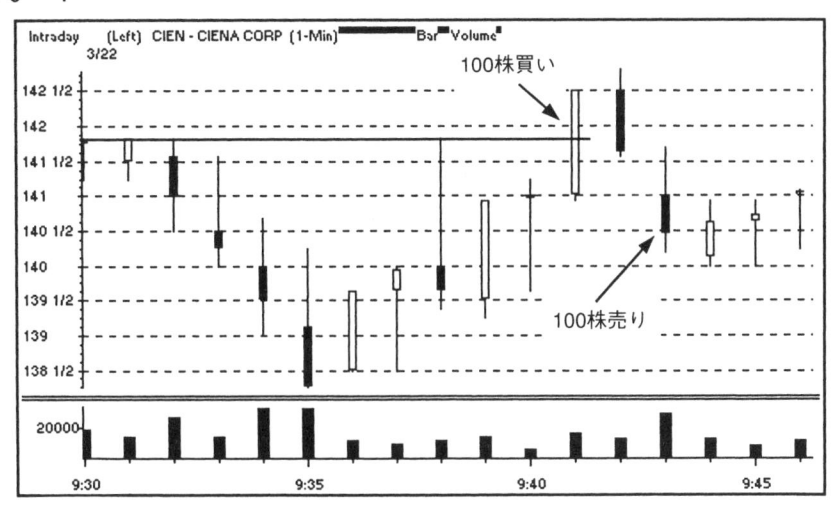

◆６－１

　ＣＩＥＮは９時３６分から上昇の兆しを見せ、その後、朝の最高値を更新した。そこで、１００株を１４２ドルで購入。だが、ＣＩＥＮは下がり

始めてしまったので、損を覚悟の上で１４０　1/2ドルで売却。これはブレイクアウトを狙うときの問題のひとつである。解決方法としては、下げた後の反転狙いで買うか、ストップロスに余裕を持たせてトレードをするかである。もし私がストップロスを今日の最安値の少し下、１３８　1/8ドルに置いてトレードしていたら、この日は最終的に高値で引けたので、もっとよい結果が出ていただろう。ただこのＣＩＥＮのトレードでは1.5ポイント以上を失うつもりはなかった。

　　　　ＣＩＥＮの取引結果　－１６０．４７ドル

MRVC：MRVコミュニケーション（1）

　CIENで、この"挑戦"初のロスが出た。ロスはすぐ忘れて、次の機会のための準備をすることが重要だ。今度はスナイパーポジションでMRVCを狙い撃ちにするべくチャンスを待った。

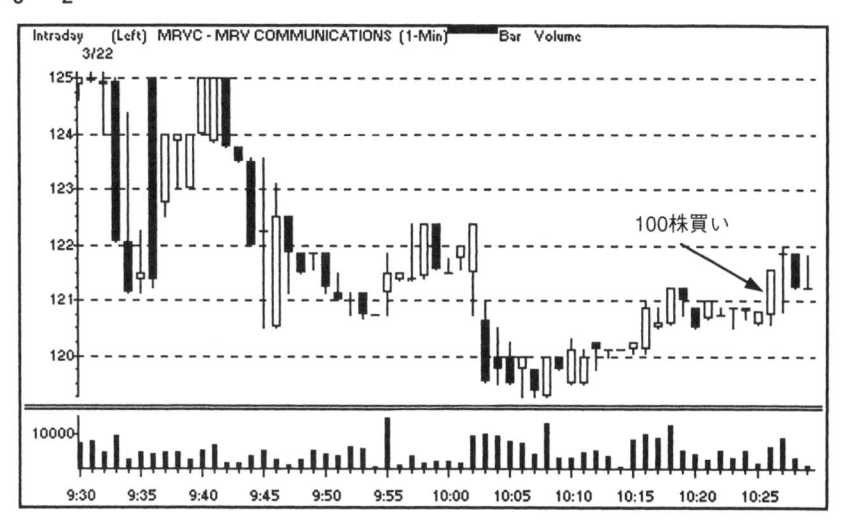

◆6－2

（チャート：Intraday (Left) MRVC - MRV COMMUNICATIONS (1-Min) Bar Volume 3/22、「100株買い」の注釈あり）

　MRVCは119 1/4ドルで保ち合い気味になり、また値を上げ始めた。その後、121 3/16ドルに到達した後、少し下げ、120 1/2ドル付近で停滞した。

　私は、東部時間の10時17分ごろ（121 3/16ドルに到達したとき）からタイム＆セールスを注意深く観察していた。120 1/2ドル付近で停滞した時点で、「この株が121 3/16ドルを超えれば新しい上昇傾向を生み、全体的にチャートが上がる」と考えていた。

　MRVCは121 3/16ドルを超えたので、100株を121 1/4ドルで購入。125ドル（今朝の最高値）を突破できたら、価格目標は128～135ドルにするつもりだ。ストップロスは119ドル7/8に設定した。

MRVC：MRVコミュニケーション（2）

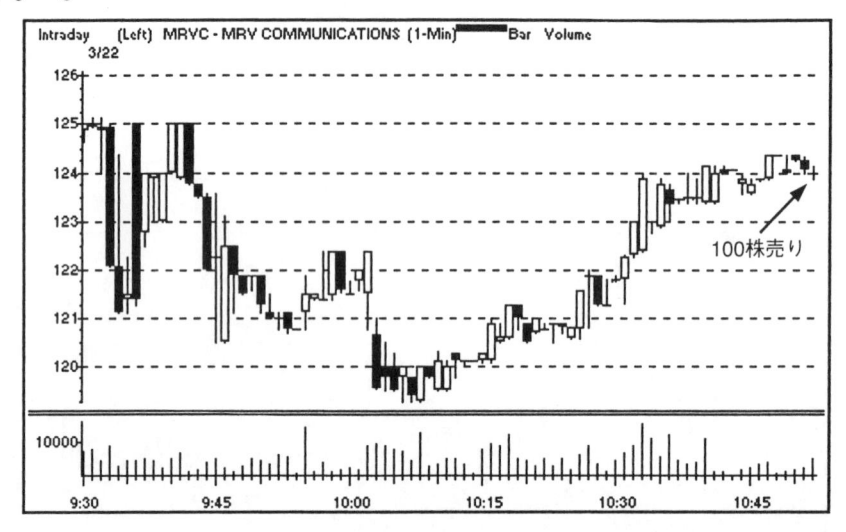

◆6－3

[チャート図：MRVC - MRV COMMUNICATIONS (1-Min) 3/22、矢印で「100株売り」と表示]

　MRVCは一度124 3/8ドルまで値を上げた後、少し下げた。だが、依然として、124～124 5/16ドルでの買い注文がレベルⅡに多く入っていた。
　ところが、突然、ダウがその日の最安値を更新してブレイクダウンしたのだ。すると、今度は売り注文が入り始めた。そのため私も、100株を123 7/8ドルで売却することにした。だが、125ドルを突破したらまた買い戻すつもりだ。CIENですでに損を出していたので、ここは、すばやく反応した。

◆6-4

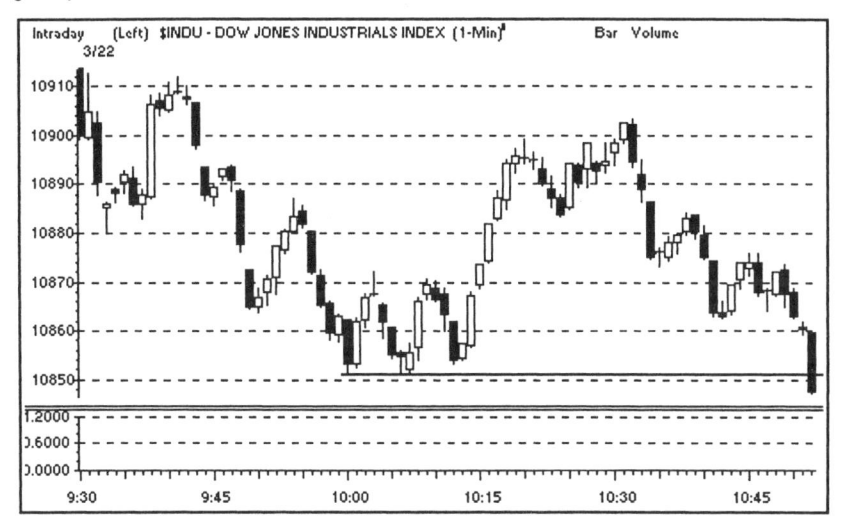

[チャート: Intraday (Left) $INDU - DOW JONES INDUSTRIALS INDEX (1-Min) Bar Volume 3/22]

　私はトレードをするとき、インデックスをいつも注意深く見る。ひとつのインデックスが下値支持線を割って、その日の最安値を記録するような場合、「自分の保有しているポジションを閉じて脱出する」手をよく使うからである。もちろん、株価はインデックスとは逆の動きを見せることもある。また、インデックスには、それぞれの動きがあり、個々のインデックスがお互いに反比例の動きを見せることさえもあるのだが……。
　今回の場合、ダウが崩れたため、その時点でポジションを閉じ、手元にある利益を確保した。

　　　　　　MRVCの取引結果　252.08ドル

ＩＮＴＣ：インテル（１）

◆６－５

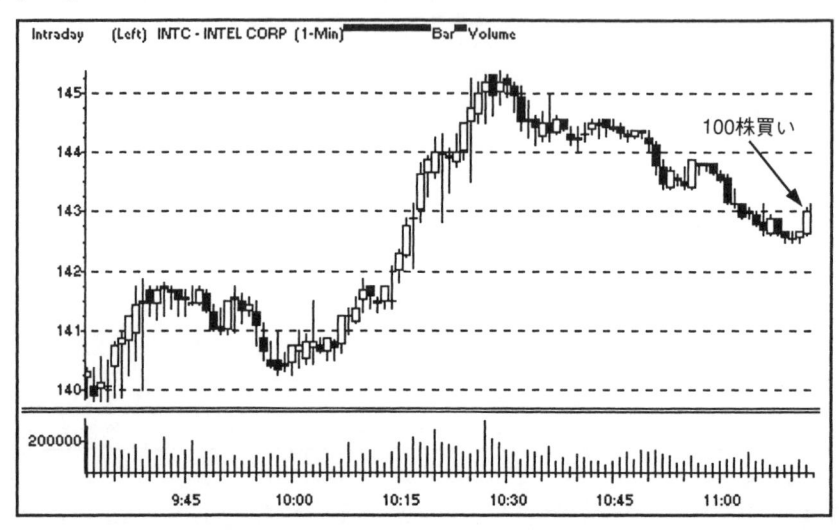

（チャート：INTC - INTEL CORP (1-Min)、「100株買い」の矢印注記あり）

　ＩＮＴＣを見ると、今朝、５２週間の最高値である１４５ 3/8ドルを出していた。始値の１４０ 3/8ドルから勢いよく動いている。私は押したら買うつもりだった。ＩＮＴＣは押して１４２ 1/2ドルを付けると反転して値を上げ始めた。そこで、１００株を１４３ドルで購入した。

第6章 ゴルフスイング改良

```
                INTC:インテル（2）
```

◆6-6

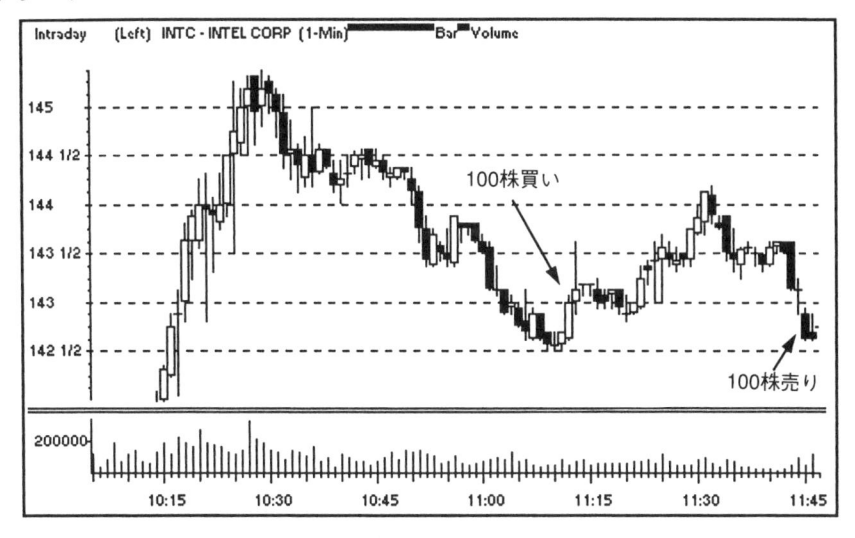

[チャート：INTC - INTEL CORP (1-Min)、「100株買い」「100株売り」の注釈付き]

　INTCは１４４ 3/16ドルまで値を上げた。５２週間の最高値付近で取引をしていたので、さらなる高値を探る動きに注目する。ストップロスは１４２ 3/8ドル（東部時間の１１時１０分に付けた安値である１４２ 1/2ドルのすぐ下）に設定した。利益が出始めたので、ストップロスを１４３ 1/4ドルに上げる。その後、株はストップロスの１４３ 1/4ドルまで下がった。ここでストップロスが実行されたため、それ以上、下がる前に脱出できた。結局、１４２ 5/8ドルで約定した。

ＩＮＴＣの取引結果　－４７．９８ドル

■The All Mighty Ax

　AX（アックス）とは、最も活発に動いているマーケットメーカーのことである。マーケットメーカーはトレードで利益を上げるため、競争を生み出す。これは、一般の投資家にとっては良いことである。

　この競争にはひとつ理解しておくべき要素がある。彼らはみんな、「トレンドの流れに乗りたいと考えている」ことだ。多くの場合、資金力のあるAXによって株はコントロールされる。なぜなら、彼らは多くの株数を売買できるからだ。暴落相場に真正面から向かいあっている株の支持線を形成する。こんなことさえ可能なのだ。

　ここで、一番重要なのは、だれがAXかを見つけだすことだ。そして、彼らと同じ側にいるようにすることだ。このためには、彼らがどのくらい売って、どのくらい買っているのかを把握することが大切である。

　普通AXはマーケットのどちらか一方（ベストビッドかベストアスク）の側に長く留まる。彼らは売りも買いも、両方行う。レベルⅡの動きを見ているとマーケットメーカーの動きが見えてくるようになる。

　マーケットメーカーが、主にどちら側にいるかを見るには、約定結果を表すタイム＆セールズを使うと比較的簡単だ。最も見つけやすい方法は、「彼らがベストオファーかベストビッドに１０００株で注文を出している」ときに、すかさずタイム＆セールズを見ることだ。「彼らが提示している株価での約定が、彼らが提示している株数より多く取引されていて、彼らがインサイドビッドまたはインサイドオファーから離れずに、注文をリフレッシュしている」ことが分かるだろう。マーケットメーカーの端末にはリフレッシュボタンがある。それを押すだけで彼らの注文はリフレッシュされる。つまり提示している１０００株が約定したら自動的に同じ価格でまた１０００株が表示されるわけだ。私は「マーケットメーカーが１０００株しか提示していない」のに、提示価格で１０万株も約定していたのを見たことがある。

第6章　ゴルフスイング改良

ＲＳＬＣ：ＲＳＬコミュニケーション（１）

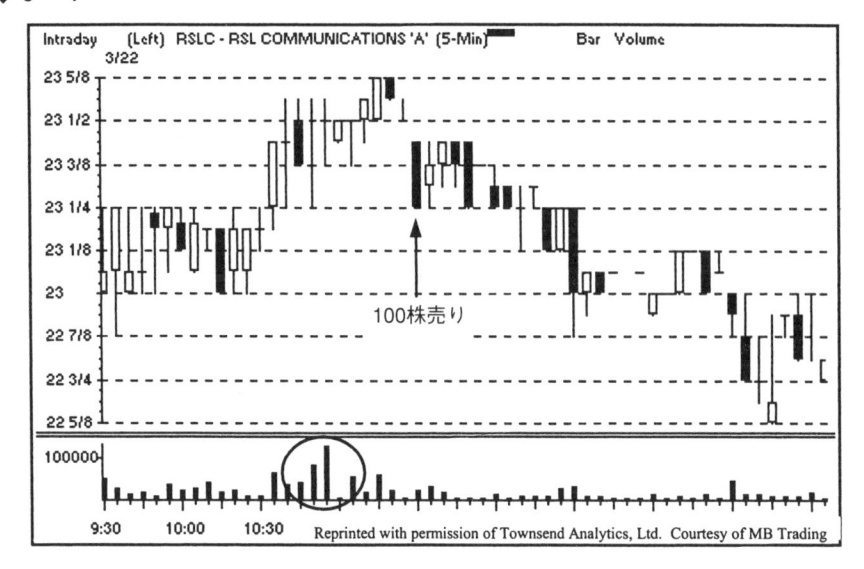

◆６－７

```
Intraday  (Left) RSLC - RSL COMMUNICATIONS 'A' (5-Min)    Bar  Volume
3/22
```
（100株売り）

　ＲＳＬＣは１０時３０分に２３ １/４ドルを突破した。出来高も上がり、２３ ５/８ドルで頂点に達した。ＤＬＪＰが、このとき、レベル「上の唯一の売り手だった。彼がＡＸだったのだ。
　出来高の急増に対して、株価の伸びが今ひとつなのは気に入らなかった。
　ビッドの勢いが弱まると、ＥＣＮを使って売り手が２３ １/２ドルに入ってきた。ＤＬＪＰはインサイドオファーから離れることはなく、オファーを２３ ７/１６ドルに下げてきた。このときビッドは２３ １/４ドルだった。私はすぐに売り注文を入力することにした。結局、３００株を２３ １/４ドルで売却。 ＡＸに逆らうことはしたくなかった。

<u>　　　　　ＲＳＬＣの取引結果　３４６.０１ドル　　　　　</u>

ＡＭＢＩ：エイエムビーアイ（１）

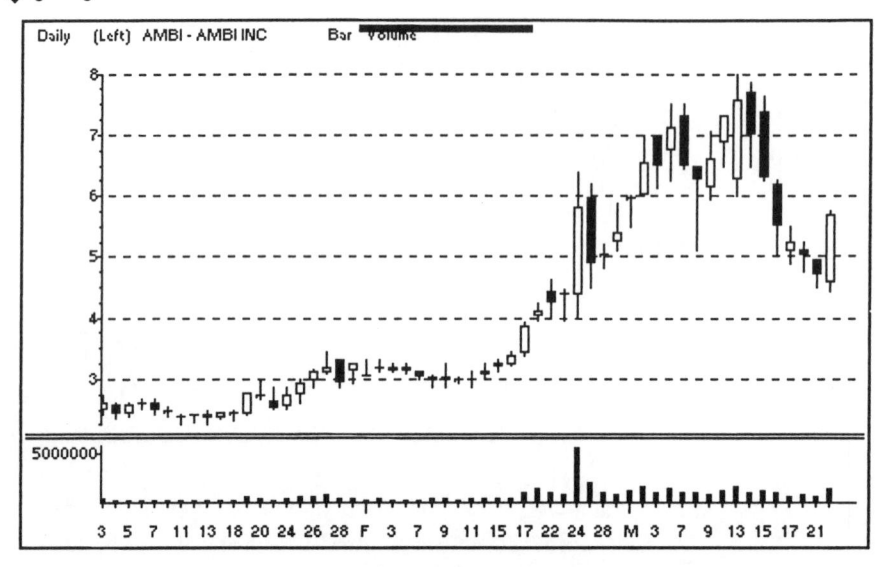

◆６－８

 ニューヨークではもうお昼だ。私はそのときパワースキャンをいじっていた。株価基準を変更して、安い価格で好条件の銘柄が見つかるかどうか試していたのだ。普段は低位株はあまり取引しないが、このときは動きを見せている「新顔」がいないかどうかを見たかった。このとき見つけたのが、ＡＭＢＩだ。
 ＡＭＢＩは２ １/２ドルから８ドルまでいい調子で値を上げ、３月１３日に最高値を出した。一度は今日の最安値４ ７/１６ドルまで押したが、多くの出来高を伴って反転し始めた。

第6章 ゴルフスイング改良

ＡＭＢＩ：エイエムビーアイ（２）

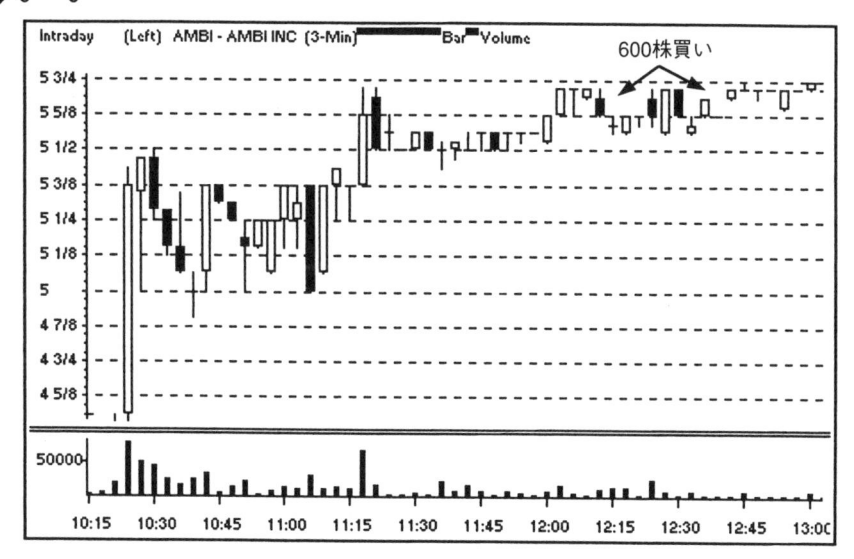

◆6－9

　ＡＭＢＩは保ち合いになり、そろそろブレイクアウトしそうな感じであった。そこで３００株を５ 19/32ドルで購入。まだ調子が良さそうだったので５ 23/32ドルでさらに３００株を買い増す。ストップロスは５ 5/16ドルに設定。目標は７～８ドルとした。

■イライラしているときどうするか？

　２０ドルで買い、２５ドルで売った株が３００ドルまで値を上げた。そんな話を聞いたことがあるだろう。おそらく一度や二度ではないはずだ。
　だが、このように振り返って後悔することは、ウォール街の悪癖なのである。どうやって売る時期を見極めるか。正直私も分からない。いや、正確に見極められる者は誰ひとりいないと言っても過言ではない。
　しかし、ひとつだけ分かることがある。「すべてのリスクは自分のシステムに従って管理しなければならない」ことだ。「ある銘柄が売り基準に達したら、それを実行しなければならない」などは良い例だ。

CIEN：シエナ（２）

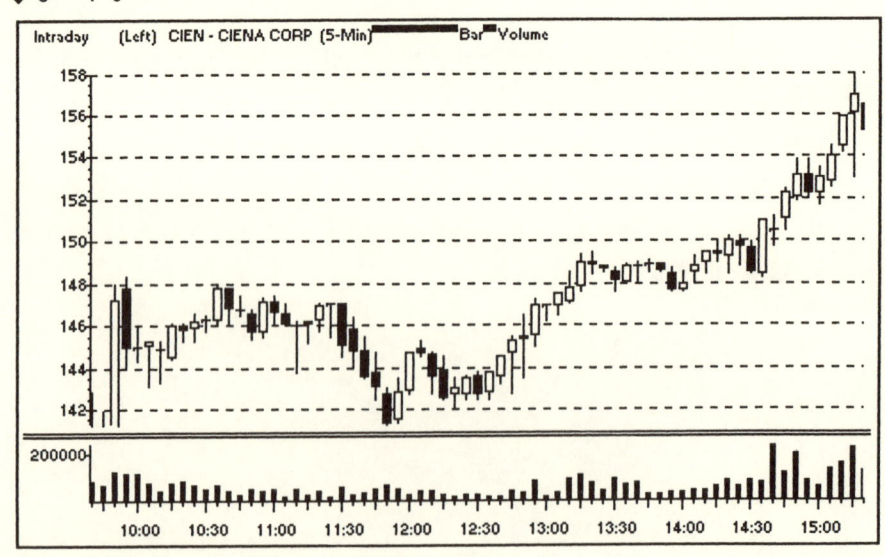

◆６－１０

[チャート：CIEN - CIENA CORP (5-Min) Intraday, Bar Volume]

　今日は私にとって、とてもイライラする日だった。覚えているだろうが、私は損切りでＣＩＥＮを１４０ １/２ドルで売却していた。このチャートを

第6章　ゴルフスイング改良

見れば分かるように、今、その株は１４８　1/2ドルにあるのだ（その後、１５８ドルの高値を付けた）。

```
ＭＲＶＣ：ＭＲＶコミュニケーション（３）
```
◆6－11

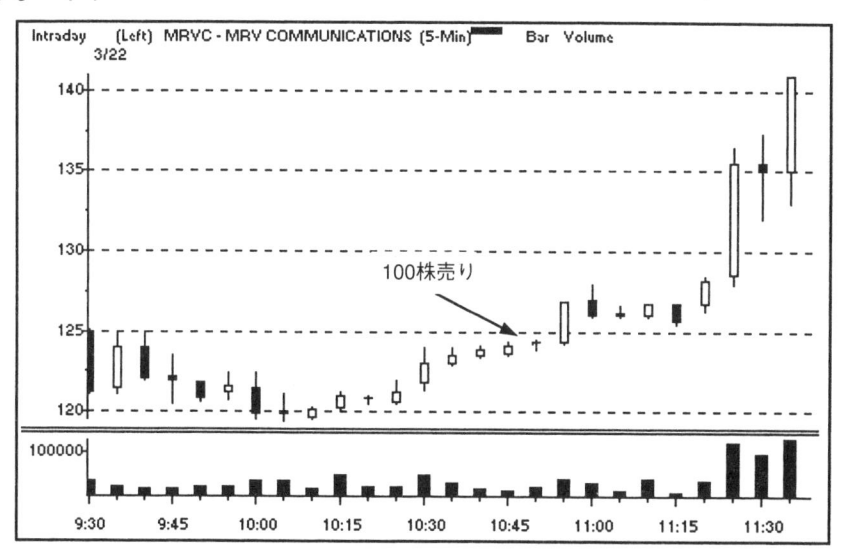

MRVCを、抵抗線を形成していた１２３　7/8ドルで売却。売却後、しばらくして株価は１４１ドルまで値を上げた。１２５ドルを突破したときに購入しようとしたが、１２５　1/2ドル以上は払いたくなかったので見逃してしまった。失敗だった。

下げ始めたとき（１１時２０分ごろ）、私は１２５　1/2ドルで待っていた。しかし、そこでも仕掛けを見逃してしまった。イライラしてきたので、その日のトレードを終了することにした。こういうときは、エネルギーを蓄え、次のトレードに前向きな気持ちで臨めるように、その場を離れるのが一番だ。

私はゴルフ場に電話をして、予約を取った。ＡＭＢＩのオープンポジションにはストップロスを設定しておいたので、リスク管理はできていた。

あとはゴルフコースで気分を発散させるだけだった。
　今日は最終ベルを聞けなかったが、終わってみるとブルにとってまた調子のよい１日だった。ナスダックは昨日の終値より１５３ポイント高く引けた。私のＡＭＢＩのストップロスが発動することはなかった。

◎オープンポジション：ＡＭＢＩ　６００株
◎３月２１日の総利益：３８９.６４ドル

第７章
～ブルの台頭～

◎２０００年３月２３日（木）

　昨日はマーケットでのストレスと、ゴルフ場でのストレスが重なった１日だった。今日はマーケットに期待をかけている。
　昨日のナスダックの強いトレンドは気に入っていた。今日の私の戦術はオーバーナイトしたＡＭＢＩを効率よく管理することである。
　私は、ウオッチリストに載せている各銘柄の「抵抗線と支持線」を、過去のデータを参考に書いておいた。これらの銘柄の中に強く動くようなものがあれば購入するつもりである。コーヒーをすすりながら、２階のトレーディングルームに向かい、今日の戦いに備えた。

　　　　　　　ＡＭＢＩ：エイエムビーアイ（１）

◆７－１

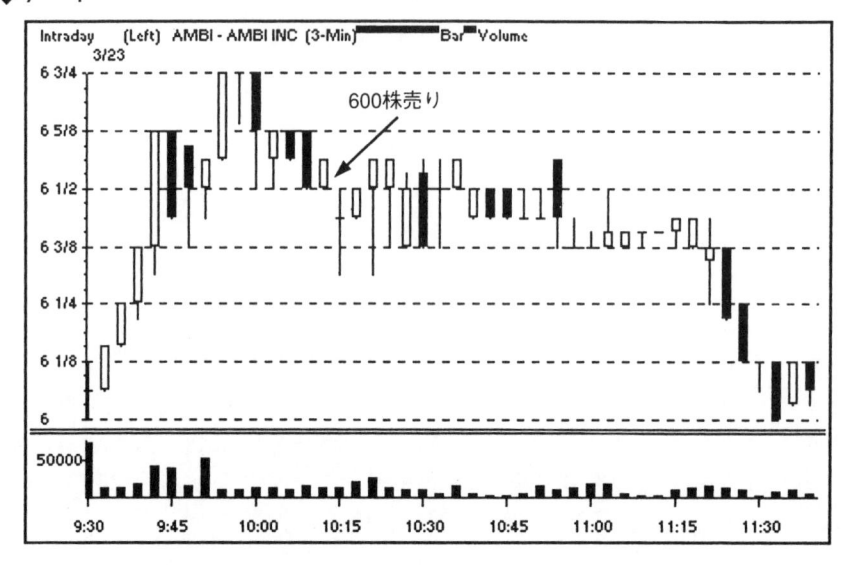

（チャート：Intraday (Left) AMBI - AMBI INC (3-Min) 3/23、600株売りの注記あり）

　ＡＭＢＩは最初から調子がよく、６ ３/４ドルまで値を上げた。$HRZG$がＡＸだ。６ ３/４ドルから下げたとき、６ １/２ドルでＡＭＢＩを３００株売却。残りの３００株は自由に動かせておこうと思ったが、$HRZG$がＡＭＢＩの勢いを止めたため、残りの株を６ １/２ドルで売却した。

　　　　　　ＡＭＢＩの取引結果　　４８６.１０ドル

第7章　ブルの台頭

　このトレードは利益だけ見るとホームランのようには見えない。だが、とても効率の良いトレードであった。このトレードで３４００ドルしか購入しなかったのはＡＭＢＩが低価格の株だったからである。「リスクがさらに高まる可能性がある」ため、低価格の株を取り扱うときには、特に注意が必要だ。この取引では特に守りを固めてトレードした。今回はうまくトレードできたが、１ポイント以上下がることはよくあるので、気をつけなければいけない。

QQQ（1）

　今日のマーケットはとても強い。実際、ナスダック１００は過去の最高値を更新している。私は、ナスダック１００のTracking StockであるQQQを購入するつもりだ。

　QQQ（ナスダック１００Trust Series１）はナスダック１００の価格を追うように設計されている。ナスダック１００の４０ポイントはQQQの約１ポイントに相当する。QQQはアメリカン証券取引所で取引されている。

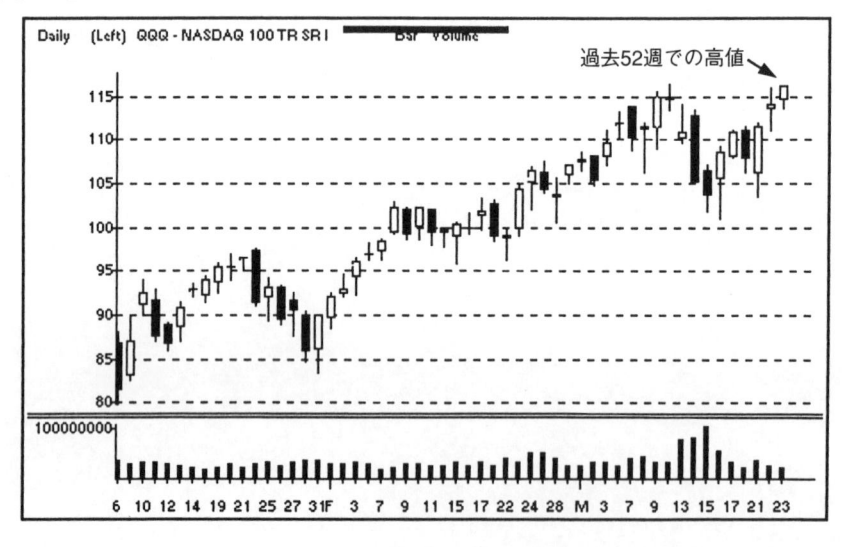

◆７－２

第7章　ブルの台頭

QQQ（2）

◆7－3

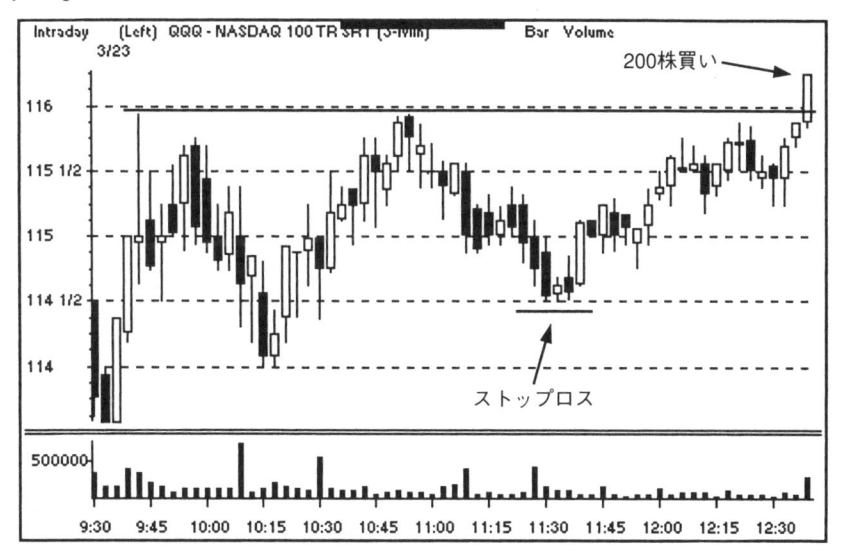

　QQQは最高値（過去最高）を更新してブレイクアウトした。そこで、２００株を１１６　１/４ドルで購入。ストップロスは１１４　３/８ドルに設定した。たった今、過去最高値が出たので目標は１２２ドル。約５％のリターンを期待する。

QCOM：クアルコム（1）

　ナスダック１００が過去最高だったので、指標を構成するブルーチップ・カンパニー（優良企業）を観察していた。これらの会社は、私のウオッチリストに載っている。

◆7－4

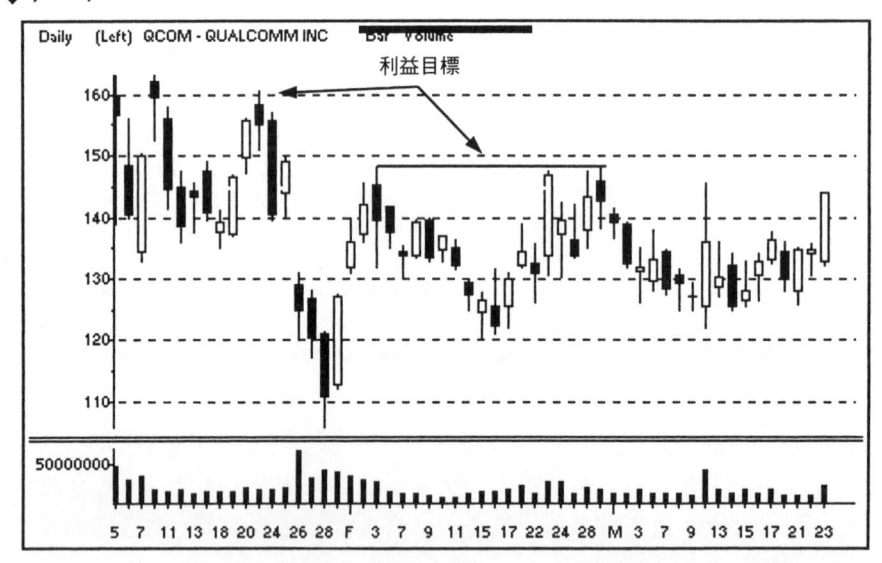

(チャート：Daily (Left) QCOM - QUALCOMM INC、利益目標)

　QCOMは平均出来高以上の取引があり、株価は上がっていた。「１４８ドルまで上がって、そこで抵抗線にぶつかる」と私は予想していた。もし１４８ドルを突破できたら上のチャートのように１６０ドルまで値を上げる可能性があると思った。

第7章　ブルの台頭

QCOM：クアルコム（2）

◆7－5

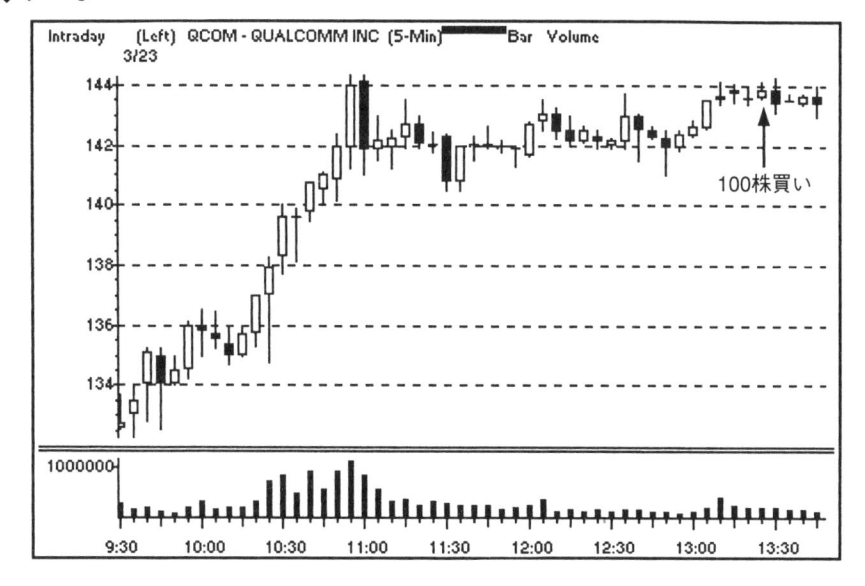

[チャート：QCOM - QUALCOMM INC (5-Min) 3/23 イントラデイチャート、「100株買い」の注記あり]

　QCOMは1日の初めに見せた急激な伸びの後、保ち合いとなった。この後に大きなブレイクアウトの予感がしたので、ISLDを通してECNに「143 13/16ドルで100株」の買い注文を入力した。50株のみ購入できた。
　100株はどうしても手に入れたかったので、もう50株の注文を出し、144 1/16ドルで購入。ストップロスは142 1/2ドルに設定した。目標は148〜160ドルだ。

QCOM：クアルコム（3）

◆7－6

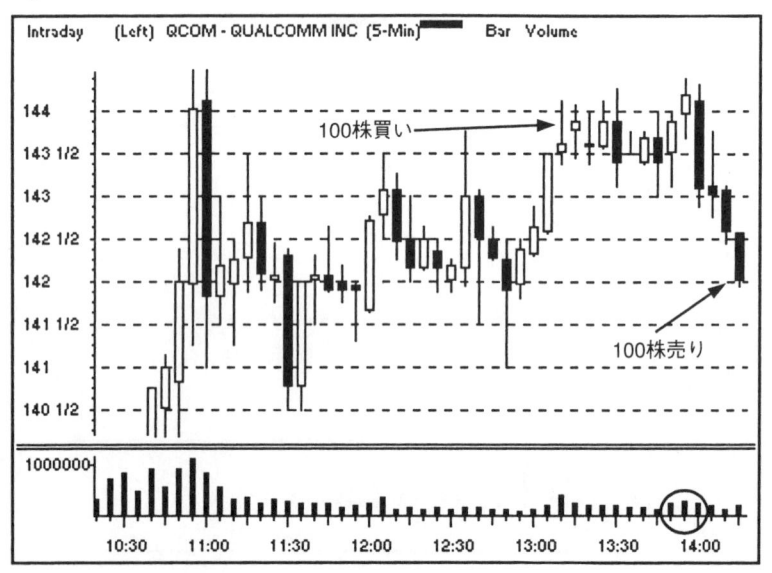

（チャート：Intraday (Left) QCOM - QUALCOMM INC (5-Min) Bar Volume、注記「100株買い」「100株売り」）

　QCOMは14時直前に出来高を伴ってブレイクアウトし始めた。しかし、SBSHがそれを妨げたため、勢いをなくしてしまった。142 1/2ドルでストップロスが作動したため、100株を142 1/16ドルで売却した。

<u>　　QCOMの取引結果　－202.98ドル　　</u>

第7章　ブルの台頭

INTC：インテル（1）

◆7－7

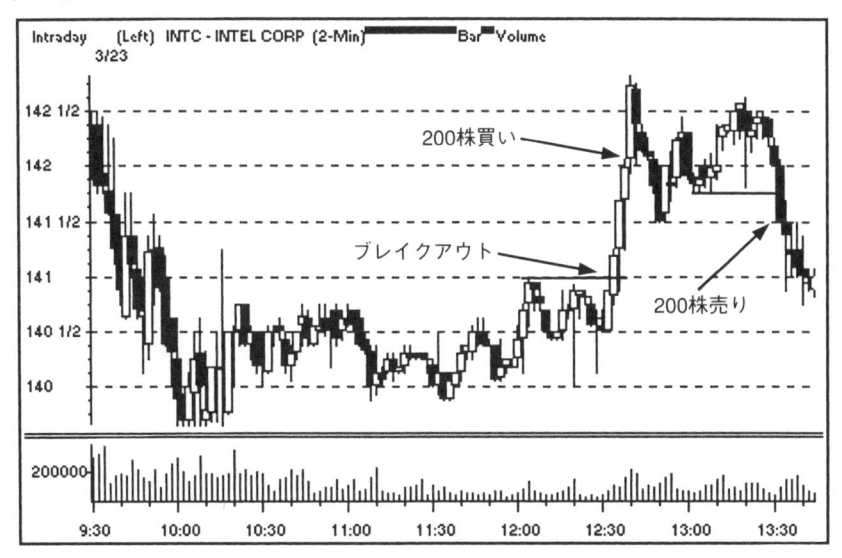

[チャート：INTC - INTEL CORP (2-Min) 3/23、ブレイクアウト、200株買い、200株売りの注記あり]

　INTCは1日中、インデックスに遅れて動いていた。しかし、一端、インデックスがブレイクアウトすると、それに従ってINTCも敏感に動き出した。141ドルの抵抗線を突破し、垂直に上がったため、ブレイクアウトを買おうとした。ところが駄目だった。あきらめずに追いかけ、やっと142 1/8ドルで200株を購入した。その株はイントラデイ最高値の142 15/16ドルまで値を上げたが、その後、141 1/2ドルに下げた。
　次の上げは弱く142 7/16ドルでピークに達した後、141 3/4ドルの支持線（チャート上の横線）まで値を下げた。その次の上げでは142 7/16ドルを突破し、142 9/16ドルまで値を上げる。INTCは上昇トレンドをつけ始めた。ストップロスを141 3/8ドルから141 5/8ドルに上げる。INTCが、もし141 3/4ドルより下がるようであれば、トレンドが逆転するのではないかと感じた。
　その後、INTCは売りが増え始め、141 3/4ドルに下がってしまった。ここでストップロスが作動したため、結局、200株を141 1/2ド

ルで売却した。

INTCの取引結果　－135.95ドル

CSCO：シスコシステムズ（1）

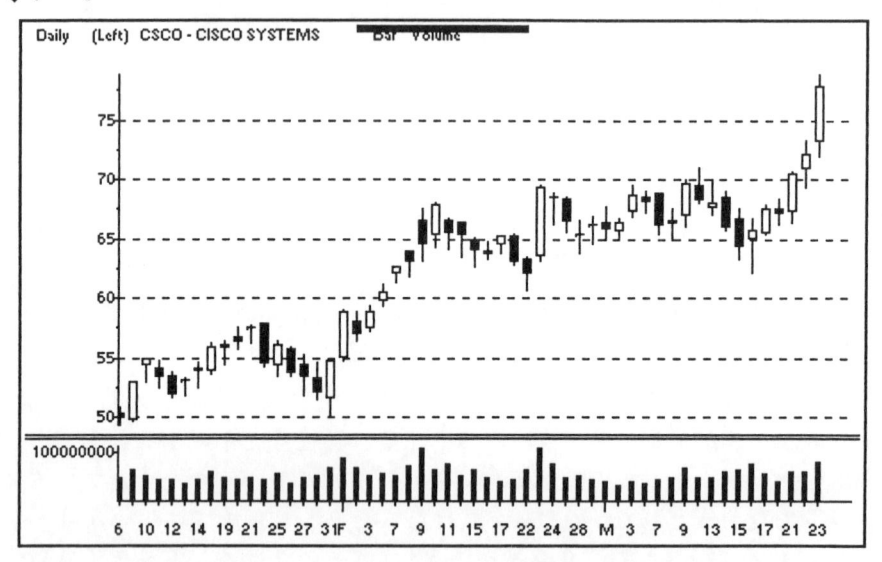

◆7－8

CSCOも52週間の最高値を記録。今度は反省して押しを待つことにする。

第7章　ブルの台頭

ＣＳＣＯ：シスコシステムズ（２）

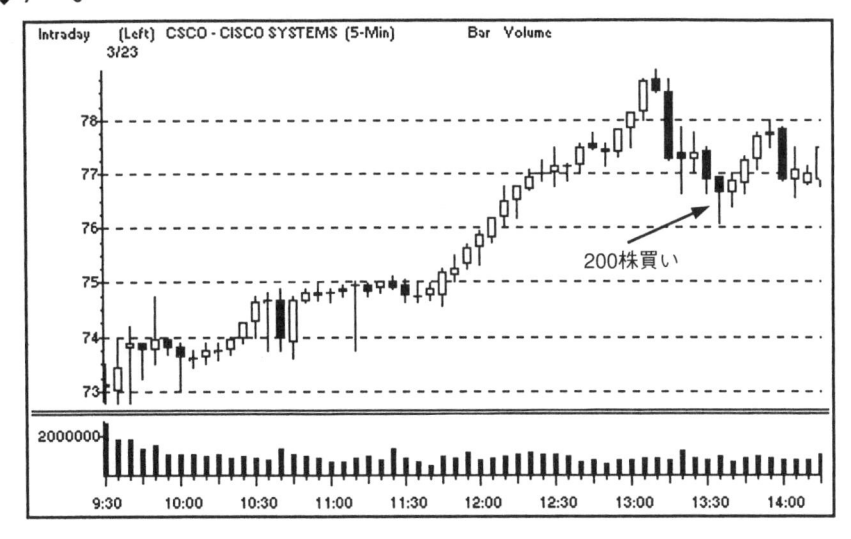

◆７－９

(チャート: CSCO - CISCO SYSTEMS (5-Min) 3/23、「200株買い」の注記あり)

　ＣＳＣＯは１１時３０分でのブレイクアウトで、７５ドルから７８ 7/8ドルまで値を上げた。その後、７６ 1/8ドルに値を下げ、再び上げ始めた。
　私は７６ 1/16ドルで２００株の注文を出したが、たった１０株しか買えなかった。再度、１９０株の注文を出したが、７６ 5/8ドルで８０株しか買えなかった。信じられなかった。
　三度目の正直で１１０株の注文を出したところ、今度はポジションを獲得することができた。７６ 3/4ドルで１１０株購入。ストップロスを７５ 7/8ドルに設定した。目標は８０ドルとした。

ＳＵＮＷ：サンマイクロシステムズ（１）

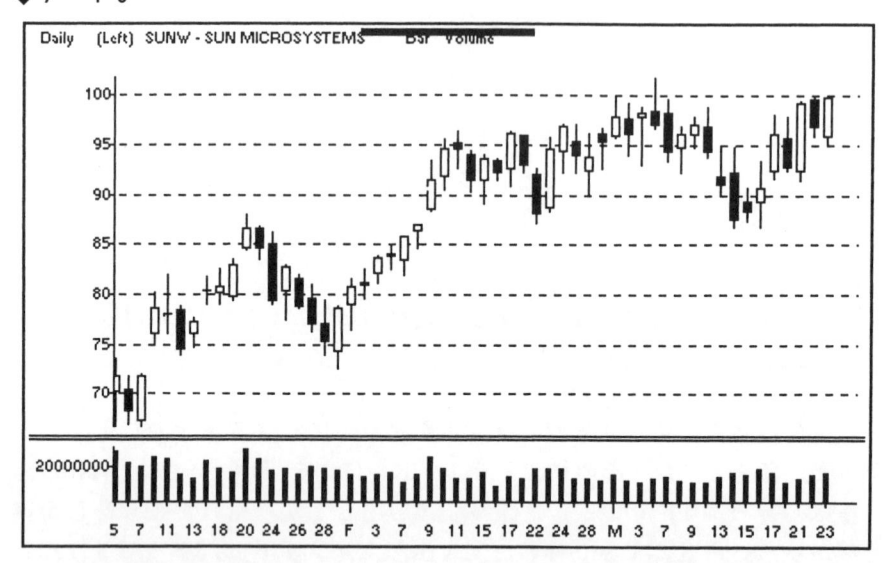

◆７－１０

　ＳＵＮＷも過去最高値につながるブレイクアウトを起こしそうな気配だ。昨日の夜、ウオッチリストで銘柄を調べているとき、今日、この銘柄を注意深く追っていくための「メモ」を準備しておいた。私はスイングトレードを狙っていた。

第7章 ブルの台頭

ＳＵＮＷ：サンマイクロシステムズ（２）

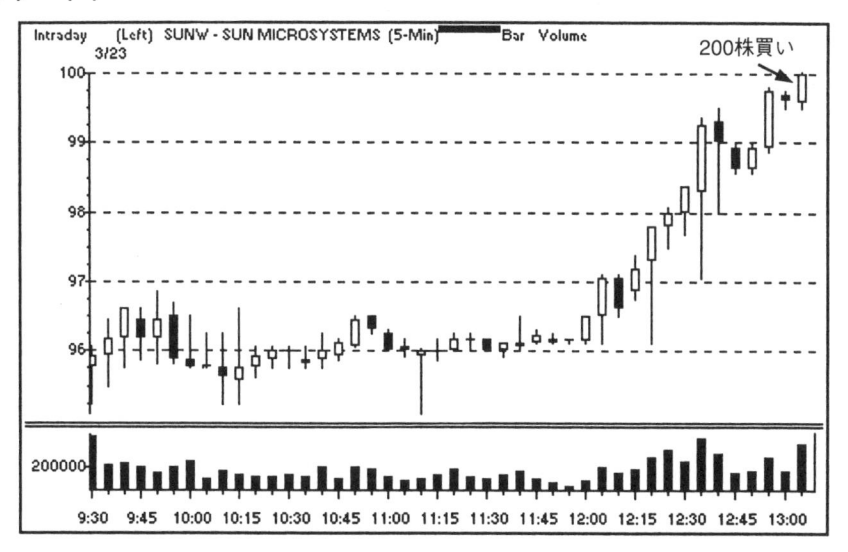

◆7－11

　ＳＵＮＷは今日の最高値を記録し、１００ドルに差し掛かろうとしている。そこで私は、２００株を９９ 7/8ドルで購入した。

LOOK：ルックスマート（1）

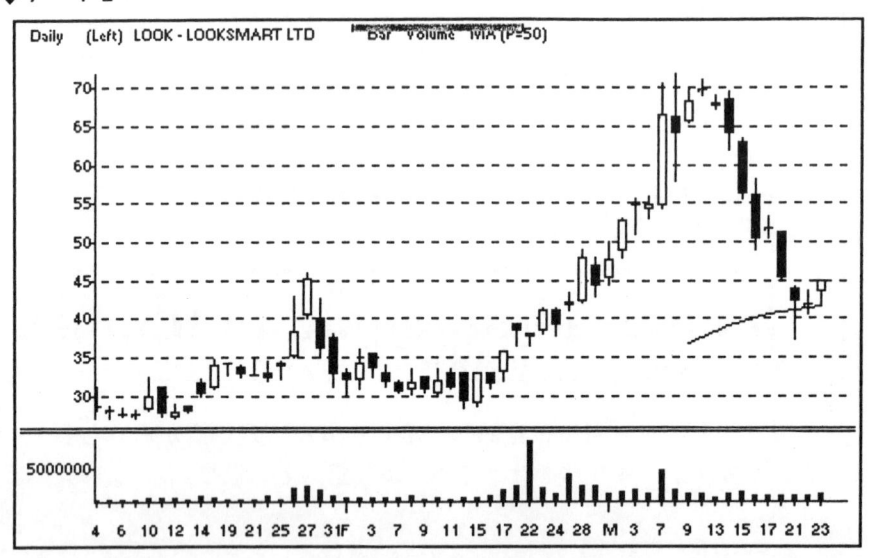

◆7－12

 プルバックスイングスキャンでLOOKを見つけた。3月8日、この株は72ドルで最高値を記録していた。3日前には37 1/4ドルまで値を下げてから、また上げていた。最初に見つけたときは、3日前の最高値（44ドル）近くで取引されていた。

第7章　ブルの台頭

LOOK：ルックスマート（2）

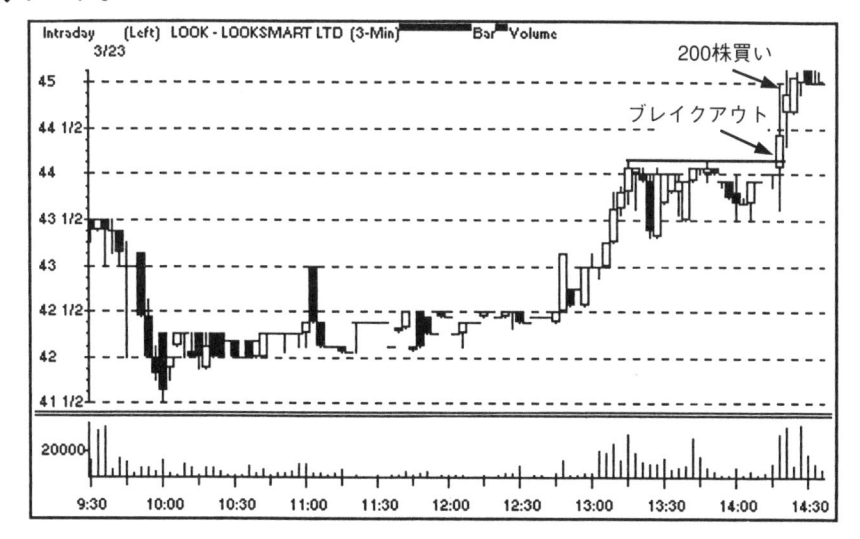

◆7－13

（チャート内ラベル：200株買い、ブレイクアウト）

　14時18分ごろ、LOOKは出来高を伴って保ち合いから抜け出しブレイクアウトした。そこで、200株を44 7/8ドルで購入。ストップロスは43 7/8ドルに設定した。目標は4日前にブレイクダウンした支持線（48 1/4ドル）だ。

ＬＯＯＫ：ルックスマート（３）

◆７－１４

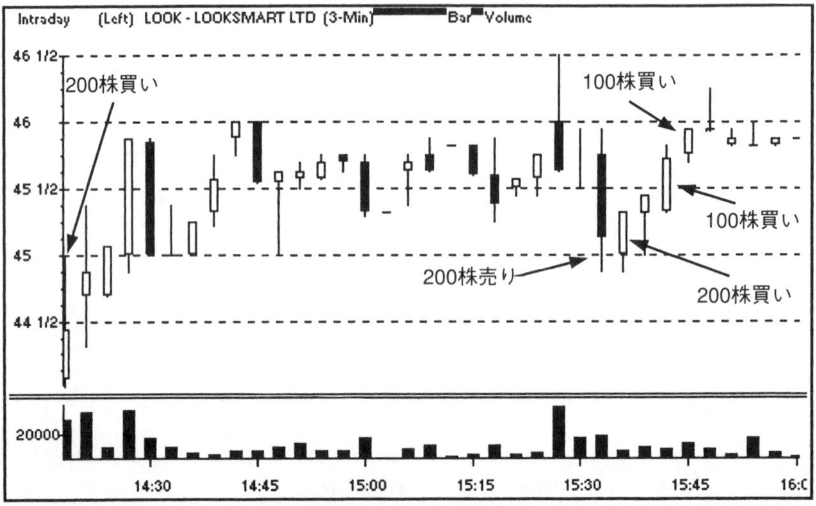
Intraday (Left) LOOK - LOOKSMART LTD (3-Min) Bar Volume
46 1/2
46
45 1/2
45
44 1/2
20000
200株買い
100株買い
100株買い
200株売り
200株買い
14:30
14:45
15:00
15:15
15:30
15:45

一度、４６ドル１／２まで値を上げた後、急に下げたので怖くなる。結局、４５ドルで２００株売却した。

その後、ＬＯＯＫは安定して、また上がり始めた。再び２００株を４５ 1/4ドルで購入。もう１００株を４５ 1/2ドルで、さらに１００株を４５ 7/8ドルで買い増す。

ＬＯＯＫの取引結果　１４.７０ドル

第7章 ブルの台頭

ＯＲＣＬ：オラクル（１）

◆７－１５

(チャート内ラベル: 過去52週の高値)

　ＯＲＣＬは過去最高を記録。ここでも反省を生かし、早く入り過ぎずに押しを待つ。

ORCL：オラクル（２）

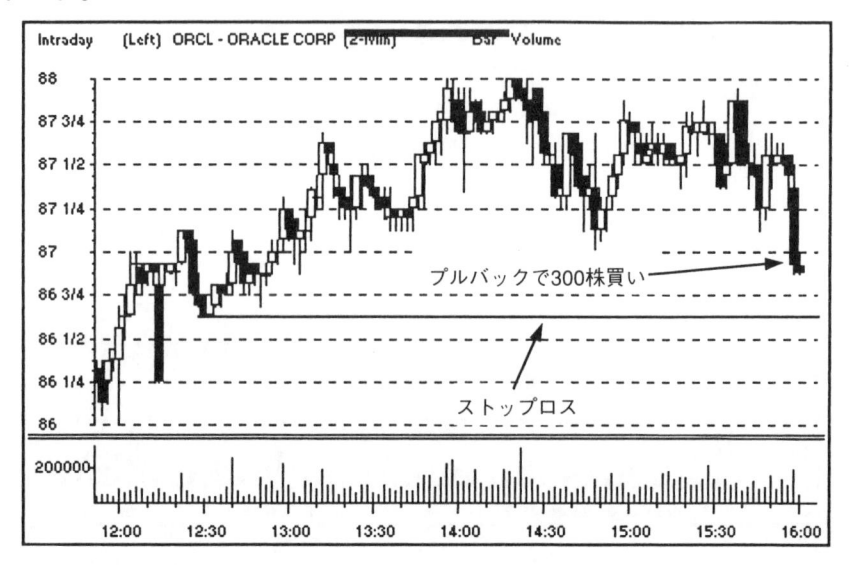

◆７－１６

（チャート：Intraday (Left) ORCL - ORACLE CORP 2-Min Bar Volume、「プルバックで300株買い」「ストップロス」の注記あり）

　ORCLは予想どおり押した。そこで、３００株を８７ドル１４セントで購入した。チャートの横線で見られるサポートラインの下にストップロスを設定したかったが、終了ベルまであと１分しかなかった。私は、スウィングトレード狙いでORCLを購入した。

第7章　ブルの台頭

　　　　ＭＳＦＴ：マイクロソフト（１）

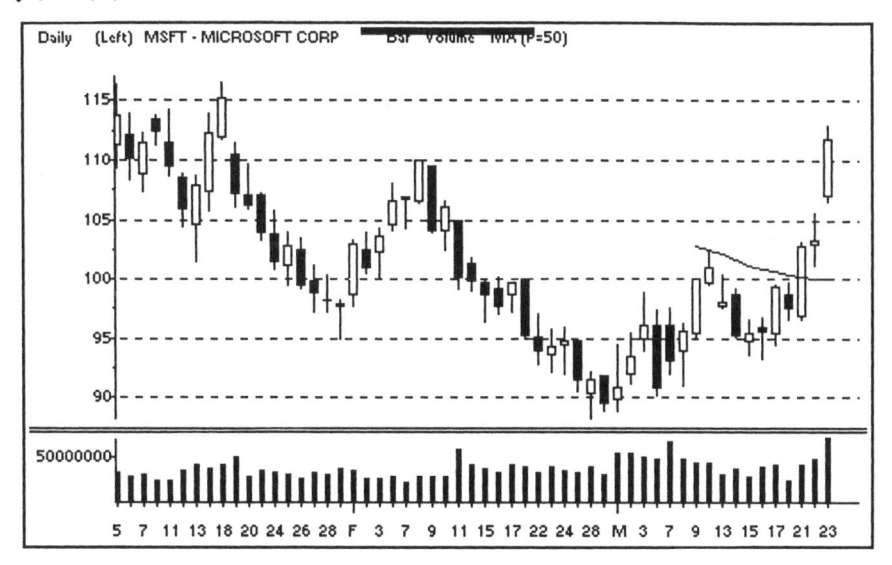

◆７－１７

ＭＳＦＴは本当に強そうだ。この日の動きを、終始、見ていて分かった。終了近くになっても、まだ、強さを見せていたら、オーバーナイトポジションを買っておくつもりだ。

ＭＳＦＴ：マイクロソフト（２）

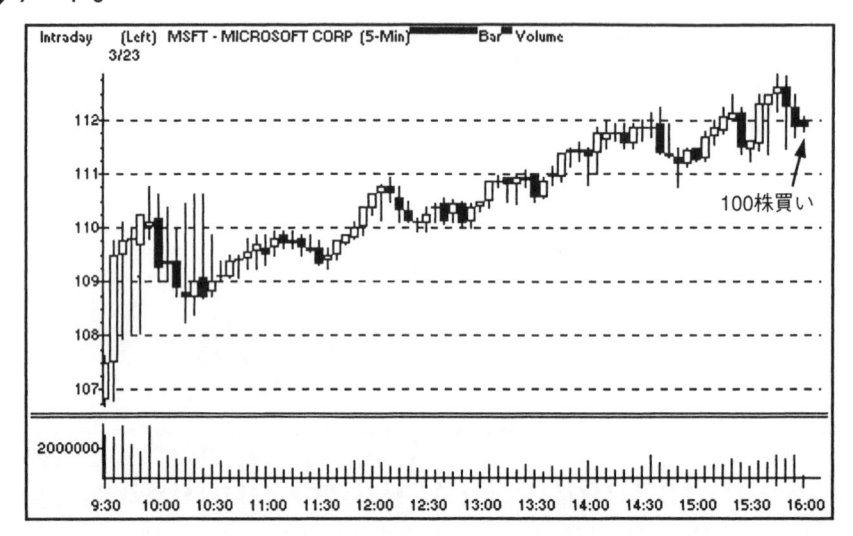

◆７－１８

（チャート：3/23 MSFT 5分足、100株買い）

　ＭＳＦＴはとてもいい位置で終了したので、私はオーバーナイトポジションとして１００株を１１２ 1/16ドルで購入した。明日には１１５ドルまで上がるだろう（と考えている）。

第7章　ブルの台頭

ＣＳＣＯ：シスコシステムズ（３）

　１日のトレードが終わり、私は６つのオープンポジションを持っていた。私の６つの銘柄は、アフターアワートレーディングで、より高く取引されていた。
　私は、オーバーナイトリスクを算定し、ＣＳＣＯを売ることにした。ＣＳＣＯの終値は７７ 13/16ドル、ＩＳＬＡＮＤには７８ 1/4ドルで買い注文があった。もう一度，ＣＳＣＯのこの日のチャートを見て売ることに決める。

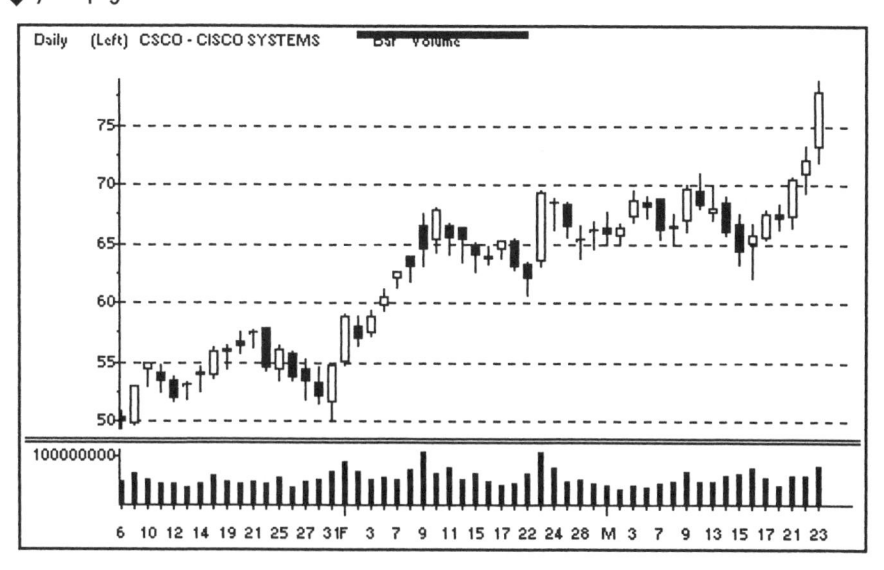

◆７－１９

　上のチャートを見ると分かると思うが、この５日間の間にＣＳＣＯは６２ 3/16ドルから７９ドルまでかけ上がった。ＣＳＣＯのような銘柄には少し異常な事態だったので、オーバーナイトポジションのリスクを考え、２００株を７８ 1/4ドルで売却した。

　　　　　　ＣＳＣＯの取引結果　　２９２．５９ドル

終了のベルが鳴り、今日の上げ相場が祝福された。ナスダックは昨日の終値から７５ドル高く終了した。今日は良いトレードができたと思うし、オーバーナイトポジションを５銘柄保有していることに違和感はなかった。

◎オープンポジション：
ＱＱＱ２００株、ＯＲＣＬ３００株、
ＬＯＯＫ４００株、ＭＳＦＴ１００株

◎３月２３日の総利益：４５４.４６ドル

第8章
～オークランドへ出発～

◎２０００年３月２４日（金）

　昨日はオーバーナイトポジションを５つも持っていたにもかかわらず、よく眠れた。
　昨晩、今日のトレードのための調査をしているとき、「明日はどれだけの利益を確保しようか」と考えていた。メモには"マーケット開始時のギャップアップとギャップダウン"の２通りに対する戦術を書いておいた。
　私のポジションが昨日と同じ勢いを見せるならば、私はトレーリングストップをかけるだけでよい。今朝は、もう昨日からの５つの銘柄で手いっぱいなので、ほかの銘柄については調べなかった。５つのポジションを同時に管理するのは容易なことではない。初めに定めておいたガイドラインに従っていかなければならない。

ＭＳＦＴ：マイクロソフト（１）

　今朝は普段より早く起きて、今日の準備をした。ナスダックはプレマーケットから買われており、それとともに、私の持っていた株も、プレマーケット時から、昨日以上に高く取引されていた。ＭＳＦＴは１１４ 1/2ドルで取引されていたため、１１１ 15/16ドルでストップロスを設けた。

◆８－１

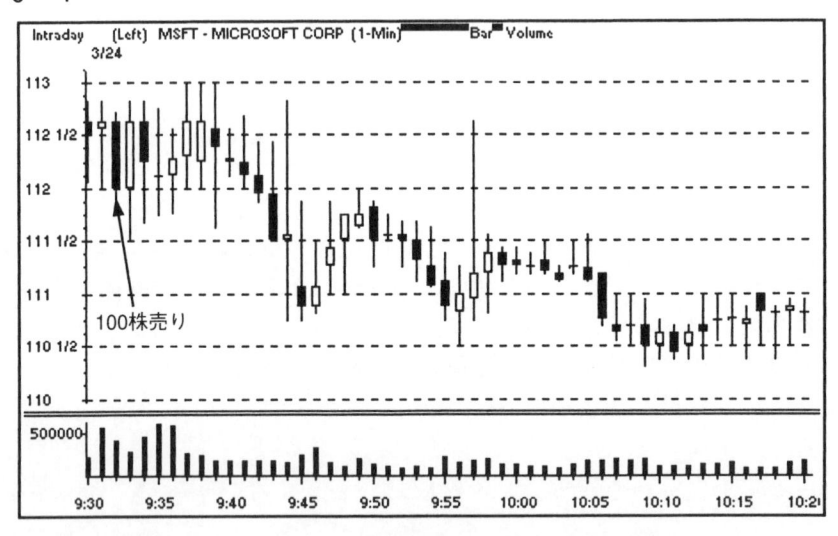

```
Intraday  (Left) MSFT - MICROSOFT CORP (1-Min)    Bar Volume
3/24
```

（チャート図：100株売り）

　ＭＳＦＴはプレマーケットの段階で１１５ドルまで値を上げていたが、マーケットオープンの時点では１１２ 1/2ドルで取引を始めた。しかし、そこから落ち始めストップロスまで下がった。結局、１００株を１１１ 15/16ドルで売却した。

　　　　　　ＭＳＦＴの取引結果　　－２９．１３ドル

第8章 オークランドへ出発

LOOK:ルックスマート(1)

◆8-2

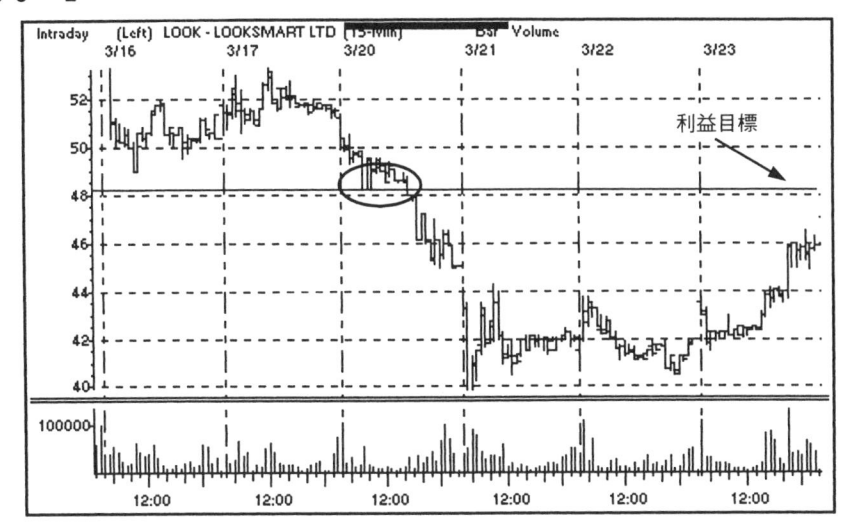

[チャート: Intraday (Left) LOOK - LOOKSMART LTD (15-Min) Bar Volume 3/16〜3/23、利益目標と注記あり]

　LOOKは、47 1/8ドルまで値を上げていた。私は200株分を46 7/8ドルにストップロス設定。売り手仕舞いの指値を48 1/4ドルとした。上のチャートから分かると思うが、48 1/4ドルは私の目標(プライス・ターゲット)でもあった。

LOOK：ルックスマート（２）

◆8−3

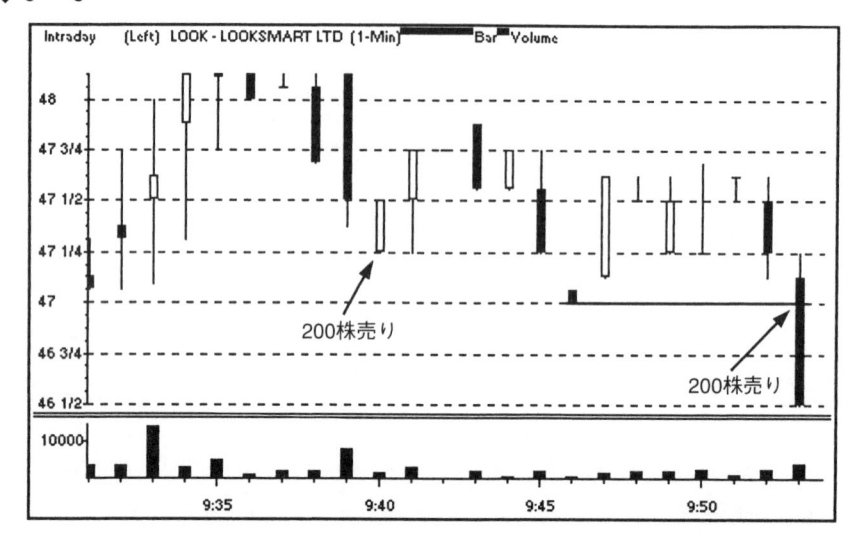

（チャート：Intraday (Left) LOOK - LOOKSMART LTD (1-Min)　Bar Volume　「200株売り」の注記が2箇所）

　LOOKは48 1/8ドルまで値を上げた。そこで、3分程度トレードをしていた。48 1/4での売り注文は確実に実行されると思ったが、実際にはそのようなことはなかった。INCAを使っている誰かによって（もちろん、名前は伏せている）妨げられたからだ。
　INCAでの売り注文の株数は何度もリフレッシュされていた。私は、48 1/4ドルでのオーダーをキャンセルし、47 1/4ドルで200株を売却した。その後、LOOKは9時53分に47ドルを割り、ストップロスまで下がった。そこで、残りの200株を46 7/8ドルで売却した。

LOOKの取引結果　610.36ドル

第8章 オークランドへ出発

ORCL：オラクル（1）

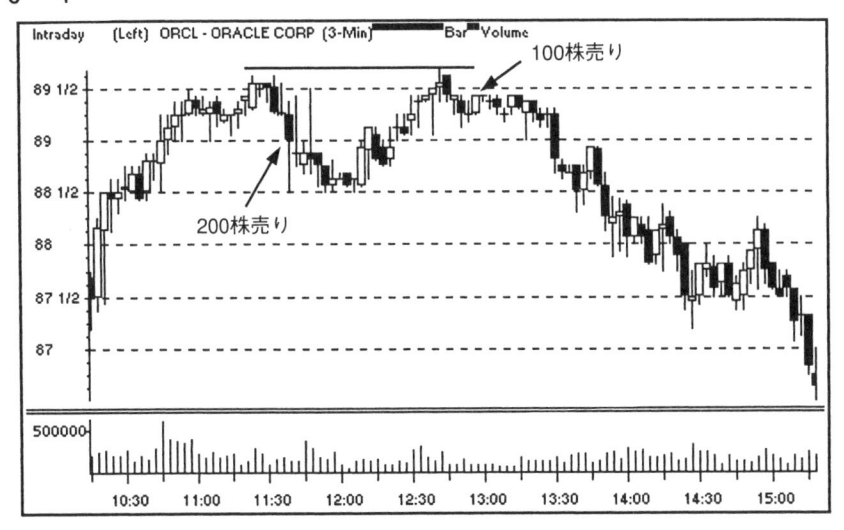

◆ 8 － 4

[チャート図：Intraday (Left) ORCL - ORACLE CORP (3-Min)、"100株売り"、"200株売り"の注記あり]

ORCLは87 3/8ドルから89 5/8ドルに上昇した。これは、過去最高の領域であった。私は200株にストップロスを設定していたが、ORCLが89 1/2ドルまで上昇したため、88 15/16ドルにストップロスを設定し直した。ORCLは89 1/2ドルで下落し始め、89ドルを割った。ここでストップロスが作動、結局、200株を88 15/16ドルで売却した。

ORCLはいったん88 1/2ドルまで値を下げた後、上昇しようとしていた。89 11/16ドルまで上昇したが、また下がってしまう。

SBSHがAXだった。SBSHは頂点まで売り続けて、株価が下がったときに売り気配値を下げてきた。そこで私は、残りの100株を89 3/8ドルで売却することにした。

　　　　　ORCLの取引結果　557.35ドル

┌─────────────────────────────────────┐
│　　　　ＳＵＮＷ：サンマイクロシステムズ（１）　　　　│
└─────────────────────────────────────┘

◆８－５

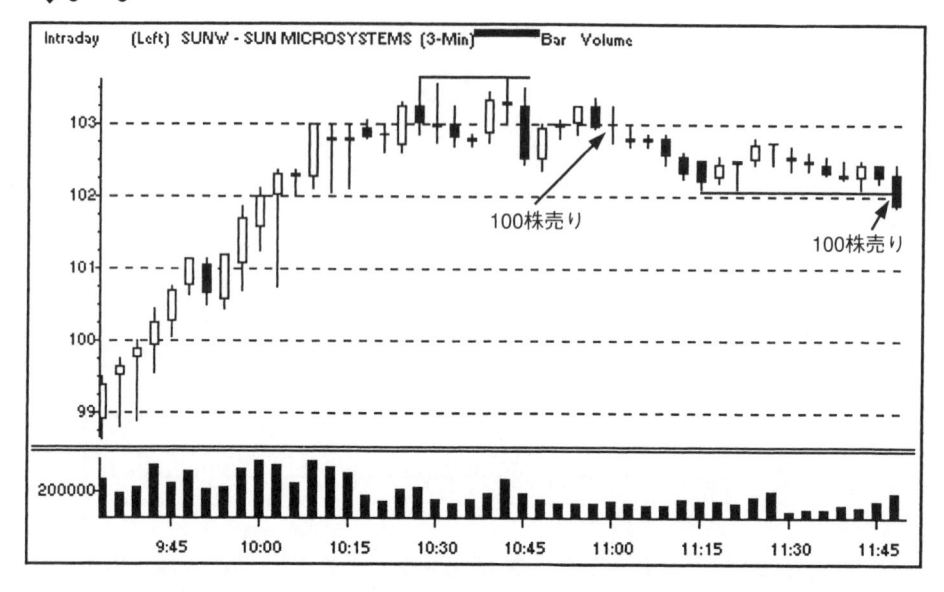

（チャート：Intraday (Left) SUNW - SUN MICROSYSTEMS (3-Min)　Bar Volume、価格帯99～103、時間9:45～11:45、チャート上に「100株売り」の注記が2箇所）

　ＳＵＮＷは９９ドルから最高値の１０３ 5/8ドルまで上昇した。少し値を下げてから、また、１０３ 5/8ドルを突破しようとしたが失敗した。ダブルトップの形に見えたので、１００株を１０２ 7/8ドルで売却した。その後、ＳＵＮＷは１０２ 1/8ドルまで値を下げると、また、１０２ 3/4ドルまで跳ね上がった。
　残りの１００株には１０２ドルでストップロスを設定した。この位置にストップロスを設定した理由は、ＳＵＮＷが下がるとしたら１０２ドルライン、つまり、トレンドの転換点だと感じたからである。「直近の高値が、その前の高値より安くなり、次の安値がその前の安値を割った点」だと思ったからだ。ＳＵＮＷは、その後、１０２ 1/8ドルを割った。ストップロスが作動したため、１００株を１０２ドルで売却した。

　　　　　　　ＳＵＮＷの取引結果　　４９６．８１ドル
　　　　　　　─────────────────────

第8章　オークランドへ出発

ＳＵＮＷ：サンマイクロシステムズ（２）

◆8－6

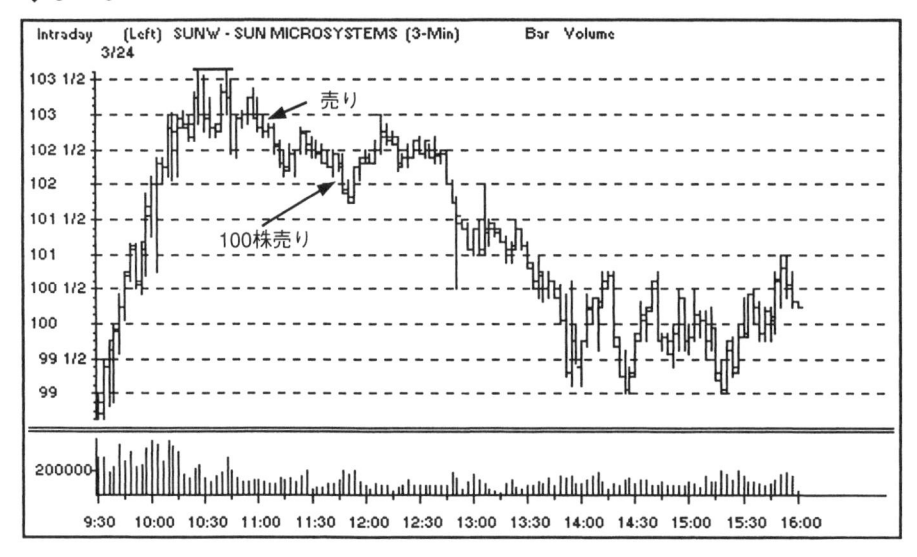

上の図からも分かるように、ＳＵＮＷはどんどん売られ、９９ドルまで値を下げた。

QQQ（1）

◆8－7

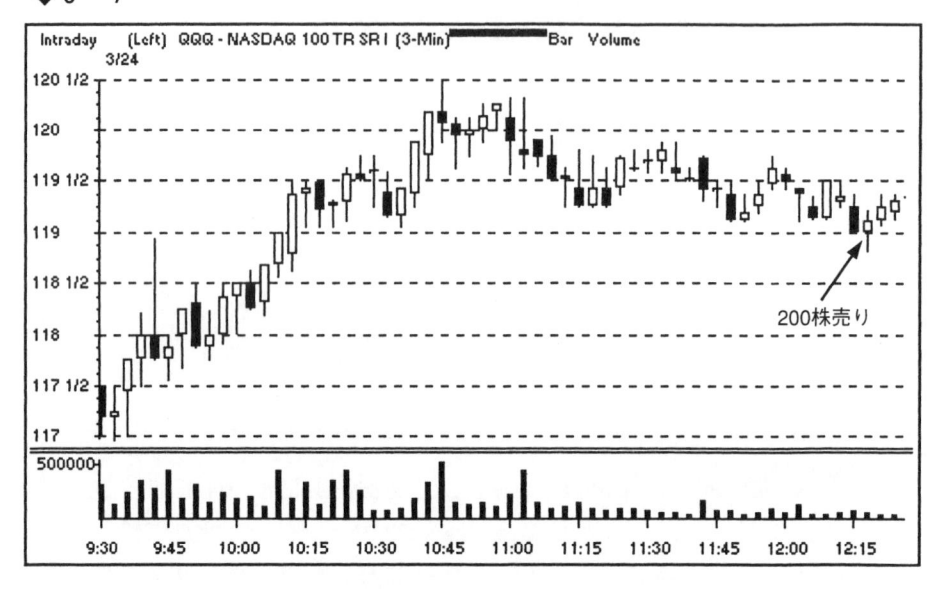

QQQは120 1/2ドルで最高値を記録し、そこからゆっくりと値を下げ始めた。私は118 15/16ドルにストップロスを設定した。119ドルを切ったためストップロスが作動、200株を118 15/16ドルで売却した。

QQQの取引結果　526.70ドル

第8章　オークランドへ出発

◆8－8

QQQ（2）

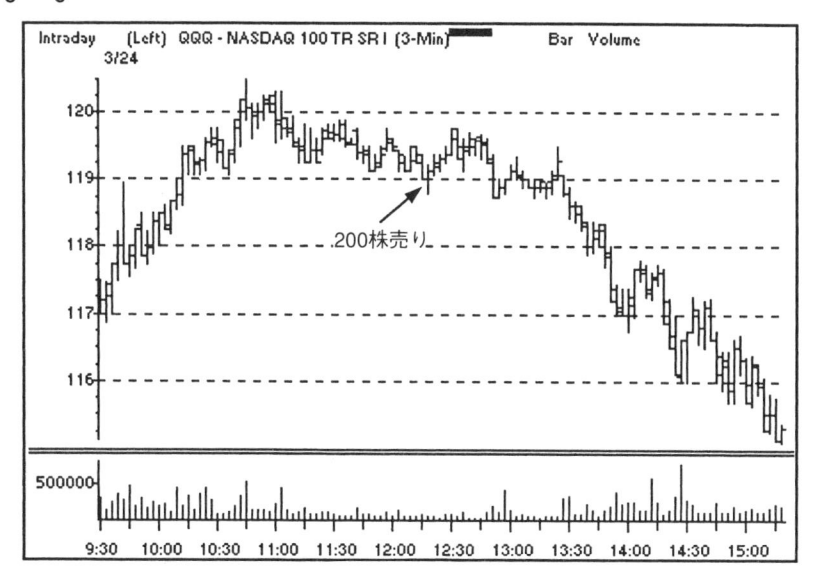

上のＱＱＱのチャートから分かるようにマーケットは急激に値を下げた。

マーケット終了のベルが鳴り、ベアとブルの戦いは辛くもブルが勝利した。ナスダックは昨日の終値から２２ポイント高く終了した。しかし、今日の最高値からは１１５ポイント下がっている。始値からは２３ポイントの下げだ。勢いが弱まってきた。この傾向は気に入らなかったので、アフターマーケットでは買いのポジションを仕掛けないことにした。

挑戦の第１週目が終わった。多くのチャンスを利益につなげることができて、非常に良い１週間であった。１日目は、トレードをしないで観察していた。これがこの週の成功のキーポイントだったと思う。

第１週目の総利益は５４７６．１９ドルだ。私は口座管理会社に５０００ドルのチェックを送るようにＦＡＸで申請した。何と言っても金曜日は給料日なのだから。

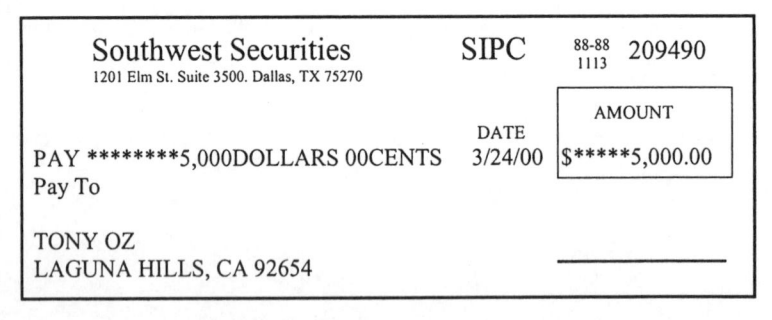

◆ 8－9

Southwest Securities		SIPC	88-88 1113	209490
1201 Elm St. Suite 3500. Dallas, TX 75270				
		DATE	AMOUNT	
PAY ********5,000DOLLARS 00CENTS		3/24/00	$*****5,000.00	
Pay To				
TONY OZ				
LAGUNA HILLS, CA 92654				

銀行振込でなく、チェックの申請を好む理由。それは、自分の努力に対する報酬が、目に見えるからだ。そう、カタチとして、実感できるからである。私の妻にも、開封して見せると喜ぶ。妻の笑顔は、苦しいときの励みにもなる。

その晩、郵便物を確認すると、その中に、先週申請した数千ドルのチェックが入っていた。これを見ると私も嬉しくなり、また次の日も頑張ろうという気持ちになった。

チェックの申請を出すと、私は飛行機に乗るためジョン・ウエイン空港

に向かった。この週末は、オークランドで開催されるオンライントレーディング・エキスポに参加するからだ。

◎オープンポジション：なし
◎３月２４日の総利益：２１６２．０９ドル

第9章
～初心者から学ぶ～

◎２０００年３月２７日（月）

　私はとても疲れていた。日曜日の夜遅くにオークランドから戻ってきたからだ。だが、今回の会議で学んだこと（大切な要点）をどうしてもまとめておきたかった。

　金曜日の夜、私は、主催者が開いた歓迎会に出席した。私のテーブルでは６人のトレーダーが「トレード手法」について議論していた。私はいつの間にか、討論に参加していた。この討論の良かった点は、いろいろな立場の参加者がいたことだ。「初心者のトレーダー」「プロのトレーダー」「トレーダーになりたいと思っている人」という具合に。

　この討論で、あるトレーダーは「自分がオプショントレードで成功していること」について話した。私は、この種の話を耳にするといつも身震いする。以前、その手法を使って"すべて"を失った人の話を思い出すからだ。

　だれかがオプションを売るとき、"売る人"は一定期間後に、この"オプションを買う人"から「決められた価格で買い戻す」約束する。この契約を結ぶことで、前もってプレミアム支払いを受けることができるのだ。簡単に説明しよう。

　ＸＹＺ株が１５０ドルで取引されているとする。上記の手法を使うと、私は次の２カ月間に「１０００株のＸＹＺ株を私に１５０ドルで売ることができる」権利をだれかに売ることができる。この権利を得るため、この契約を買う人は私に今日６ドル払う。これが私の利益（最大報酬）だ。この手法は、リスクが大きい。

　言うまでもなく、私のトレード哲学はリスクをしっかりと管理することだ。もしＸＹＺ株が２カ月後に次の表の価格で取引されていたら私の利益はどうなるだろう（次ページの図には、このトレードのリスクと報酬が表

されている)。

◆9−1

50	70	90	110	130	150	170	190	210	230	250
-95K	-75K	-55K	-35K	-15K	+6K	+6K	+6K	+6K	+6K	+6K

　見てのとおり、私の報酬は6000ドルに限定されている。その反面、私のリスクは制限されていない。何か問題が発生すれば、大損する可能性がある。これは自分のトレードに求めているものではない。私は自分が正しいときには大きな報酬を手に入れたい。そして、間違っているときには、できる限り損失を抑えたいのだ。
　もちろん、正しいトレードの方法はひとつではない。だから、人それぞれが好む手法を否定するつもりもない。しかし、この討論のなかで明らかに問題だと思ったのは、「この手法を使っていたトレーダー自身が、そのリスクを完全に理解していなかったのではないか」という点だ。そして、そう感じていたのは私一人ではなかった。
　オプションについての討論から、リスク管理に関する議論が生まれた。私たちは、このとき、自分の力では管理できないリスクについて話し合っていた。停電、ネットワークの中断、通信渋滞などによる遅いインターネット接続など、「予期せぬ事態にどう備えるか」について答えを出そうとしていた。これはみんなが注意しなければならない、ネットビジネスの背後に潜むリスクだ。この会議で話された内容をまとめたら、何冊でも本が書ける。
　こうして帰宅すると、オークランドで得た情報が、徐々に整理されてきた。トレードショーでは、何人ものトレーダー（資金はあるが、貧弱なシステムと知識でウォール街に挑戦を試みる）がたくさんいた。しかし誰も彼らを止めようとはしなかった。特別な性質なのか、それとも人間の本質なのか。それは、分からない。だが、間もなくトレーダーになろうという人には、「自分がだれよりも知識を持っていて、ウォール街で勝ち抜く実力がある」という一種の幻想が存在しているようだ。

第9章　初心者から学ぶ

　このような話を取り上げている理由は、私がこの本で"分かりやすく紹介している内容"も、実行に移せばきっと、"複雑に感じるだろう"と思うからだ。特にインターネットを使ったトレードの難しさをまだ味わったことのない人にとっては、なおさらだろう。うそをついてまで、デイトレードが簡単だと思わせたくはない。簡単ではないのだ。しかし、デイトレードで勝つことは可能だということを、この本で証明したい。そのためには、先週のように、これからの3週間も良い結果を残さねばならない。

●

　目覚し時計がけたたましく鳴った。午前4時45分。起きる時間だが、あまりの疲れで目が開けられない。目覚ましボタンを押してもう少し寝ようとした。6分過ぎると時計がまた鳴る。こういう朝は、起きるべきか寝過ごすべきか、頭の中で激しく議論される。オーバーナイトポジションがないときには、毎朝、こういう議論が展開される。
　起きるための第一歩として、私はまず、寝室のテレビをつける。そして、また、ベッドに入る。少し枕を上げて、メガネをかける。目はまだ閉じている。また眠ってしまったときのために、目覚し時計は、再度、鳴るようになっている。時折、片目を開けてマーク・ヘインズやジョー・カーネン、デビッド・フェーバー、そしてCNBCの画面の下に流れているティッカーを見る。ベッドから出る20〜30分後まで、この行動は繰り返される。しかし、どうにも今日は眠い。結局、寝過ごすことにした。
　起きた時は午前8時30分だった。マーケット開始後、すでに2時間が経過していたが気にはしなかった。普段より長いシャワーを浴びた。なんと贅沢なことだ。
　1時間が経ち、やっと2階のトレーディングルームに向かった。ダイレクトアクセストレーディング専用ソフトのリアルティック」とパワースキャンを起動した。遅れた3時間を取り戻そうとした。私は、とてもリラックスして、画面に良いセットアップが現れるのを待った。

WAVX：ウェーブシステムズ（1）

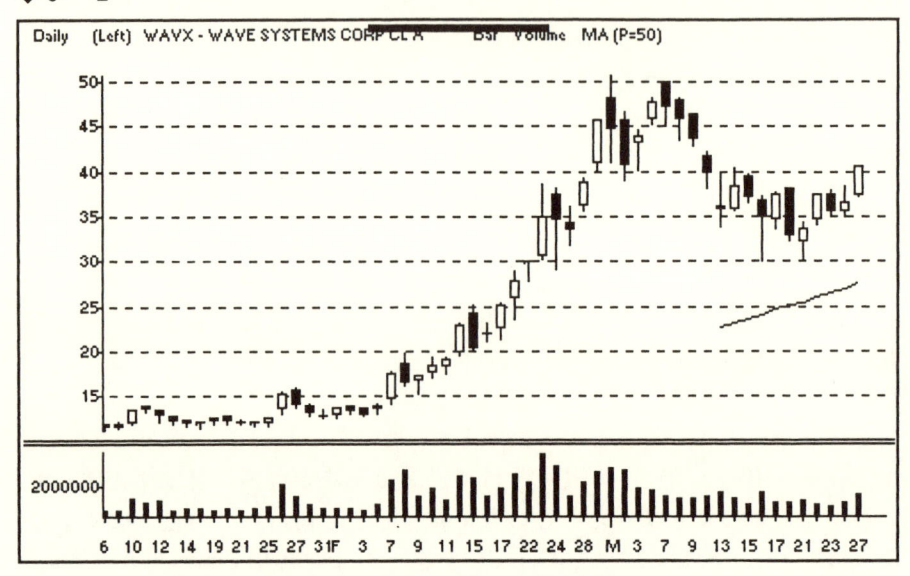

◆9−2

　WAVXが今日の最初の狙いだった。この株は私のパワー・スキャンに表示されていた。2月から、12ドルでの素晴らしいスタートを見せ、3月1日には50 3/4ドルで最高値を記録した。一度、39ドルまで値を下げたが、3月7日には最高値に迫る勢いで50ドルまで上昇した。しかし、記録を伸ばせずに、3月16日には30ドルまで下げ、支持線にぶつかった。

　3月18日には38 3/16ドルに再び上昇した。翌日30ドルまで下げたが、これは16日に保たれた株価レベルだった。このレベルを保ちつつ、株価が、再び上昇した。50ドルでのダブルトップパターンがこれで確かなものになった。30ドルで2度保たれたことは、"良い支持線である"ことを示す印だ。抵抗線は38 1/4ドルにある。株価がそれを超えられるとしたら、さらに抵抗の強い40ドルを狙う。その線も突破できたら、最高値の50ドルに挑戦する。

ＷＡＶＸ：ウェーブシステムズ（２）

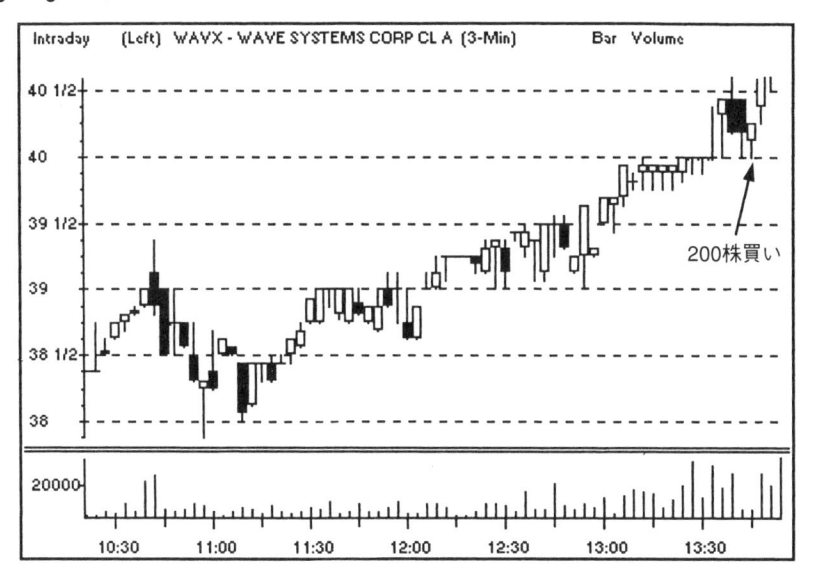

◆９－３

```
Intraday  (Left) WAVX - WAVE SYSTEMS CORP CL A (3-Min)   Bar Volume
```

200株買い

　ＷＡＶＸは"上値が同じで下値が切り上がっていく"アセンディング・トライアングルから脱して４０ドルを超えた。４０　５/８ドルまで上がった後、比較的少ない出来高で押していた。そこで、私は２００株を４０　１/８ドルで購入した。ストップロスは３９　５/８ドルに設定。目標は４２～４５ドルだ。

ＷＡＶＸ：ウェーブシステムズ（３）

◆９－４

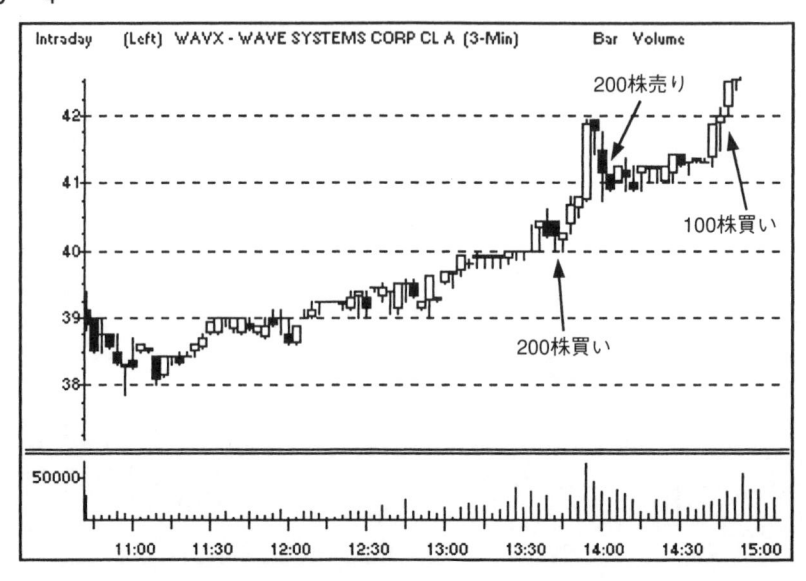

（チャート内ラベル）
Intraday (Left) WAVX - WAVE SYSTEMS CORP CL A (3-Min)　Bar Volume
200株売り
100株買い
200株買い

　ＷＡＶＸは４２ドルまで上昇してからすぐに下落したため、２００株を４１ 3/16ドルで売却した。４１ドルで良い支持線（保ち合いに入り、そこから上昇を始めた）を見つけた。私は２００株を買おうとしたが、４１ 7/8ドルで１００株しか購入できなかった。

　　　　　ＷＡＶＸの取引結果　　２０２．２２ドル

WAVX：ウェーブシステムズ（4）

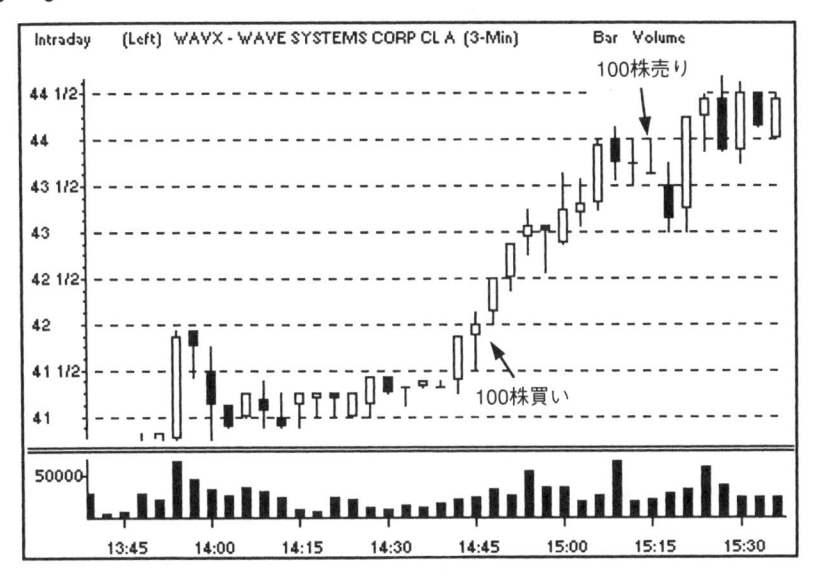

◆9－5

[チャート: Intraday (Left) WAVX - WAVE SYSTEMS CORP CL A (3-Min) Bar Volume。「100株売り」と「100株買い」の注釈付き]

　WAVXは42ドルを突破した。ポジションを増やそうとしたが、勢いが速く、私の買値では約定しなかった。株価は44 3/16ドルまでいくと伸び悩んだ。次の11分間、44ドル付近で停滞したので売ることにした。結局、100株を43 15/16ドルで売却した。

　売却と同時に、「200株を42 3/16ドルで買う」注文をISLDに入れた。押しの後の反転を狙うためである。

<u>　　　　　　WAVXの取引結果　196.10ドル　　　　　</u>

ＸＬＮＸ：ザイリンクス（１）

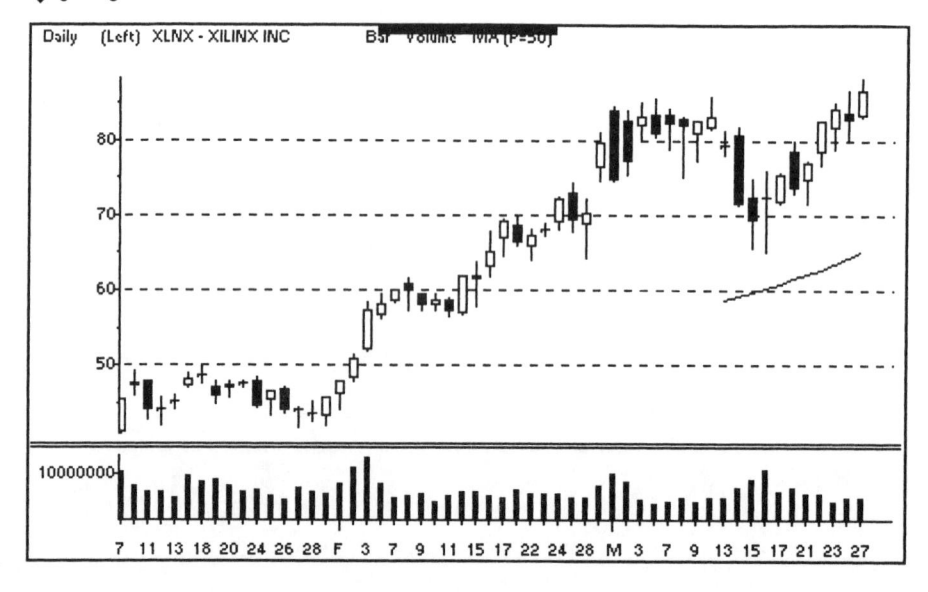

◆９－６

　ＸＬＮＸが私の過去５２週の高値スキャンに現れた。ここ８日間、順調に上昇していたのだ。私は、この"継続している流れ"を利用しようと思った。

ＸＬＮＸ：ザイリンクス（２）

◆９－７

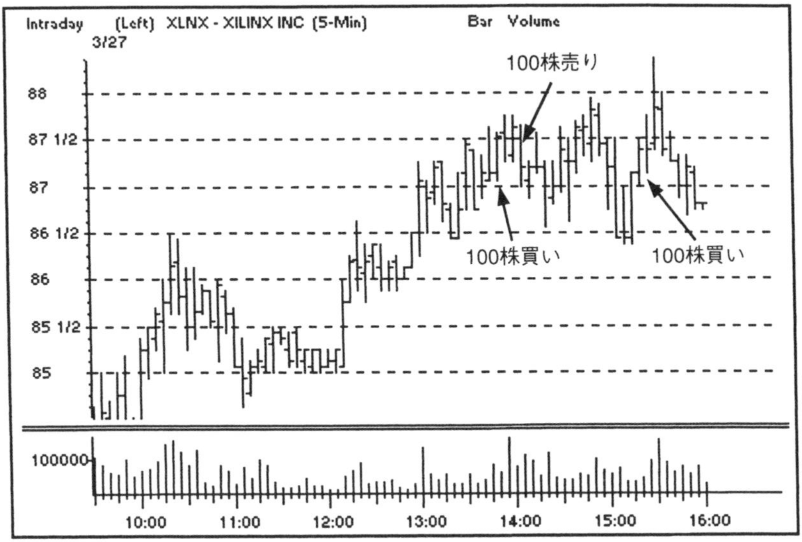
Intraday (Left) XLNX - XILINX INC (5-Min) Bar Volume
3/27
100株売り
100株買い
100株買い
88
87 1/2
87
86 1/2
86
85 1/2
85
100000
10:00
11:00
12:00
13:00
14:00
15:00
16:00

私はＸＬＮＸ１００株を８７ 1/4ドルで購入した。株価は８７ 11/16ドルまで上昇した。だが、*ＢＥＳＴ*が売りのＡＸで、それ以上の伸びを妨げていた。そこで私は、１００株を８７ 7/16ドルで売却することに。株価は８６ 7/16ドルまで下がった後、そこから再び上昇を始めた。私はオーバーナイトポジションとして、１００株を８７ 1/16ドルで購入した。

ＸＬＮＸの取引結果　８.４５ドル

　　　　　　　WAVX：ウェーブシステムズ（5）

　WAVXは、買い注文を入れておいた"42 3/16ドル"まで下がらずに強みを見せた。私は45 1/4ドルで200株の逆指値の買い注文を入力した。

◆9－8

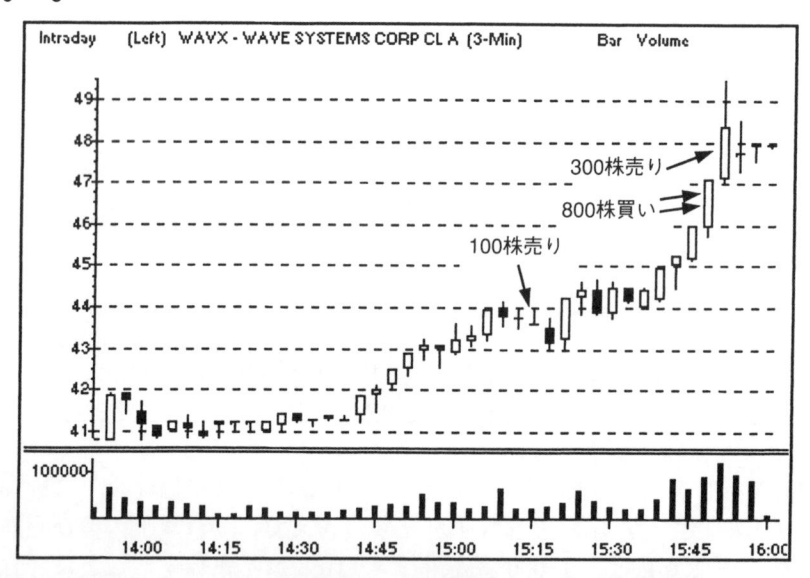

```
Intraday    (Left)  WAVX - WAVE SYSTEMS CORP CL A (3-Min)    Bar Volume
```

チャート内のラベル：
- 300株売り
- 800株買い
- 100株売り

　WAVXは45 1/4ドルを突破し、逆指値の買い注文が作動した。だが、出来高は急激に増し、注文はなかなか成立しない。株価は飛ぶように上昇した。

　我慢できず、逆指値の買い注文を取消した私は、アウトオブマーケットで「Select Net Preference」注文を出した。200株の買い注文を3つ、46 13/16ドルで立て続けに出した。別々のマーケットメーカーから46 13/16ドルで200株づつ、ISLDでも46.86ドルで200株を購入。合計600株を入手した。

　30秒が経過し、48ドルで早くも取引されている。とても激しい流れだったが、この混乱の中、取引を取消そうとした逆指値の買い注文がまだ

第9章 初心者から学ぶ

有効だったことに気づいた。気づいた瞬間に「２００株を４６ 5/8ドルで購入した」というメッセージが表示された。よくあることではないが、速く動くマーケットでは注文が遅れて実行されることがあるのだ。私の逆指値の買い注文はＡＲＣＡで設定したので、取消されるのに時間がかかる場合もある。なぜなら、ＡＲＣＡは注文を分けて、マーケットメーカーにつなごうとするからである。マーケットメーカーは注文を執行するのに３０秒か、それ以上持ち続けることもある。

株価は４８ドルで取引されていた。手元に６００株あれば十分だったので、３００株の売り注文を入れた。結局、４７ 3/4ドルで売却した。

<u>　　　ＷＡＶＸの取引結果　３０８.４５ドル　</u>

マーケットが閉じても、ＷＡＶＸはアフターアワートレーディングでさらなる伸びを見せていた。リスク管理をもっと効率良くするため、もう１００株を売ることにした。今日の勢いから見て、明日はＷＡＶＸが５０ 3/4ドルを突破すると予測していた。しかし、ここで利益を確保しておきたかったので、最終的に４９ 11/16ドルで１００株を売却した。

<u>　　　ＷＡＶＸの取引結果　２７６.７５ドル　</u>

今日のマーケットは均衡していたが、少しベアが牙を見せていた。ナスダックは金曜日の大引けから４ポイント下げた。マーケット全体がそれほど良いわけではなかったが、私は２つのオーバーナイト銘柄を気に入っていた。

◎オープンポジション：
ＸＬＮＸ１００株、ＷＡＶＸ４００株
◎３月２７日の総利益：９９１．９７ドル

第10章
～グルが語るとき、耳を傾けるべきである～

◎２０００年３月２８日（火）

　今朝の目覚めは良かった。もちろん、それには理由がある。マーケットの開始を楽しみにしていたからだ。
　目覚し時計が鳴るとすぐに止め、シャワーを浴びに行った。オーバーナイトポジションであるＷＡＶＸとＸＬＮＸの、オープン前の動きが早く知りたかったので、シャワーは短めにした。
　ＷＡＶＸは、５０ドルを超えていた。今日は良い日になりそうだと思った。テレビをつけると、先物が鋭く落ちていることが分かった。ゴールドマンサックスのアビー・ジョセフ・コーエン氏が投資家に対して、「株への投資を７０％から６５％に抑える」よう勧めていたからだ。マーケットに対して強い自信を見せていた有名なグルが株への投資を減らすべきだと発言した。これはマイナス要因だ。
　ＷＡＶＸが値を下げ始めたため、私はプレマーケットで４００株を４９ 1/8ドルで売却した。「マーケットオープン時は売られる」と考えたからだ。プレマーケットで売れない人が、マーケット開始と同時に売りにくる。このことによって、売ろうとするプレッシャーが生まれ、それが多くの逆指値の売り注文の引き金になる。そう予想したからだ。私は、私が予想した動きを「ドミノ効果」と呼んでいる。私はリスクを取るつもりはない。もう利益が出ていたので、ここで利益確定をした。

ＷＡＶＸ：ウェーブシステムズ（１）

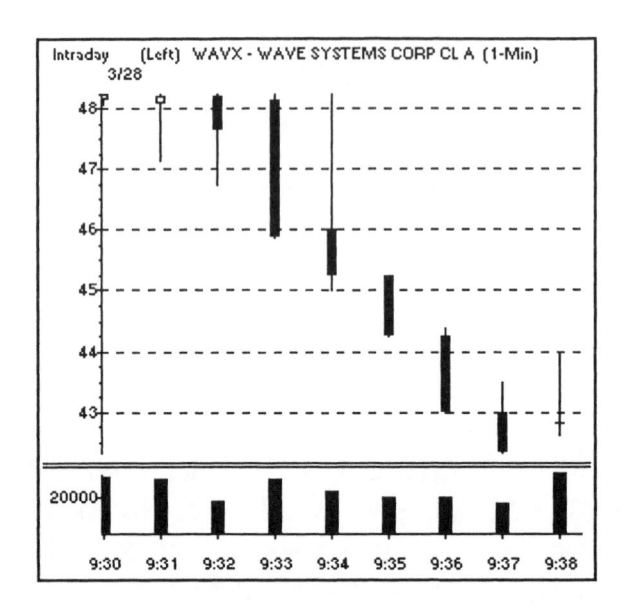

◆１０－１

```
Intraday   (Left)  WAVX - WAVE SYSTEMS CORP CL A (1-Min)
3/28
```

（チャート：9:30～9:38の1分足ローソク足と出来高）

　最初の取引は４８　１/８ドルで行われている。上のチャートを見ると、このことは明らかだ。その後、急落し、７分の間に４２ドルまで下がった。もし私がオープンポジションを持っていたら、まともな利益を得るのは無理だった。予想は的中した。

　今でこそ常識として認識できるが、昔はこれが分からなかった。それは「トレードをしていた銘柄」や「トレードプラン」に惚れ込んでしまっていたことに原因がある。以前の私は、何となくトレードをしていた。そう、「自分の惚れ込んでいる株が大きな動きを見せること」を"何となく"分かってしまい、その結果、"何となく"大きな利益が上げられるものだと思っていた。マーケットがオープンする前から、すでに利益が出たときのことを考え、使い道さえも考えていた。これが当時の私であった。「予想」という名の行為をしないで、自分のトレードに酔っていたのだ。しかし多くの授業料を払って、いくつか貴重な事を教わった。そのひとつが、自分

第10章 グルが語るとき、耳を傾けるべきである

のマーケットでのポジションを、常に客観的に分析することだった。私にマーケットを合わせようとするのではなく、マーケットの動きに私を合わせることが大切なのである。

<u>　　　　ＷＡＶＸの取引結果　　８８０．４６ドル　　</u>

ＸＬＮＸ：ザイリンクス（１）

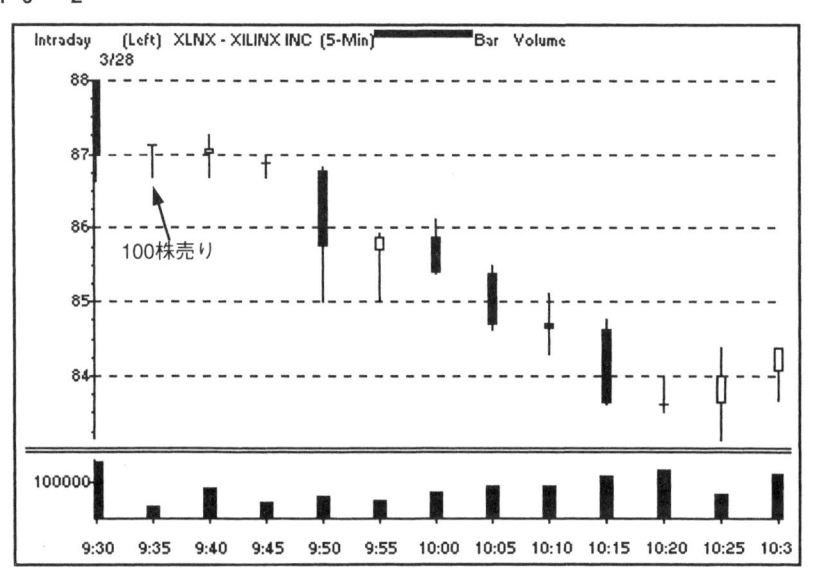

◆１０－２

[チャート：XLNX - XILINX INC (5-Min) 3/28 のイントラデイチャート。9:30に「100株売り」の注記と矢印あり]

ＷＡＶＸでの４００株のリスク管理で頭がいっぱいだった。そのため、ＸＬＮＸには、あまり気がまわらなかった。とは言うものの、オープンと同時に、売り注文を出し、１００株を８６　3/4ドルで売却した。

<u>　　　　ＸＬＮＸの取引結果　　－４１．５４ドル　　</u>

QCOM：クアルコム（１）

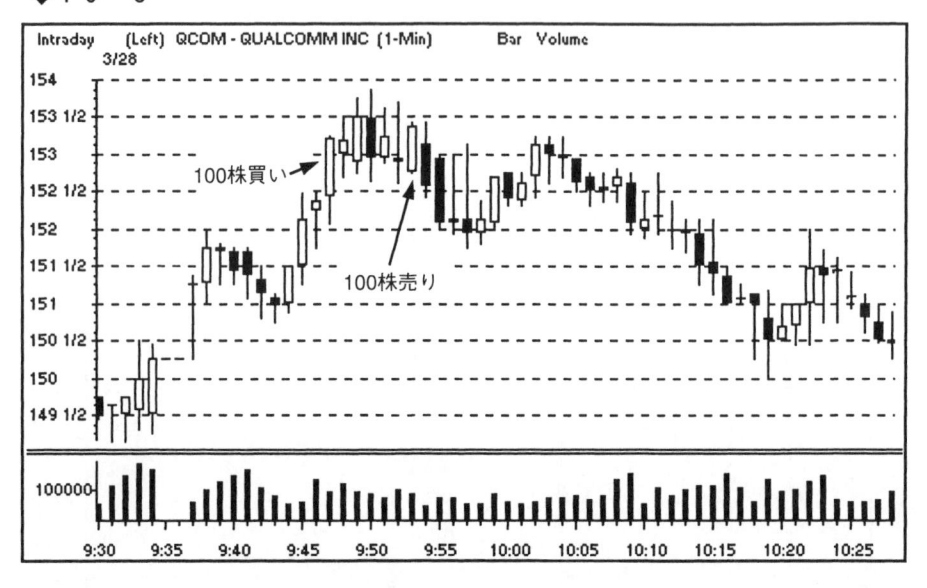

◆１０－３

[QCOM 1分足チャート 3/28、9:30～10:25頃、価格帯149 1/2～154ドル。9:47頃に「100株買い」、9:52頃に「100株売り」の注記あり]

　ウオッチリストを見ると、今朝はQCOMが強さを見せていることに気づいた。そこで私は、１００株を１５２　15/16ドルで購入した。株価は１５３　7/8ドルまで上昇し、下げ始めた。目標は１６０ドルだったが、マーケットが弱かったので、QCOMが下がると１５２　11/16ドルで売却した。

<u>　　　　QCOMの取引結果　－３５．５１ドル　　　</u>

第10章　グルが語るとき、耳を傾けるべきである

MRVC：MRVコミュニケーション（1）

◆10－4

　50日移動平均線での、MRVCの好セットアップを見て期待に胸が膨らんだ。100株を買おうとしたが、110 1/2ドルで50株しか買えなかった。その後、追加で100株購入。ストップロスは108 7/8ドル（今日の最安値の1/4下）に設定。私の目標は140〜118ドルだ。

JNPR：ジュニパーネットワークス（1）

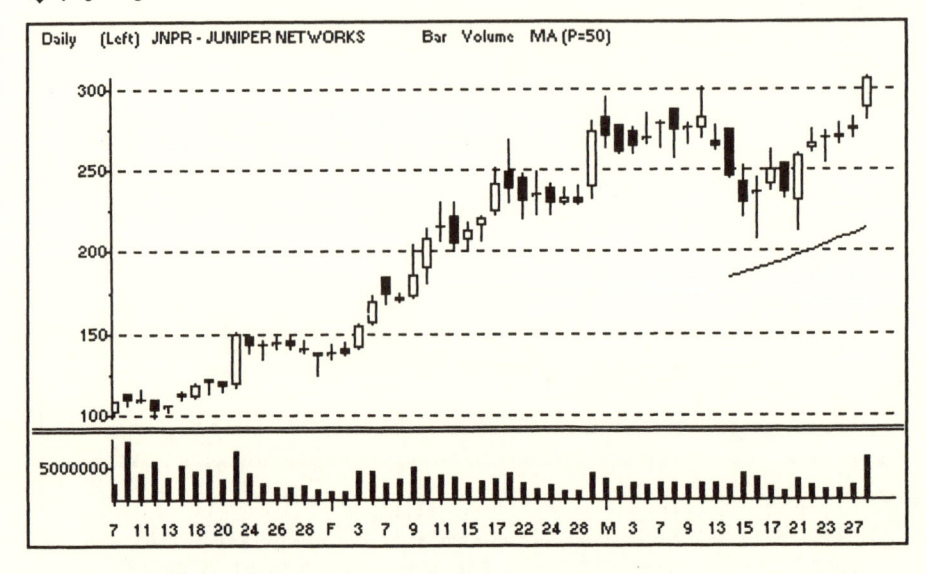

◆10－5

JNPRは調子が良かった。「平均以上の出来高で52週のうちの最高値を記録」していることを、パワースキャンを使って発見した。何回か現れた支持線で買おうとしたが、どれも駄目だった。JNPRは調子が良いまま終わりそうだったので、100株を307 23/32ドルで購入。結局、JNPRは307ドルで終了した。

アフターアワーでJNPRはさらに高く取引されていた。今は312ドルで取引されている。

314 15/16ドルでの売り注文をISLDで入力すると、私は歯医者に行った。終値よりも8ポイント高く売れる可能性があるため、オーバーナイトのリスクを取るまでもないと判断したからだ。良い動きならば、翌朝

第10章　グルが語るとき、耳を傾けるべきである

また買うこともできる。歯医者で歯を磨かれている間にだれかがその１００株を３１４ 15/16で買ってくれた。

<u>　　　　ＪＮＰＲの取引結果　　７１０．８２ドル　　　　</u>

　今日はベアが勝利した。ナスダックは昨日の大引けから１２４ポイント下げた。今日はＷＡＶＸをプレマーケットで売却できたから最高だった。ＭＲＶＣのポジションはリスクは高いとは思うが、それで大損するとも思わなかった。果たして、その結果は……。

◎オープンポジション：ＭＲＶＣ１５０株

◎３月２８日の総利益：１５１４．２３ドル

第11章
～マーケットは常に正しい～

◎２０００年３月２９日（水）

　ナスダックが１２５ポイントも下がってしまったので、今日は何が起こるか分からなかった。先物が上がっていたので、マーケット開始時は少し強さが残っているはずだ。ニュースではまだアビー・ジョセフ・コーエンの「株式への投資を減らすべき」という忠告を取り上げている。だから、今日は特に注意するつもりだった。

　長い間、ブル相場を煽ったラルフ・アカンポラが１９９８年、ダウについてベア的な発言をしたことで、株価の急激な下落を引き起こしたのを覚えている。またそのようなことが起こるのだろうか。そのうち分かるだろう。しかし、それまではＭＲＶＣでのオープンポジションを効率よく管理するとともに、私のウオッチリストで"勝つ可能性の高い"銘柄を探す。これが今日の戦術だ。

ＭＲＶＣ：ＭＲＶコミュニケーション（１）

◆１１－１

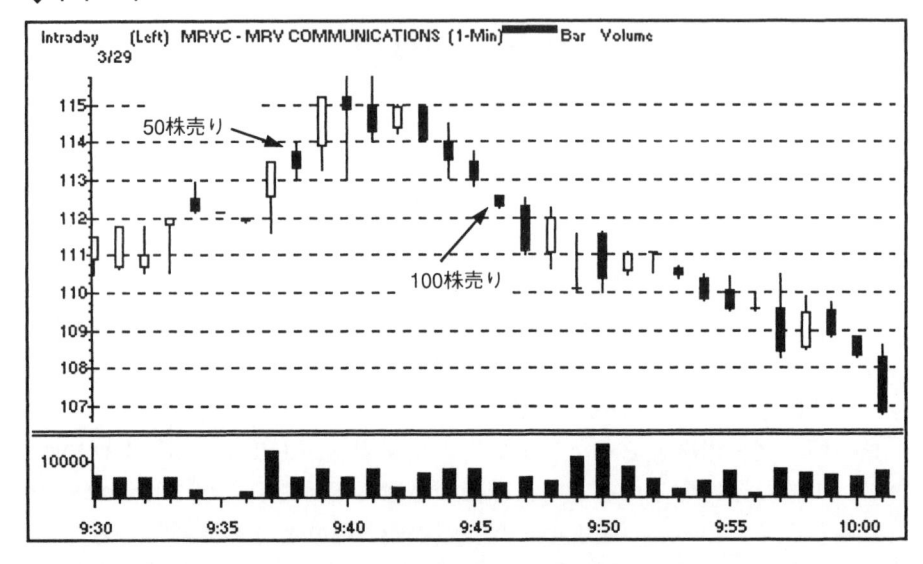

(チャート：MRVC - MRV COMMUNICATIONS (1-Min) 3/29、株価115～107、9:30～10:00、"50株売り"と"100株売り"の注釈あり)

　ＭＲＶＣのオーバーナイトポジションは開始から値を上げたが、ナスダックは下げていた。私は買いが優勢なうちに５０株を売って、１５０という半端な数字をなくすことにした。ＥＣＮのほとんどは、１００株・２００株単位のラウンドロットで取引されるからだ。

　私は"オープンポジションと同じ数"の株をリアルティクⅢの注文入力画面に設定してある。注文を入れる前にはシェアの数を調整し、残りのシェアを売るには、また、注文を入れなければならない。時間がかかるし、とても危険だ。しかも、ＡＲＣＡに対しては、ラウンドロットでなければストップオーダーを入力できない。　※次のページへ

第11章 マーケットは常に正しい

結局、私は５０株を１１３ 15/16ドルで売却した。株価は１１５ 3/4ドルまで値を上げたので、ストップロスを１１３ 1/2ドルに設定した。その後、株価が１１３ 1/2ドルまで下がってきたのでストップロスが作動。だが、その値では成立せずに１１２ 7/16ドルで約定した。

ＭＲＶＣの取引結果　３０７.５７ドル

◆11－2

ＩＮＴＣ：インテル（１）

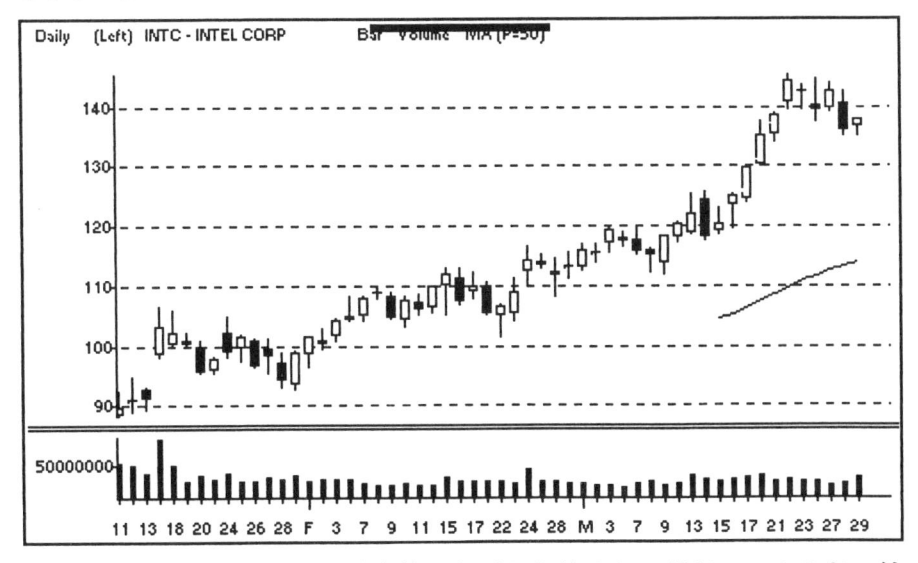

ＩＮＴＣは過去５２週の最高値から下がり始めた。だが、１３５ドル付近で支持線が出現すると、再び上がり始める。今は、その日の最高値を記録しようとしていた。

ＩＮＴＣ：インテル（２）

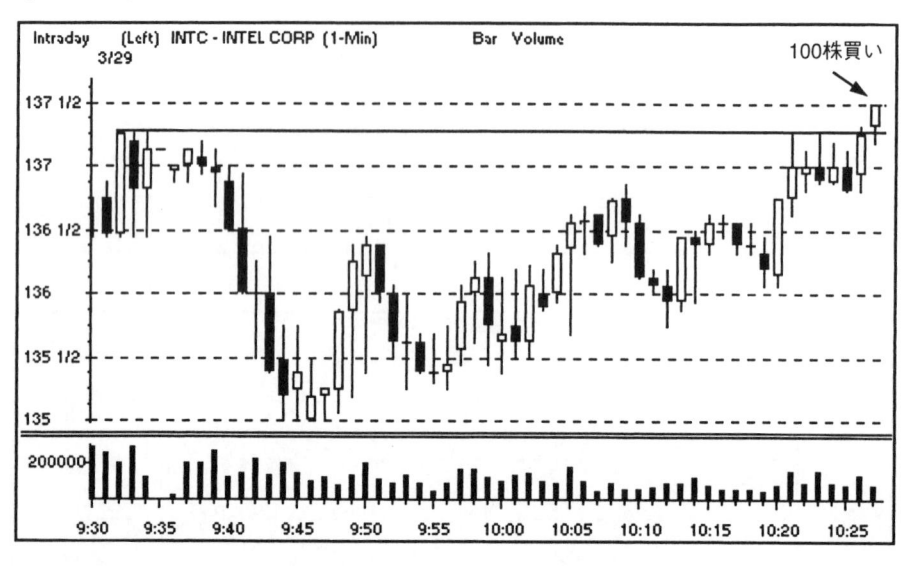

◆１１－３

（チャート：Intraday (Left) INTC - INTEL CORP (1-Min) 3/29、Bar Volume、100株買い）

　この後、見事にブレイクアウトしたので私は１３７　９/16ドルで１００株購入した。

第11章 マーケットは常に正しい

INTC：インテル（3）

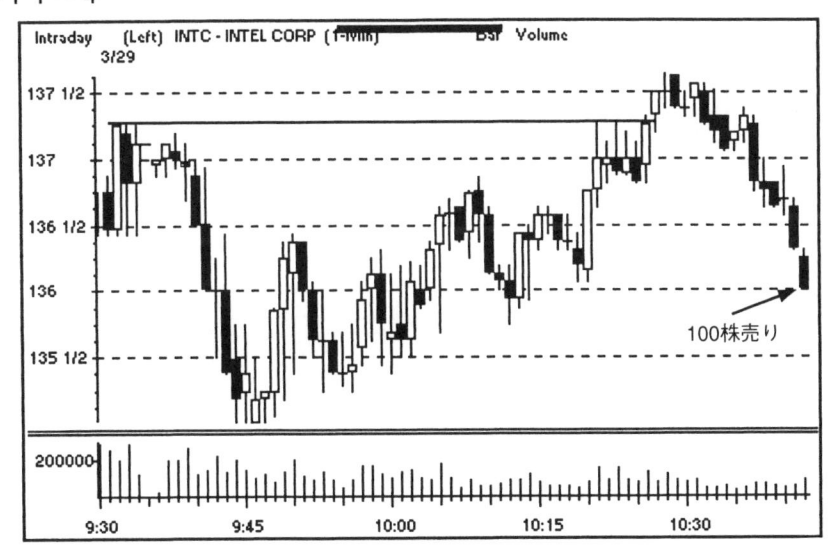

◆11-4

(チャート：INTC - INTEL CORP 1分足、3/29、100株売り)

　しまった！　古い手に引っ掛かってしまった。ブレイクアウト後の最高値で買ってしまったのだ。今度は急落し始めた。INTCの目標は140ドルで、ストップロスは136 1/2ドルに設定していた。その後、136 1/2ドルを切ったため、ストップロスが作動。100株を136ドルで売却した。

　　　　　INTCの取引結果　－166.71ドル

ORCL：オラクル（1）

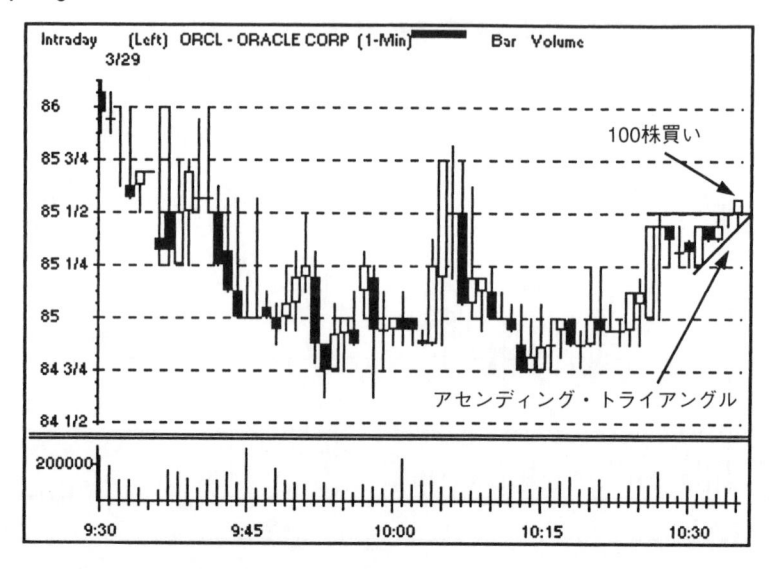

◆11－5

(チャート：ORCL - ORACLE CORP (1-Min) 3/29、100株買い、アセンディング・トライアングル)

　私がINTCで取引をしている間、ORCLが上昇のトライアングルからブレイクアウトしていた。その前のパターンを見ると、84 3/4ドル付近で、ダブルボトムを形成している。86ドルまで上がるかもしれない。場合によっては、今日の最高値の86 1/8ドルを超えてブレイクアウトが起こるかもしれない。そこで私は、85 1/2ドルでORCLを買い、85 1/8ドルにストップロスを設定した。

第11章 マーケットは常に正しい

ＯＲＣＬ：オラクル（２）

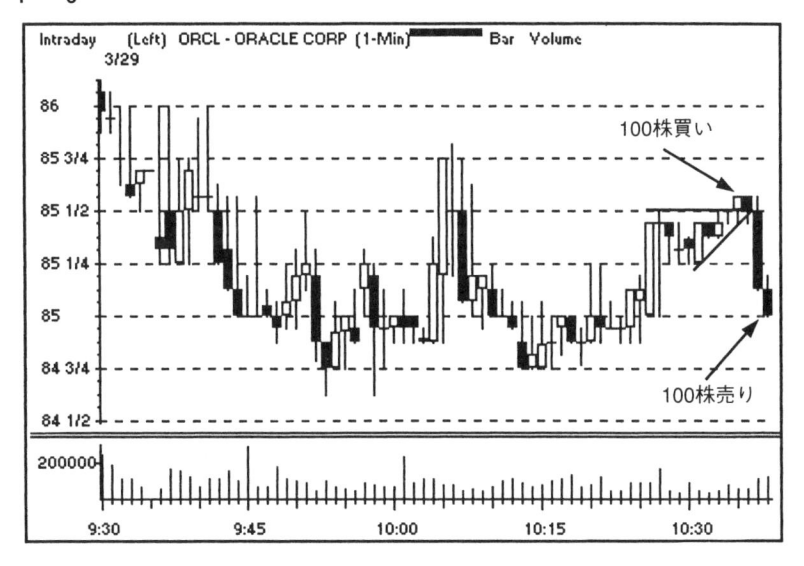

◆１１－６

（チャート：Intraday (Left) ORCL - ORACLE CORP (1-Min) 3/29、「100株買い」「100株売り」の注釈付き）

長い１日になりそうだった。ＯＲＣＬは結局下げて、ストップロスに引っ掛かった。１００株を８５ドルで売却した。

ＯＲＣＬの取引結果　－６０．２９ドル

そんなに大きな損失を出しているわけではなかったが、気分的には大損だった。何回もブレイクアウトを狙っていったが、私の思いは裏切られる。イライラし始めたことと、マーケットもだんだん悪くなっていたことから、少し休憩をとった。

　新鮮な空気が吸いたかったので、バルコニーに出た。私はサドルバックの谷が見下ろせる山の上に住んでいる。十分な高さがあるので、周りはとても静かだ。主要道路の車が見えるが、音は届いてこない。時折、山の下にある学校から遊んでいる子供たちの声が聞こえる。冬の晴れた日なら、６０マイル離れているサン・ベルナディノ山脈の頂上の雪が見える。独立記念日には別々の場所（１１個所ぐらい）から花火が上がるのを見ることもできる。

　今までも、苦しいときをよくこのバルコニーで過ごしてきた。自分の中で気持ちが焦っていても、まだ利益を上げるチャンスがあると思うときは、休憩をとって下の階に降り、バルコニーに出て集中力を取り戻す。バルコニーに立ちながら、目を閉じてさまざまな場所から聞こえてくる音に静かに耳を傾ける。その音は子供の遊んでいる声であったり、大型のトラックの音であったり、鳥の歌声であったりする。とにかくリラックスする。深呼吸する。そして、「トニー！　最高の日だ。すべて忘れろ。上に行ってマーケットで勝ってこい！」と自分に言い聞かせるのだ。これはとても効果がある。

＄ＣＯＭＰＸ：ナスダック総合指数（１）

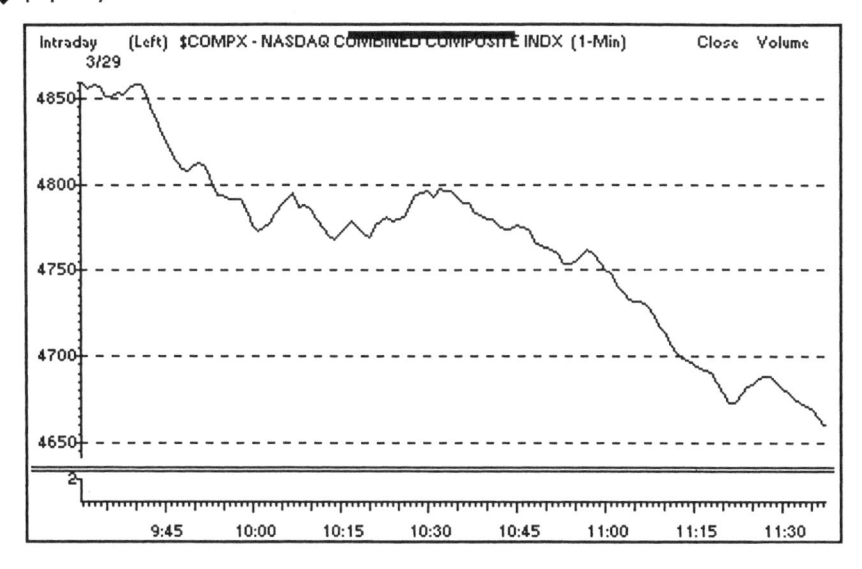

◆１１－７

私はまた２階に戻った。ナスダックの様子を見てショックを受けた。朝の最高値から約２００ポイントも下がっていたからだ。

SUNW：サンマイクロシステムズ（1）

◆11－8

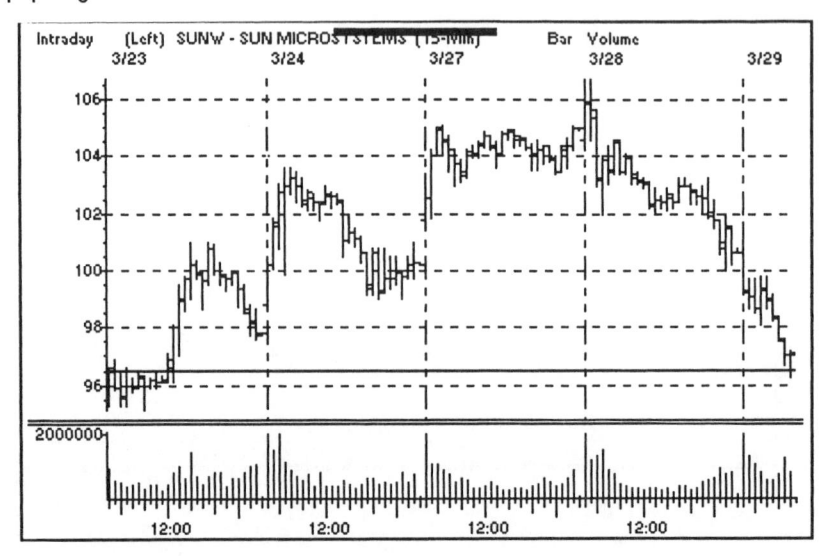

調子を取り戻すために、リスクの低いトレードをしたかった。そのため、支持線付近で、"勝てる確率の高い"銘柄を探した。SUNWは支持線である96 1/2ドル辺りで取引されていた。これは3月23日早朝のトレーディング・レンジでの最高値だった。

第11章 マーケットは常に正しい

ＳＵＮＷ：サンマイクロシステムズ（２）

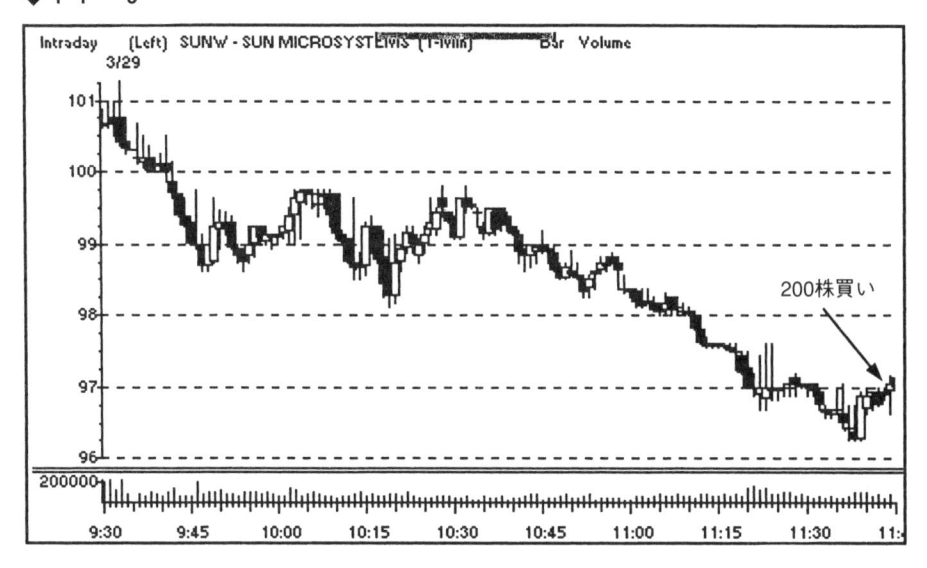

◆１１－９

　ＳＵＮＷは９６ ３/８ドルで底を打ち、値を上げ始めた。そこで、９６ 15/16ドルで１００株を購入。また、９６ドル９３セントでも１００株を購入。ストップロスは今日の最安値の９６ 1/4ドルに設定した。目標は９８ 3/4～９９ 1/2ドルだ。

ＳＵＮＷ：サンマイクロシステムズ（3）

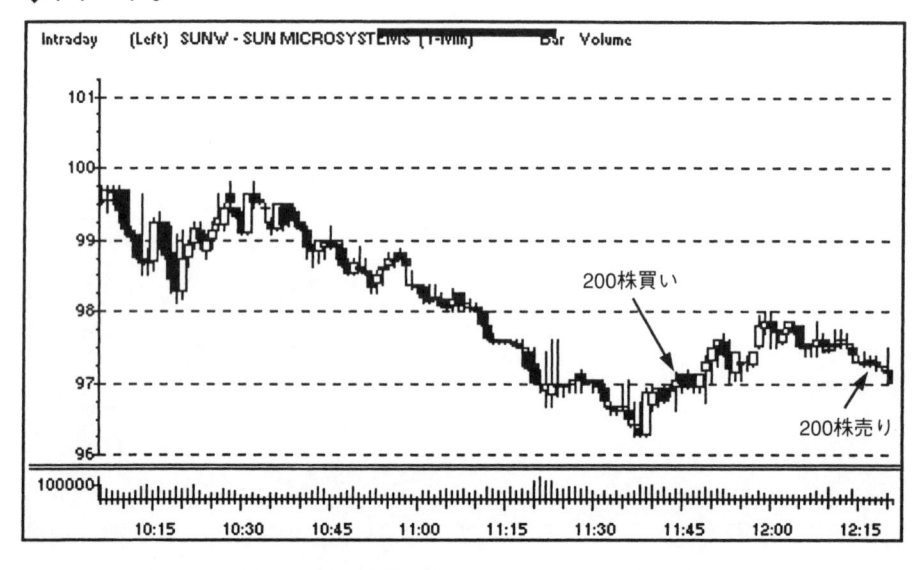

◆11-10

（チャート：Intraday (Left) SUNW - SUN MICROSYSTEMS (1-Min) Bar Volume、矢印注記「200株買い」「200株売り」）

　ＳＵＮＷは98ドルにまで値を上げた。ストップロスを97 1/4ドルに上げる。だが、その後、株価が再び下がってしまったことからストップロスが作動。200株を97 1/4ドルで売却した。

　　　　　ＳＵＮＷの取引結果　44.25ドル

第11章 マーケットは常に正しい

$COMPX：ナスダック総合指数（2）

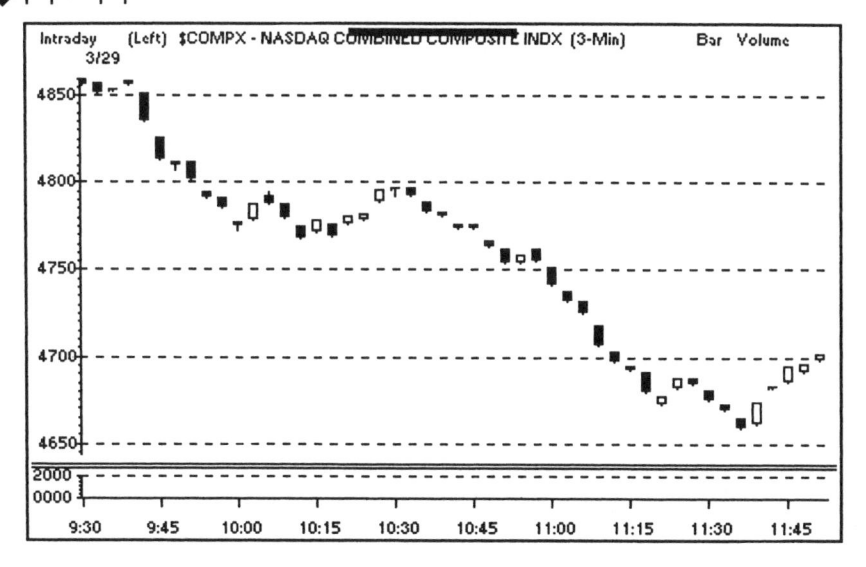

◆11－11

ナスダックは底を打って4700ドルを超えようとしていた。

ORCL：オラクル（３）

◆１１−１２

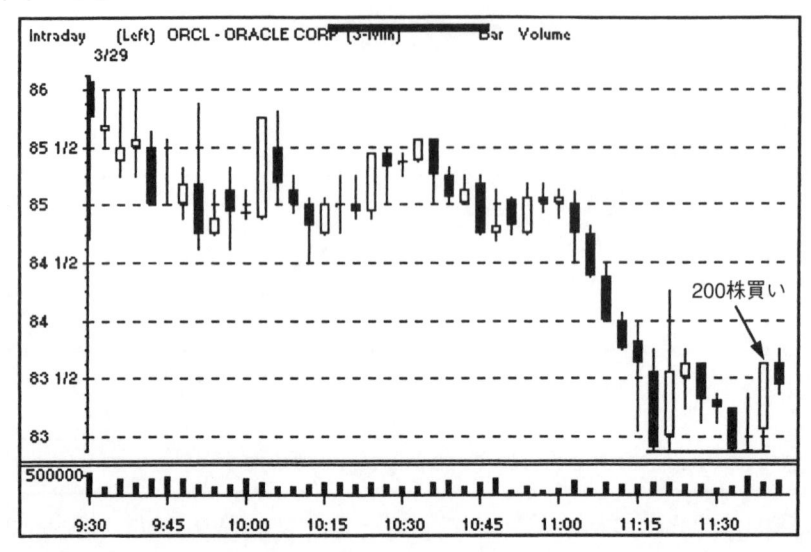

  ８２ 3/4ドルで支持線が出現しそうだ。８２ 3/4ドル辺りでダブルボトムのパターンを作ろうとしていた。そこで私は、２００株を８３ 21/32ドルで購入。ストップロスはダブルボトムのすぐ下、８２ 11/16ドルに設定。目標は８５ 1/2ドルとした。

第11章　マーケットは常に正しい

$COMPX：ナスダック総合指数（3）

◆11−13

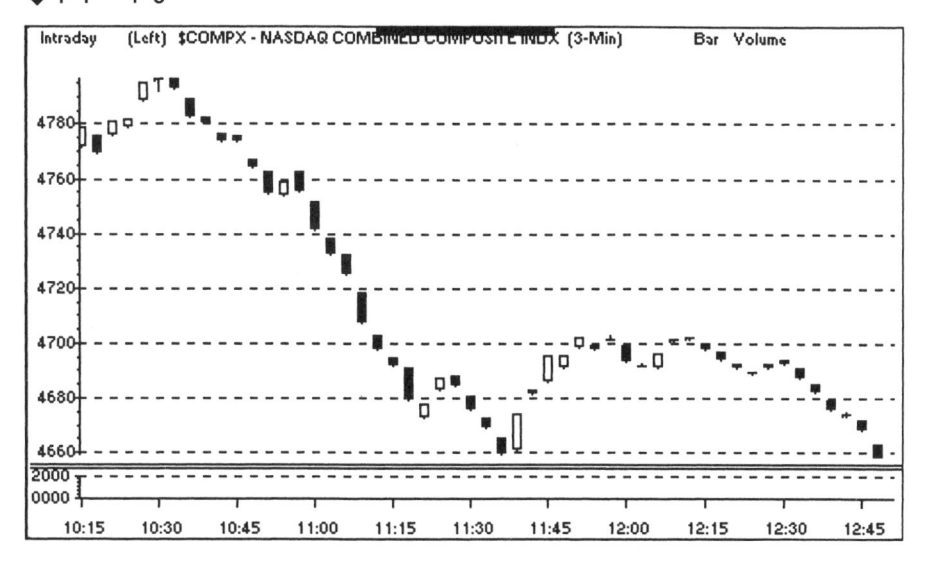

ナスダックは、いったんは持ち直そうとはしたものの、先ほどの最安値である4660ドルを切ろうとしていた。

ORCL：オラクル（4）

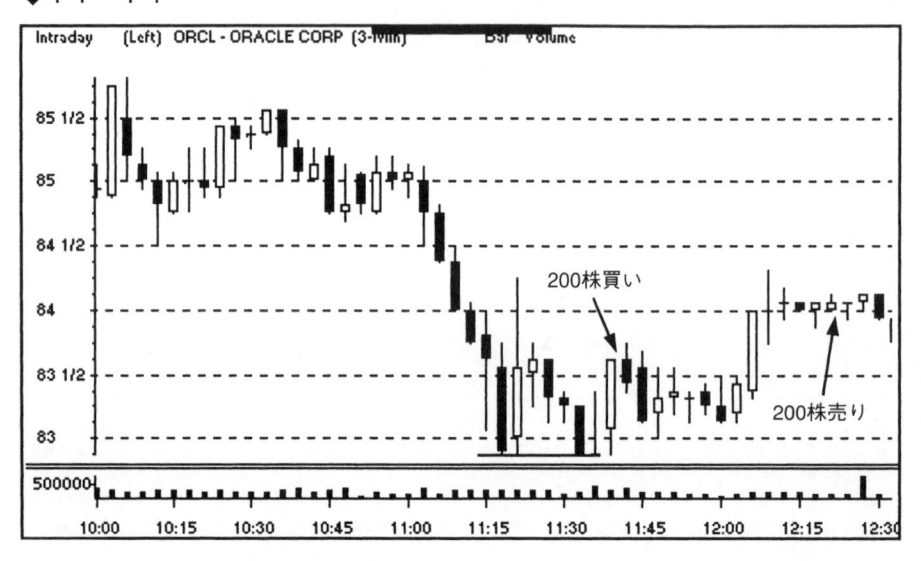

◆11−14

(chart: 200株買い / 200株売り)

ナスダックの下げが気になったので、200株を84ドルで売却した。

ORCLの取引結果　58.19ドル

第11章 マーケットは常に正しい

＄ＣＯＭＰＸ：ナスダック総合指数（４）

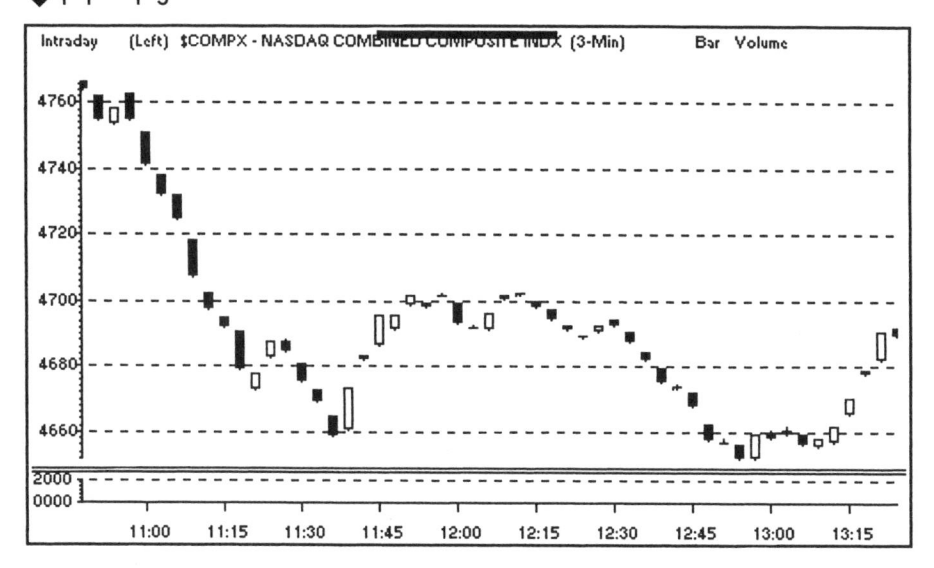

◆１１－１５

　１２時５０分、ナスダックは４６６０ドルをわずかに下回ると、今度は値を上げ始めた。私は反転の可能性を期待しながら、ＭＲＶＣを見ていた。

ＭＲＶＣ：ＭＲＶコミュニケーション（２）

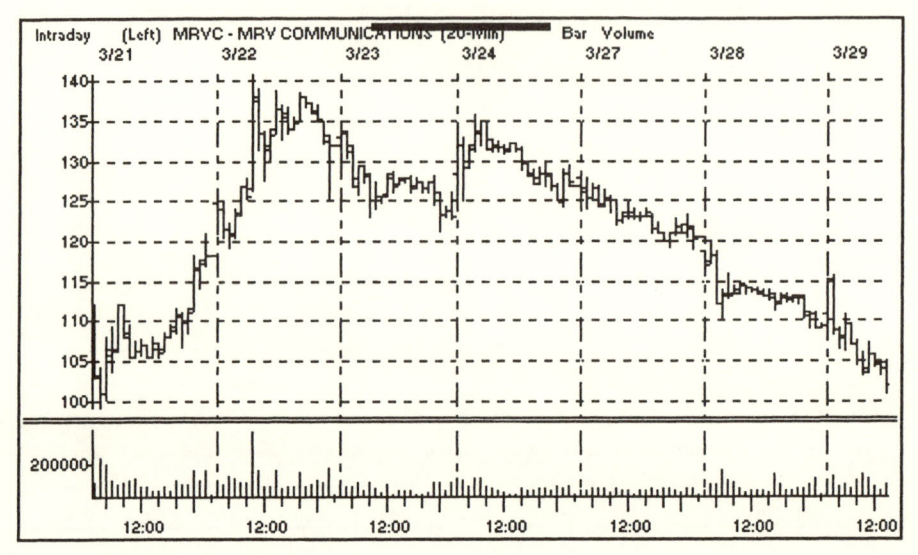

◆１１－１６

ＭＲＶＣは、このとき３月２１日の最安値辺りで取引していた。１００ドル付近で支持線が出現しそうだった。

第11章 マーケットは常に正しい

MRVC：MRVコミュニケーション（3）

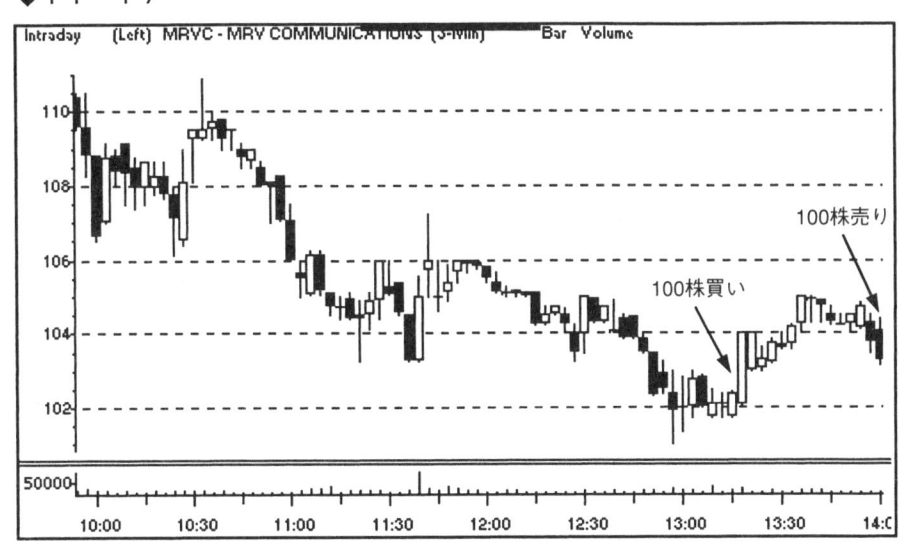

◆11-17

株価は101ドルまで値を下げた後、102ドルまで戻った。その後、15分ほどほとんど動かなかった。

徐々に出来高が増えだし、株価も少し上がったので、100株を103ドルで購入。目標は106～108ドルとした。株価は105ドルまで上がったが、それ以上は望めなかった。そこで、100株を104 3/8ドルで売却した。

MRVCの取引結果　127.15ドル

ＹＨＯＯ：ヤフー！（１）

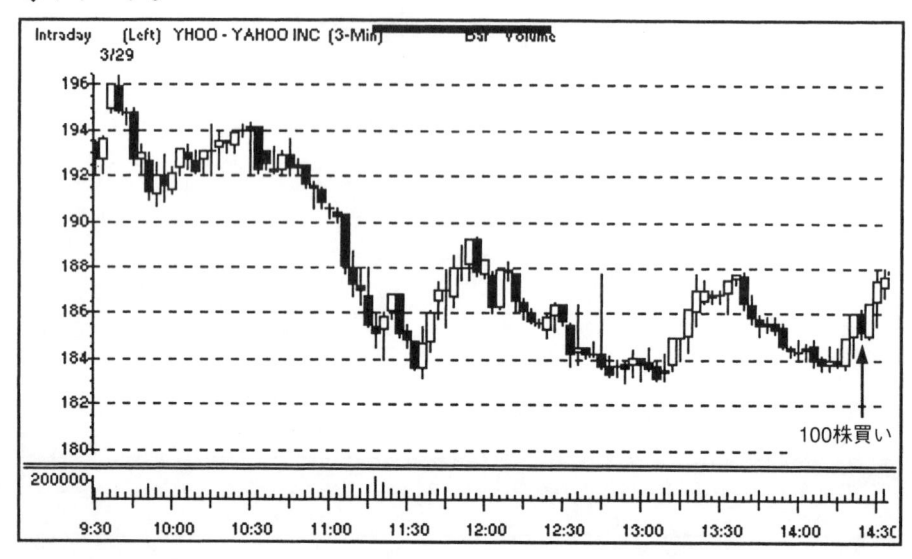

◆１１－１８

（図：Intraday (Left) YHOO - YAHOO INC (3-Min) 3/29、100株買い）

　ＹＨＯＯは１８４ドル台を保ち、狭い範囲内で取引していた。そこで、１００株を１８５　１/２ドルで購入した。目標は１９１～１９４ドル（１０時３０分の高値と１０時の安値）だった。ストップロスは今日の最安値のすぐ下、１８３ドルに設定した。

第11章 マーケットは常に正しい

YHOO：ヤフー！（2）

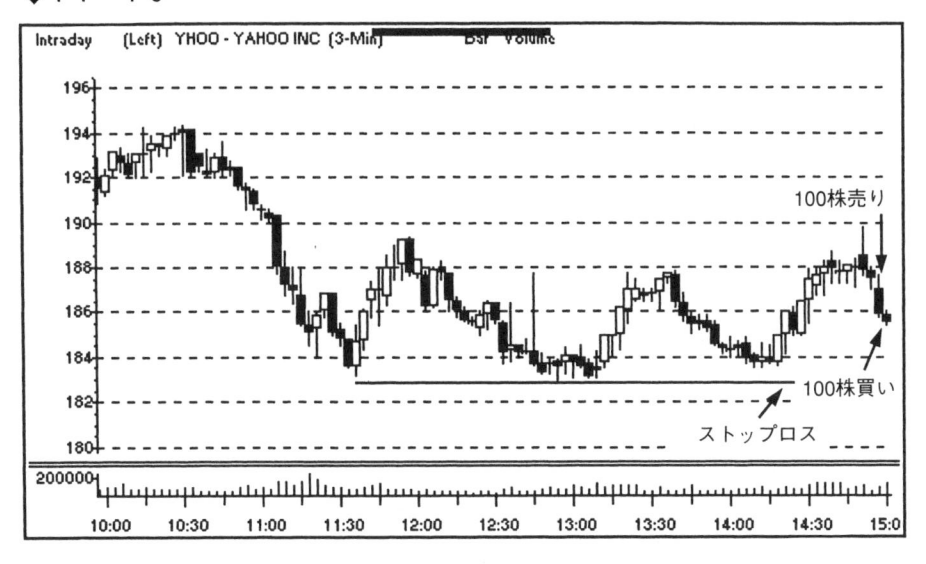

◆11-19

(チャート：Intraday (Left) YHOO - YAHOO INC (3-Min) Bar Volume、100株売り、100株買い、ストップロス)

　YHOOは188 3/4ドルで抵抗線にぶつかり、値を下げてしまった。そこで、187ドル67セントで100株を売却。下がったら、またYHOOを買うつもりだ。その後、185 1/2ドルまで下げたので、そこで100株を購入した。

<u>　　　　YHOOの取引結果　205.06ドル　　　　</u>

ＳＵＮＷ：サンマイクロシステムズ（４）

　ＹＨＯＯの取引をしている一方で、ＳＵＮＷを９７ 1/2ドルで１００株購入、９９ 3/16ドルで売却した。

ＳＵＮＷの取引結果　　１５８．４１ドル

ＹＨＯＯ：ヤフー！（３）

　バルコニーで休憩をとってから５連勝はしていたものの、大した利益はなく、苦戦が続いている心持ちだった。もう少し、ＹＨＯＯで頑張ってみようと思ったのも、そのためだ。ＹＨＯＯは少し弱くなってはきたが、利益が出ていたので、ストップロスは上げなかった。　※次ページへ

◆１１－２０

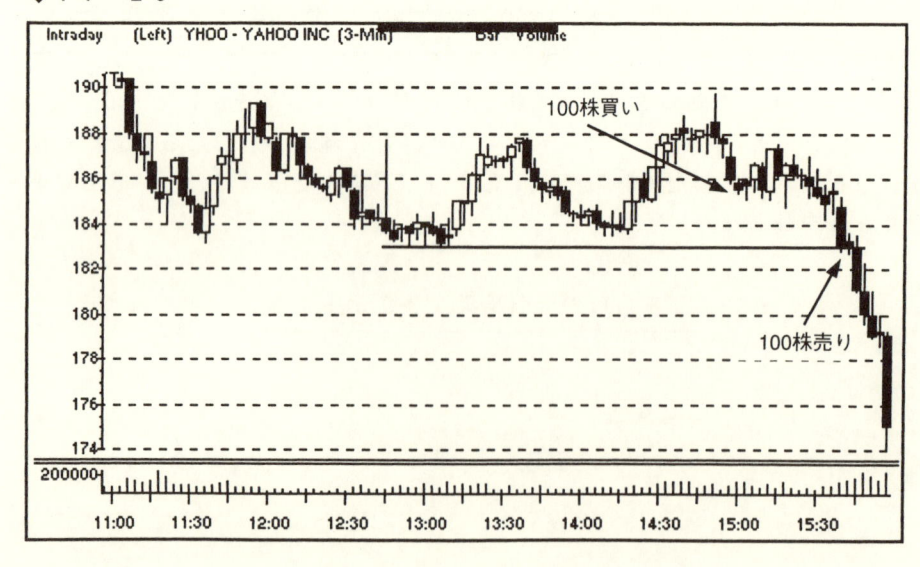

第11章　マーケットは常に正しい

　ＹＨＯＯはその後、激しく値を下げ、その日の最安値を更新した。ここでストップロスが作動、結局、１００株を１８２ 1/16ドルで売却した。

ＹＨＯＯの取引結果　－３５４.３６ドル

　この最後のトレードで大きく自信を喪失してしまった。チャレンジを始めてから９日間の中での最も大きな損失は２０２ドルだった。たった今私は、最後の最後にＹＨＯＯで３５４ドルも失った。"損失の記録更新"をしてしまった。

　バルコニーでの休憩後に行った５つのトレードはすべて勝った。総利益は５９３ドルもあった。だが、最後の取引でその半分以上を失った。ショックだ。気持ちを持ち直すための休憩で、この日の流れを変えることができた。それなのに……。これでまた、気持ちを持ち直すために、再び休憩を取らねばならない。

　次の１５分の間に、また、ＹＨＯＯが８ポイントも下がったのを見ると、私の脱出はそれほど悪くなかった気もする。だが、いや、だからこそ、もっと早く気づいて１８５ 1/2ドル辺りで脱出すべきだったと思う。私の最大の失敗は、テープに反発したことである。そういうときは必ず負ける。市場がいつも正しいのだ。

　終了ベルが、ようやく鳴った。ベアが完全に支配していた。ナスダックは昨日の大引けから大きく１８９ポイントも下がった。まだ気づいていない人のために言うと、ロングで持つような銘柄はなかった。オーバーナイトはしないで私は迷わず寝た。

◎オープンポジション：なし

◎３月２９日の総利益：３１９.２７ドル

第12章
〜ベアが目覚める〜

◎２０００年３月３０日（木）

　昨日、ナスダックが１８９ポイントも急落したため、私は、先物マーケットの弱い始まりを予測していた。今日は休みたかったが、その反面、「いい買いができるのでは」との思いもあった。ナスダックは、ちょうど５０日移動平均線にかかる４５４０ドルでオープン（１０９ポイントのギャップダウン）。このチャレンジ期間の５日目に記録した最高値から１０．６％も下がっていた。今年に入ってからナスダックは正式に調整期間に入った。

＄ＣＯＭＰＸ：ナスダック総合指数（１）

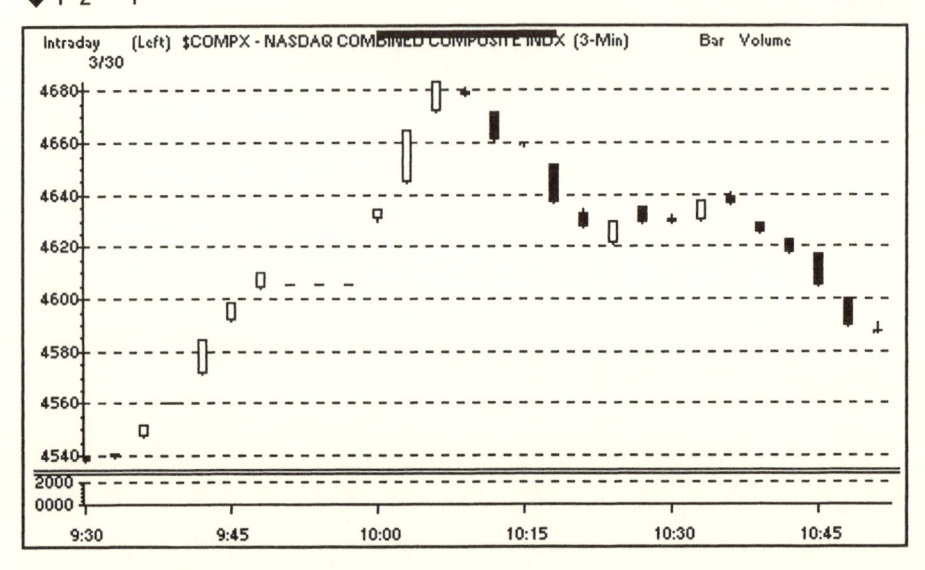

◆１２－１

 安い買い物をしようと考えている人は大勢いる。ナスダックは取引開始から３５分の間に、出来高を伴って１４０ポイント以上も上がった。ＳＵＮＷとＯＲＣＬとＣＳＣＯを買おうとしたが、飛ぶように上がっていたので捕まえられなかった。深追いはせずに、プルバック（下げ）を待つことにする。
 次に起こったことは、見るに耐え難いことだった。先ほど獲得し損ねた３つの銘柄がどんどん値を上げていったのだ。天井が近いと分かっていたので、スナイパーポジションを取り、下がるのを待った。
 このとき、私はまだ先ほどの行為（＝買えなかったこと）にイライラしていた。本来の集中力を欠いていた。逆にいえば、今こそバルコニーにいって気持ちを整理するときだった。しかし、それどころではなかったのだ。私はもう血の臭いを嗅いでしまった獰猛な動物に変身してしまっていたのだから。一度見逃した餌を、また見逃すわけにはいかない。

ＳＵＮＷ：サンマイクロシステムズ（１）

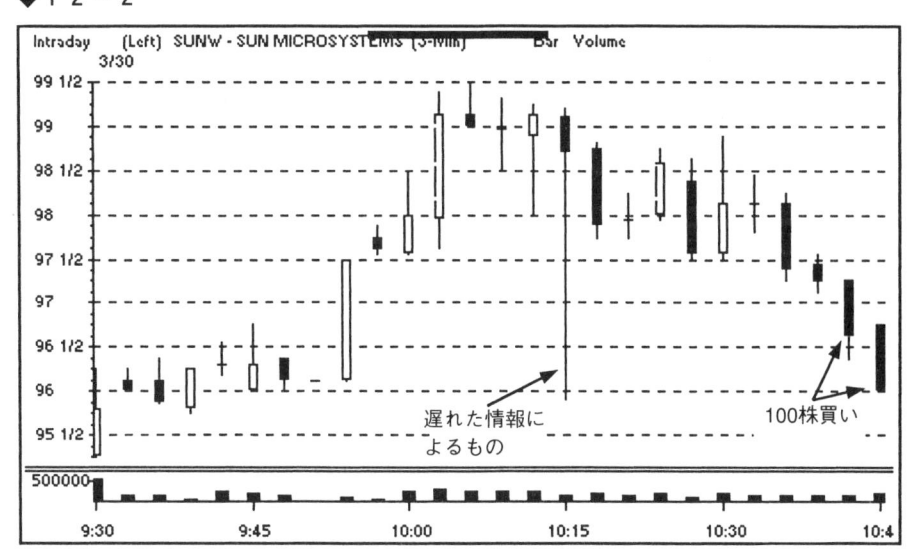

◆１２－２

(チャート図：Intraday (Left) SUNW - SUN MICROSYSTEMS [3-Min] Bar Volume 3/30、矢印注記「遅れた情報によるもの」「100株買い」)

　待ちに待っていた下げが起こったため、ＳＵＮＷの１００株を９６ 11/16ドルで購入、さらに９６ドルに値を下げたときにも１００株追加で購入した。ストップロスは支持線となっている９５ドルの下、９４ 15/16ドルに設定。目標はその日の最高値９９ 1/2ドルとした。

＄ＣＯＭＰＸ：ナスダック総合指数（２）

◆１２－３

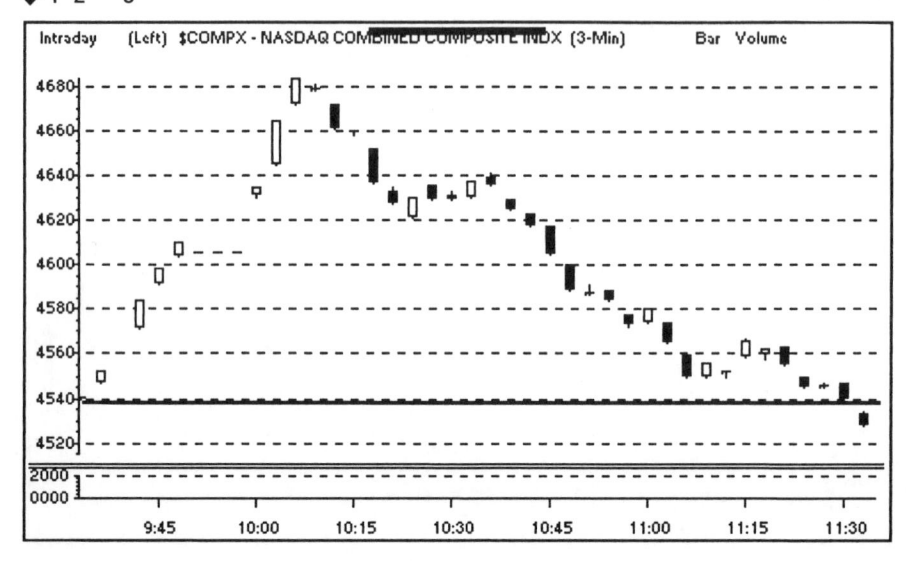

　これは、いけない。ナスダックがその日の最安値を更新し、再び売り手であふれかえっていた。

SUNW：サンマイクロシステムズ（2）

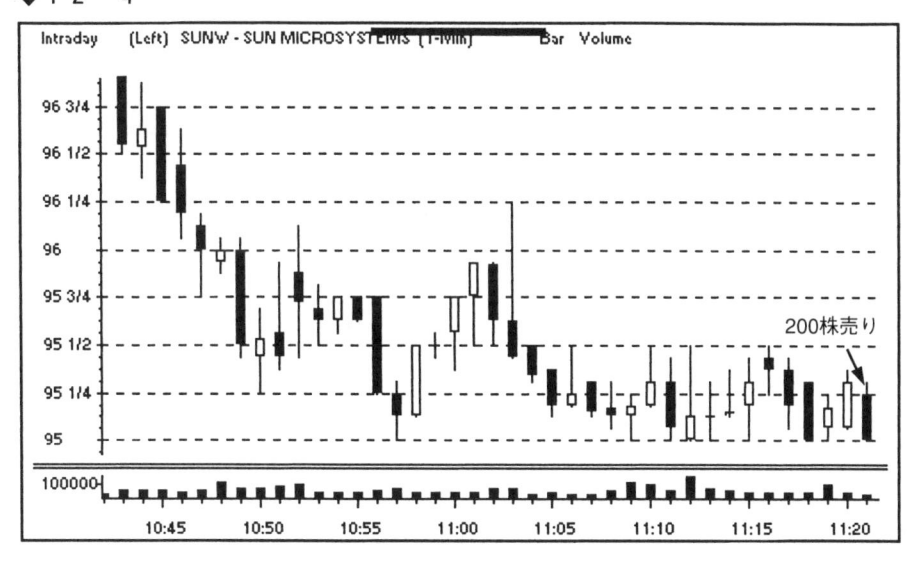

◆12－4

SUNWは95ドルで何度か反転した。支持線もはっきり見えた。しかし、ナスダックが崩れ落ちている状況だったので、「SUNWが急落し、94 15/16ドルでのストップロスが作動しても、実際のところ、ストップロスが94ドルになるまで実行されないのでは？」という事態を恐れていた。結局、200株を95 1/16ドルで売却した。

　　　　SUNWの取引結果　－271.89ドル

＄ＣＯＭＰＸ：ナスダック総合指数（３）

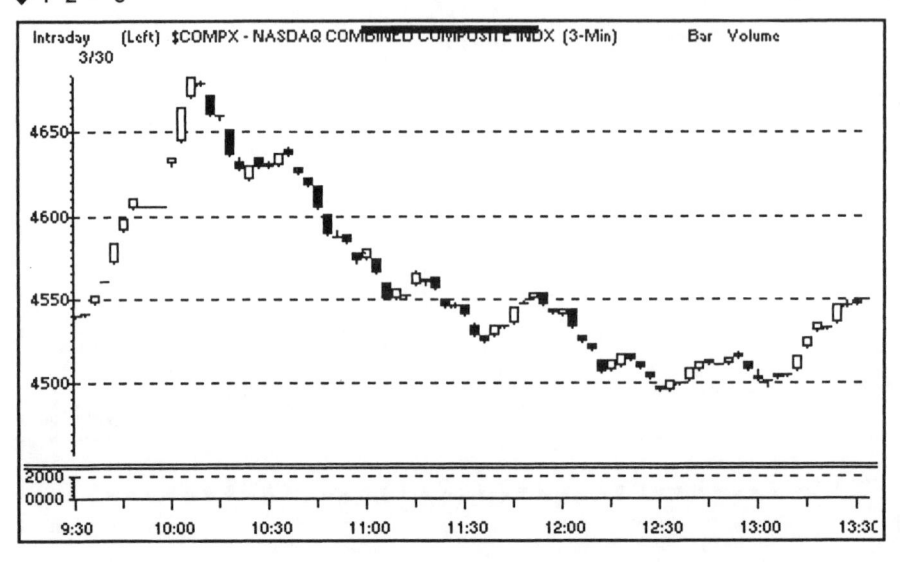

◆１２－５

ナスダックは落ち続けた。４５００ドルくらいで支持線を見つけると、そこでダブルボトムのパターンを作った。１３時１５分ごろになると、また上昇を始めて４５５０ドルに戻った。

第12章　ベアが目覚める

CSCO：シスコシステムズ（1）

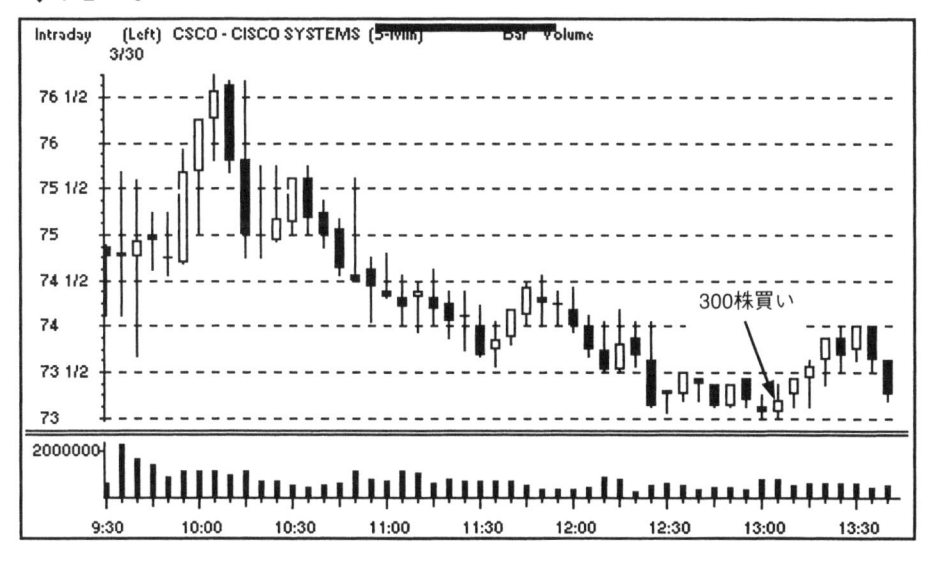

◆12－6

CSCOもダブルボトムをつくり、73ドルで反転した。私はCSCOを300株、7 3 1/4ドルで購入。目標は75ドル。ストップロスは支持線の出現した73ドルのすぐ下、7 2 15/16ドルに設定した。

QQQ（1）

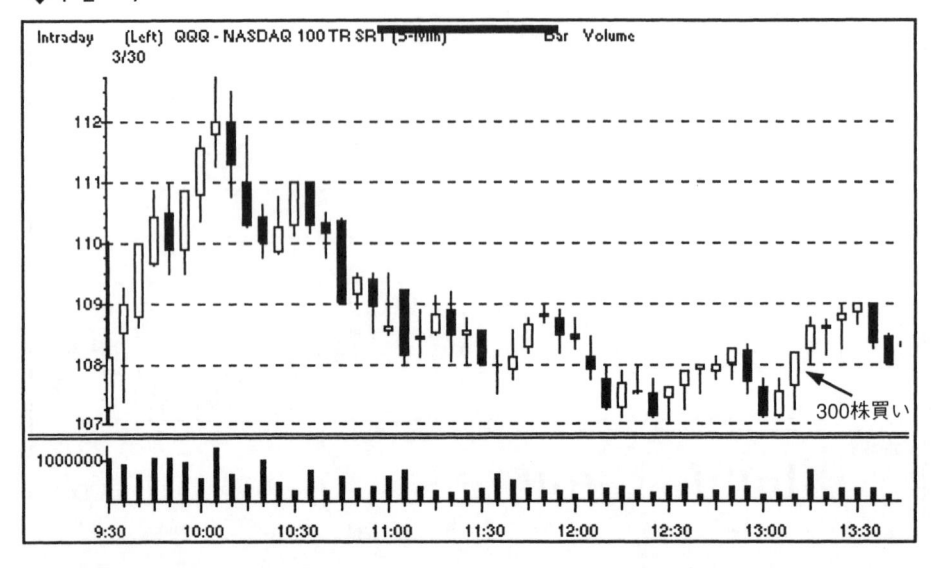

◆12-7

[チャート: Intraday (Left) QQQ - NASDAQ 100 TR SRT (5-Min) 3/30、Bar Volume。「300株買い」の注記あり]

　QQQも107ドルでダブルボトムをつくっていた。私は300株分の成り行き注文を入れたが、何と、これをスペシャリストに利用されてしまった。仕方なく、私は107 7/8ドルでその株を購入。ストップロスは支持線となる107ドルの下、106 7/8ドルに設定。目標は111ドルだ。

　QQQを取引したことがなければ、「スペシャリスがどのようにスプレッドを大きくするか」分からないだろう。スプレッドを小さくしようとしてもほぼ無理なので、成り行き注文以外に入る方法はない。アメリカン証券取引所のスプレッドが1ポイント以上あるのは珍しいことではない。

第12章　ベアが目覚める

ＳＵＮＷ：サンマイクロシステムズ（３）

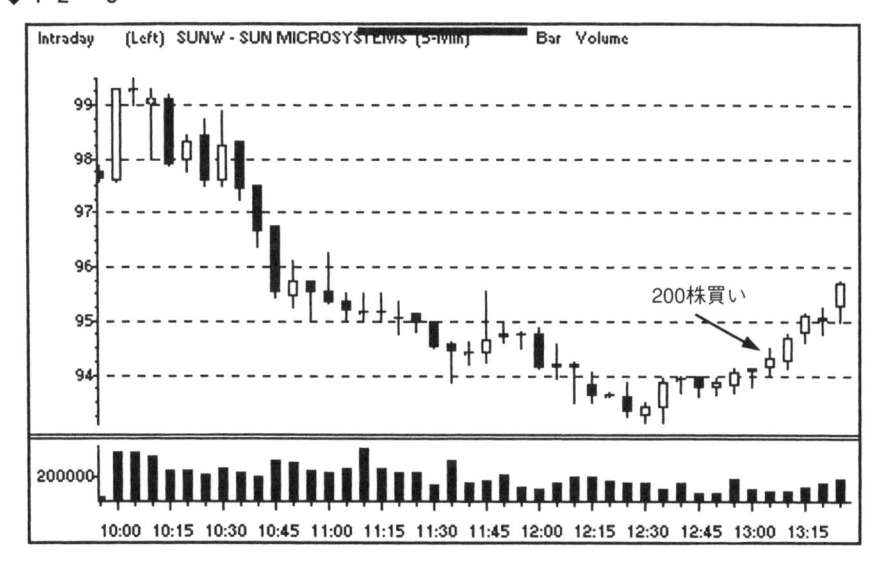

◆12－8

[チャート：SUNW - SUN MICROSYSTEMS のイントラデイチャート、「200株買い」の注釈付き]

　危なかった！　私が９５　1/16ドルで売ってから、ＳＵＮＷは９３ドルまで値を下げたのだ。私は再び仕掛けができないかと、機会を伺いながら追った。その後、ＳＵＮＷは上げ始めたので、２００株を９４　1/2ドルで購入した。
　これでオープンポジションが３つとなった。すべてが利益を見せていたので気分は良かった。私の利益は８００ドルを超えていた。そこで私は、ポジションの動きに幅を持たせた。頭の中ではジェシー・リバモアの言葉、「正しい判断をし、同時に冷静でいられる人物はまれである」を思い浮かべていた。マーケットは売られすぎて割安感が出ている。私はその底を買った気がした。これには私の利益を賭けてもいい。

ＣＳＣＯ：シスコシステムズ（２）

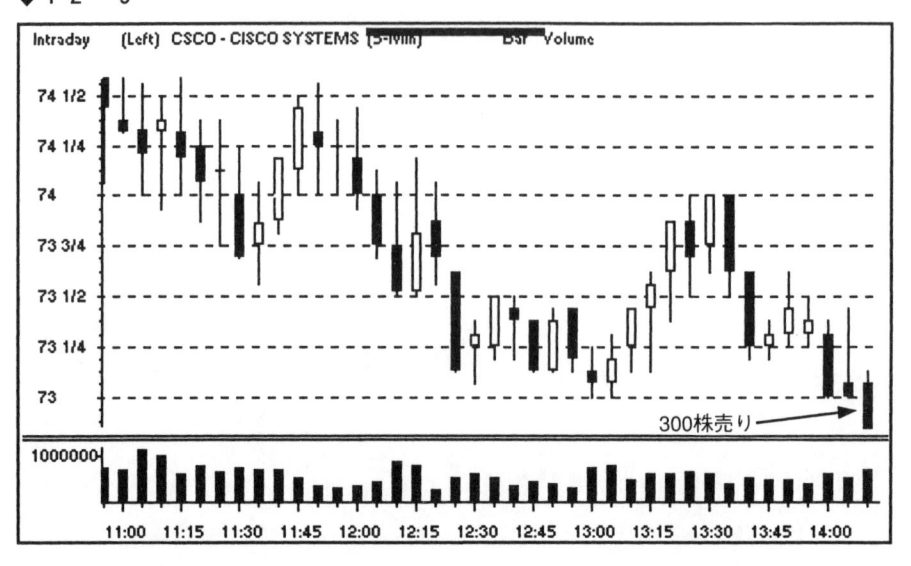

◆１２－９

（チャート内注記：300株売り）

　ＣＳＣＯはブレイクダウンしてストップロスが作動。３００株を７２ドル９４セントで売却。

ＣＳＣＯの取引結果　－１０３．３１ドル

第12章 ベアが目覚める

QQQ（2）

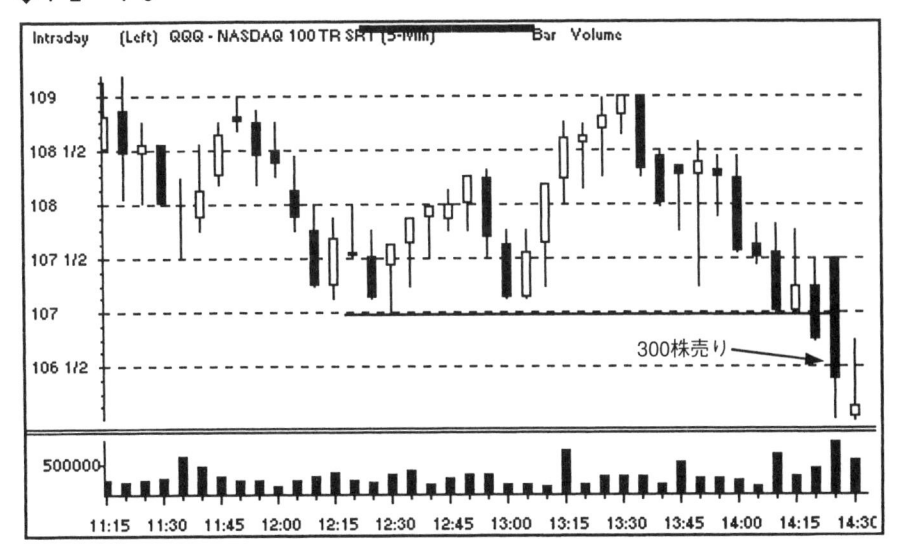

◆12－10

300株売り

QQQも同じく崩れた。スペシャリストは、また、私のストップロスを利用した。300株を106 33/64ドルで売却。

QQQの取引結果　－418.88ドル

ＳＵＮＷ：サンマイクロシステムズ（４）

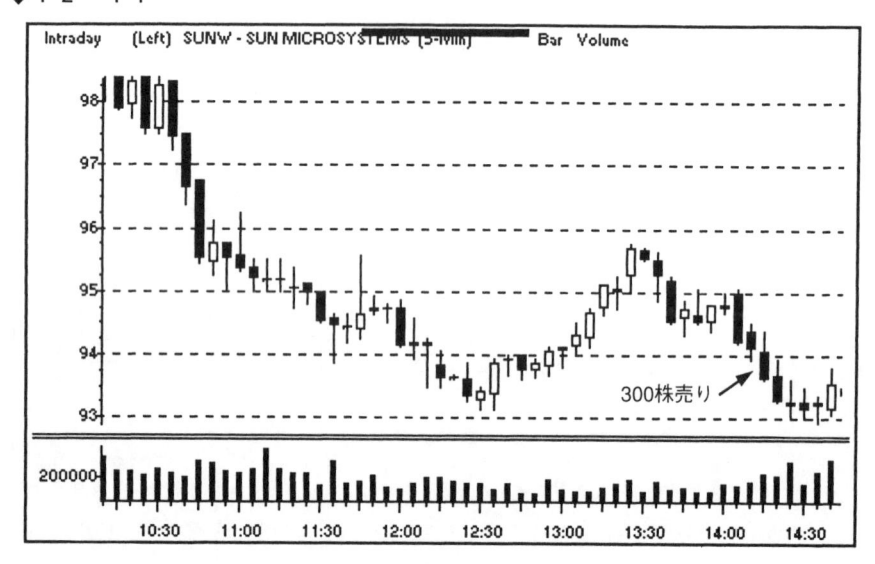

◆１２－１１

[チャート: Intraday (Left) SUNW - SUN MICROSYSTEMS (5-Min) Bar Volume、300株売り]

　市場が崩壊していくと、ＳＵＮＷのストップロスまでも実行された。２００株を９３ 5/8ドルで売却。

　　　　ＳＵＮＷの取引結果　－１８５．６３ドル

第12章　ベアが目覚める

＄ＣＯＭＰＸ：ナスダック総合指数（４）

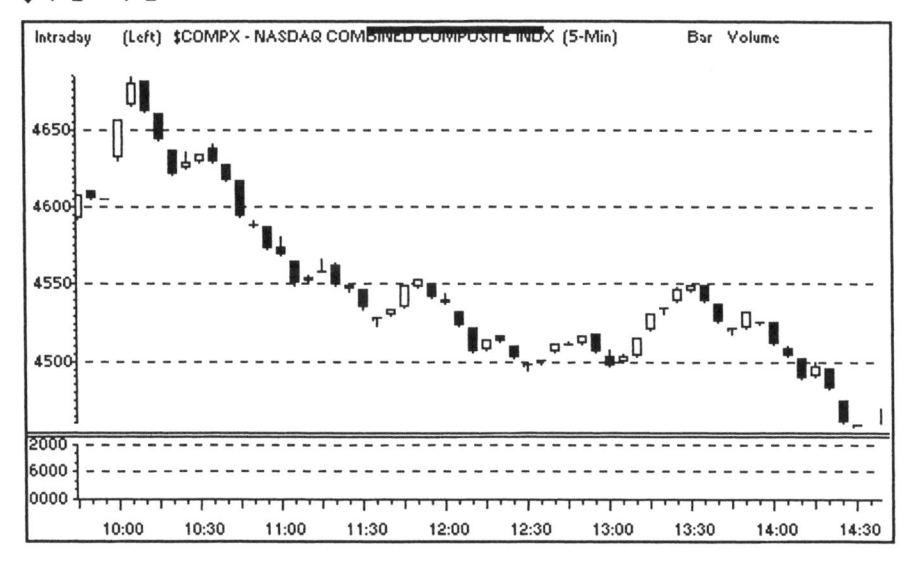

◆１２－１２

[チャート: Intraday (Left) $COMPX - NASDAQ COMBINED COMPOSITE INDX (5-Min)　Bar Volume]

　ナスダックはその日の最安値を更新した。私は自分のポジションを売った。総額７０８ドルの損を出してしまった。このとき、再び、リバモア氏の有名な言葉を考えていた。「正しい判断をし、同時に冷静でいられる人物はまれである」。私は冷静だったが、正しくはなかった。大間違いだった。私は８１２ドルのオープン利益を７０８ドルの損に変えてしまった。勝ちが一転して負けに変わってしまった。少しもうれしいことではない。今日は、トレードした４つの銘柄、すべてで負けてしまった。少しでも利益を上げて再び自信をつけるために、良いトレードをする必要がある。

YHOO：ヤフー！（1）

◆12－13

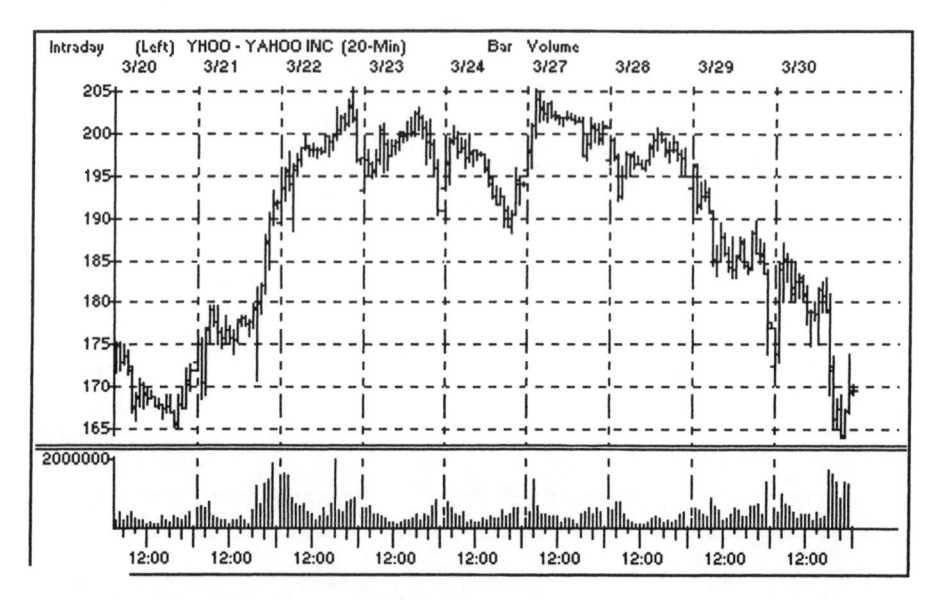

YHOOは165ドル付近で取引していた。165ドル付近は3月20日の支持線だった。

第12章 ベアが目覚める

YHOO：ヤフー！（2）

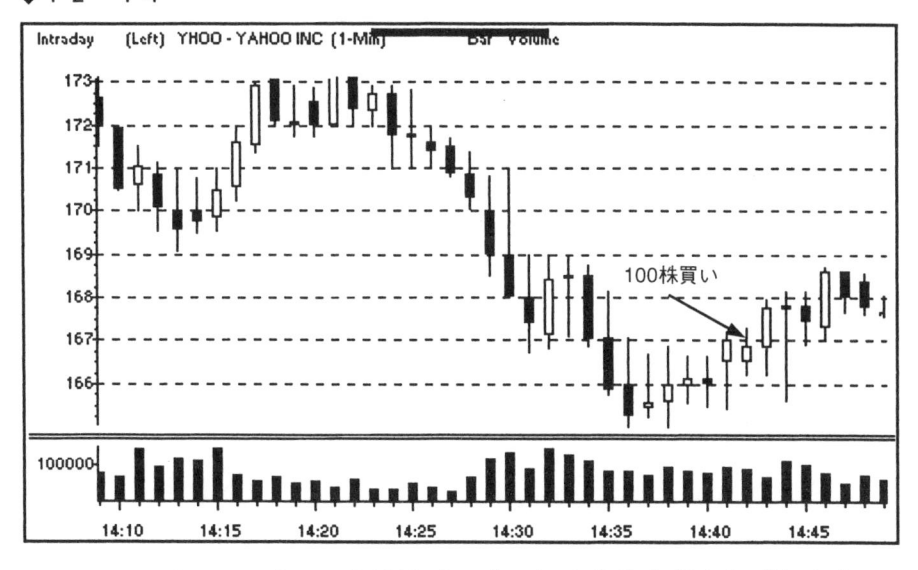

◆12－14

 YHOOは165ドルで反転した。「これは強そうだ」と感じたため、100株を167 3/32ドルで購入。このまま169 1/2ドルまでいけると考えている。私はレベルⅡの動きを見てトレードすることにした。衰えの兆しを見せたらすぐに売るつもりだ。

ＹＨＯＯ：ヤフー！（３）

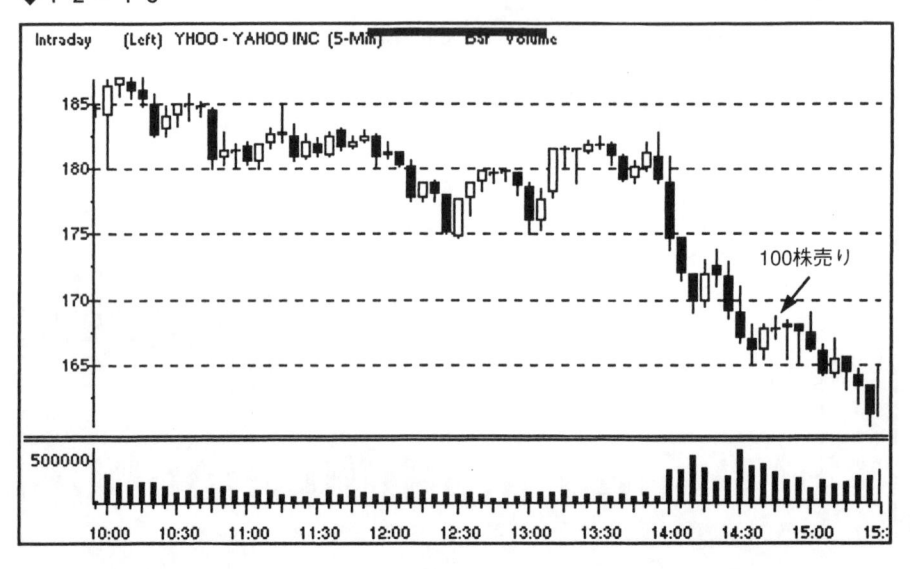

◆１２－１５

（チャート：100株売り）

　ＹＨＯＯは１６８ 1/2ドルまで値を上げたが、衰えを見せたため、１００株を１６８ 3/16ドルで売却した。ホームランではなかったが、気分は良くなった。今日、初めて利益を得ることができたからだ。

<u>　　　ＹＨＯＯの取引結果　　８６．３０ドル　　　</u>

第12章　ベアが目覚める

ＳＵＮＷ：サンマイクロシステムズ（５）

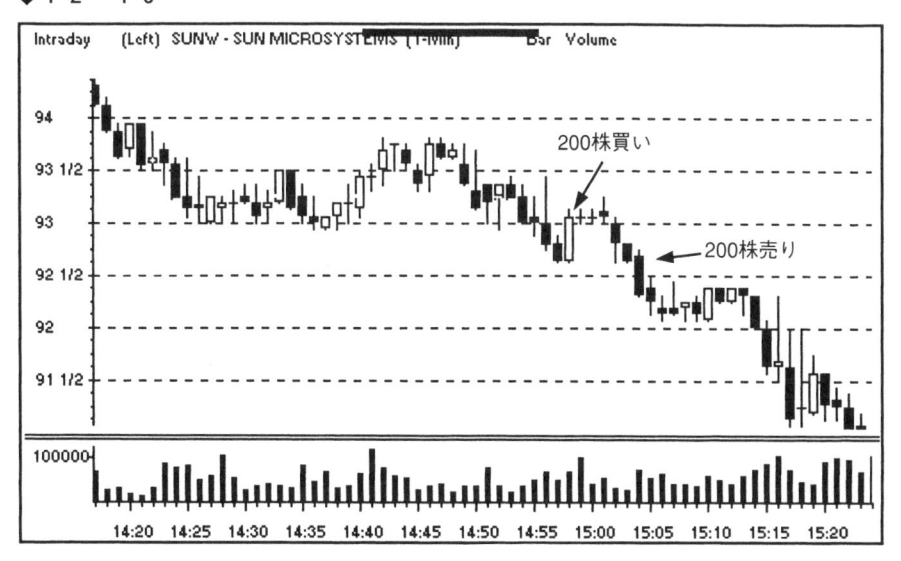

◆１２－１６

　ＳＵＮＷへの愛は、まだ、終わっていない。９３ドルの支持線を切ると、株価は９２ 5/8ドルまで下がった。そこから跳ね上がり、９３ドルを突破した。しかし、これが「完璧な"だまし"だ」という事実に気づかなかった。私は２００株を９３ 1/16ドルで購入した。だが、株価は勢いをなくし９２ 5/8ドルを下回る。ストップロスが作動したため、結局、２００株を９２ 3/8ドルで売却した。

　　　　　ＳＵＮＷの取引結果　―１４８．１２ドル

ＳＵＮＷ：サンマイクロシステムズ（６）

　ＳＵＮＷは９０ドルまで値を下げた。ここで買いたい気持ちはあったのだが、今日はついていなかったので消極的になっていた。

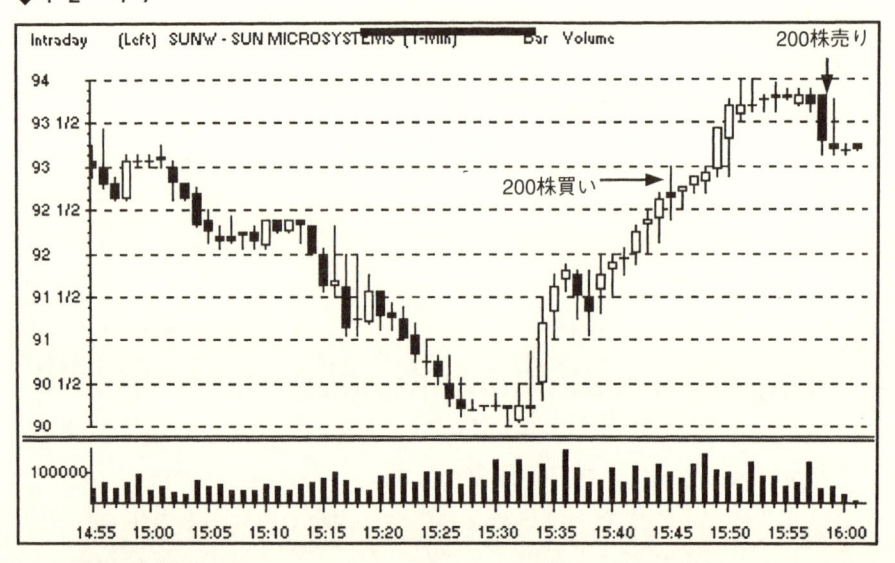

◆１２－１７

　最安値からＳＵＮＷは２ １/２ポイント上昇した。走り出していた。状況は良さそうだったので、１日の最後を勝利で飾ろうと考え、２００株を９２ 59/64ドルで購入した。終了間際に売るつもりだった。
　終了８分前に９４ドルを付けたが、ベアがにらみを利かせ始めたため、それ以上、株価が上がらなかった。私は１００株を９３ 3/4ドルを売却した。さらに２分が経過したが進展はなかったので、残りの１００株も９３ 11/16ドルで売却した。

　　　　　ＳＵＮＷの取引結果　　１４３．７３ドル

第12章　ベアが目覚める

　最終ベルが鳴り、ベアたちは完全に目覚めた。ナスダックが昨日の終値から186ポイント下がったため、今日もブルにとっては厳しい1日だった。この急落では判断を下すのはとても難しい。今夜はもっと深く物事を分析しなければならない。

◎オープンポジション：なし

◎3月30日の総利益：－897ドル

第13章
〜静観する〜

◎２０００年３月３１日（金）

　昨日は挑戦を始めてからの初の"惨敗日"だった。毎日勝てるとは、もちろん、思っていなかったが。
　私は「自分が何を間違えたのか」について振り返って分析したかった。そう、私は、こう信じているからだ。「負けた日に、自分のトレードを振り返ることは良いこと」だと。
　私は何か見落としていたものがないかを調べていた。昨日の出来事を説明するものがほしかったので、自分のトレードを見直すのに多くの時間をかけた。
　そして、私は次のような結論を出した。あの利益が見込まれていた３銘柄を含めて、私は「きちんとリスク管理をしていた」と。確かにそれらは負けてしまった。昨日という日を、勝ち日から負け日に変えてしまった。だが、１５００ドルの差額は全体のポジションから見れば２％の損失である。利益が出ていれば、損失額の７倍の報酬になっていたかもしれない。もう一度同じトレードをしても、まったく同じようにするであろう。
　昨日の夜はチャートを調べることに時間を費やした。私はウオッチリストに登録しているすべての銘柄を観察し、ひとつひとつに抵抗線、支持線を書き加えた。それから、ナスダックのチャートをさらに綿密に調べた。

＄ＣＯＭＰＸ：ナスダック総合指数

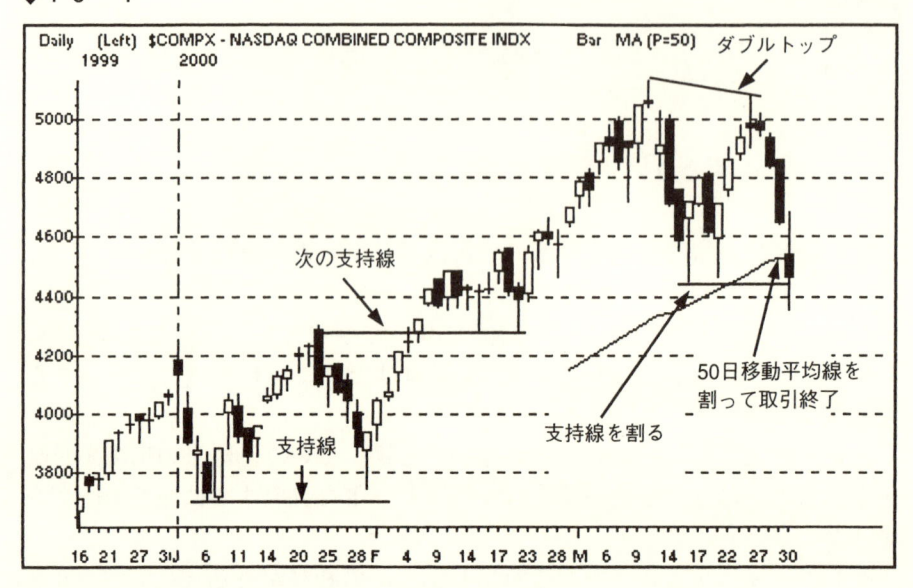

◆１３－１

(チャート：$COMPX - NASDAQ COMBINED COMPOSITE INDX、1999〜2000年、Bar MA (P=50)。ラベル：「ダブルトップ」「次の支持線」「支持線」「支持線を割る」「50日移動平均線を割って取引終了」)

　ナスダックのチャートから「市場が天井に達したかもしれない」と分かった。１９９９年の１０月１９日以来、初めて５０日移動平均線以下で終了した。３月１６日と３月２１日の最安値より下で取引したことによって、ダブルトップをつくったことが明らかになった。私が見る限り、次の支持線は４２９０ドルで、その次は３７１５ドルだ。実際に頂点に達し、ダブルトップをつくったとしたら、３７００ドルまで下がるかもしれない。このチャートが十分それを示していた。

　昨日の、ナスダックの１８６ポイントの下落に続き、「今朝は先物も大きく下がっているだろう」と思った。「低く開始するだろう。そして、さらにそこから下がり、４２９０ドル辺りで反転して完全に戻すだろう」。私は、そう考えていた。

　今朝は「深刻なパニック売りが起きる」予感がした。その売りを安値で拾う準備はできていた。割安な銘柄を仕入れた後は、機関投資家による

第13章　静観する

「マーケットの押し上げ」を待つだけだ。今日は四半期の最終日であり、ファンドマネジャーたちは、大手の株を支持するだろう。

しかし、そうはいかなかった。私が予想したギャップダウン（下に窓を空けて）は一切起きなかったのだ。逆にギャップアップ（上に窓を空けて）した。ナスダックはオープン時93ポイント上がっていた。だが、そこで下がり始めた。その後も下がり、昼までにはオープンから100ポイント以上も下がっていた。

勝率の高い銘柄が見つからなかったので、今日は1日中手をこまねいて見ていた（火遊びをする覚悟があるなら別だが）。ナスダックが午後12時に最安値を記録すると、私はあきらめて週末のことを考え始めた。オープンポジションがなくて幸運だった。市場はとてもひどい状態だ。

終了ベルが鳴るころ、私は息子と公園で凧揚げをしていた。息子のジョーダンはあの名作『メリーポピンズ』の「凧を揚げに行こう」を歌っていた。私は風がないのにどうやって凧を揚げるのかを一生懸命考えていた。

ナスダックは何とか持ち直して、その日の終値を昨日の終値より114ポイント上げた（これは開始からは21ポイントの下げである）。

●

第2週目が終了した。結果はさまざまだったが、まあまあの週だった。月曜日は勝ちが4つあった。火曜日にはJNPRとWAVXで良い利益を出せた（おかげで、1週間の残りは気楽にトレードできた）。水曜日は大した結果が出せないまま、多くの取引を行った。木曜日は最初の負け日だった。その日はマーケットの底を捕まえて、待ち構えていた。何度も自分が間違っている事を見せつけられたが、利益を全部失ったにもかかわらず、大損はしなかった。金曜日は一切トレードをしなかった。私が予想した寄り付きの取引が大きく外れたので、私は客席から観戦した。

2週目の総利益は1928.47ドルだった。私はブローカーに2000ドルのチェックを送るように申請した。何といっても金曜日は給料日なのだから！

◆13-2

| Southwest Securities | SIPC | 88-88 |
| 1201 Elm St. Suite 3500. Dallas, TX 75270 | | 1113 |

```
                                    DATE      AMOUNT
PAY ********2,000DOLLARS 00CENTS   3/31/00   $*****2,000.00
Pay To

TONY OZ
LAGUNA HILLS, CA 92654
```

◎オープンポジション:なし

◎3月31日の総利益:0ドル

第14章
～暴落～

◎２０００年４月３日（月）

　私は、週末にいろいろとリサーチし、トレードするための銘柄をいくつも選んでおいた。「勝率の高いトレードができる」と確信した銘柄を選んでいたので、トレードする前からワクワクしていた。朝の５時半に目覚ましをかけていたにもかかわらず、ベルが鳴る前に起きてしまったほどだ。
　さっとシャワーを浴び、２階の自分のトレードルームへ行ったのは、マーケットが開く３０分前であった。コンピューターに電源を入れ、マーケットを見ると先物が急落していた。プレマーケットでは、思ったより安値で株が取引されていた。今日のトレードのために、昨日リサーチしておいた銘柄も安値で取引されていた、そう、すべてが同じように。テレビでは、「マイクロソフト社が裁判で司法当局と和解できなかった」という悪いニュースが流れていた。これを聞いた私は、昨日準備したトレードプランをすべて白紙に戻してしまった。今日はおそらく大きな売りが出てくる、そう感じたからだ。今日の新しい作戦は、大きく下げた後の反転狙いである。ナスダックは７８ドルのギャップダウン（下に窓を空けて）、ＭＳＦＴは１２ 11/16ドルのギャップダウン（下に窓を空けて）で始まっている。

ＭＳＦＴ：マイクロソフト（１）

◆１４－１

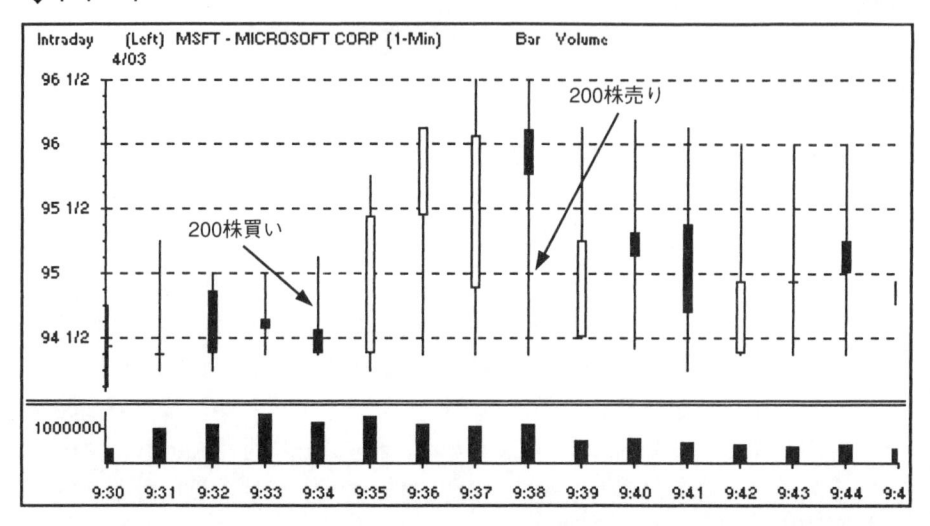

[チャート図：Intraday (Left) MSFT - MICROSOFT CORP (1-Min) 4/03、Bar Volume。9:30～9:45の分足チャートと出来高。「２００株買い」矢印が9:34付近の94 3/4ドル付近、「２００株売り」矢印が9:38付近を指す]

　まずは、ＭＳＦＴの寄り付きでの反転を狙っていく。マーケットはニュースに過剰反応することがよくあるからだ。まずは、ＭＳＦＴが反転したところを２００株、９４ ３/４ドルで購入。その後、ＭＳＦＴは９６ １/２ドルまで値を上げたが、すぐに下げ始めたため、２００株を９５ドルで売却した。

ＭＳＦＴの取引結果　３９．０６ドル
―――――――――――――――――――――

第14章 暴落

ORCL：オラクル（1）

◆14－2

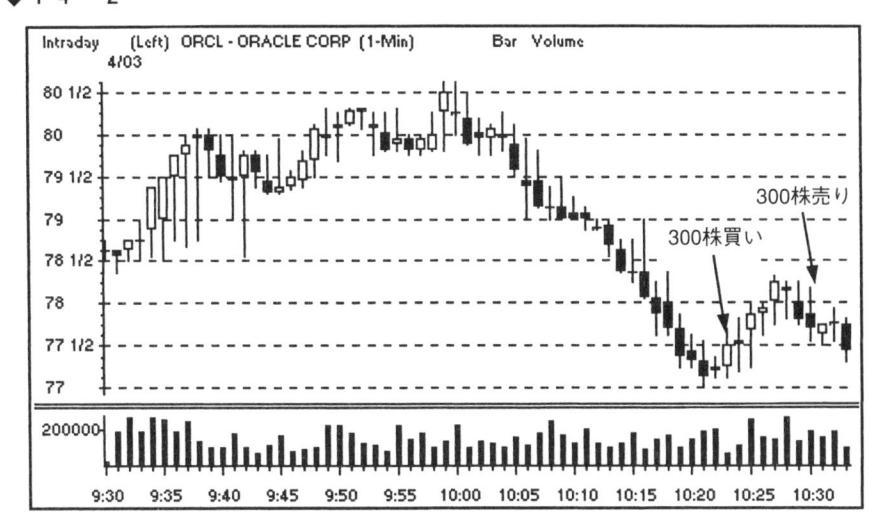

ORCLが77ドルの支持線から反転を始めている。そこで、77 5/8ドルでORCLを300株購入。目標は80ドル。ストップロスは今日の安値の少し下の76 15/16ドルとした。ORCLは80ドルまでは届かず78 1/4ドル付近で反転のローソク足が出て下げに転じた。そこで、すぐ売り注文を出す。売り注文は100株を78 1/8ドルで部分約定。その後、株はさらに値を下げ始めたので、残りの200株も77 7/16ドルで売却した。

ORCLの取引結果　－3.29ドル

ＯＲＣＬ：オラクル（２）

◆１４－３

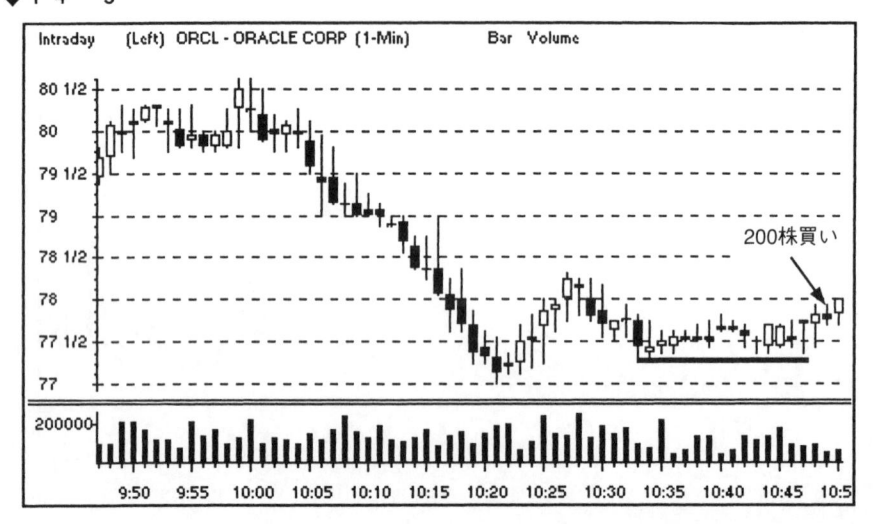

　ＯＲＣＬは７７ 3/8ドル付近で保ち合いを形成。再び値を上げ始めたので、２００株を７７ 7/8ドルで購入した。目標は、再度、８０ドルに設定する。ストップロスは７７ 1/4ドルとした。

第14章　暴落

ＯＲＣＬ：オラクル（３）

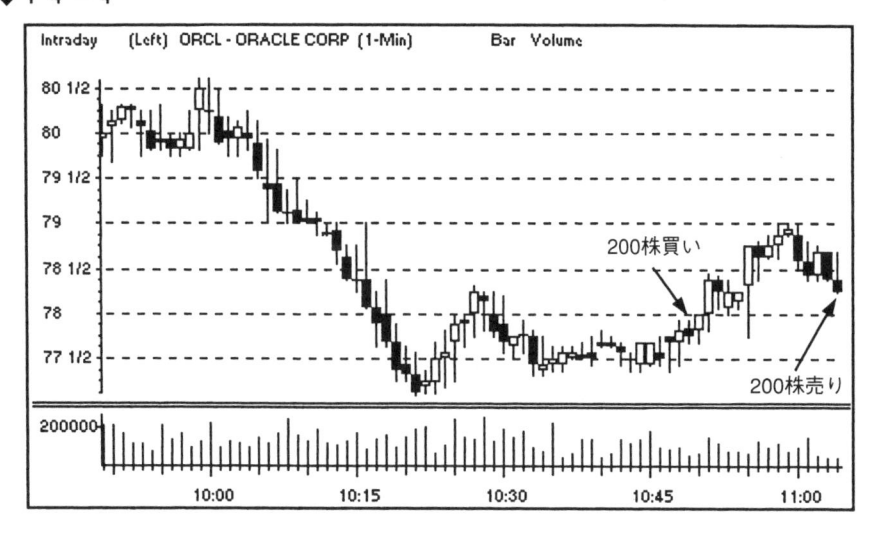

◆14－4

今度ＯＲＣＬは７９ドルまでは値を上げたが、そこから再び下げ始めたので、２００株を７８ 1/4ドルで売却した。

<u>　　　　ＯＲＣＬの取引結果　　６４.４７ドル　　</u>

MSFT：マイクロソフト（2）

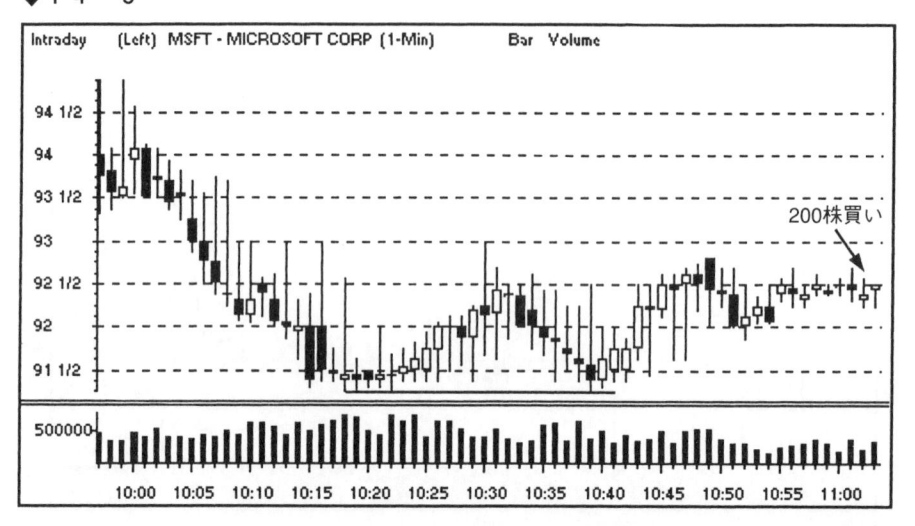

◆14－5

200株買い

　MSFTはダブルボトムを形成して値を上げ始めたが、完全に上がりきる前に保ち合いになった。93ドルを超え、さらに上昇するチャンスがあると考えた結果、200株を92 7/16ドルで購入した。

第14章　暴落

MSFT：マイクロソフト（3）

◆14－6

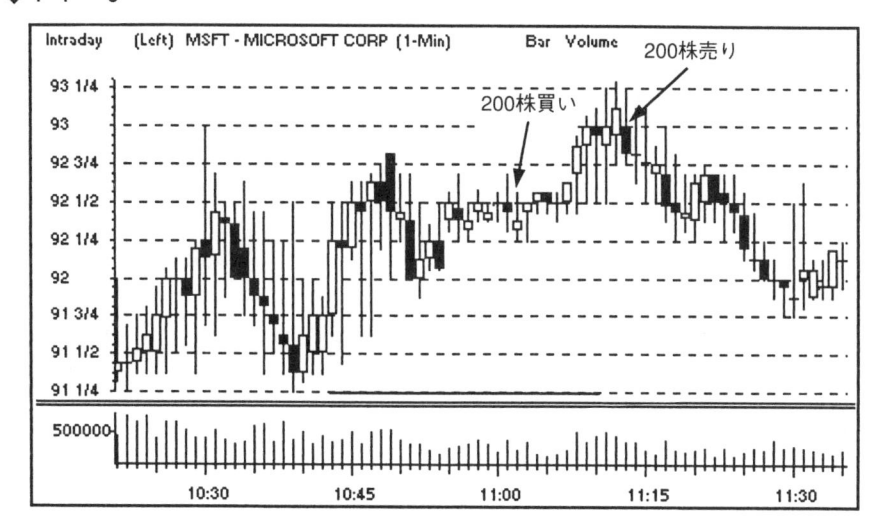

[チャート：MSFT - MICROSOFT CORP (1-Min)、200株買い、200株売り、10:30〜11:30]

　MSFTは93 5/16ドルまでは値を上げたが、そこで勢いをなくしてしまった。そのため、200株を92 15/16ドルで売却した。

　　　　MSFTの取引結果　　89.38ドル

ORCL：オラクル（4）

◆14－7

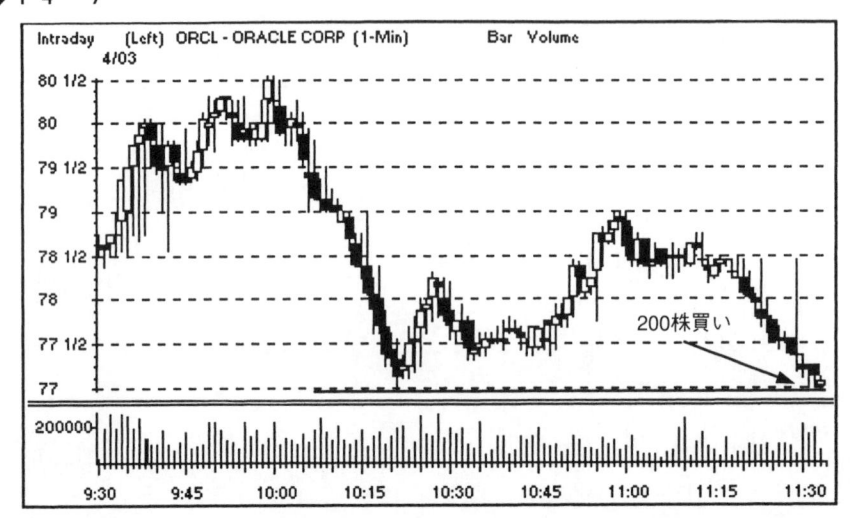

(チャート：Intraday (Left) ORCL - ORACLE CORP (1-Min) 4/03、矢印に「200株買い」)

　ORCLが今日の底値の77ドルに近づいてきた。10時20分くらいに付けた底と、今度の底でダブルボトムを形成するようになってきた。そこで、200株を77ドル7セントで購入。目標は79～80ドル。ストップロスは、今日の最安値から1/4ドル低い76 3/4ドルに設定した。

第14章　暴落

ＯＲＣＬ：オラクル（５）

◆１４－８

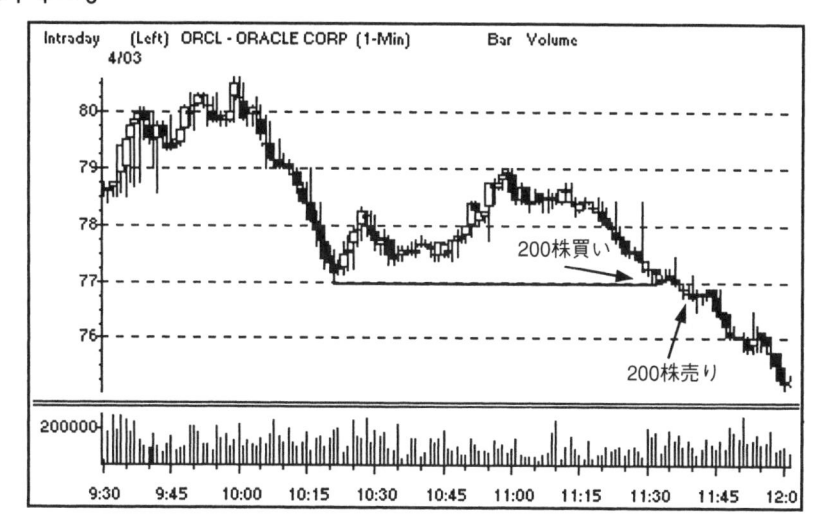

[チャート: Intraday (Left) ORCL - ORACLE CORP (1-Min) 4/03　Bar Volume、「200株買い」「200株売り」の注記あり]

　意に反して、ＯＲＣＬは支持線を割りブレイクダウンしてしまった。設定していたストップロスですぐに損切り。２００株を７６ 3/4ドルで売却した。トレードにおいて損切りは非常に重要なものである。確実に損切りしなければならない。

ＯＲＣＬの取引結果　－７９．１５ドル

SUNW：サンマイクロシステムズ（１）

◆１４－９

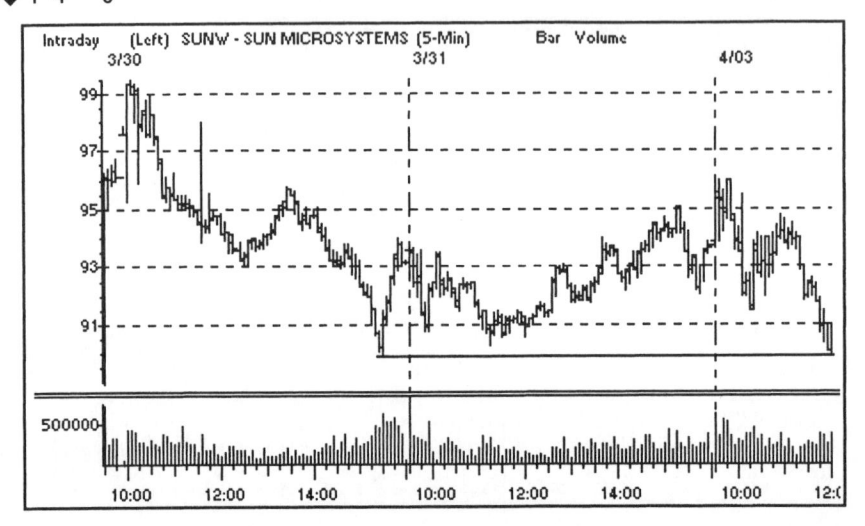

SUNWでは３日前（３月３０日）の安値ライン、９０ドルが支持線になっている。３日前、私はSUNWを何回もトレードしていたので、「９０ドルが支持線」を覚えていた。最終的に９０ドルから９４ドルまで持ち直した。

第14章　暴落

SUNW：サンマイクロシステムズ（2）

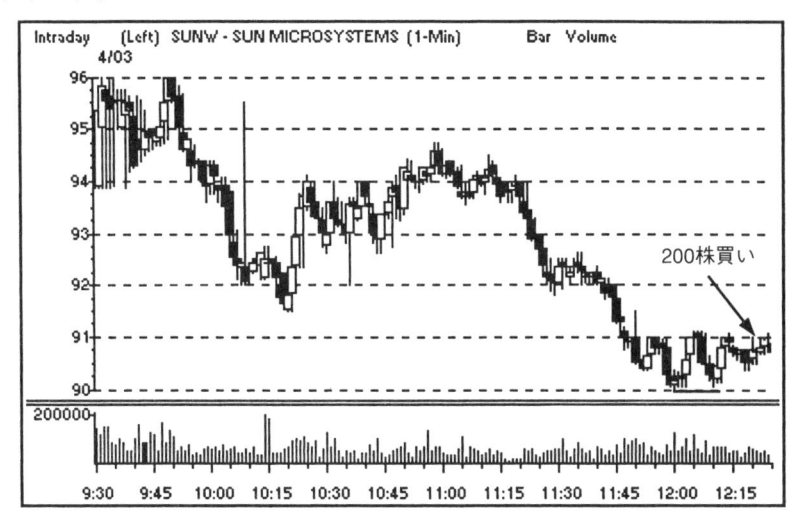

◆14－10

[チャート: Intraday (Left) SUNW - SUN MICROSYSTEMS (1-Min) Bar Volume 4/03、「200株買い」の注記あり]

　９０ドルが支持線であることを再確認させたのが、上の図で見られる１２時にできた底、そして、その１０分後に見られた底だ。ダブルボトムを形成していることが分かる。結局、２００株を９０ 15/16ドルで購入した。ストップロスは８９ 15/16ドル、今日の安値より1/16ドル低いところで設定した。目標は９４～９６ドルだ。

ＳＵＮＷ：サンマイクロシステムズ（３）

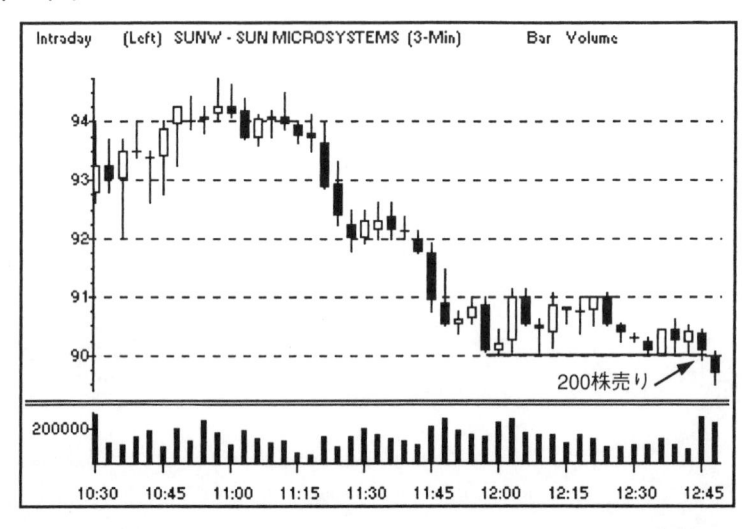

◆１４－１１

（チャート：Intraday (Left) SUNW - SUN MICROSYSTEMS (3-Min) Bar Volume、200株売りの矢印表示）

　ＳＵＮＷに信じられないことが起こった。９０ドルの支持線を割ってしまったのだ。そこで、２００株を９０ドルで売却。よく起こることではないが、幸いにも、ストップロスの指値（損切りの逆指値の価格）より1/16ドル高く約定した。

　　　　　ＳＵＮＷの取引結果　－１９８．１０ドル

ＯＲＣＬ：オラクル（６）

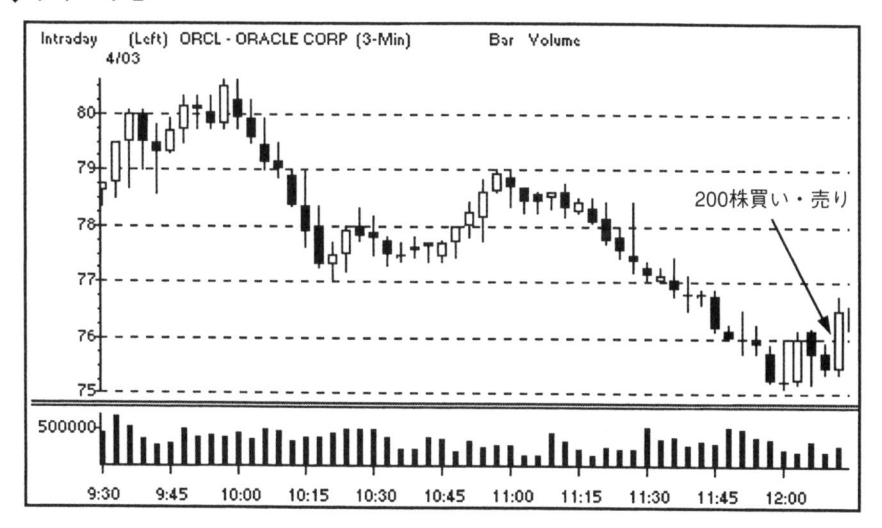

◆１４－１２

[チャート図：Intraday (Left) ORCL - ORACLE CORP (3-Min) 4/03、Bar Volume、"200株買い・売り"の矢印付き]

　ＯＲＣＬは７５　1/8ドルまで値を下げて底値をつけた後、再び値を上げ始めた。上げ始めたところで２００株を、７６　3/16ドルで購入した。
　今日のオラクルの取引で活発に動いているＡＸはＳＢＳＨであった。レベル「の動きから見て、買い圧力が強まっていると分かる。ところが、ＳＢＳＨの力で株価が上がらない。このことに嫌気がさして、２００株を７６　1/8ドルのインサイドビッドで売却した。

<u>　　　　ＯＲＣＬの取引結果　－２３.０１ドル　　　　</u>

ORCL：オラクル（7）

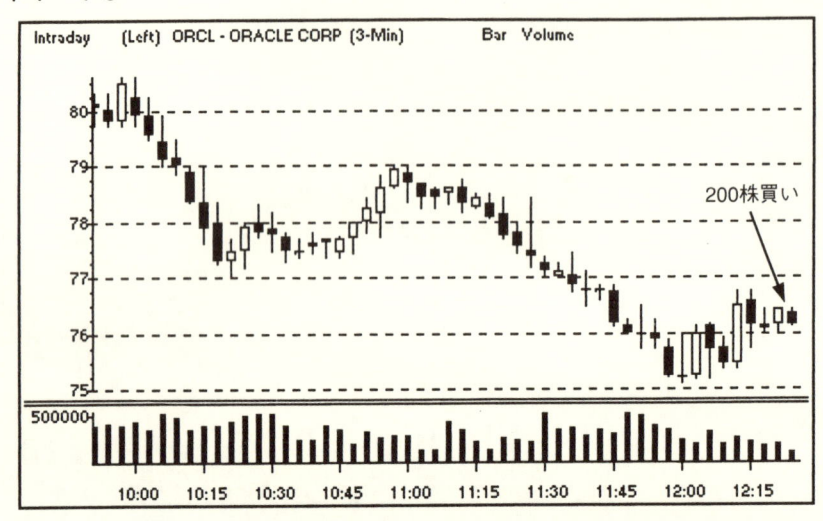

◆14−13

(チャート: Intraday (Left) ORCL - ORACLE CORP (3-Min) Bar Volume、「200株買い」の注釈あり)

　私は、まだORCLを見ていた。今日のORCLは、マーケットメーカーの*SBSH*と*MSCO*の戦いであった。レベルⅡの動向から、*MSCO*が７６ドルのところで大量の買い注文を入れて支持線を形成しているのが見えた。そこで、私はもう一度ポジションを持つことを決意、２００株を７６ドル１１セントで購入した。損切りは小さく抑えて７６ドルに設定した。

第14章 暴落

ORCL：オラクル（8）

◆14-14

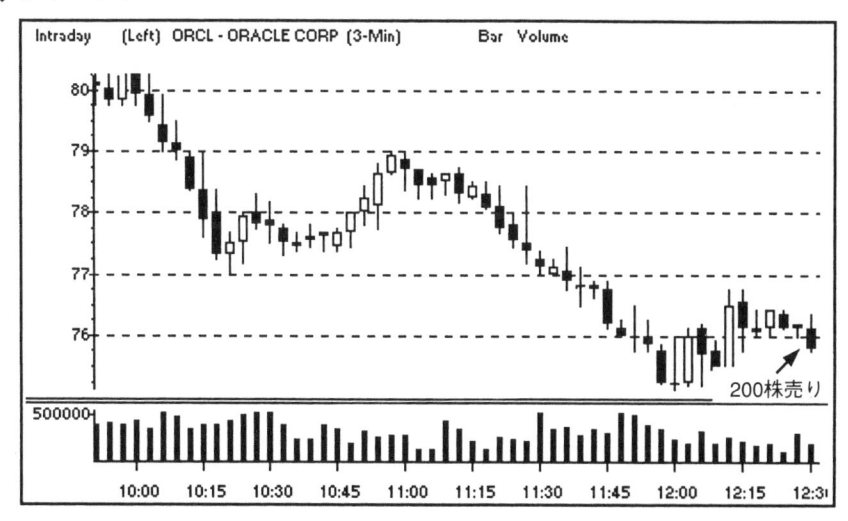

[チャート図: Intraday (Left) ORCL - ORACLE CORP (3-Min) Bar Volume、「200株売り」の矢印あり]

　ところが信じられないことに、MSCOが、レベルⅡの76ドルの買い注文の欄から、忽然と消えてしまったのである。今まで盛んに買いを入れていたアクティブなマーケットメーカーが、特に、インサイドビットの近くで消えてしまう。この事実は非常にネガティブなことだ。私は、すかさず、200株を75ドル88セントで売却した。

　　　　ORCLの取引結果　－56.62ドル

ORCL：オラクル（9）

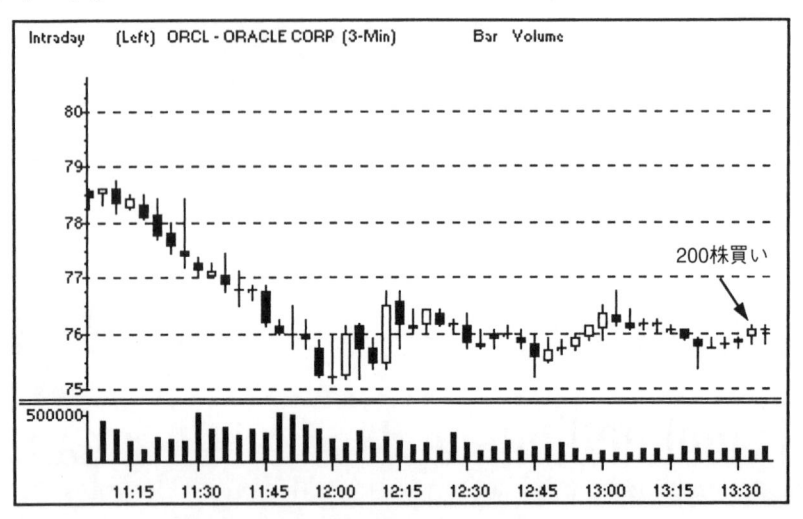

◆14－15

[チャート: Intraday (Left) ORCL - ORACLE CORP (3-Min) Bar Volume、「200株買い」の矢印注記あり]

　私のORCLへのこだわりはまだ続く。売りのマーケットメーカーである*SBSH*がインサイドアスクを離れ、買いのマーケットメイカーである*MSCO*がインサイドビットに戻ってきた。ORCLのチャートを見ると、「底値をつけてゆっくり値を上げ始めている」のが分かる。そこで200株を76 1/16ドルで購入した。

第14章 暴落

ORCL：オラクル（10）

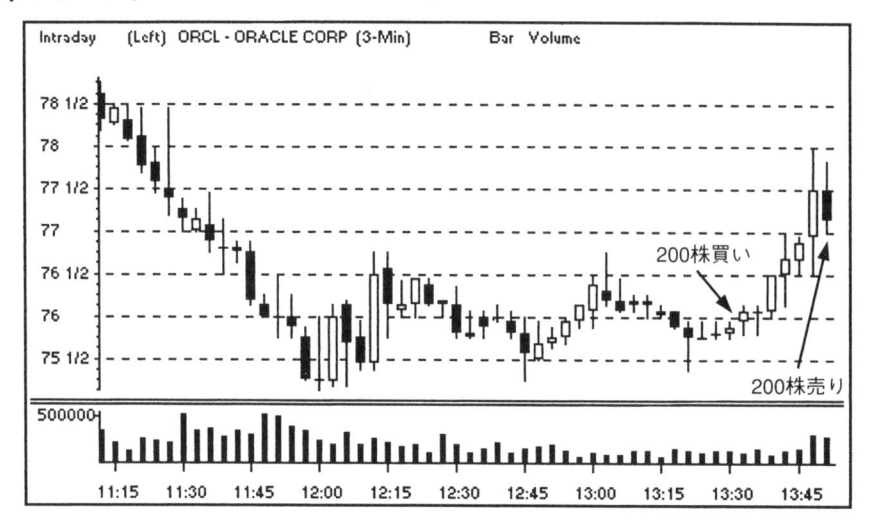

◆14－16

今度こそ本物だ。ORCLが急上昇を開始した。私は、値を上げている最中に売却することを決め、ISLDを通して「78ドルで200株を売る」注文を出す。株価は78ドルに到達したが私の注文は約定せず、その後株価は下落に転じる。脱出するために指値を少しずつ下げながら注文を出し、結局、77 1/16ドルで200株を売却した。

ORCLの取引結果　189.48ドル

ＣＳＣＯ：シスコシステムズ（１）

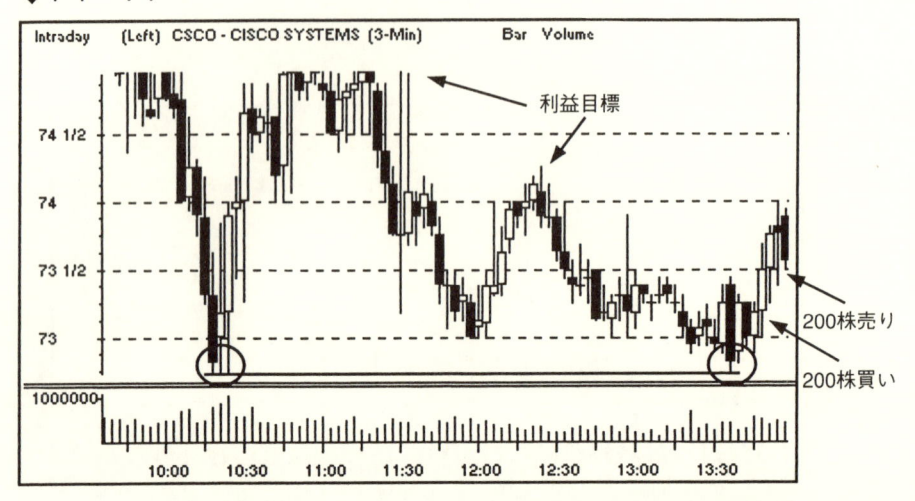

◆１４－１７

(チャート：CSCO - CISCO SYSTEMS (3-Min)、利益目標、200株売り、200株買い)

　上のチャートで分かるように、ＣＳＣＯがダブルボトムを形成している。２回目の底で値を上げ始めたので２００株７３ 3/16ドルで購入した。損切りは７２ 15/16ドル（７３ドルの支持線より1/16ドル低い）に設定。目標は７４ 1/4ドル～７４ 1/2ドルに定めた。株価は７４ドルをつけた後に下がり始めたので、２００株を７３ 9/16ドルで売却した。

<u>　　　ＣＳＣＯの取引結果　６４．５０ドル　　　</u>

ＳＵＮＷ：サンマイクロシステムズ（４）

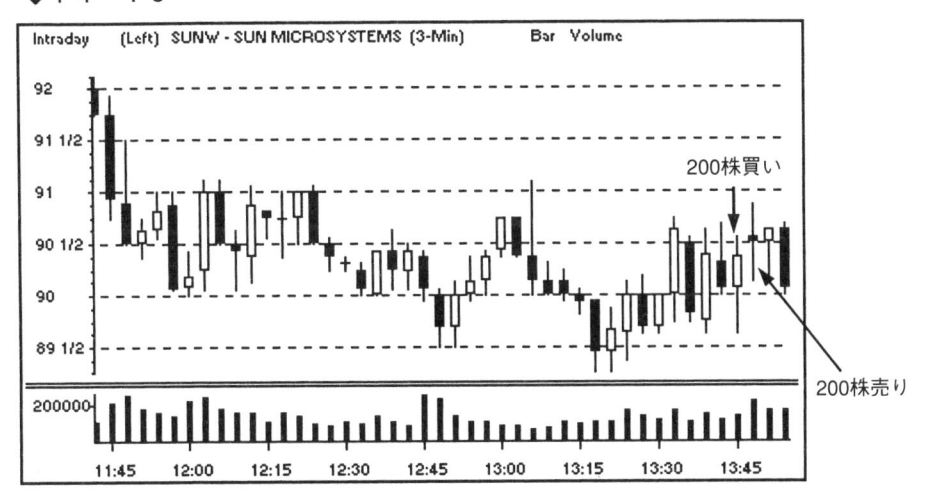

◆１４－１８

　ＳＵＮＷは、９０ドルまで値を戻し上昇の機会を伺っている。そこで、２００株を９０ １/２ドルで購入した。レベルⅡのビット側は非常に深く厚みがあり、またタイム＆セールズも緑一色であるのだが、株価が上がらない。これはレベルⅡで、今日の売りＡＸである$MLCO$が売り圧力を強めているからである。このことを察知した投資家が、売り側に回ってきた。私も２００株を９０ 1/4ドルですぐに売却した。

　　　　　ＳＵＮＷの取引結果　－６０.６２ドル

ORCL：オラクル（１１）

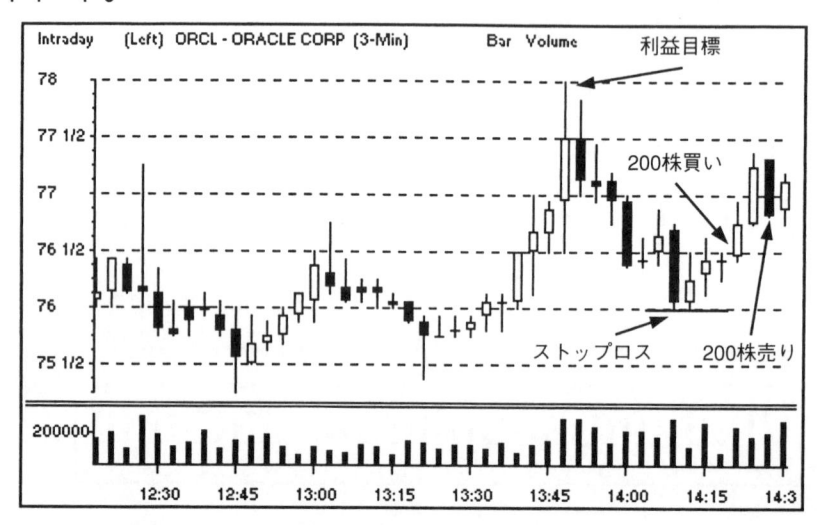

◆１４－１９

　ＯＲＣＬが７８ドルから７６ドルに下がってきた。しかし、$MSCO$が買い支え、株価が上がり始めた。そこで、２００株を７６ 9/16ドルで購入。株価は７７ 3/8ドルまで上がったが、売りＡＸの$SBSH$が再びプレッシャーをかけてきたので、２００株を７６ 7/8ドルで売却した。

ＯＲＣＬの取引結果　４５．９８ドル

第14章　暴落

ＣＳＣＯ：シスコシステムズ（２）

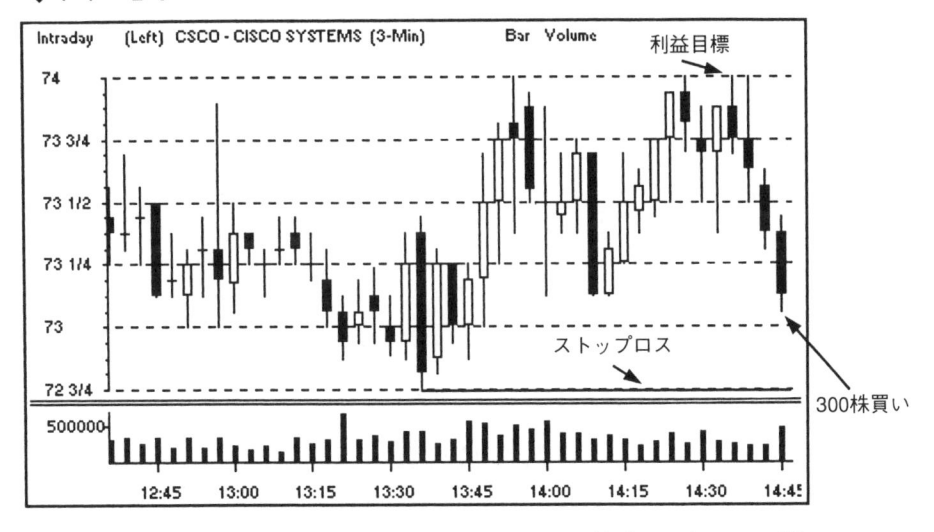

◆１４－２０

　ＣＳＣＯが７３ドルに、また近づいてきた。値を下げている間に３００株を７３ １/８ドルで購入した。私は２つの支持線を見た。１つは７３ドル、もうひとつは７２ ３/４ドルだ。このどちらかでの反転を期待する。ストップロスは７２ 11/16ドルに設定。

ＣＳＣＯ：シスコシステムズ（３）

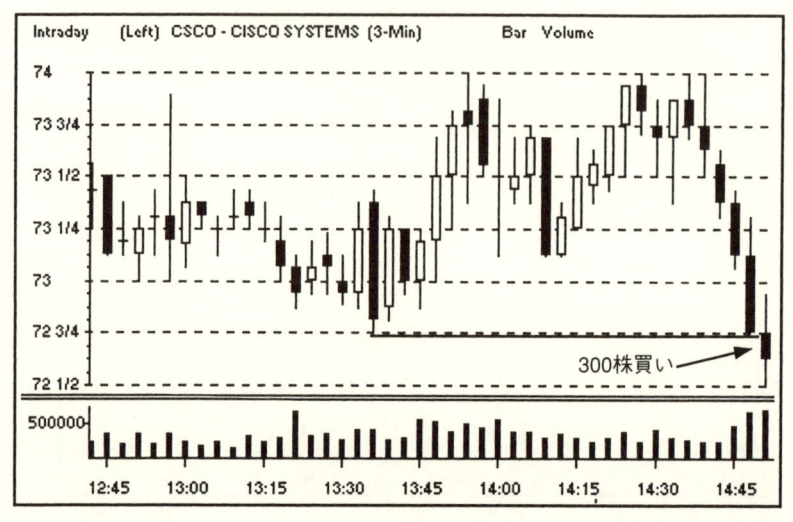

◆１４－２１

しかしＣＳＣＯは、７３ドルの支持線を割り、７２ 3/4ドルの支持線さえも割り込んでしまった。３００株を７２ 45/64ドルで売却。

ＣＳＣＯの取引結果　－１３７．２９ドル

第14章 暴落

ＳＵＮＷ：サンマイクロシステムズ（５）

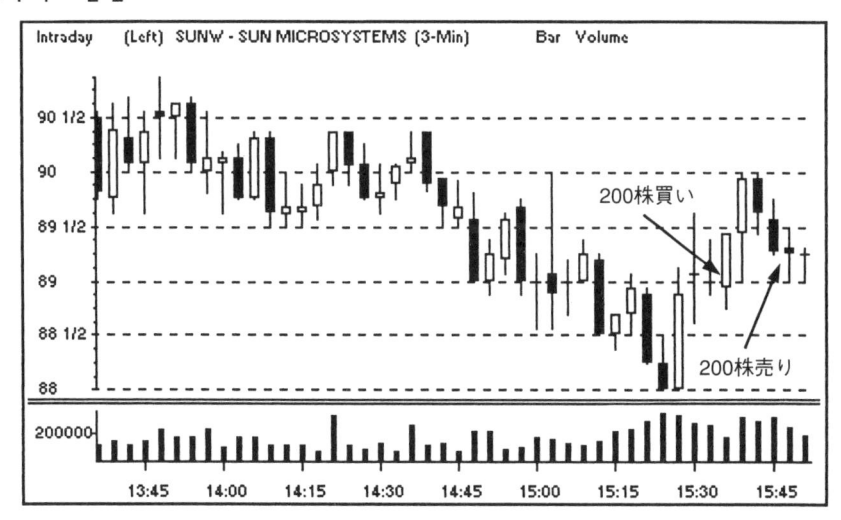

◆14－22

（チャート内ラベル）
200株買い
200株売り

　ＳＵＮＷが８８ドルで反転を始めた。私はエンド・オブ・ザ・デイラリー（株価が大引けにかけて大きく動くこと）を期待して２００株を８９ドル１２セントで購入。ただ、９０ドルまでは上がったが、すぐに落ち始めたので、２００株を８９ドル１９セントで売却した。

<u>　　　　ＳＵＮＷの取引結果　２.６８ドル　　　　</u>

ＣＳＣＯ：シスコシステムズ（４）

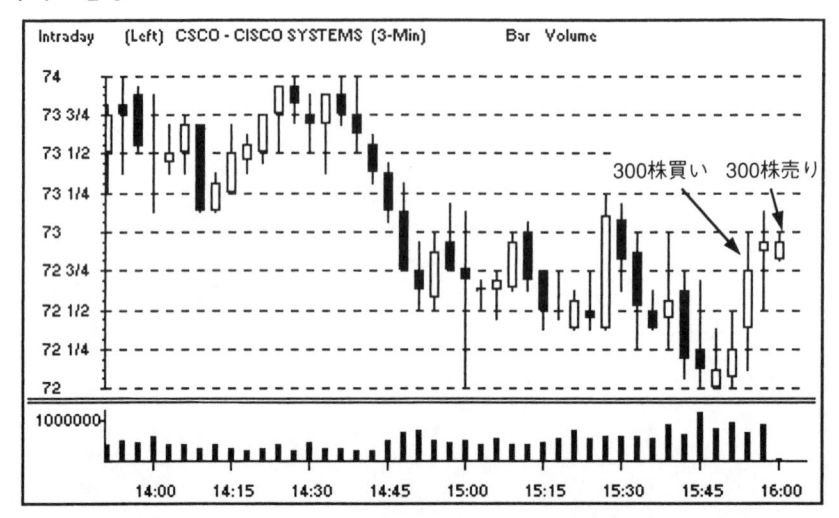

◆１４－２３

```
Intraday  (Left) CSCO - CISCO SYSTEMS (3-Min)    Bar  Volume
```

（チャート中の注記：300株買い　300株売り）

　ＳＵＮＷを購入したのと同じ理由でＣＳＣＯを購入した。大引けにかけての上げを期待して、３００株を７２ 7/8ドルで購入。オーバーナイトでポジションを持つ気はなかったので、終了間際に７３ドルで売却した。

<u>　　ＣＳＣＯの取引結果　２６．７７ドル　　</u>

ORCL：オラクル（１２）

◆１４－２４

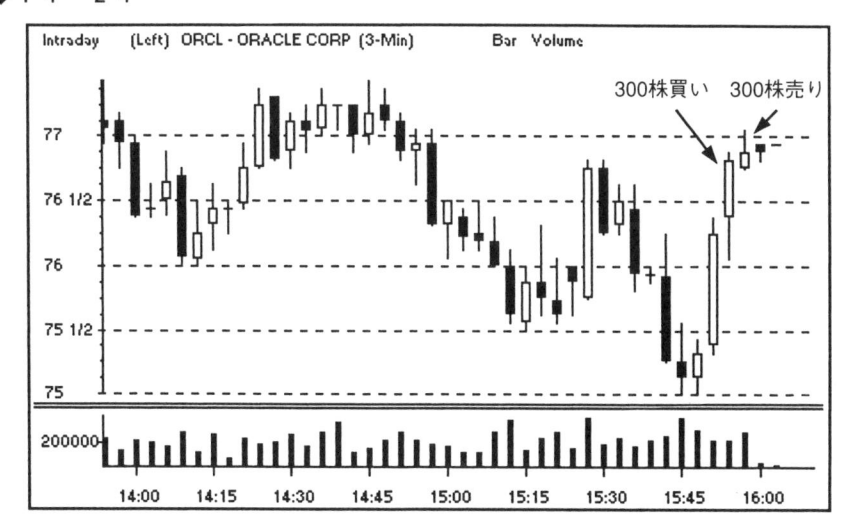

ORCLでも同じ理由でトレード。３００株を７６ 11/16ドルで購入し、マーケットが閉まる直前に７７ドルで売却した。

ORCLの取引結果　８２.９７ドル

今日のマーケット終了のベルが鳴った。信じられないことに、ナスダックはなんと1日で349ドル、史上最大の下げ幅を記録した。冬眠中の熊が起こされた感じだ。熊（ベア）は下げ相場の象徴である。次の表はナスダック総合指数（＄COMPX）の今日1日のチャートだ。

＄COMPX：ナスダック総合指数（1）

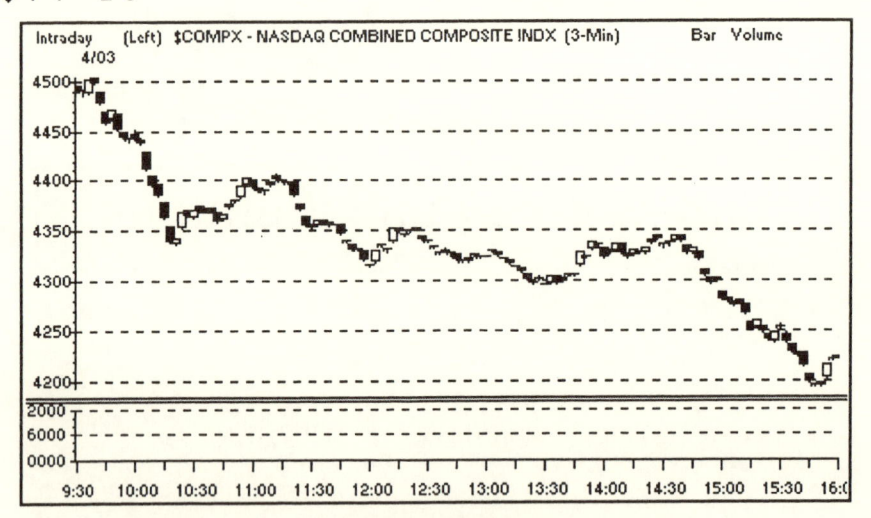

◆14−25

```
Intraday  (Left) $COMPX - NASDAQ COMBINED COMPOSITE INDX (3-Min)   Bar  Volume
4/03
```

[チャート：9:30から16:00までのナスダック総合指数の値動き。4500付近から始まり4200付近まで下落]

　今日は、私が行ったトレード回数も最高だった。今日は、損切りを非常に小さく設定してトレードをした。損切りを大きく設定していたら、悲惨な目に遭ったに違いない。このようなナスダックの大暴落の日に、大きな損失を出さなかっただけでも、幸せなことである。今日の取引結果の47ドル51セントは、ある意味、非常に大きな利益だ。

第14章　暴落

◎オープンポジション：なし

◎４月３日の取引結果：４７.５１ドル

第１５章
～激しい上げ下げ～

◎２０００年４月４日（火）

　昨日のナスダックの総合指数は、支持線と見られていた４２９０ドルをブレイクダウンした。終値は４２２３ドル、完全な下げ相場である。こうした状況のため、今日は、何に期待すればよいのか自分でも分からず、トレードプランは立てなかった。ただ、ナスダックがさらに激しく売られるようであれば、トレードに参加するつもりであった。この６日間でナスダックは１６.８％下落しており、割安感も出てきている。

　ナスダックは今日６０ドルのギャップアップ（上に窓を空けて）で始まった。しかし昨日の二の舞いにならないように最初の３０分間は注意深く観察することにした。

　６０ドルのギャップアップ（上に窓を空けて）で始まったナスダックは、その後、激しく売られ、開始から１５分足らずで１２１ドルも失った。昨日の終値からは６１ドルのダウンである。しかし、しばらくすると、急速に反転を始め、２１分間で１００ドル近く上がった。今は開始値から２０ドルダウンのところまで来ている。

　この上昇気流に乗って自分の好きなナスダック株を、手当たりしだいに買いたい気分ではあった。だが、「ナスダック総合指数が今日の寄り付きの高値を更新し、完全なアップトレンドになる」のを確信するまで、静観するつもりでいた。どちらにしろ、この日は朝の早い時間でのトレードを避けるつもりであった。

　案の定、ナスダックの総合指数は、次の２７分で今日の最安値を更新して、さらに下がり続けている。４１００ドルのラインを割って今は４０７０ドルで取引されている。開始から２１３ドルの下げである。１０時５５

分に少し戻しかけたが、今日はあまりにも売りが多すぎる。私も含め、買いを入れようとしている人たちは、今は静観の構えである。

　下落は加速し、狼狽売りにも拍車がかかっているようだ。ナスダックの総合指数は心理ラインである４０００ドルを何のためらいもなく割ってしまった。人々の期待を背負いながら、初めて４０００ドルを超えたときがうそのようだ。

　次の１５分後にナスダックは３９００ドルまで下がり、１２時には開始から３８３ドルの下げになった。次の１５分間はわずかではあるが３９５０ドルまで戻し、売り手に脱出の機会を与えることになった。

　１２時３０分、ナスダックはさらに３９００ドルのラインをも割り込んで３８４０ドルまで下がった。開始から何と４４３ドルの下げである。これは、私がかつて経験したことがないほどの下げだった。市場から膨大な資金が消えていくのは悲しいことだ。

第１５章 激しい上げ下げ

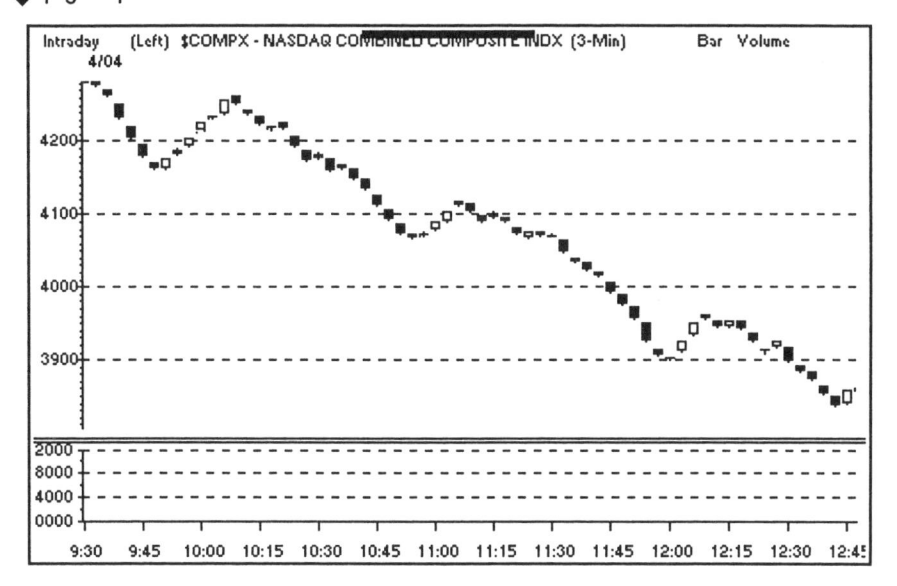

＄ＣＯＭＰＸ：ナスダック総合指数（１）

◆１５－１

[チャート: Intraday 4/04 $COMPX - NASDAQ COMBINED COMPOSITE INDX (3-Min)、9:30から12:45までの値動き、4200台から3900を割り込むまで下落後やや反発]

　この下げ相場の後、私の期待している反転が起こったら、多くの人が買いに入ると思われる。素早く行動しなければ注文が通らないかもしれない。要注意だ。
　１２時４５分にナスダックの総合指数が上昇に転じたのを確認してウォッチリストにある４銘柄、ＳＵＮＷ、ＯＲＣＬ、ＣＳＣＯ、ＣＩＥＮをトレードするつもりだ。各銘柄の底を確認してからポジションを持つのは言うまでもない。

CIEN：シエナ（1）

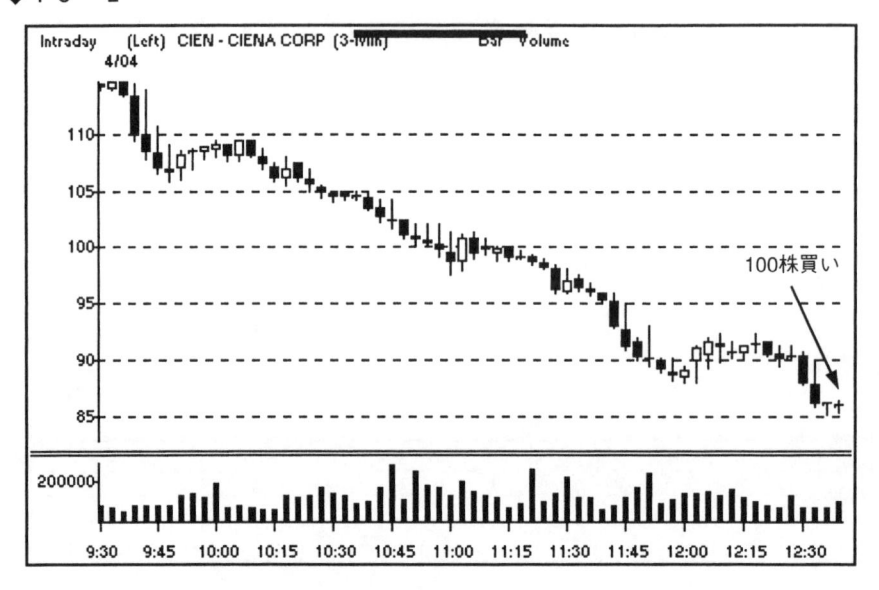

◆15－2

ナスダックの総合指数の反転を確認してすぐに１００株を８５ 5/16ドルで購入。

第15章 激しい上げ下げ

$COMPX：ナスダック総合指数（2）

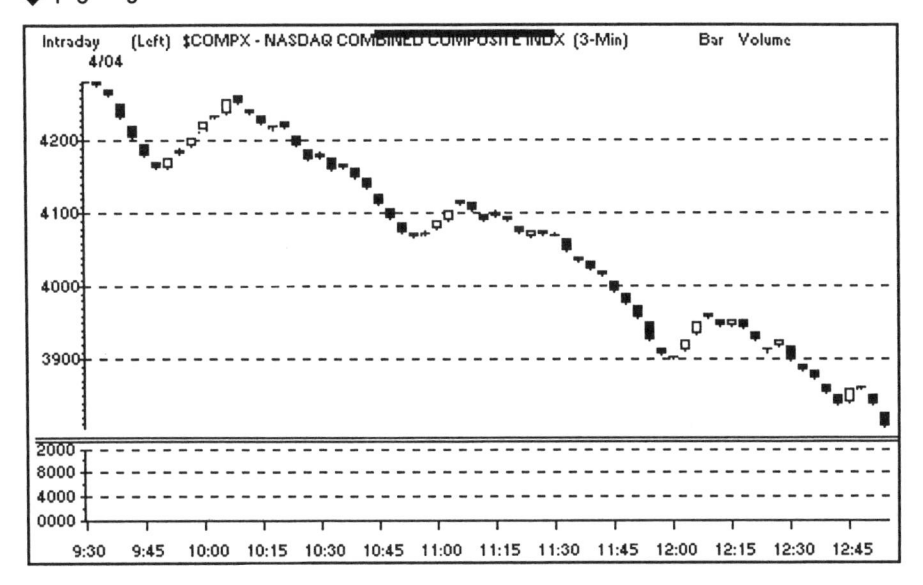

◆15－3

期待していた反転は一瞬のことで、ナスダックはまた安値を更新してしまった。ナスダックは今、3800ドルで取引されている。

◆15－4

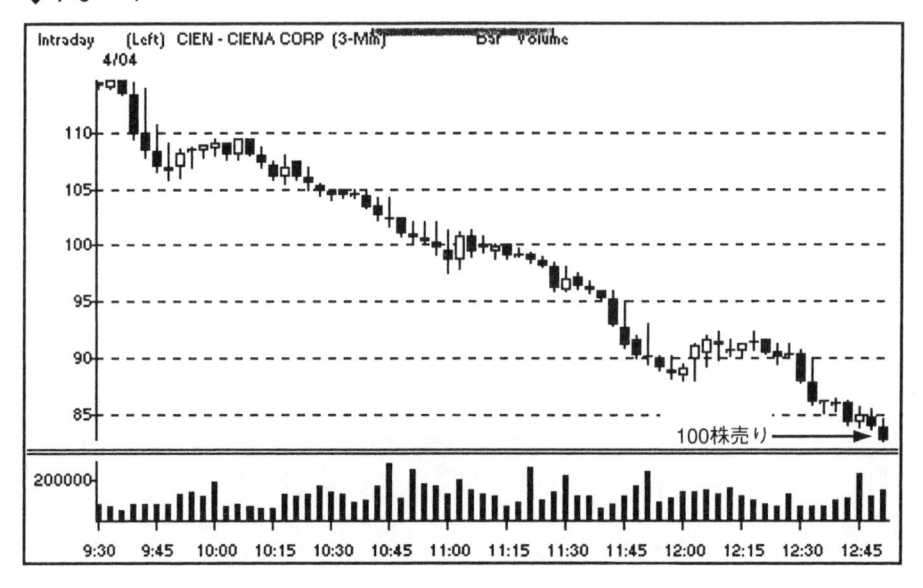

ＣＩＥＮ：シエナ（２）

[チャート: Intraday (Left) CIEN - CIENA CORP (3-Min) 4/04、100株売り]

　ナスダックが安値を更新したので、すぐに１００株を８３ １/２ドルで売却。

ＣＩＥＮの取引結果　－１９１．５３ドル

第15章 激しい上げ下げ

SUNW：サンマイクロシステムズ（1）

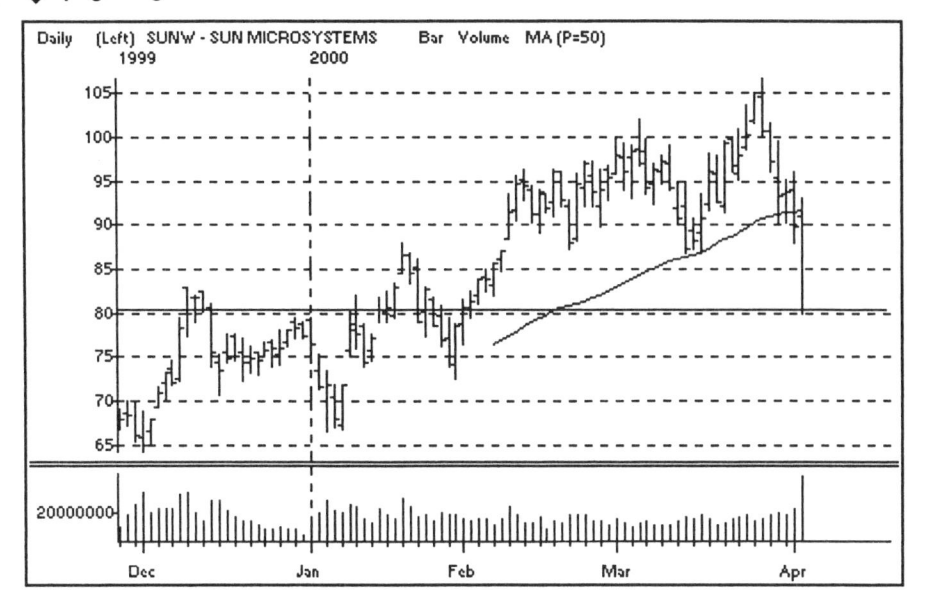

◆15－5

私はSUNWを注意深く見ていた。今は80ドル付近で取引されている。上のチャートからも分かるようにSUNWは、12月の高値、1月の高値、3月の安値などの支持線をすべて切って、かなり割安感が出てきている。

ＳＵＮＷ：サンマイクロシステムズ（２）

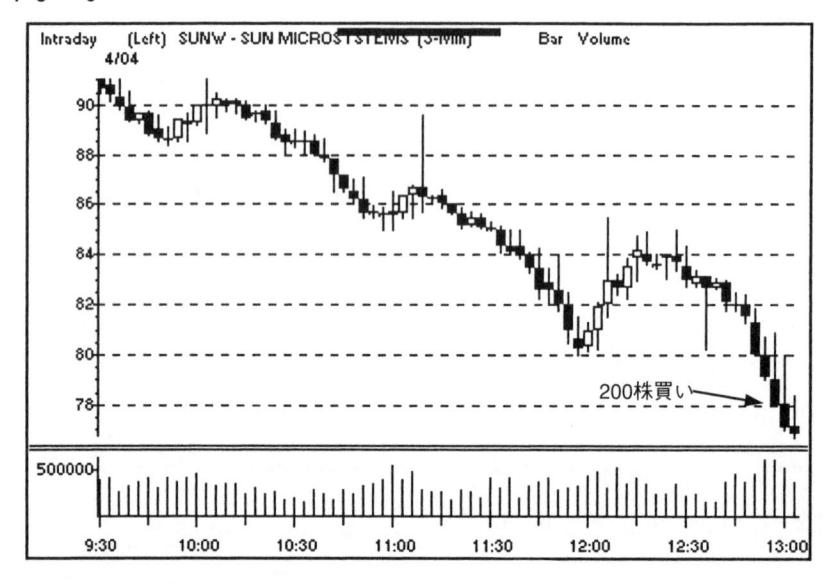

◆１５－６

[チャート画像: SUNW - SUN MICROSYSTEMS 3-Min、4/04、9:30～13:00の株価推移。13:00付近に「200株買い」の注記]

　ＳＵＮＷは８０ドルを切った。反転し始めることを予想して、まだ値が下がっているところで買いを入れる。１３時に１００株を７８ 3/8ドル、もう１００株を７８ 5/16ドルで購入した。

第15章 激しい上げ下げ

ＳＵＮＷ：サンマイクロシステムズ（３）

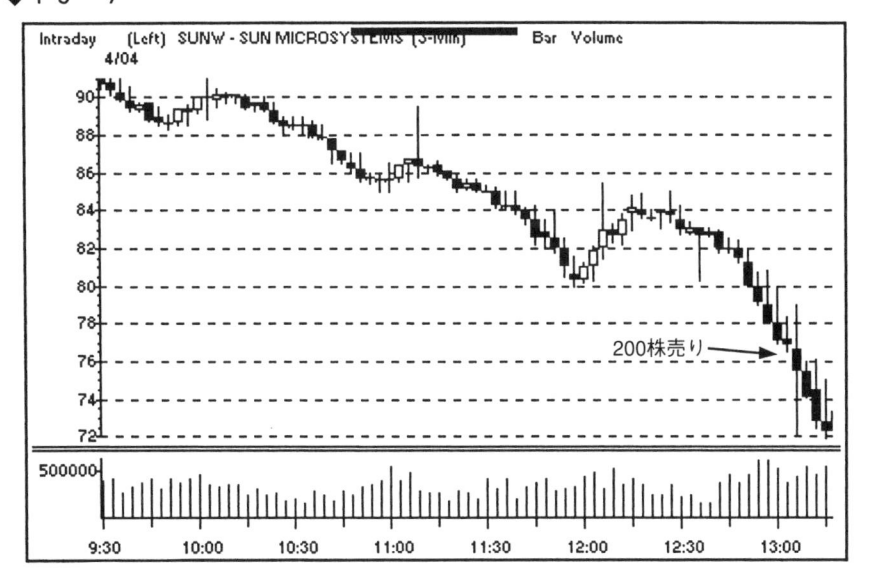

◆１５－７

[SUNW イントラデイ チャート 4/04、「200株売り」の注記あり]

　ところがＳＵＮＷは、予想に反してさらに値を下げ始めたので、すぐに２００株を７６ 43/64ドルで売却。

　　　　ＳＵＮＷの取引結果　－３５２.８９ドル

$COMPX：ナスダック総合指数（3）

◆15−8

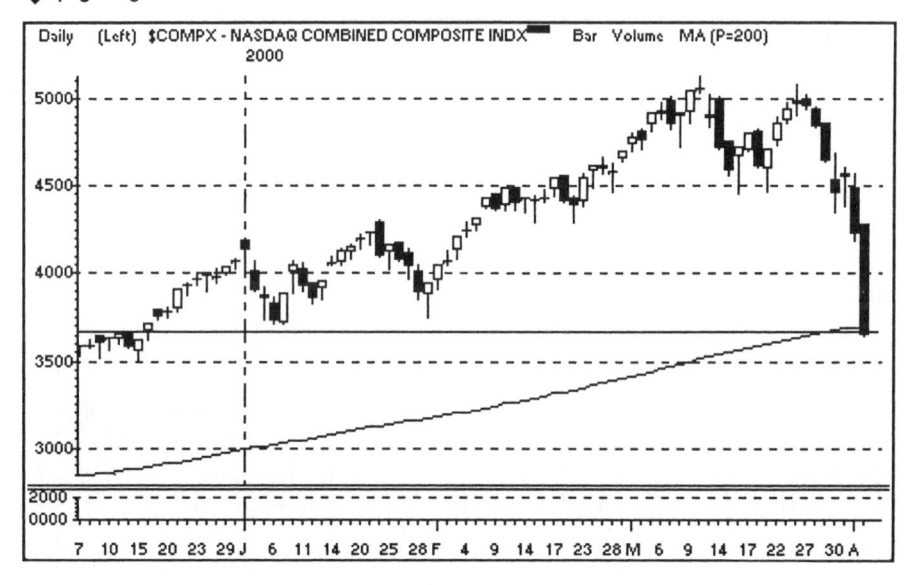

ナスダック総合指数は値を下げ続けて、200日移動平均線より下の3650ドル付近で取引されている。いろいろな支持線をすべて割り込み、昨日の終値からは584ドル（13.8％）、今日の寄り付きからは644ドルの記録的な下落である。これがニューヨーク市場なら、1日にダウが10％下落した段階で取引停止の措置が取られていたであろう。だが、ナスダックにはそのようなルールはない。事態は深刻になってきた。

第15章 激しい上げ下げ

＄ＣＯＭＰＸ：ナスダック総合指数（４）

◆15－9

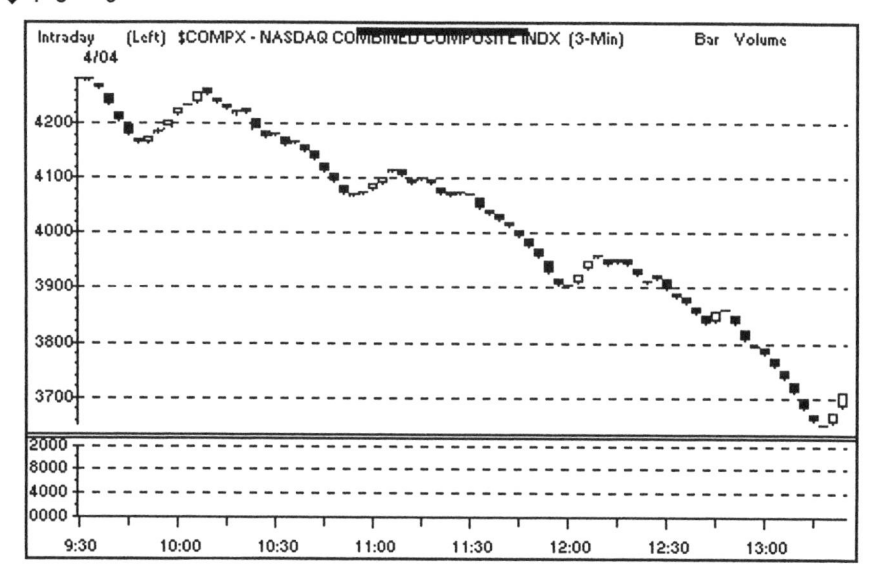

ナスダックは３６４９ドルを付けた後、上昇に転じ始めた。

| ＣＳＣＯ：シスコシステムズ（１） |

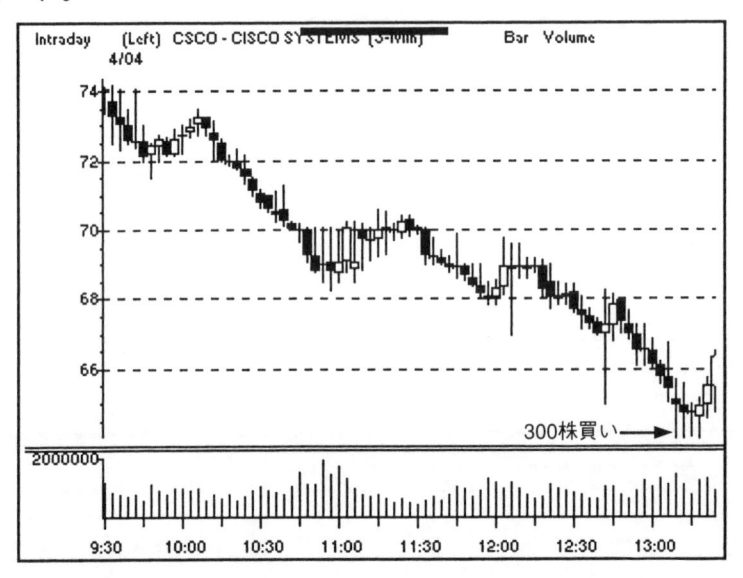

◆１５－１０

ナスダックが反転し始めたのを確認してすぐ、ＣＳＣＯを３００株、６５．２４ドルで購入した。「ナスダックが３６４０ドルを切ったらポジションを手仕舞う」ストップロスを設定。目標は６８～７０ドルとした。

第15章 激しい上げ下げ

ORCL：オラクル（1）

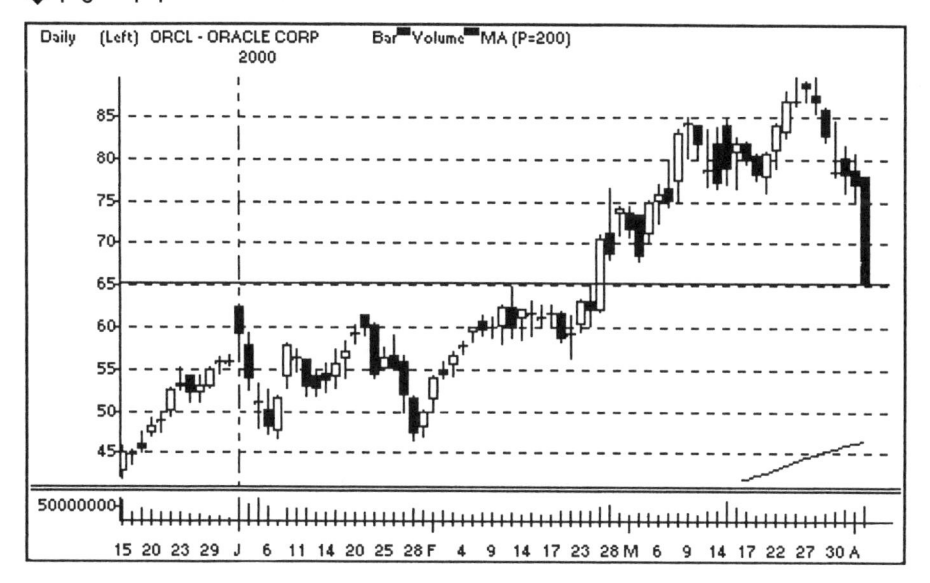

◆15-11

ORCLは2月11日に65ドルを付けていた。この65ドルラインは強い支持線だ。ここからの反転が期待できる。

ORCL：オラクル（２）

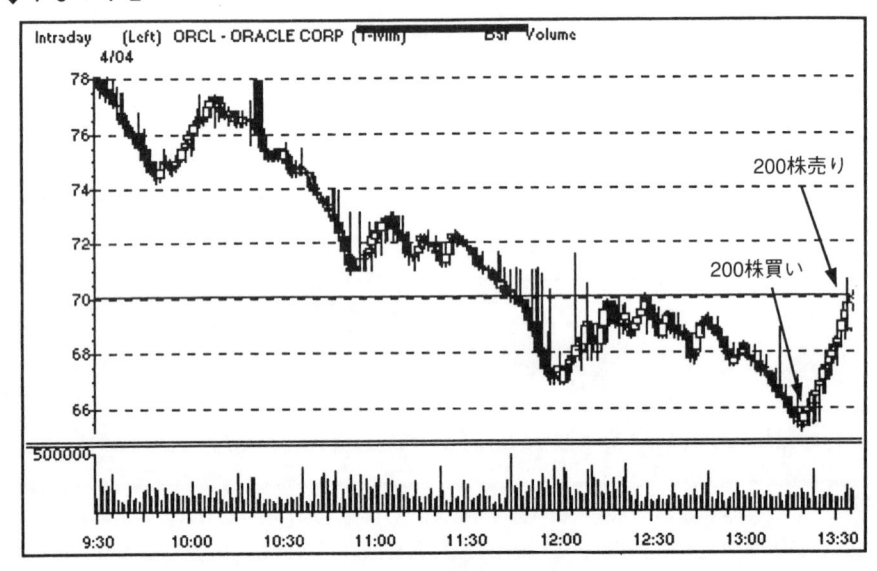

◆15－12

ORCLはやはり６５ドルで反転を開始した。そこで、２００株を６６ 1/4ドルで購入。目標は、今日、何回も抵抗線となっている７０ドルである。ストップロスは今日の最安値の少し下、６４ 7/8ドルに設定。その後、目標株価に到達したので２００株を６９ 7/8ドルで売却した。

ORCLの取引結果　７１４．５３ドル

第15章 激しい上げ下げ

CIEN：シエナ（3）

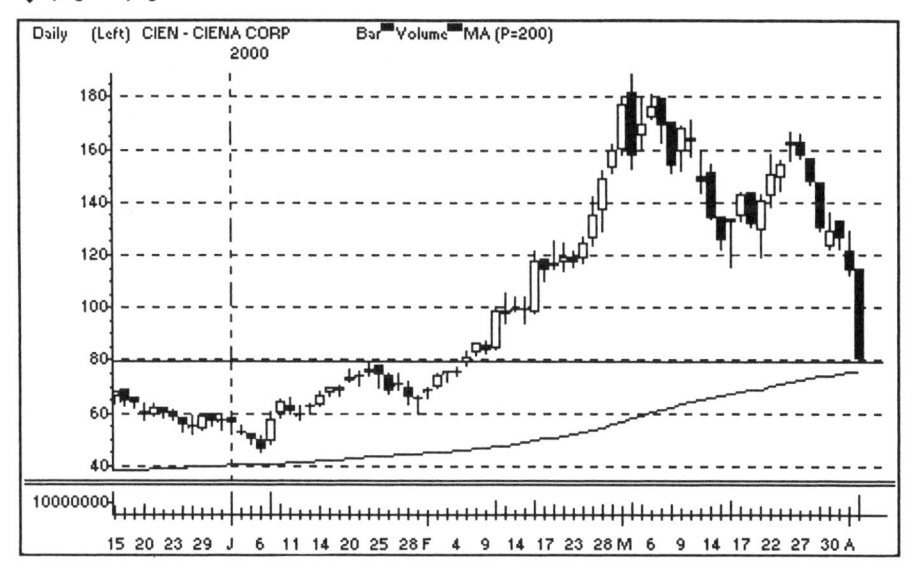

◆15－13

上記のチャートからも分かるように、CIENは2月25日に付けた高値ラインが支持線となっている。80ドル付近で取引されていた。

ＣＩＥＮ：シエナ（４）

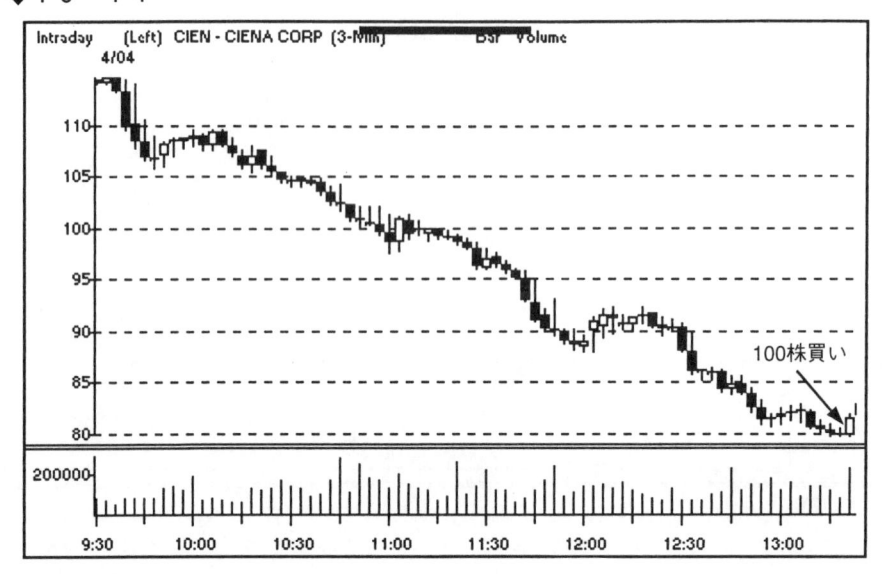

◆１５－１４

　ローソク足の反転の印を確認してＣＩＥＮを１００株、８１ 3/4ドルで購入。目標は１２時１５分に付けた９２ドルである。ストップロスは今日の最安値の少し下、７９ 3/4ドルに設定した。

第15章 激しい上げ下げ

CIEN：シエナ（5）

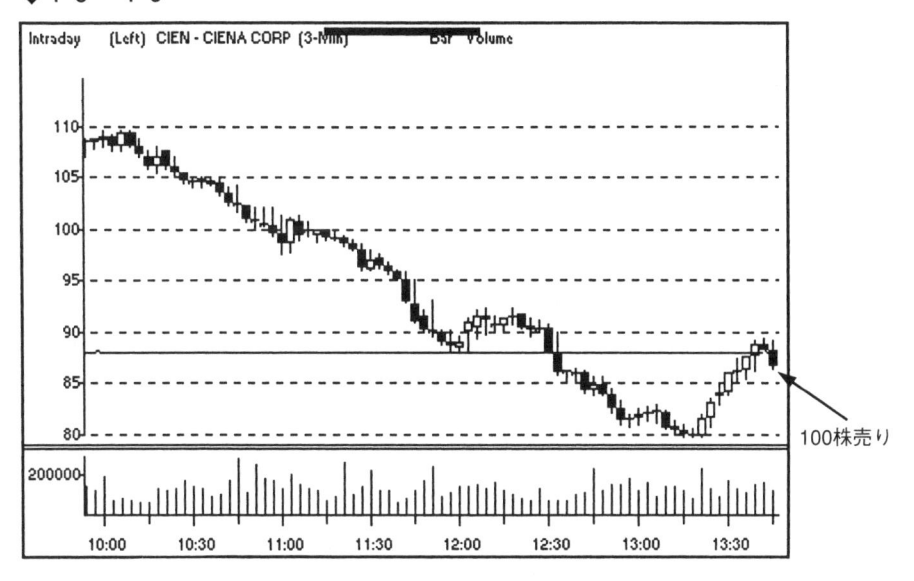

◆15－15

[100株売り]

12時ごろ、CIENは88 1/2ドルを付けたが、そのラインが抵抗線となり、値を下げ始めてしまった。そのため、100株を86 7/16ドルで売却した。

CIENの取引結果　458.46ドル

ＣＳＣＯ：シスコシステムズ（２）

◆１５−１６

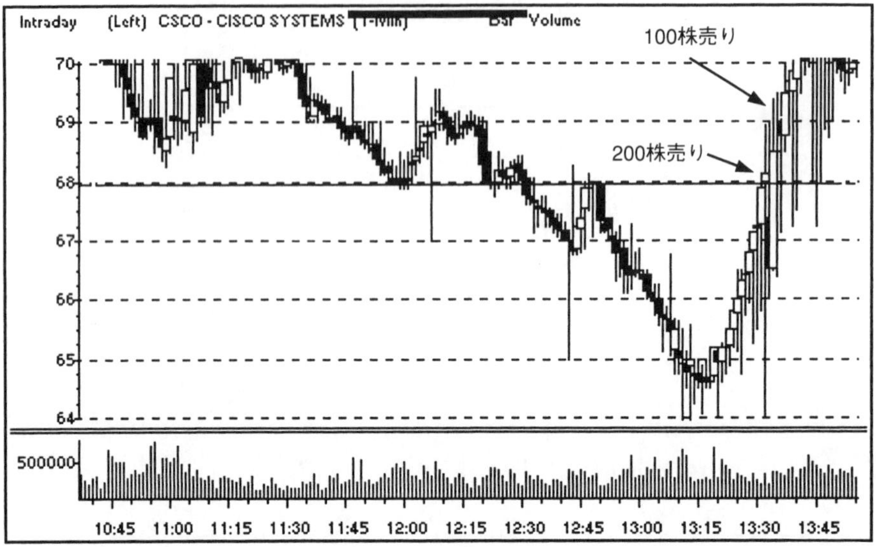

ＣＳＣＯは目標に到達したので２００株を６８ドルで売却。残りの１００株は、買いが優勢のうちに６９ 1/4ドルで売却した。

ＣＳＣＯの取引結果　９３５．４７ドル

第15章　激しい上げ下げ

ORCL：オラクル（3）

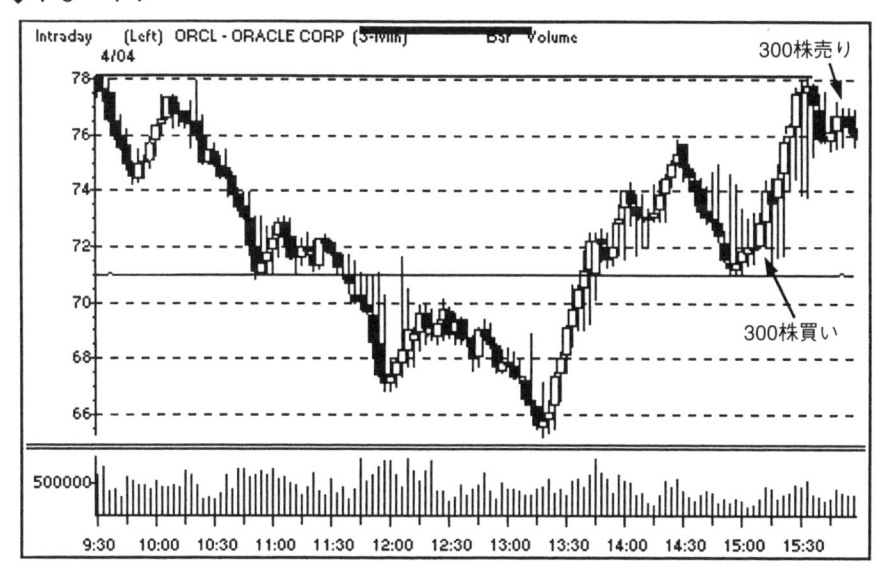

◆15-17

300株売り
300株買い

　ORCLはその後も上昇を続けたが、76ドル付近で値を下げ始めたので、再度買うタイミングを見計らっていた。71 1/4ドルに支持線が出たので300株を72ドルで購入。目標は今日の最高値の78ドルに設定した。ストップロスは71ドル（15時に付けた直近の安値より少し安い）だ。
　ORCLは目標の78ドルまで到達したので、すぐに売り注文を出した。しかし約定しなかったため、指値を下げざるを得なかった。結局、300株を76.40ドルで売却した。

<u>　　　　　　ORCLの取引結果　1274.92ドル　　　　</u>

CIEN：シエナ（6）

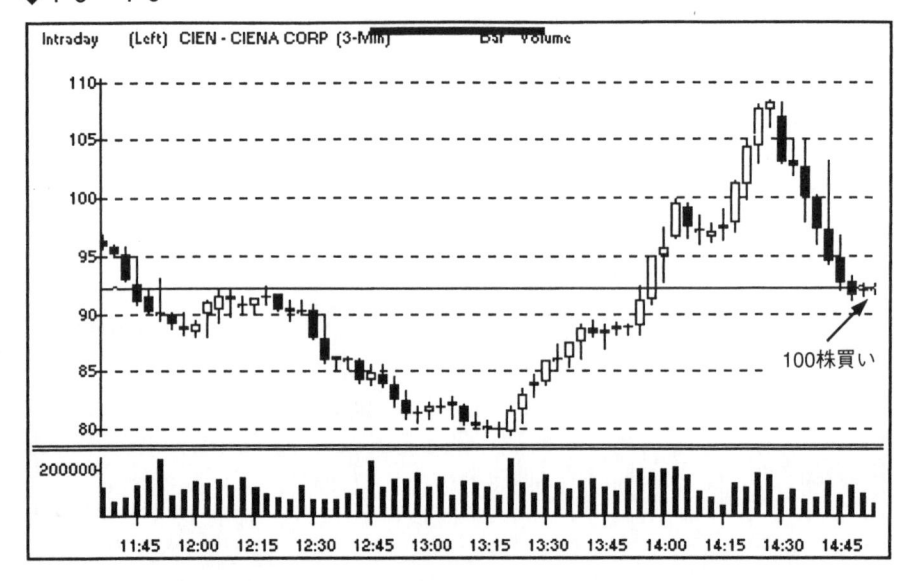

◆15－18

100株買い

　CIENは108ドルまで上がった後、値を下げ始めた。支持線が出ている92ドルにおいて、ローソク足に反転の兆しが現れる。そこで、100株を92 1/16ドルで購入。目標は105～115ドル、ストップロスは89 7/8ドルに設定。

第15章 激しい上げ下げ

CIEN：シエナ（7）

◆15－19

[チャート: Intraday (Left) CIEN - CIENA CORP (3-Min) Bar Volume、100株買い、100株売り]

　CIENは106 1/2ドルまで上げたが、もう少し上を狙い、ストップロスを103 3/4ドルに切り上げた。ところが、その直後に反転が始まり、ストップロスラインまで下がった。100株を100 15/16ドルで売却することに。

<u>　　　CIENの取引結果　877.16ドル　　　</u>

ORCL：オラクル（3）

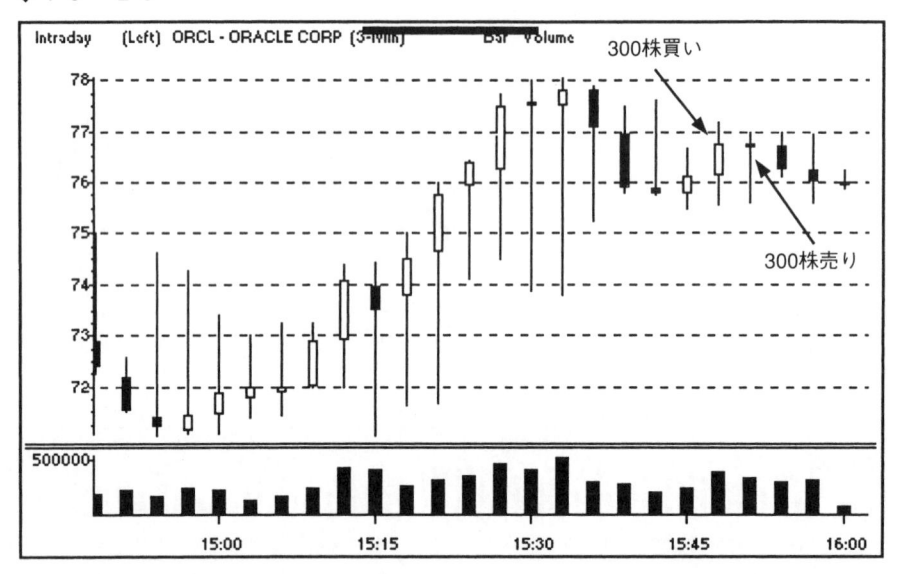

◆15－20

（チャート内ラベル：300株買い、300株売り）

　76.40ドルでの売却後、ORCLは78ドルの抵抗線を目指して、また上昇を始めた。そこで300株を76 15/16ドルで購入。出来高を伴った上昇だったのでブレイクアウトを狙ったが、残念なことに下げに転じ始めた。そこで、300株を76 1/2ドルですぐに売却。

<u>　　ORCLの取引結果　－142.02ドル　　</u>

ORCL：オラクル（4）

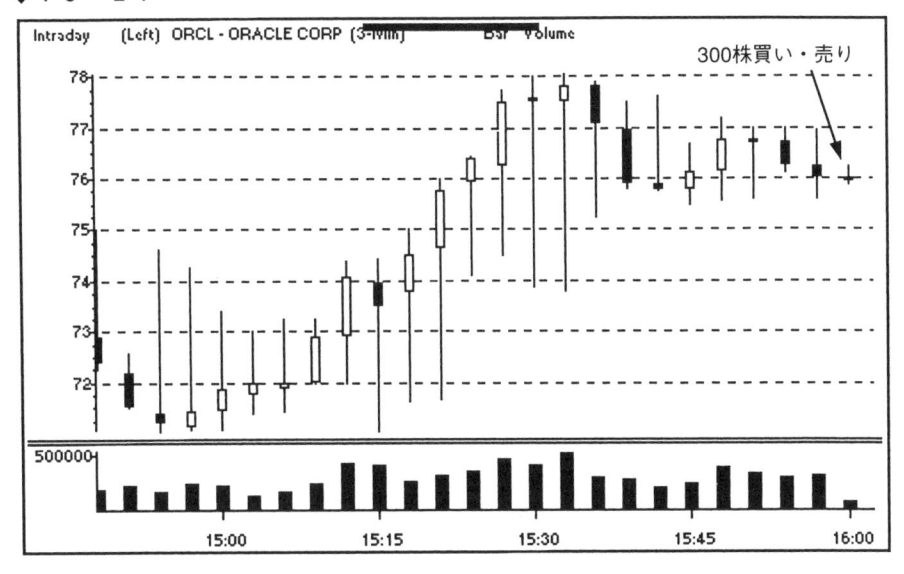

◆15−21

(チャート：Intraday (Left) ORCL - ORACLE CORP (3-Min)、BSI Volume、300株買い・売りの矢印表示)

ナスダックが上昇トレンドになり、今日の大きな下げの大部分を取り戻した。このことに好感が持てたので、ORCLを300株、76ドルで（翌日に持ち超すために）購入した。しかしすぐに考えを変えて、300株を76 1/8ドルで売却した。

ORCLの取引結果　22.23ドル

「ORCLをオーバーナイトする」プランを変えた理由。それは、明日はギャップダウン（下に窓を空けて）で始まると考えたことにある。ナスダックもダウも、１日で考えれば、それほど大きな下げではなかったからだ。事実、今日のナスダックは７５ドルの下げ、そしてニューヨークダウは５６ドルの下げ（一時、ダウは５０４ドル、ナスダックも最大５８４ドルの大幅な下げを記録したが）にとどまっていた。

ニュースキャスターたちは、この一時的に起こった「最大の下げ幅だけ」を強調して報道するであろう。このニュースを聞いて個人投資家たちは恐れをなし、ビフォア－マーケットで売ってしまおうと考えるに違いない。マーケットメーカーは下げ相場にプレマーケットを誘導し、個人投資家はそれにつられて売り浴びせるだろう。そしてマーケットメーカーは株価が落ちたところで買い戻す手法を使ってくるはずだ。これは、よく使われる手である。

今日、私が行ったトレードの成功の秘密は、「下げ相場の中でも辛抱強く待ち、反発するところを狙っていった」ことにある。とはいうものの、今日は２回ほどだまされてしまった。ＣＩＥＮを買って１９１ドル５３セントの損を出し、その後すぐにＳＵＮＷを買って３５２ドル５９セントの損を出した。５００ドルのダウンで取引を開始してしまったのだ。でもあきらめなかった。チャンスが来るのを、ひたすら待ったのだ。

「忍耐強く待つ者には良いことが起こる」という古い諺がある。今日の底値、最安値を確認できたことはとても幸せなことだった。底を確認したことが、３回のロングポジションをトレードすることにつながり、結果として、損失を取り戻せたからだ。「待つことができた」からこそ、最終的に利益を出すことができたのである。

第15章 激しい上げ下げ

◎オープンポジション：なし

◎4月4日のトータル利益：3596.33ドル

第16章
～システムダウン～

◎２０００年４月５日（水）

　予想したとおり、昨日のマーケットの動きはトップニュースとなっていた。「最悪の事態は終わったのか」。そのような質問を、ニュースキャスターはファイナンシャル・アドバイザーに浴びせかけていた。どの局も「暴落」という言葉は使わないように気をつけていたようだが、ある種の不安な雰囲気はそのまま残っていた。

　今朝、先物は予想どおり大きく値を下げていた。心配した個人投資家の売りが、どこの証券会社にもあふれているのだ。私自身、プレマーケットでポジションを持つことは考えていなかった。だが、開始のベルと同時に株価が上昇気流に乗ると予想し、ＯＲＣＬ、ＣＳＣＯ、ＲＭＢＳを購入する体制に入った。

＄ＣＯＭＰＸ：ナスダック総合指数（１）

◆１６－１

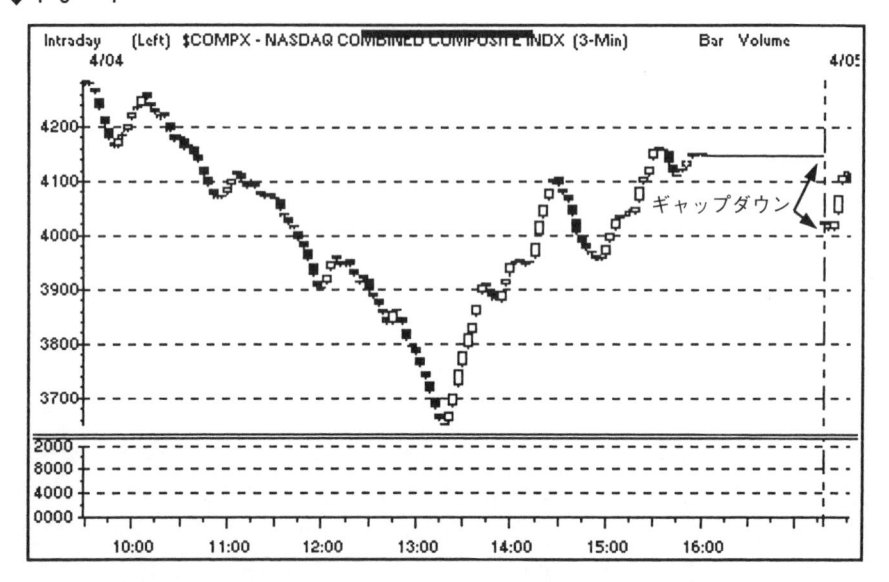

（チャート：Intraday (Left) $COMPX - NASDAQ COMBINED COMPOSITE INDX (3-Min)、4/04～4/05、「ギャップダウン」の注記付き）

　開始の鐘が鳴り、取引が始まった。ナスダックは１２３ドルのギャップダウン（下に窓を空けて）で始まった。ＯＲＣＬは７３ドル、ＣＳＣＯは７０ １/４ドル、ＲＭＢＳは２０１ドルで取引されている。ＣＳＣＯを３００株、ＯＲＣＬを３００株、それぞれ買い注文を入れる。

　今朝の出来高は非常に高かった。そして、セレクトネットはダウンしており、その影響でセレクトネットを使用しているＡＲＣＡもダウンしていた。使用できる執行方法はＩＳＬＤかＳＯＥＳ経由のみである。

　レベルⅡは買い一色となっているため、ＩＳＬＤには売りオファーが少ない。ＣＳＣＯ、ＯＲＣＬを買えない状態が続いている。ＩＳＬＤでのベストオファーは、市場価格と比べると３ドルもかけ離れている。ＳＯＥＳでも注文は通らず、まったく話にならない。実にイライラする朝のトレード状況である。

　朝、７３ドルで取引されていたＯＲＣＬは今、７８ドルまで上がってい

る。"ORCLをオーバーナイトせずに売却した"判断を、今朝、自分で賞賛していたのに何ということだ。しかも、システムのダウンでORCLを買い戻すこともできない。悪いことは重なるものだ。

RMBS：ランバス（1）

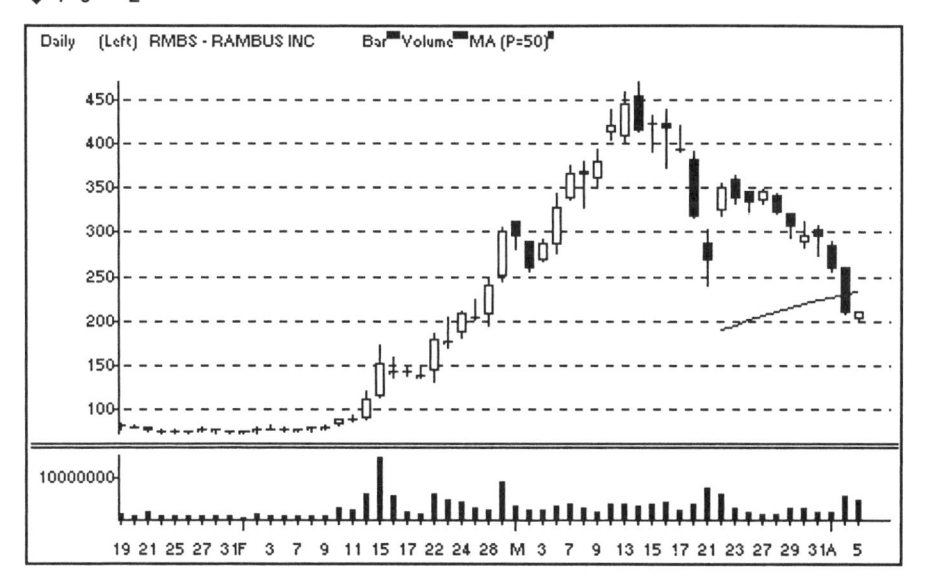

◆16－2

昨晩、RMBSのデイリーチャートを研究し、今日購入するプランを立てた。471ドルの最高値からかなり下落し、割安感が出ていた。強く反転すれば270～300ドルまで上がりそうである。

RMBS：ランバス（２）

◆16－3

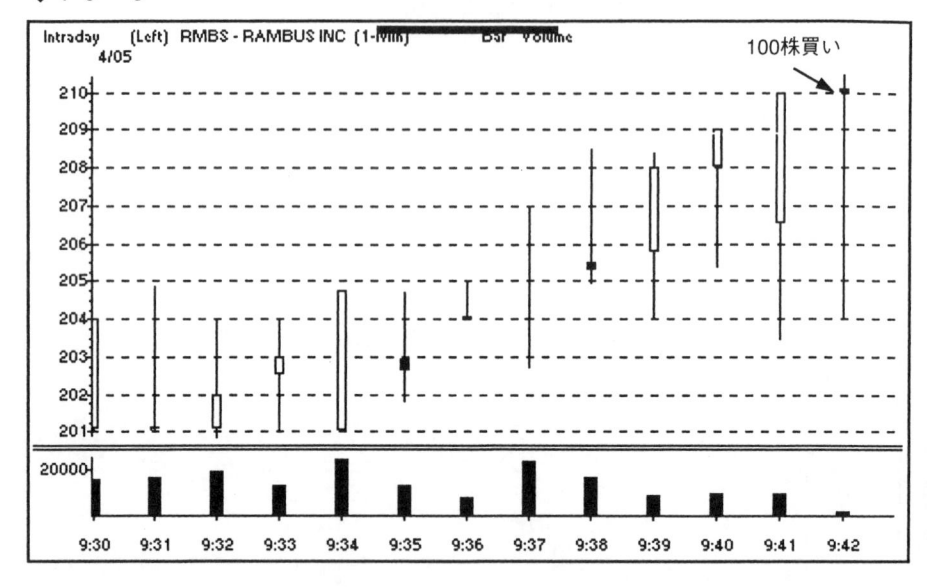

寄り付きでRMBSを買おうとしたが、セレクトネットがダウンしていた。仕方なくＩＳＬＤを使い、市場価格より５　1/2ドルも高い２１０ドルで１００株を購入した。

第16章 システムダウン

RMBS：ランバス（3）

◆16－4

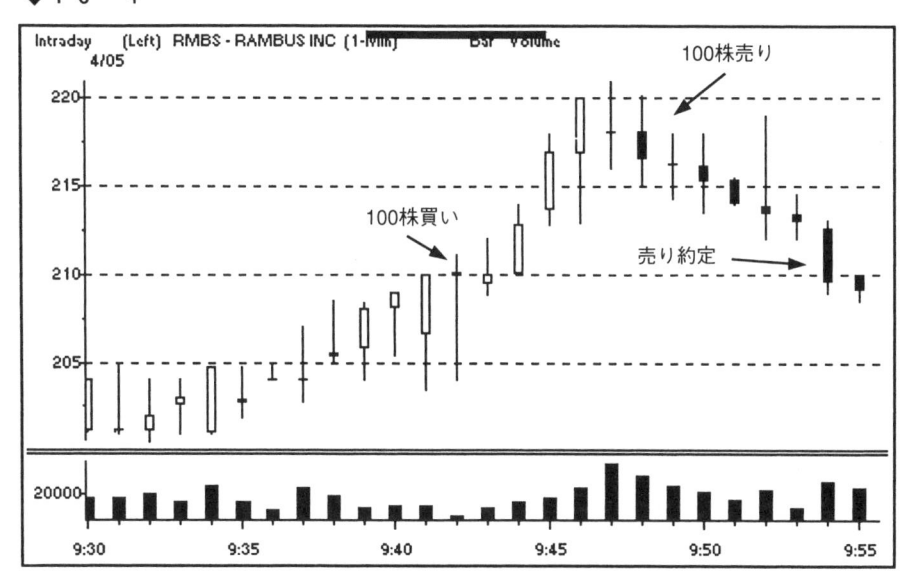

[チャート図：RMBS - RAMBUS INC (1-Min) 4/05、9:30～9:55の1分足チャート。100株買い、100株売り、売り約定の注記あり]

　RMBSは221ドルまで上昇したが、その直後、値を下げ始めた。私がARCAに217 1/2ドルで入れておいたストップロスを割り「売り注文」が出たのだが、セレクトネットが遅いかまったく機能していないため、なかなか約定しない。しかも、その売り注文をキャンセルするのに、また時間がかかり、危うく損失を出すところまで追い詰められた。何とかキャンセルができたので、ISLDを通してRMBS100株を210 1/8ドルで売却した。

RMBSの取引結果　1.80ドル

コンピューターを切ってビーチにでも行ったほうが賢い。そんなことを思わせるRMBSの取引である。ナスダックのシステムの不調で１１００ドルの利益が失われたからだ。気分を換えるために１階に行き、作戦を練り直す。ナスダックはここ数日間で下げ過ぎた感がある。あまりにも速く、あまりにも大きく……。だからこそ、「今日は絶好のチャンスに違いない」と自分に言い聞かせ、私は２階に上がってそのチャンスをひらすら待った。

RMBS：ランバス（４）

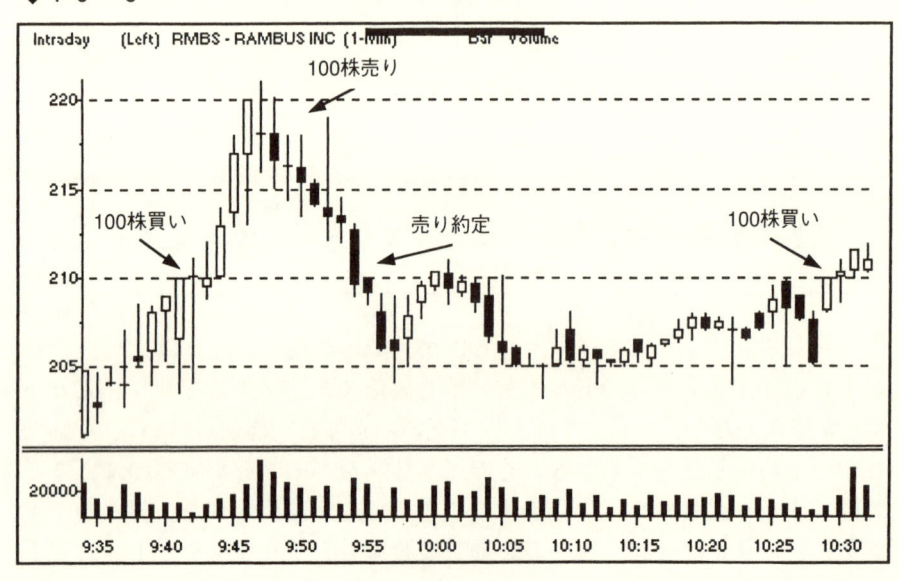

◆１６－５

　RMBSは再び上昇し始めた。出来高を伴ってきたので、１００株を２１０ １/８ドルで購入。目標は２２０～２４０ドル、ストップロスは２０８ドルに設定した。

第16章　システムダウン

ＲＭＢＳ：ランバス（５）

◆１６－６

[チャート: Intraday (Left) RMBS - RAMBUS INC (1-Min) Bar Volume、価格帯205〜220ドル、時間9:55〜10:50、「100株買い」「100株売り」の注釈あり]

　ＲＭＢＳは２１５ 1/2ドルを付けたがその後下げに転じた。２１０ドルが良い支持線に見えたので、ストップロスは引き上げないでおいた。とところが、"これ"が大きな間違いだった。予想に反してＲＭＢＳは２０８ドルを切ったのだ。結局、１００株を２０６ 7/8ドルで売却した。

　　　　ＲＭＢＳの取引結果　－３１４.３１ドル

RMBS：ランバス（6）

◆16－7

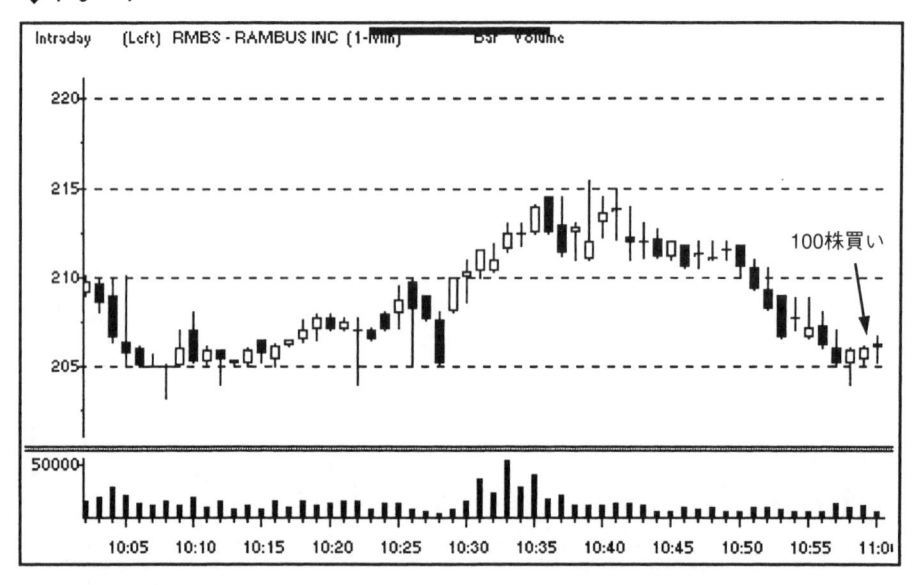

RMBSは203 1/2ドル付近で、また、上げに転じた。そこで100株を205ド 9/16ドルで購入。250ドルまでは値を上げそうな気がしたので、ストップロスを200ドル（今日の最安値より大幅に下）に設定してトレードを開始。

第16章　システムダウン

RMBS：ランバス（7）

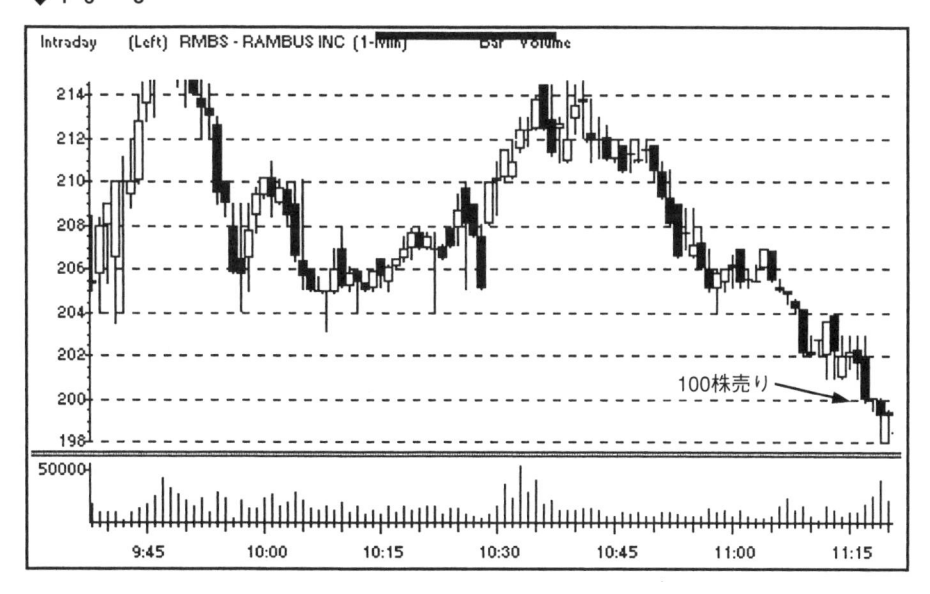

◆16－8

ところが、RMBSは値を下げ始め、200ドルを切ってしまった。結局、100株を199 15/16ドルで売却した。

　　　　RMBSの取引結果　－573.17ドル

バルコニーに行って考えた。トレードには非常に良い日なのに、私はすでに2回連続で損失を出している。900ドルのダウンだ。OPCL、CSCO、SUNW、そしてその他の銘柄も朝から上がっている。もう5000ドルの利益を出していてもおかしくない。それなのに、私は損失を出している。いいトレードをしなければならない。

MU：マイクロンテクノロジー（1）

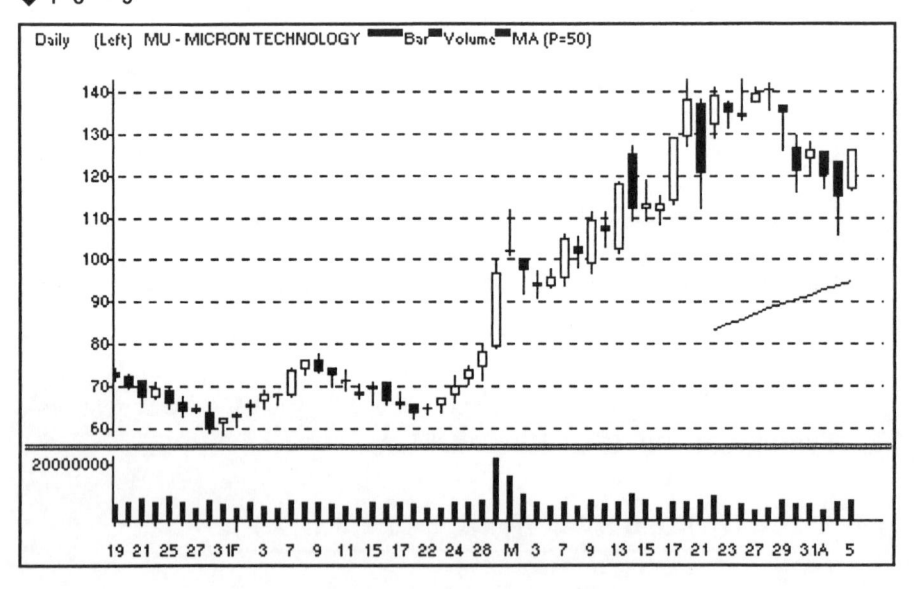

◆16－9

MUはデイリーチャートで良いパターンが出ている。出来高を伴って2日前の高値を更新している。

第16章　システムダウン

| MU：マイクロンテクノロジー（2） |

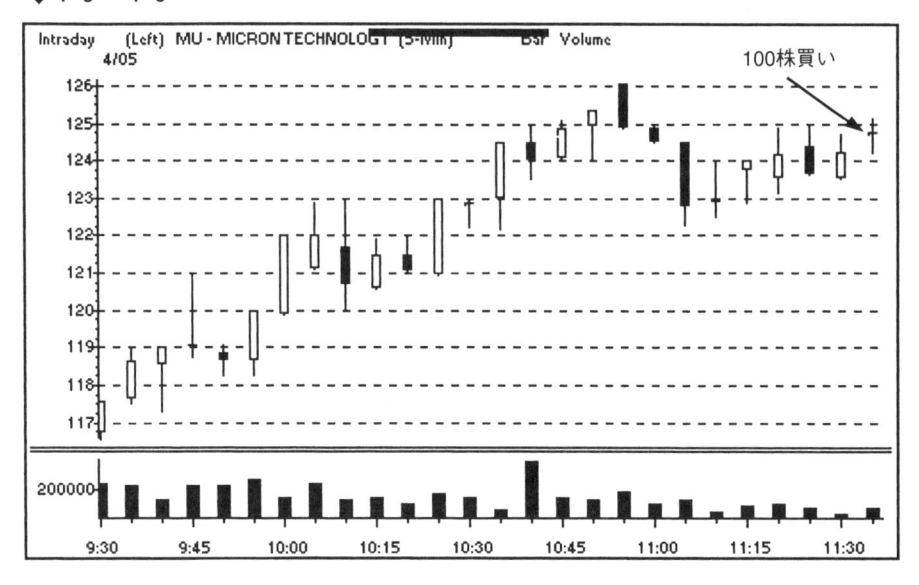

◆16－10

（100株買い）

　MUは126ドルの高値を付け、122 3/8ドルまで値を下げた後、再び上げに転じた。そこで、100株を124 11/16ドルで購入。ストップロスは直近の安値である122 3/8ドルのすぐ下に設定した。

MU：マイクロンテクノロジー（３）

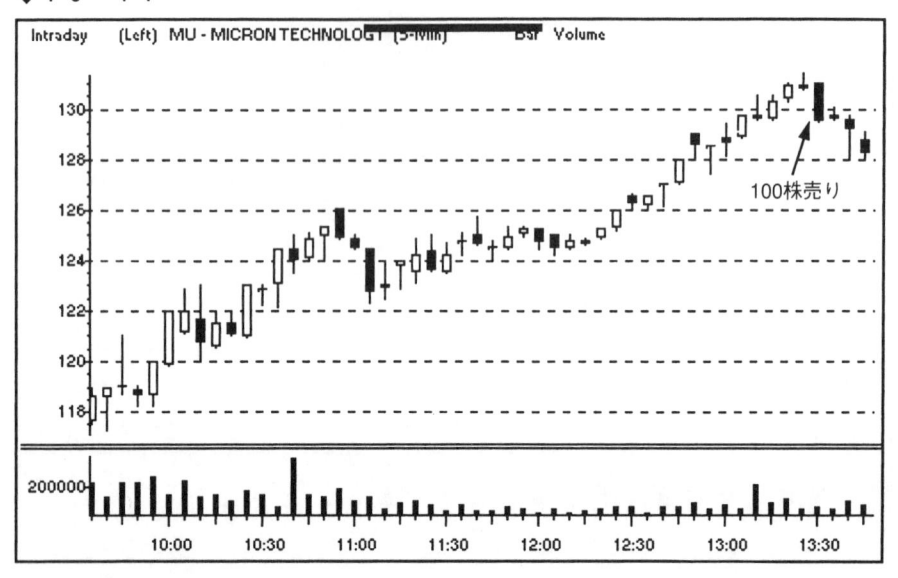

◆１６−１１

（チャート：Intraday (Left) MU - MICRON TECHNOLOGY (5-Min) Bar Volume、「100株売り」の注記あり）

　ＭＵは１３１ 7/16ドルまで値を上げたので、ストップロスを１２９ 3/4ドルに引き上げる。その後、下げに転じてストップロスが作動したので、１００株を１２９ 3/4ドルで売却。自然と顔がほころんだ。

　　　ＭＵの取引結果　　４９５.８１ドル

第１６章　システムダウン

AMAT：アプライドマテリアルズ（１）

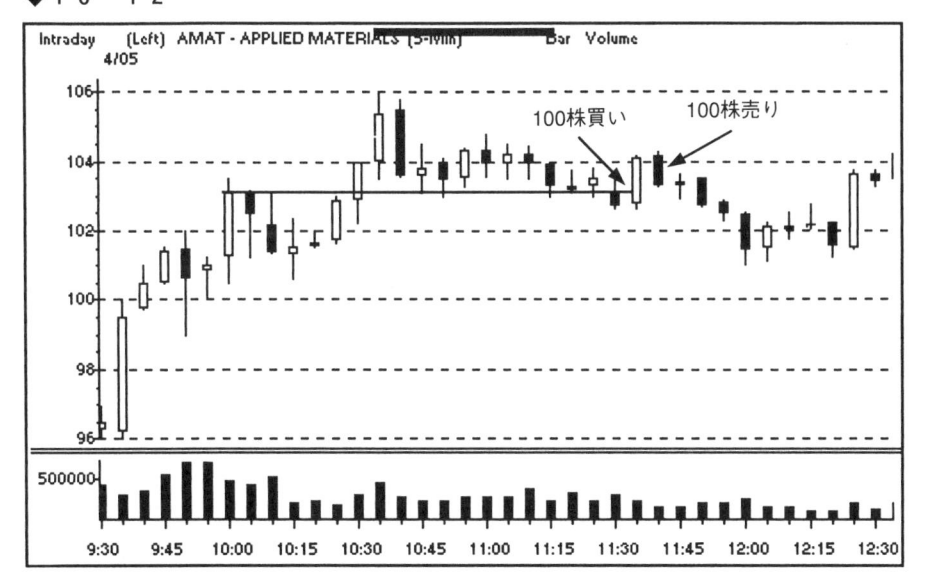

◆１６－１２

［AMAT - APPLIED MATERIALS (3-Min) 4/05 のイントラデイチャート。100株買い、100株売りの矢印付き］

　AMATは１０６ドルの高値から下がった後、保ち合いとなり、１０３ドル付近の支持線で反転を開始した。私は、１００株を１０３ 3/8ドルで購入。しかし、すぐ下げに転じたため、１０３ 3/4ドルで売却した。ここで損失を出すわけにはいかない。

<u>　　　　AMATの取引結果　２７.１５ドル　　　　</u>

ＡＭＡＴ：アプライドマテリアルズ（２）

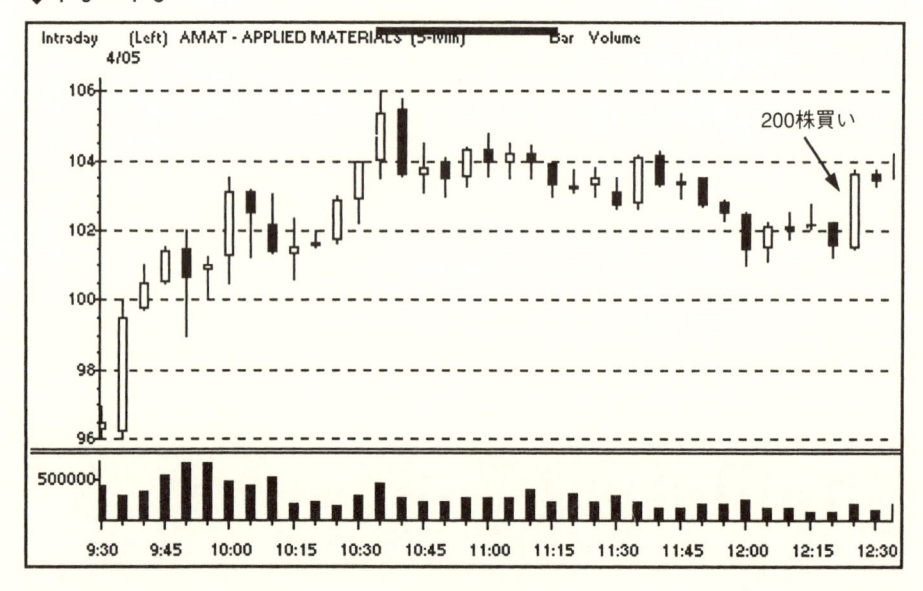

◆１６－１３

[チャート図：AMAT - APPLIED MATERIALS（5-Min）4/05 のイントラデイチャート、「200株買い」の注記あり]

　ＡＭＡＴが上昇し始めた。今日の最高値の１０６ドルまで届きそうな勢いである。１０６ドルを超えれば１年間の最高値１１０ドルまで行く可能性もある。

　私は、２００株を１０３ 5/8ドルで購入した。目標は１０６～１１０ドル。ストップロスは１０２ 5/8ドルに設定した。

第16章 システムダウン

ＡＭＡＴ：アプライドマテリアルズ（３）

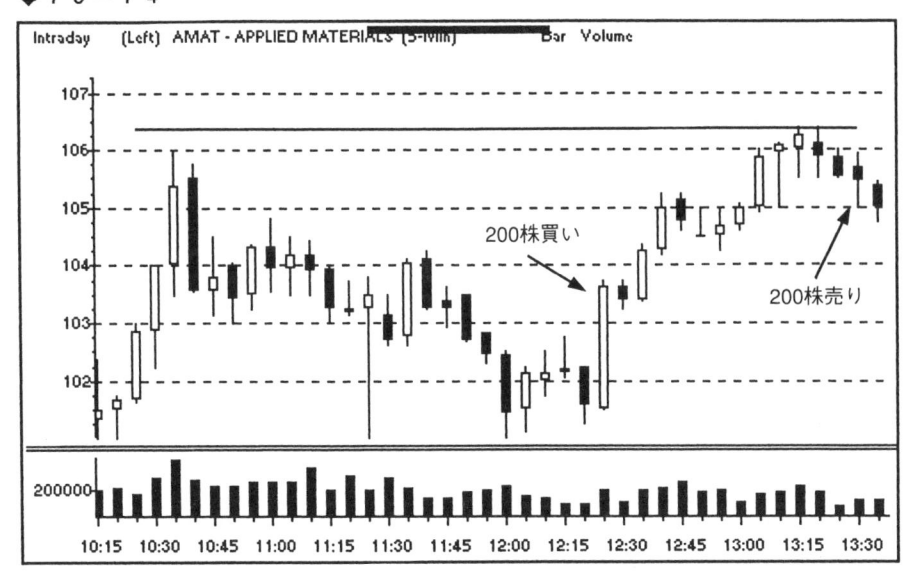

◆16－14

[チャート：AMAT - APPLIED MATERIALS (5-Min) 出来高、「200株買い」「200株売り」の注記付き]

　ＡＭＡＴは１０６ドルのラインをどうしても超えられず下落し始めた。そこで、２００株を１０５ 1/16ドルで売却した。

　　　　ＡＭＡＴの取引結果　　２７６．８０ドル

ＡＭＡＴ：アプライドマテリアルズ（４）

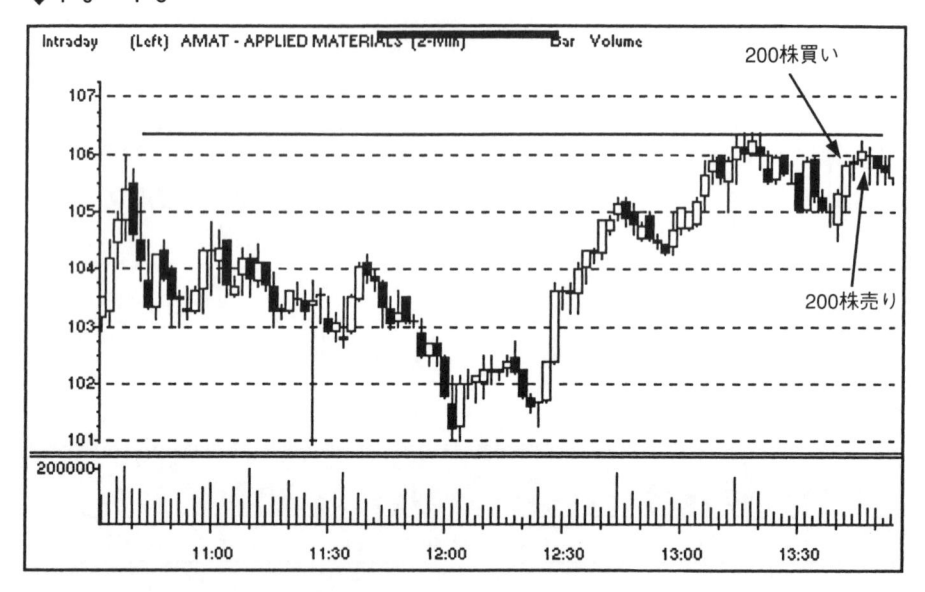

◆１６－１５

[チャート: AMAT - APPLIED MATERIALS (2-Min), 200株買い／200株売りの注記あり]

　ＡＭＡＴは１０６ 3/8ドルラインに、またチャレンジしている。そこで、２００株を１０５ 15/16ドルで購入した。しかし、どうしても"このライン"を超えられずに躊躇し始めたので、２００株を１０５ 3/4ドルで売却することに。

<u>　　　　ＡＭＡＴの取引結果　－４８.２１ドル　　　　</u>

第16章 システムダウン

ＢＧＥＮ：バイオゲン（１）

◆16－16

BGENが私のプルバックスキャンに出現。１年間の最高値から５０％下がった後、出来高を伴って、今日は反転し始めている。

BGEN：バイオゲン（２）

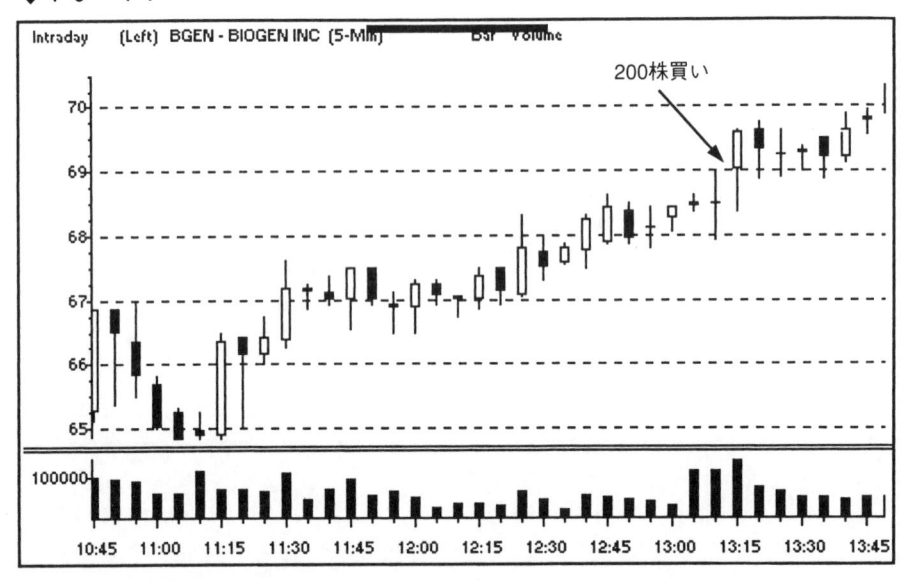

◆１６－１７

（チャート：BGEN - BIOGEN INC 5-Min、200株買いの矢印あり）

　BGENが今日の最高値を更新してブレイクアウトしたので、２００株を６９ 1/8ドルで購入。ストップロスは６８ 1/2ドルとした。

第16章 システムダウン

ＢＧＥＮ：バイオゲン（３）

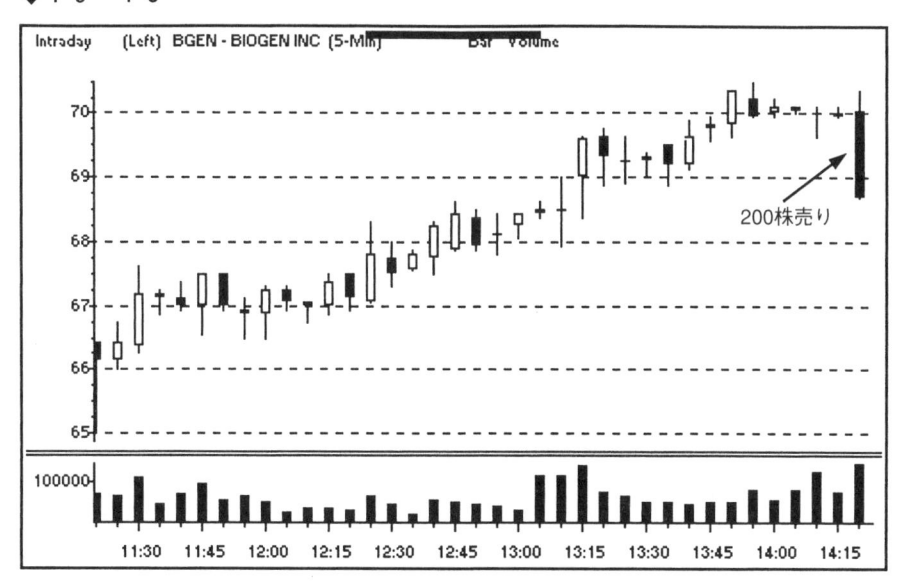

◆１６－１８

（チャート内注記：200株売り）

　ＢＧＥＮは、７０ １/２ドルまで上昇したのでストップロスを６９ １/２ドルに引き上げる。その後、売りが急増したので２００株を６９ ３/８ドルで売却した。

<u>　　　　　　ＢＧＥＮの取引結果　３９．５３ドル　　　　　　</u>

ＢＶＳＮ：ブロードビジョン（１）

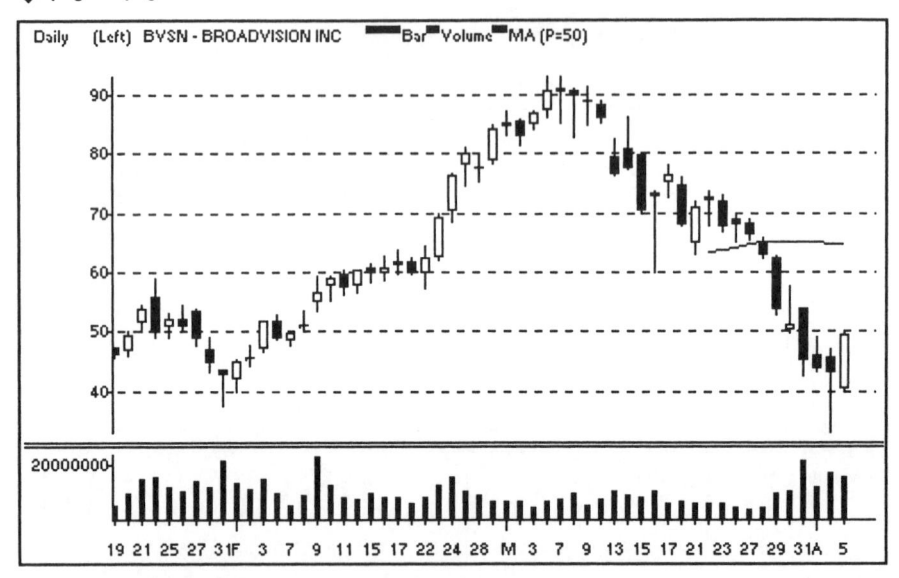

◆１６－１９

　ＢＶＳＮも私のプルバックスキャンに現れた。１年間の最高値から６０％下がった後、出来高を伴って反転し始めている。今日もすでに平均出来高を超える取引がある。

第16章　システムダウン

ＢＶＳＮ：ブロードビジョン（２）

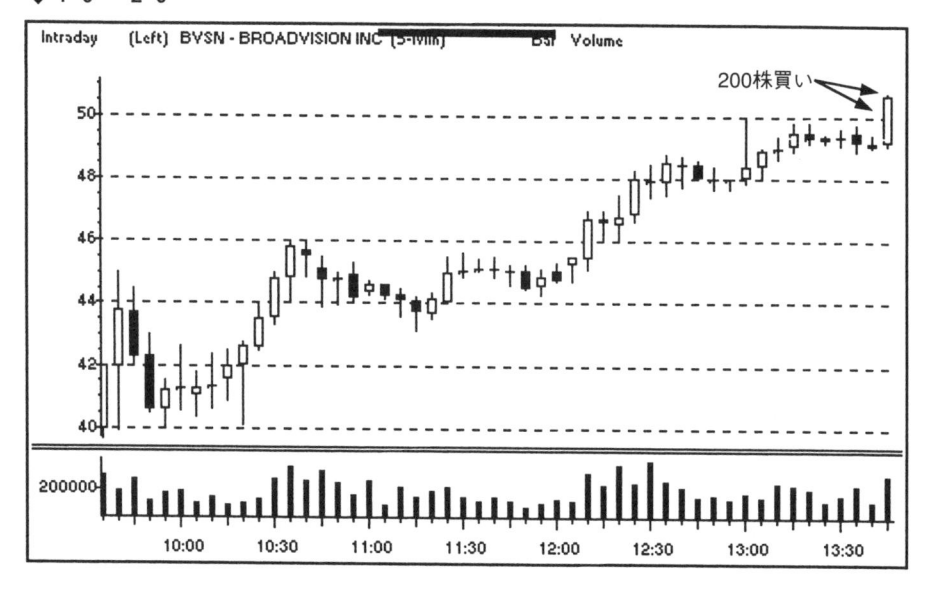

◆１６－２０

(チャート内注記: 200株買い)

　ＢＶＳＮは今日の最高値を更新してブレイクアウトしたため、２００株を５０ドル１４セントで購入した。その後すぐに、さらに２００株を５０ 7/16ドルで追加購入。

ＢＶＳＮ：ブロードビジョン（３）

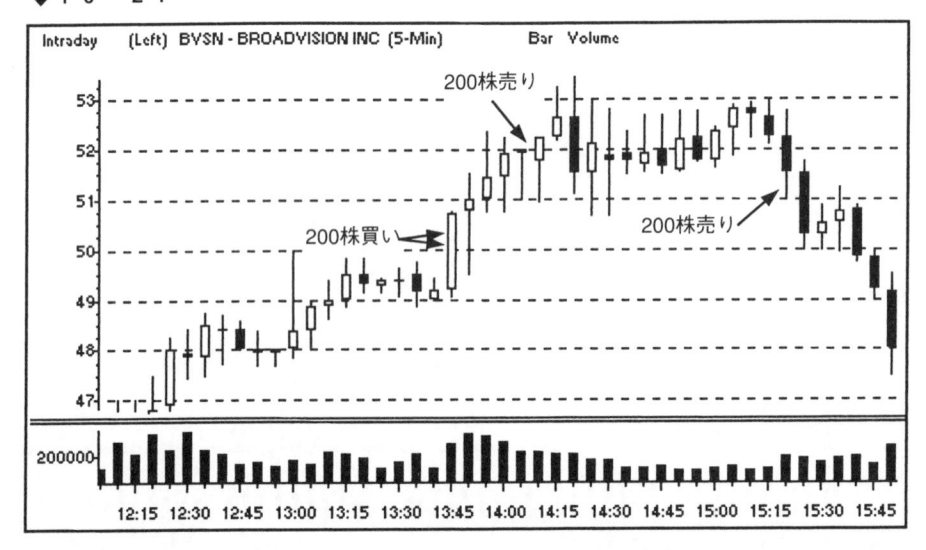

◆16－21

（チャート：Intraday (Left) BVSN - BROADVISION INC (5-Min) Bar Volume、「200株売り」「200株買い」「200株売り」の注記あり）

　ＢＶＳＮには、今日かなりの勢いがある。株価は５２ドルを付けたが、一瞬、ためらいを見せたので、２００株だけを５２ドルで売却した。案の定、株価は５３　１/２ドルまで値を上げた後、再び下がり始めた。すでに２００株の利益を確定しているので、残りの２００株はもう少し高めを狙っていく。１５時１０分、もう一度、５３ドル超えを試みたが失敗。売り圧力が強まったので、残りの２００株を５１　１/８ドルで売却した。

　　　　　ＢＶＳＮの取引結果　　４８５.６８ドル

第16章　システムダウン

TXN：テキサスインストゥルメント（1）

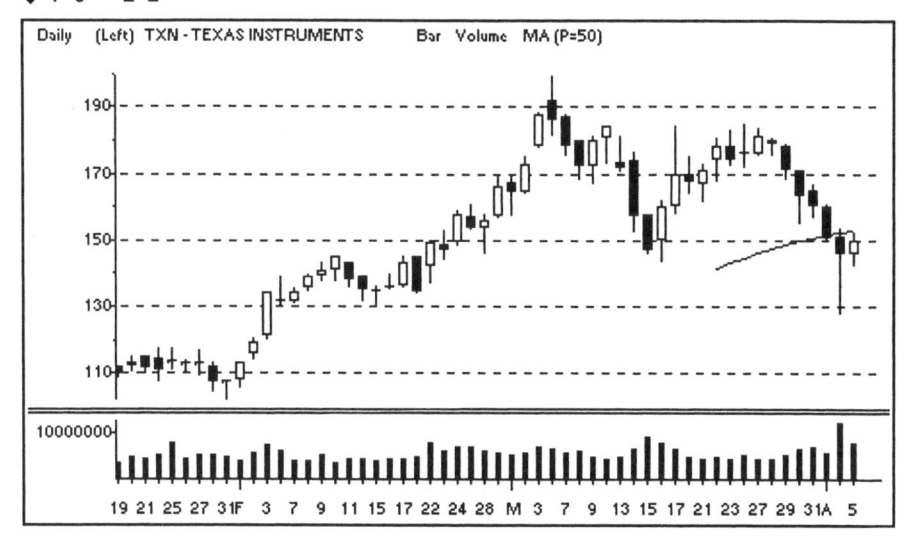

◆16－22

私のウオッチリストで半導体株を観察していたところ、ＴＸＮが５０日移動平均線の上を突破しそうな勢いであることに気付いた。

ＴＸＮ：テキサスインストゥルメント（２）

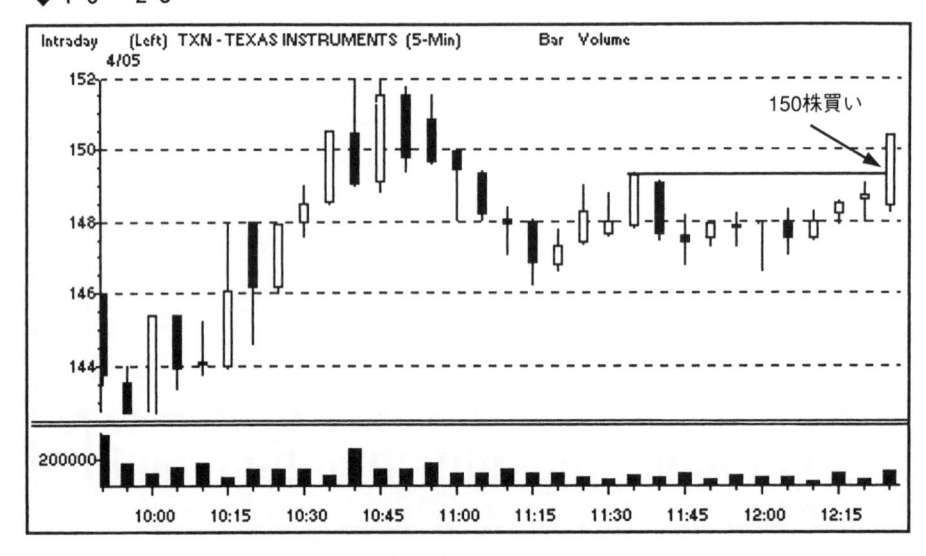

◆１６－２３

　ＴＸＮが直近の高値である１４９ドルを超えブレイクアウトしたので、１５０株を１４９　１/２ドルで購入した。今日の最高値である１５２ドル、またはそれ以上への挑戦を期待する。

第16章 システムダウン

TXN：テキサスインストゥルメント（３）

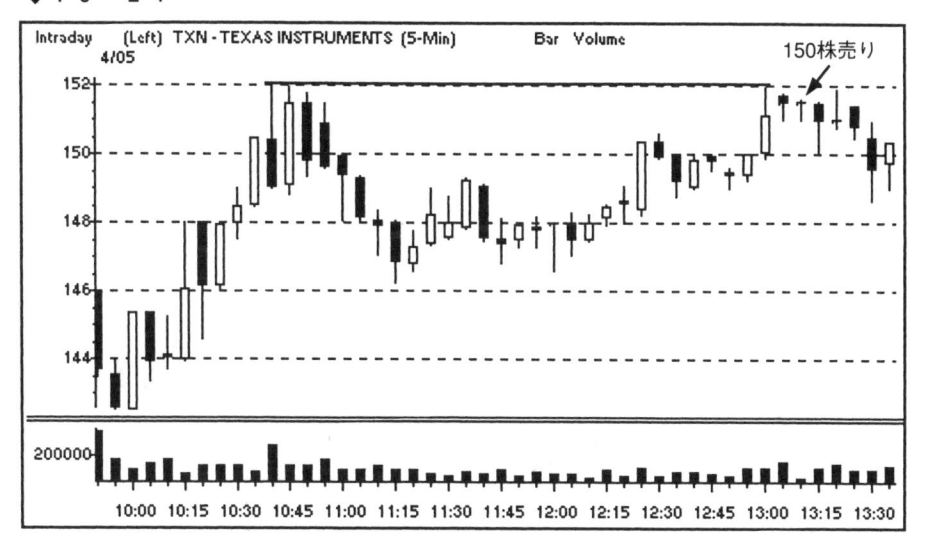

◆16-24

TXNは152ドルまで上げたが、そこで躊躇し、ダブルトップを形成しつつあった。そのため、151 11/16ドルで150株を売却した。

　　　TXNの取引結果　317.37ドル

■バスケットトレーディング

　私のトレーディング手法のひとつに、バスケットトレーディングがある。これは、「まず強いセクターを探し、次に、そのセクターの中でさらに勢いのある株を複数銘柄」取引する方法である。私の場合、複数銘柄を選択する場合には、単純によく知られている銘柄を選ぶことが多い。
　バスケットトレーディングの手順はこうだ。まず複数銘柄を購入した後、セクターの指標が上がっているときに、下げているか、あるいは横ばいしている銘柄を売却する。要するに、上げている銘柄だけを残すのである。そして、指標が支持線を割ったところで、保有しているすべての銘柄を一括して売却してしまうのだ。同じセクターの銘柄を複数保有して観察しているため、このセクターに「何が起こっているのか」、手に取るように把握することができる。
　リアルティックⅢに出る全銘柄の合計利益の表示は、そのまま、レベルⅡのビッドの動きにも連動する。なお、バスケットトレーディングは保有する銘柄数と保有時間に大きく左右される。この保有銘柄数は時には２０銘柄に及ぶこともある。

●

　このときまでに私のトレーディングの流れは変わって、今は７００ドルの利益になっている。バルコニーに出た２回目の気分転換の効果が表れたようである。今はマーケットの流れが手に取るように分かる。ナスダックは３月２４日の高値から昨日の１３時頃に付けた最安値で２８％も下落したが、その後、急反発。勢いが今日も続いている。

第16章　システムダウン

＄ＳＯＸ（１）

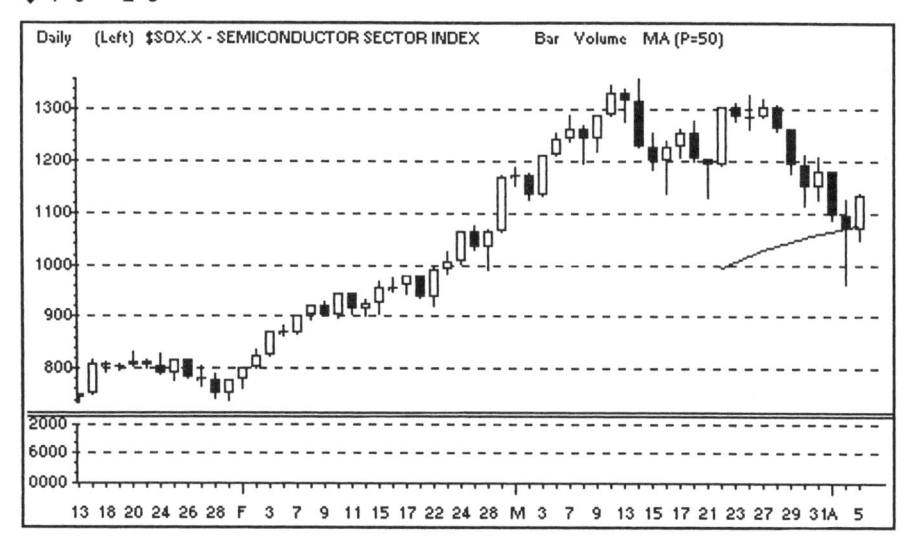

◆16－25

半導体のセクター指標であるＳＯＸは、マーケットで最近よい動きをしている。現在の指標は１１４０ドルである。この２、３日で１２００～１２５０ドルまで上がることを期待する。

＄ＳＯＸ（２）

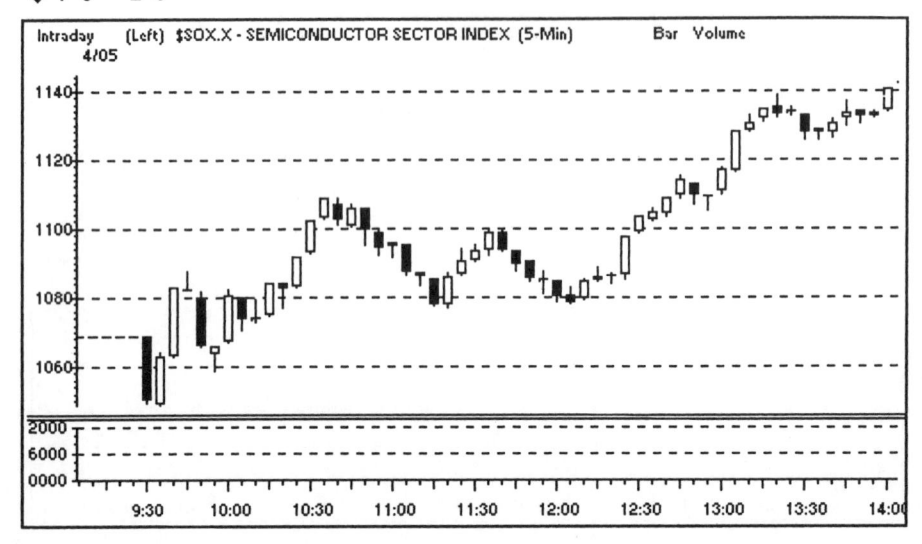

◆１６－２６

　ＳＯＸはブレイクアウトして今日の最高値を付けた。この時点でＮＶＬＳ、ＬＳＩ、ＭＯＴ、ＰＭＣＳ、ＶＴＳＳを購入。ＳＯＸを注意深く観察しながらトレードしていく。

第16章 システムダウン

NVLS：ノーベラシステムズ（1）

◆16－27

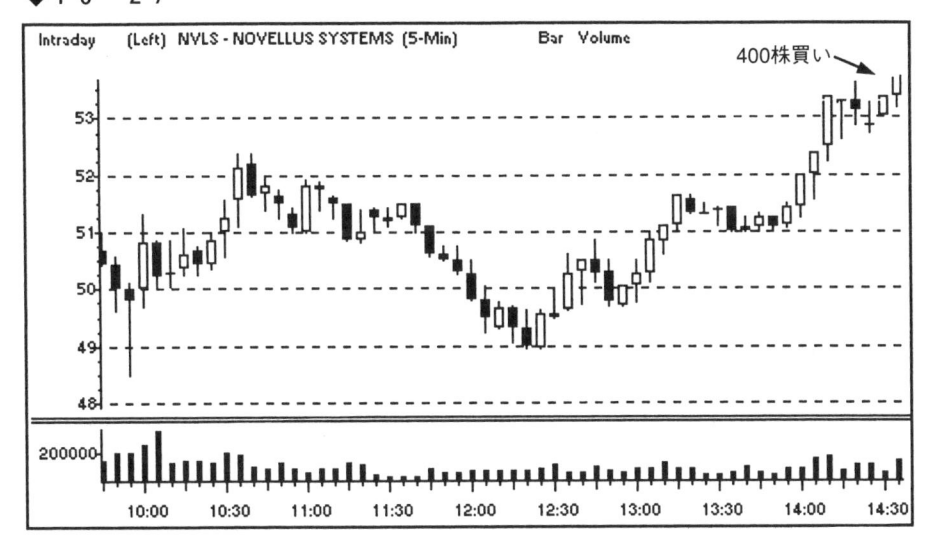

533/8ドルで200株購入、さらに200株を53 17/32ドルで購入。

ＬＳＩ：ＬＳＩロジック（１）

◆１６－２８

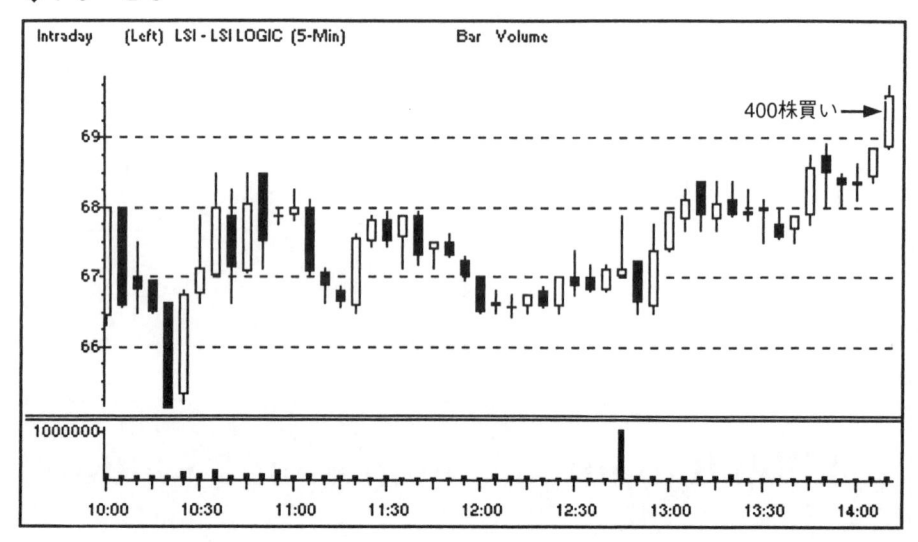

(チャート内注記: 400株買い)

６９ 1/2ドルで２００株、さらに６ ９ 9/16ドルで２００株購入。

第１６章　システムダウン

ＭＯＴ：モトローラ（１）

◆１６－２９

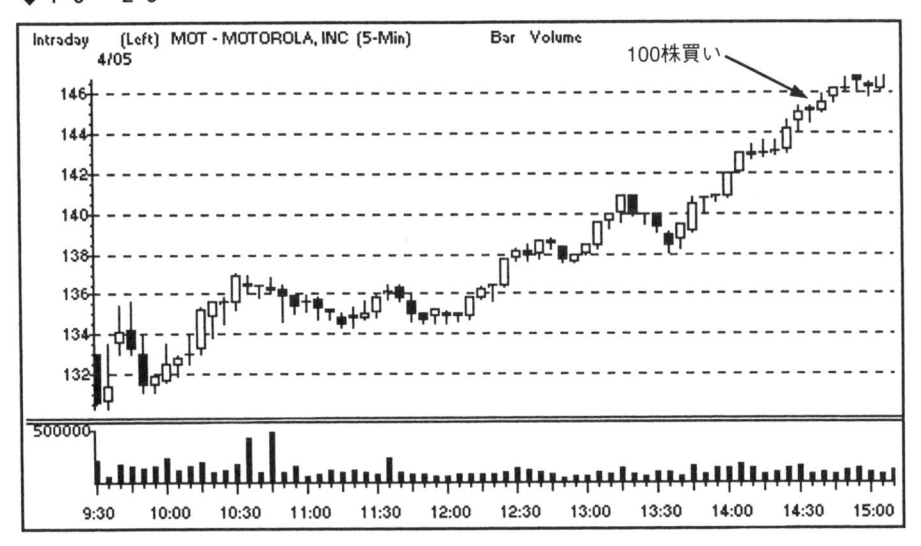

[チャート: Intraday (Left) MOT - MOTOROLA, INC (5-Min) 4/05、100株買い]

１００株を１４５ 7/8ドルで購入。

PMCS：PMCシエラ（1）

◆16－30

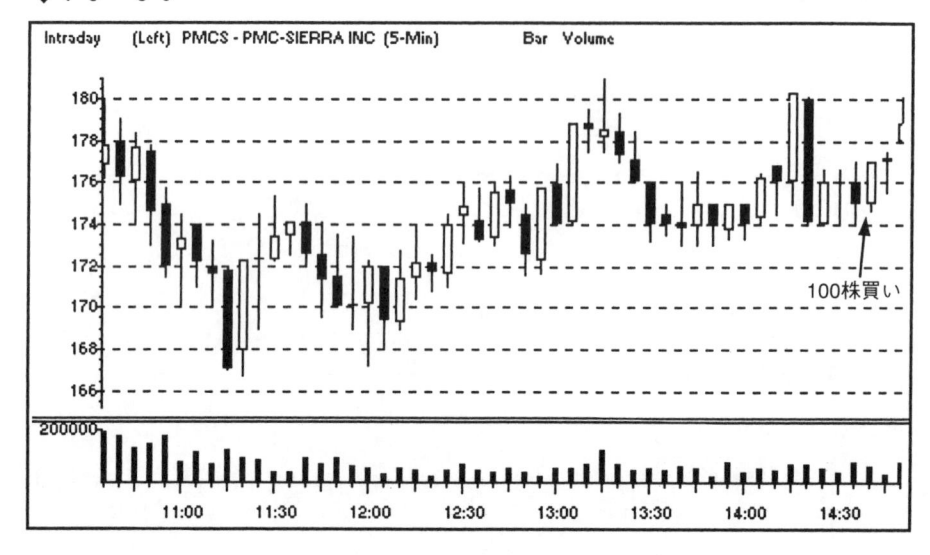

100株買い

100株を174ドル39セントで購入。

第１６章　システムダウン

ＶＴＳＳ：ビテッセ（１）

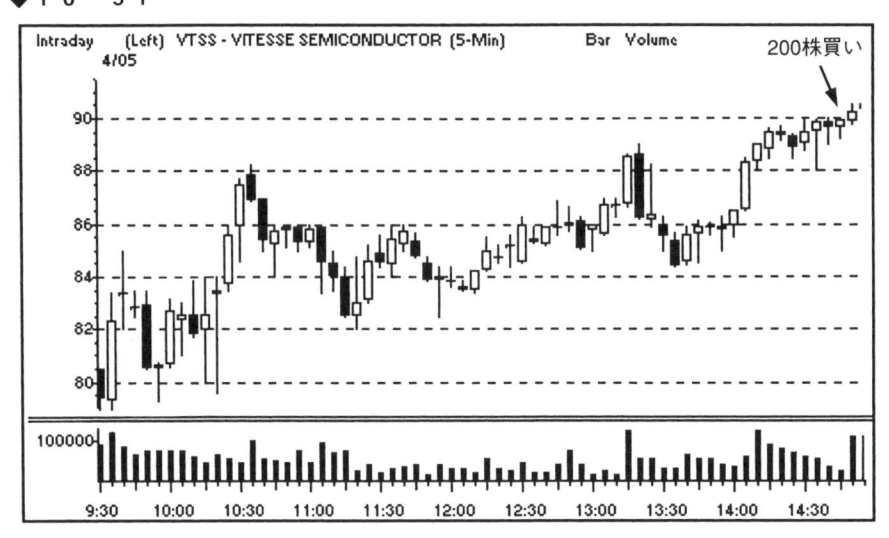

◆１６－３１

(チャート内注記: 200株買い)

２００株を９０ 9/16ドルで購入。

ＳＯＸ（３）

　私はＳＯＸを注意深く観察していた。５銘柄の利益合計は今、１４００ドルを超えている。私のトレードプラン。それは、ＳＯＸが１２１５ドルに到達したら半分を利益確保で売却し、残りの半分はさらなる上げを期待して保有する計画である。ストップロスはＳＯＸが１１４０ドルを割った時点としている。

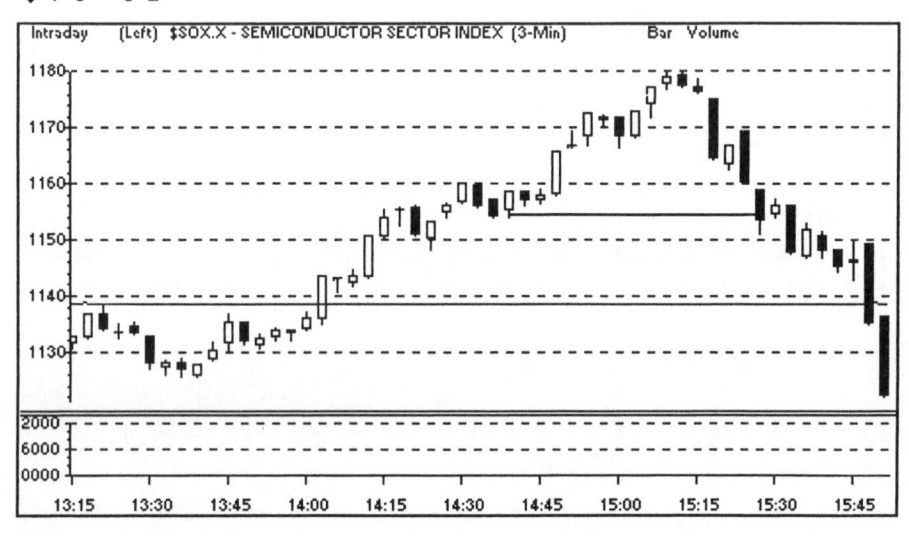

◆１６－３２

　トレードはプランに従って行うものであり、例外は存在しない。ＳＯＸは１１８０ドルでピークに達した後、下落し始めた。ストップロスを１１５５ドルに上げておいたが、ＳＯＸが１１５５ドルを割ったのでポジションを閉じ始める。

第16章 システムダウン

VTSS：ビテッセ（2）

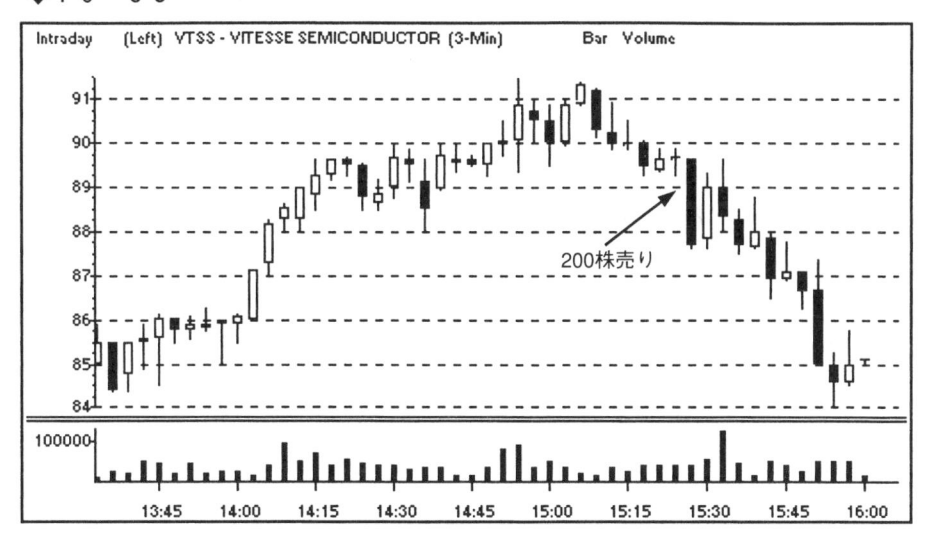

◆16－33

[チャート: VTSS - VITESSE SEMICONDUCTOR (3-Min) イントラデイ、200株売りの矢印付き]

　最初に、VTSSを89ドルで200株売却した。実はVTSSは動きが悪かったので、SOXが下落を始める前に売却していた。

ＮＶＬＳ：ノーベラシステムズ（２）

◆１６－３４

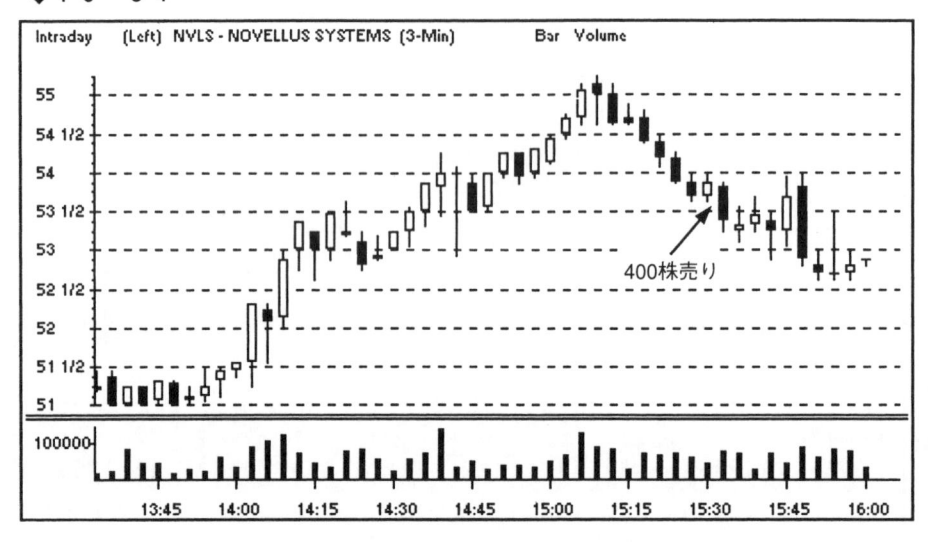

[チャート: Intraday (Left) NVLS - NOVELLUS SYSTEMS (3-Min)　Bar Volume、「400株売り」の注釈あり]

　２番目はＮＶＬＳである。２００株を５３ 5/8ドルで、もう２００株を５３ 3/8ドルで売却した。

MOT：モトローラ（2）

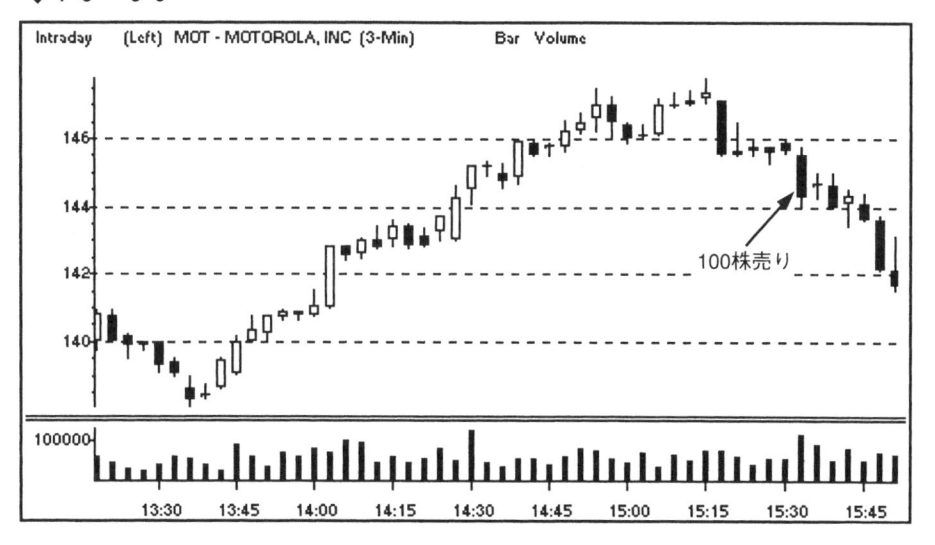

◆16－35

[チャート図：MOT - MOTOROLA, INC (3-Min)、13:30～15:45、144 1/4ドル付近に「100株売り」の注記]

　次にMOTを100株、成り行きで売り注文を出す。このときビッドは145 1/4ドルであったが、スペシャリストが売り圧力の強まるのを見てスプレッドを広げてきた。結局、100株を144 1/4ドルで売却。この取引には少し不満が残る。

PMCS：PMCシエラ（2）

◆16－36

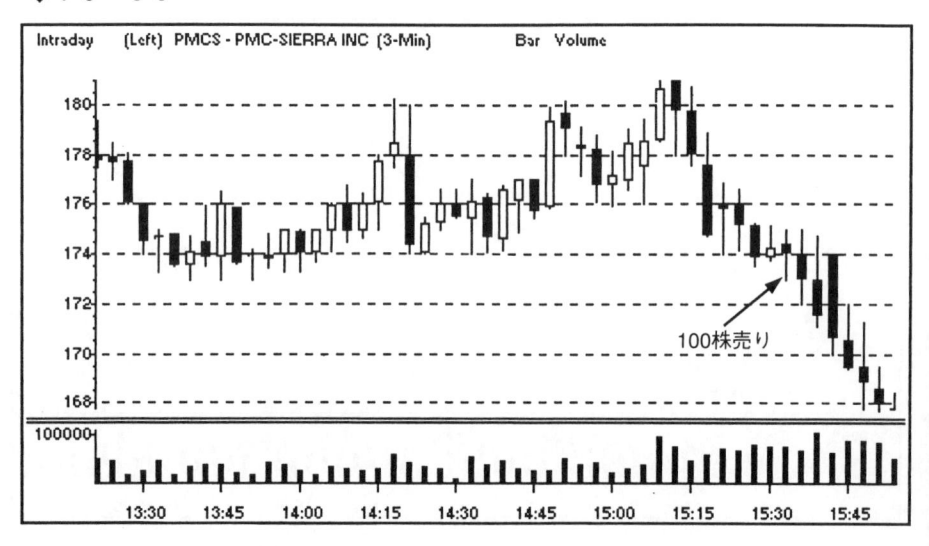

[チャート内注釈: 100株売り]

PMCSを100株、173ドルで売却。

第16章 システムダウン

LSI：LSIロジック（2）

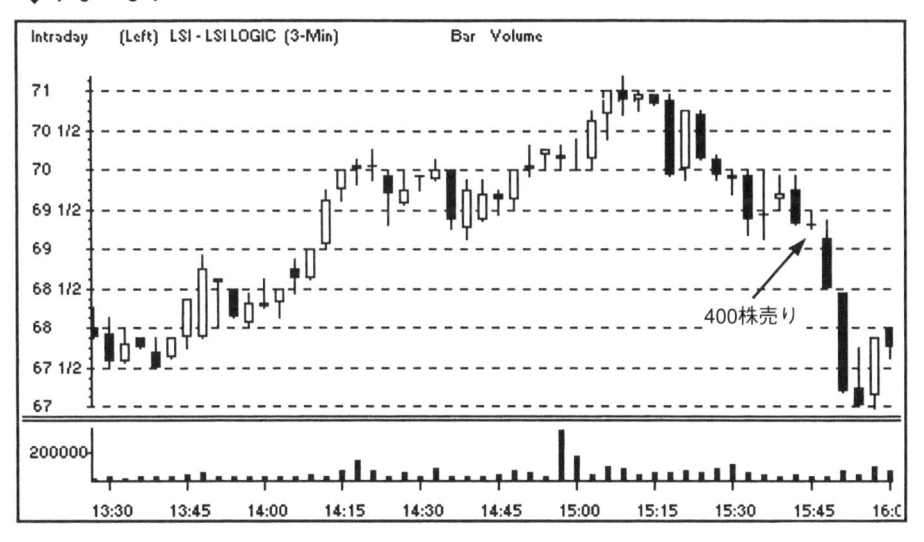

◆16-37

（チャート：Intraday (Left) LSI - LSI LOGIC (3-Min) Bar Volume、400株売り）

LSIを200株、成り行きで売り注文を2回出す。200株を69 1/8ドルで、200株を69 3/16ドルで売却した。

バスケットトレードの取引結果　－770.14ドル

今回のバスケットトレードは、うまくいかなかった。一時は1400ドルの利益があったが、結局は損失を出してしまった。しかしそのことに関しては、後悔も憤りも感じなかった。私は今までこの手法で、かなりの成果を上げている。バスケットトレードでは、トータルの利益が2000ドル近く動くことはよくあることだ。後悔があるとすれば、ナスダックである。ようやく上げ基調になり、次の2、3日も上げが期待できる中でポジションを閉じてしまったからだ。しかし、どんなに自分の予想に自信があっても、リスクマネジメントとマネーマネジメントは常に厳守されなければならない。これがギャンブラーとプロトレーダーとの違いである。

ＡＭＡＴ：アプライドマテリアルズ（５）

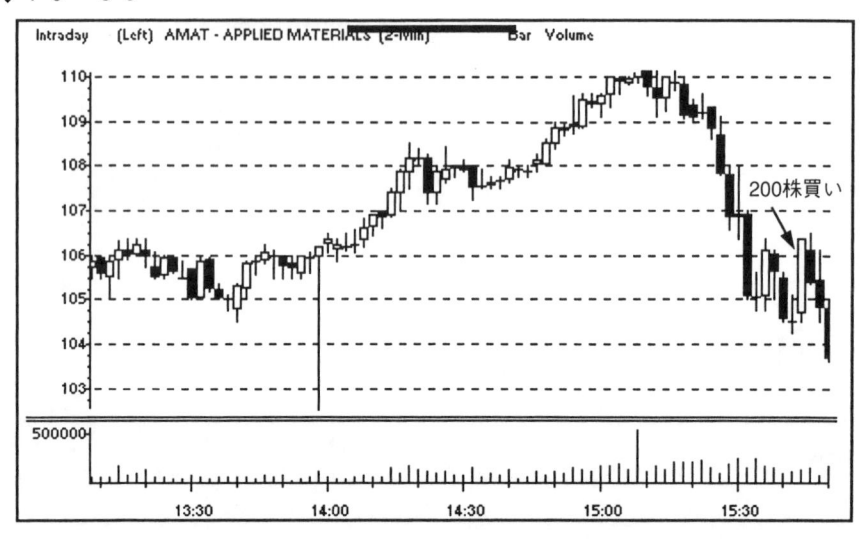

◆１６－３８

　ＡＭＡＴも半導体セクターに属している。ＡＭＡＴは１１０ドルから１０４　1/2ドルまで急激に値を下げた後、反転を開始した。オーバーナイト目的で２００株を１０５ドル９８セントで購入。ストップロスは１０３　1/2ドルに設定。目標は今日の高値の１１０ドルとした。

第16章　システムダウン

NVLS：ノーベラシステムズ（3）

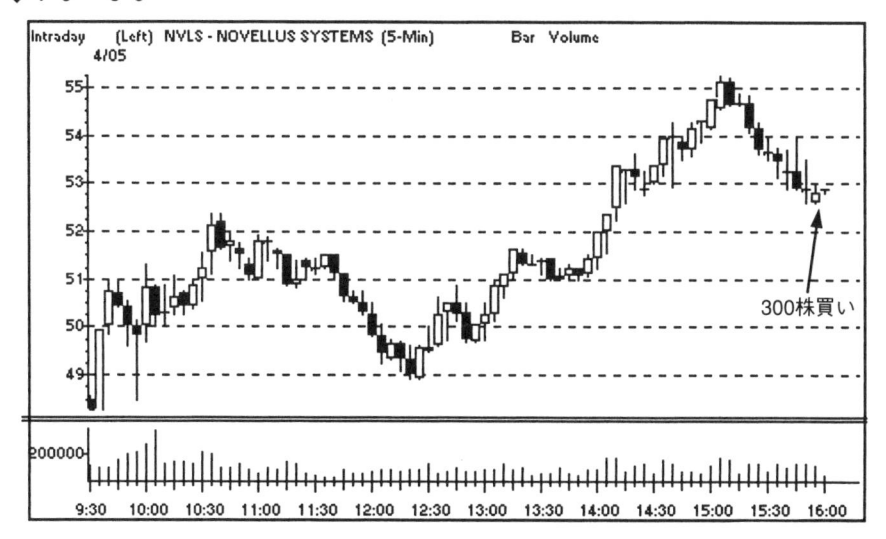

◆16-39

[チャート: NVLS - NOVELLUS SYSTEMS (5-Min) 4/05、300株買い]

　NVLSは他の銘柄に比べ株価の落ち方は緩やかであった。これは、ある意味、この銘柄の強さを示している。オーバーナイト目的で300株を52 13/16ドルで購入した。

RMBS：ランバス（8）

◆16－40

```
Intraday  (Left) RMBS - RAMBUS INC (5-Min)   Bar Volume
4/05
```

Sell 100

　偉大なトレーダーは、損失を出した銘柄がその後どうなったのかを気にするようなことはしない。今日はRMBSを朝3回もトレードしたが一度も成功しなかった。それどころか、3回目のトレードでは、その日の最安値でポジションを閉じてしまった。3回目のトレードの後はRMBSを画面から消してしまい、その後どう株価が推移したかも知らなかった。

　実際は、私がRMBSを199 15/16ドルで売却した後、株価は248 1/2ドルまで上昇した。このようなことはよく起こることで、売却後のことは気にする必要はない。自分の分析が正しくても正しくなくても、トレードプランに従ってトレードしなければならない。トレードするときに「ストップロスと目標」を事前に設定してトレードしなければ、プロトレーダーとは言えないのである。

　それでも、なお、気になるという人は、私の5日目のトレードを見てほしい。その日に売却したポジションを今でも全部保有していたら、今ごろ

第16章　システムダウン

1万7575ドルの損失を出しているところである。

◎オープンポジション：
　ＮＶＬＳ３００株、ＡＭＡＴ２００株

◎４月５日の取引結果：－８３.０８ドル

第17章
～集中してのトレード～

◎２０００年４月６日（木）

　今朝は先物がかなり上がっている。昨晩は半導体銘柄のＮＶＬＳとＡＭＡＴをオーバーナイトした。しかしＮＶＬＳは「５００ミリオンドルの資金調達をするため増資を行う」と発表したために、ＮＶＬＳの株価は軟調に推移していた。プレマーケットでは他の多くの半導体銘柄が大きく値を上げていたにもかかわらず、である。このような状況から、マーケット開始のベルが鳴る直前にＮＶＬＳの売りを決断。３００株を５２ 15/16ドルで売却した。

ＮＶＬＳ：ノーベラシステムズ（１）

◆１７－１

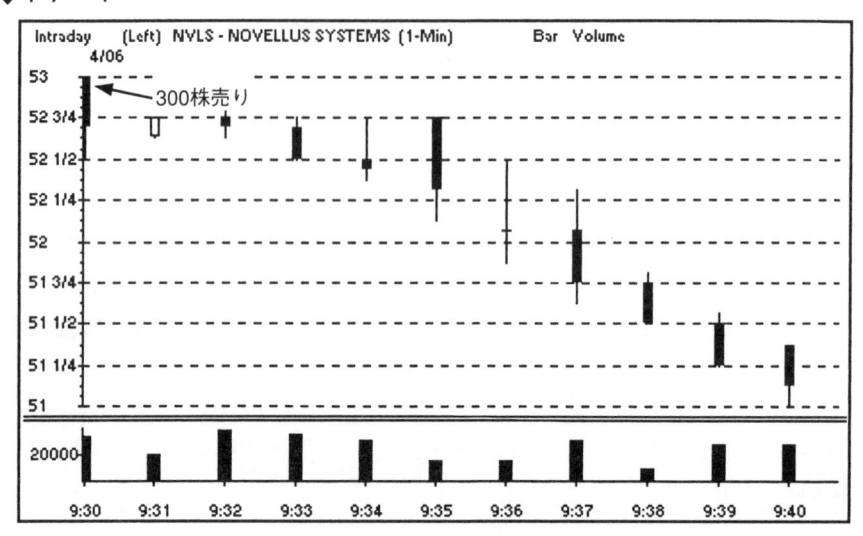

(チャート：NVLS - NOVELLUS SYSTEMS (1-Min) 4/06、300株売りの注記あり)

　ＮＶＬＳは５３ドルで寄り付き、その後、大きく値を下げていた。同じセクターである他の銘柄の順調さとは対照的であった。プレマーケットの軟調さで、この下げは予想できたことだ。

　　　　　ＮＶＬＳの取引結果　　２６．９７ドル
　　　　　―――――――――――――――――

第17章　集中してのトレード

ＡＭＡＴ：アプライドマテリアルズ（１）

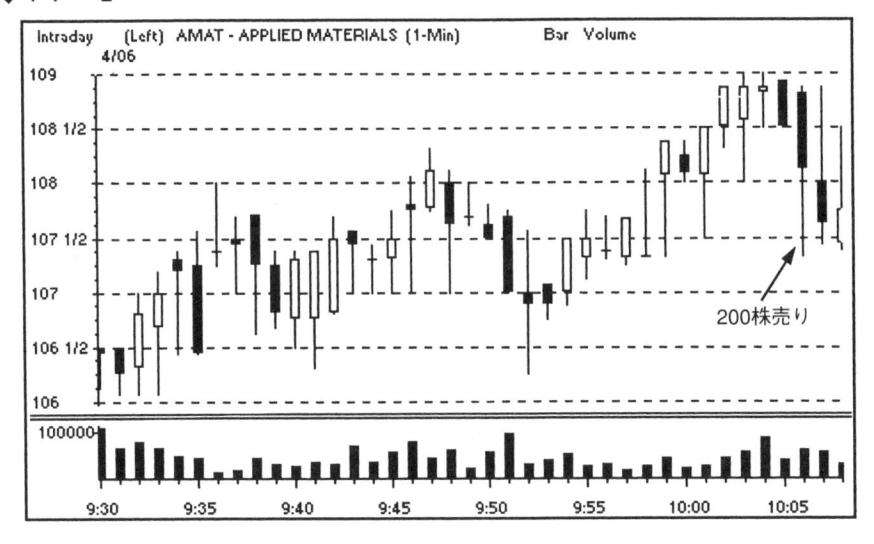

◆17－２

[チャート: Intraday (Left) AMAT - APPLIED MATERIALS (1-Min) 4/06、Bar Volume、200株売りの矢印あり]

　ＮＶＬＳと違ってＡＭＡＴはギャップアップ（上に窓を空けて）で始まり、マーケット開始から上がっていた。１年間の最高値を目標に注意深く観察していたところ、一時、１０９ドルを付けるまでになった。そこで、損切りを１０７ 3/4ドルまで上げた。「１０８ドルラインで持ちこたえそうだ」と予想していたが、意に反して、株価は１０８ドルラインを割ってしまった。設定していたストップロスのところまで下がってきたので２００株を１０７ 1/2ドルで売却した。

　　　　ＡＭＡＴの取引結果　　２９７.４７ドル

ＸＲＸ：ゼロックス（１）

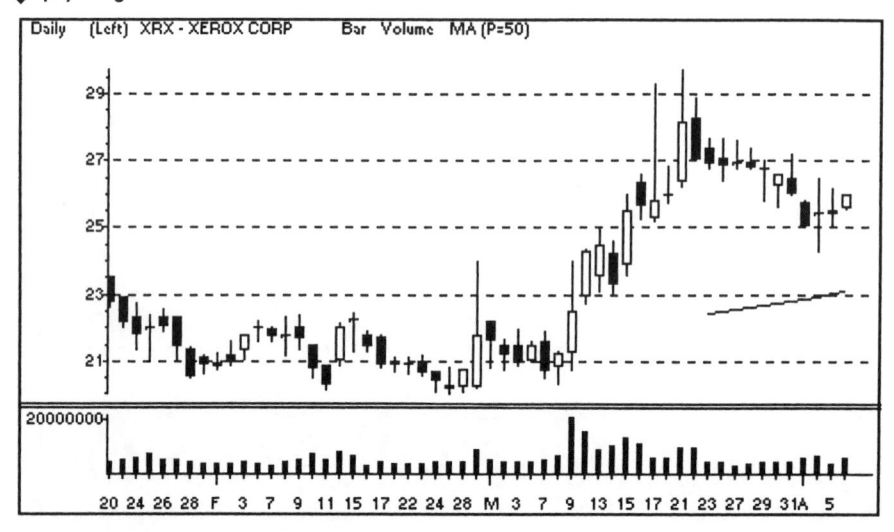

◆１７－３

[XRX - XEROX CORP 日足チャート]

　いつも観察している銘柄のウオッチリストにＸＲＸがある。ＸＲＸは２日前に底を打った後、再び上がり始めていた。イントラデイ・チャートで観察する。

第17章 集中してのトレード

XRX：ゼロックス（2）

◆17－4

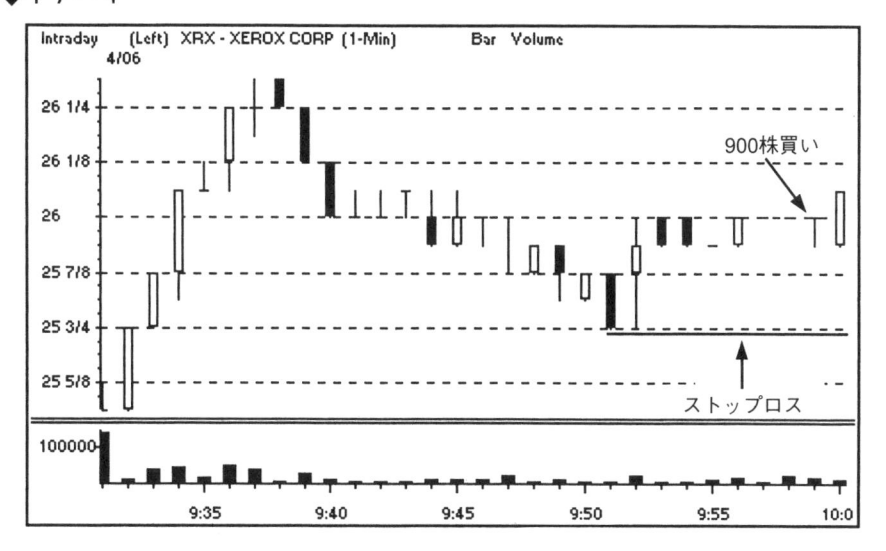

(チャート：Intraday (Left) XRX - XEROX CORP (1-Min) 4/06、900株買い、ストップロス）

　XRXは開始から上昇を続け、26 5/16ドルで天井を付けた。その後、25 3/4ドルまで下がり支持線を形成したが、再び26ドルまで上がった。今度は抵抗線を形成している。売り注文が26 1/16ドルに上がったのを見て、すぐ、買い注文を出した。このとき300株を購入するため3回に分けて注文を出す。それぞれ26 1/16ドル、26 1/8ドル、26 3/16ドルの指値としていた。ところが驚いたことに、3回の注文はすべて26ドルで約定してしまったのだ。結果、26ドルで900株のポジションを持つことになった。目標株価は28～29ドルに、ストップロスは25 11/16ドルに設定した。

ＸＲＸ：ゼロックス（３）

◆１７－５

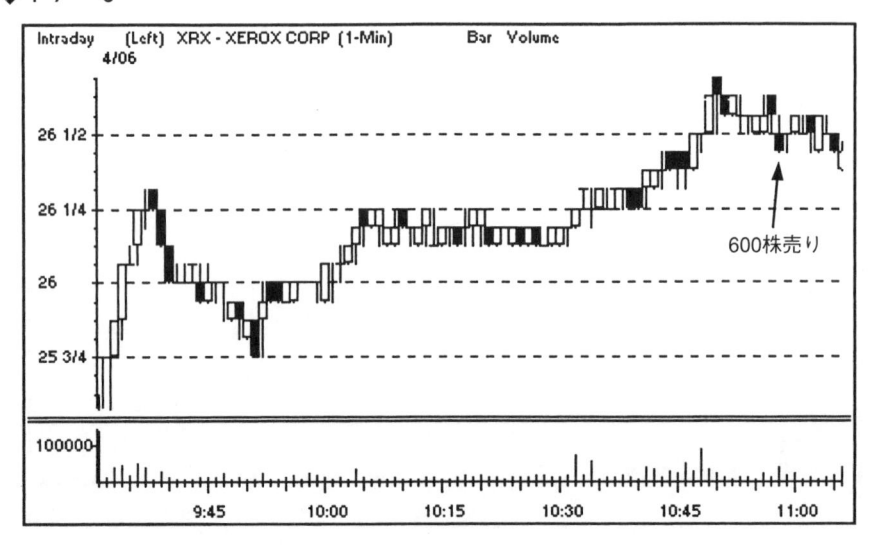

(chart: Intraday (Left) XRX - XEROX CORP (1-Min) 4/06, Bar Volume; annotation "600株売り")

　ＸＲＸはその後２６　３/４ドルの高値を付けたが、昨日、この銘柄は非常に早い速度で反転をしていたことを思い出した。６００株だけストップロスを２６　７/16ドルに上げる。ＸＲＸは、その後、下げに転じストップロスに差し掛かった。結局、２６　７/16ドルで６００株を売却した。

第17章　集中してのトレード

XRX：ゼロックス（4）

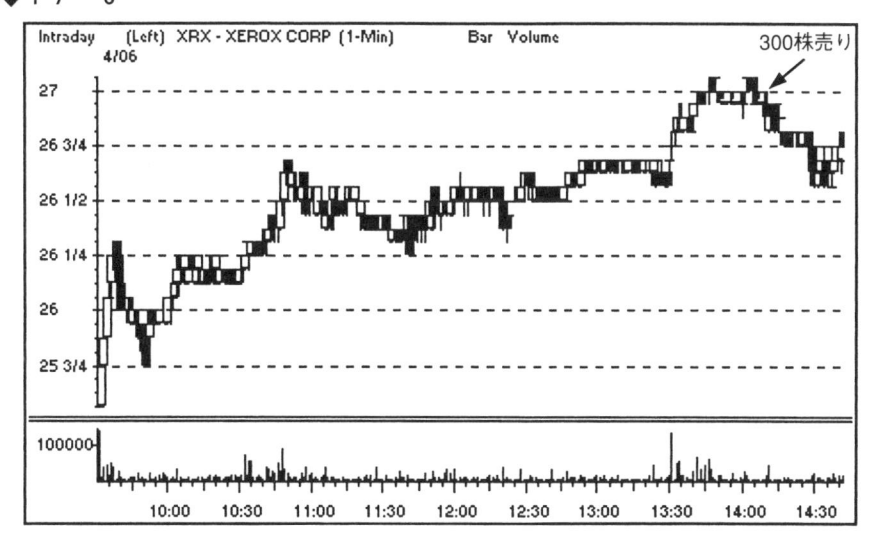

◆17－6

　XRXの3分の2を売却した後、株価は26 1/4ドルまで値を下げた。だが、その後、持ち直して27 7/16ドルまで上昇した。そこには強い抵抗線があり、2度のトライでもこのラインを突き破ることができなかった。結果的にダブルトップを作った形になったため、残りの300株を27ドルで売却した。

　　　　　XRXの取引結果　561.69ドル

VTSS：ビテッセ（1）

◆17－7

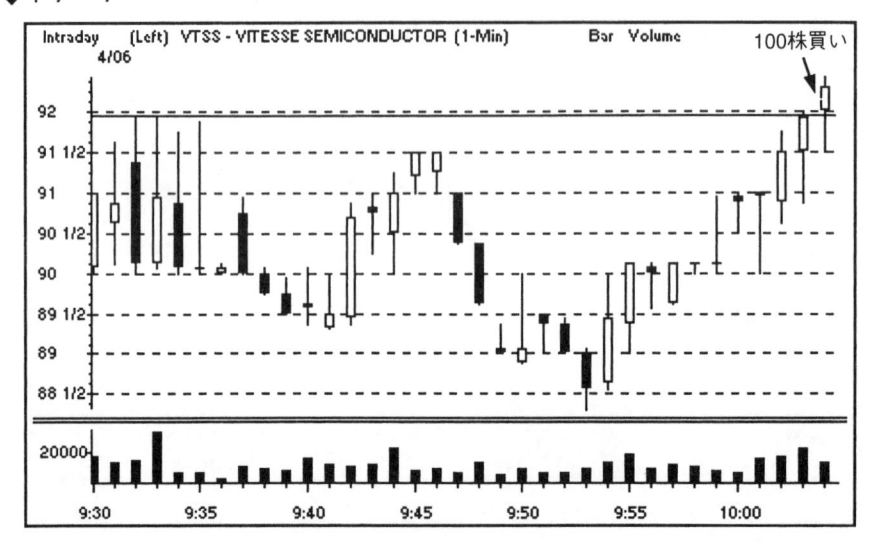

(チャート図：Intraday (Left) VTSS - VITESSE SEMICONDUCTOR (1-Min) 4/06、Bar Volume、「100株買い」の注釈付き、時間軸9:30～10:00、価格88 1/2～92)

　VTSSは92ドルの抵抗線をブレイクアウトして今日の最高値を付けた。そこで100株を92 5/16ドルで購入した。勢いのある株に反射的に飛び乗ってしまうことはよくあるが、これは、ときに悪い結果を招くこともある。しかし上記のような魅力的なチャートの動きに、何も考えず思わず飛び乗ってしまった。

第17章　集中してのトレード

VTSS：ビテッセ（2）

◆17－8

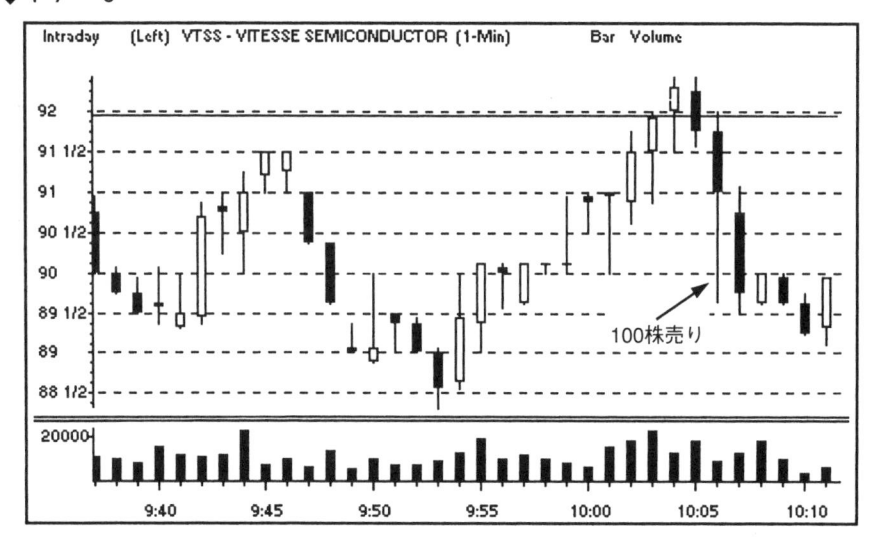

Intraday (Left) VTSS - VITESSE SEMICONDUCTOR (1-Min) Bar Volume

100株売り

　やはり悪い結果が私を待っていた。ＶＴＳＳは値を下げて９０ドルを切ったのだ。私は、８９ 15/16ドルで１００株を売却することになってしまった。上昇中の株を購入する場合、ストップロスは、普通、低めに設定することが多くなる。下げの後の上昇を狙う目的で、普通にポジションを持つときに比べ、少しトレードに余裕を持たせるからだ。もちろん、そのぶん、損失も大きくなることが多々あるのだが……。

ＶＴＳＳ：ビテッセ（３）

◆１７－９

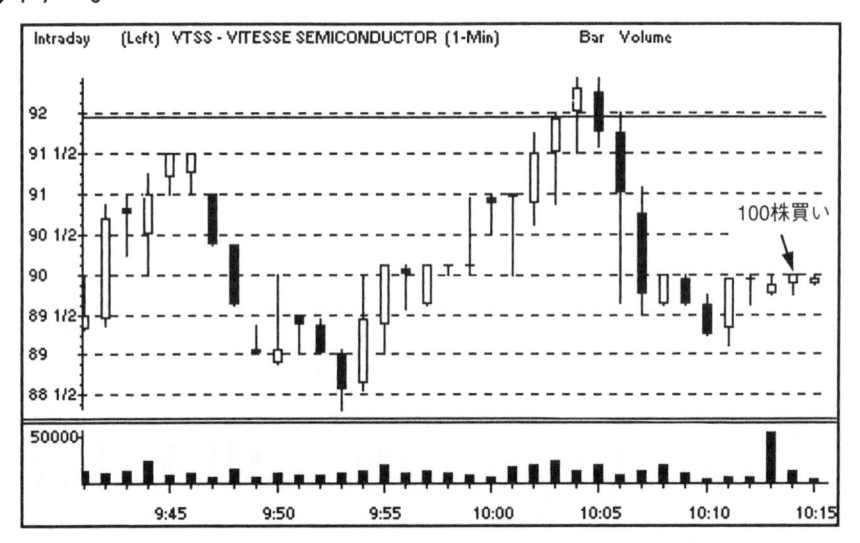

[チャート図：VTSS - VITESSE SEMICONDUCTOR (1-Min) Intraday、9:45～10:15、100株買いの注釈あり]

　ＶＴＳＳは８９ ３/８ドルで底を打って反転し始めたので１００株を９０ドルで購入。目標は９２～９５ドル、ストップロスは８９ １/４ドルとした。

VTSS：ビテッセ（4）

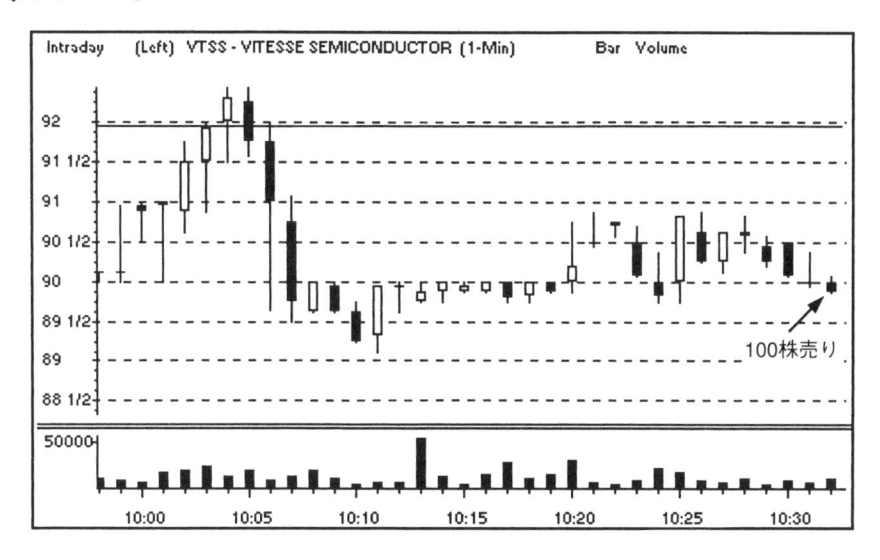

◆17－10

（チャート：Intraday (Left) VTSS - VITESSE SEMICONDUCTOR (1-Min) Bar Volume、価格軸88 1/2～92、時間軸10:00～10:30、「100株売り」の注記あり）

VTSSは90 3/4ドルまでは上がったが、その後、89 3/4ドルとの間を行ったり来たりの状態に入った。RSSFは、この銘柄の本日のマーケットメーカーであった。RSSFは今日、インサイドアスクに1日中、張り付いている。さらに興味深いのはECNのBTRDも同じくインサイドアスクに頻繁に登場していることだ。インサイドアスクにECNが来るのは当然のことであるが、今日はBTRDだけがインサイドアスクで100株の売りを出しているのだ。さらにおかしなことに、約定結果がすべて表示される「タイム＆セールズ」の欄を見ると、89 3/4ドル～90 3/4ドルの間ですでに何千もの取引結果が報告され表示されている。なぜこんなことが起こるのだろう？

　これは、実際によく起こることであり、"レベルⅡを使用しているトレーダーをだます"洗練された手法である。例えば、もし私がXYZ銘柄を33ドルで1万株売却したい場合、ECNのARCAを利用して、1万株

のXYZ銘柄を100株だけの売り表示でリザーブオーダーできるのだ。私が1万株売りたがっていることは、だれにも分からない。このときのレベル「の表示にはアスク側に「ARCA　33ドル　100株」とのみ表示される。実際、この100株は100回取引されて、結局は1万株を売却したことになるのだが。

　だれかが手のうちを隠してECNのBTRDを使って大きく売りをかけてきている事実に気がつき、このトレードから抜け出すことに。100株を89 13/16ドルで売却した。

　　　　　　　VTSSの取引結果　－258.35ドル
　　　　　　━━━━━━━━━━━━━━━━━━━━━━━━

ＣＨＫＰ：チェックポイント（１）

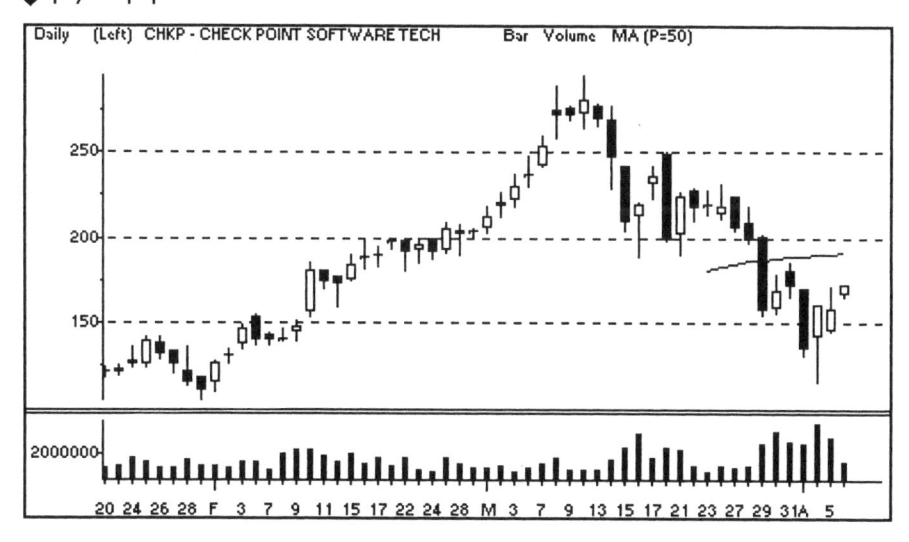

◆１７－１１

CHKPは私のウオッチリストに載せている銘柄である。株価は５５％下げた後、反発し始めている。１９０ドル台に上がりそうである。

| CHKP：チェックポイント（２） |

◆１７－１２

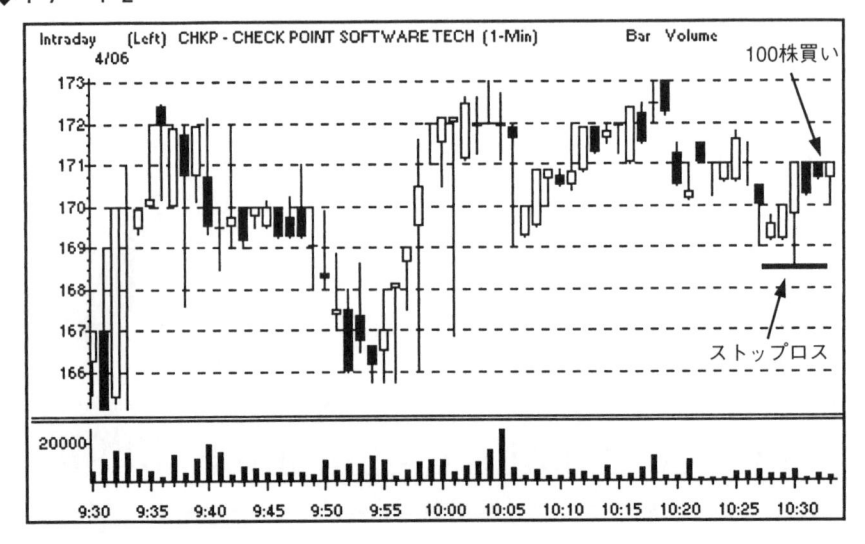

[チャート図：CHKP - CHECK POINT SOFTWARE TECH (1-Min) 4/06、「１００株買い」「ストップロス」の注記付き]

　ＣＨＫＰが支持線の１６９ドルで反転したのを確認して、１００株を１７０ 7/8ドルで購入。目標は１８０～１９５ドル、ストップロスは１６８ 1/2ドルに設定した。

第17章 集中してのトレード

CHKP：チェックポイント（3）

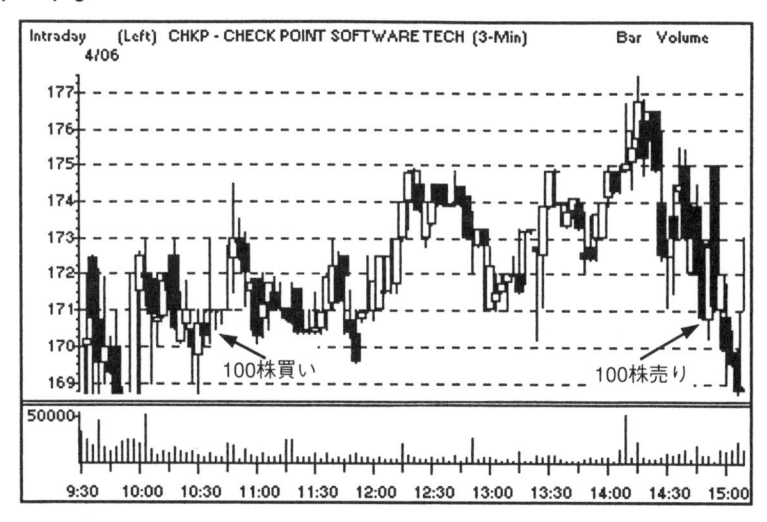

◆17－13

（チャート：CHKP - CHECK POINT SOFTWARE TECH (3-Min) 4/06、100株買い、100株売り）

　CHKPは177 1/2ドルまで値を上げたので、ストップロスも171ドルまで上げる。CHKPは簡単に200ドル、ひょっとすると220ドルまで上がるのではないかと信じていた。そこで、ストップロスを少し低めに設定し、トレードに余裕を持たせてチャンスを待つ。ところが、CHKPは下げに転じストップロスを切ったため、100株を170ドル47セントで売却した。しかし後悔はしていない。株価の変動が大きい銘柄は、余裕を持たせたトレードをすることによって時に大きなリターンを生むからである。

<u>　　　　CHKPのトレード結果　－50.57ドル</u>

ＰＨＣＭ：フォーンドットコム（１）

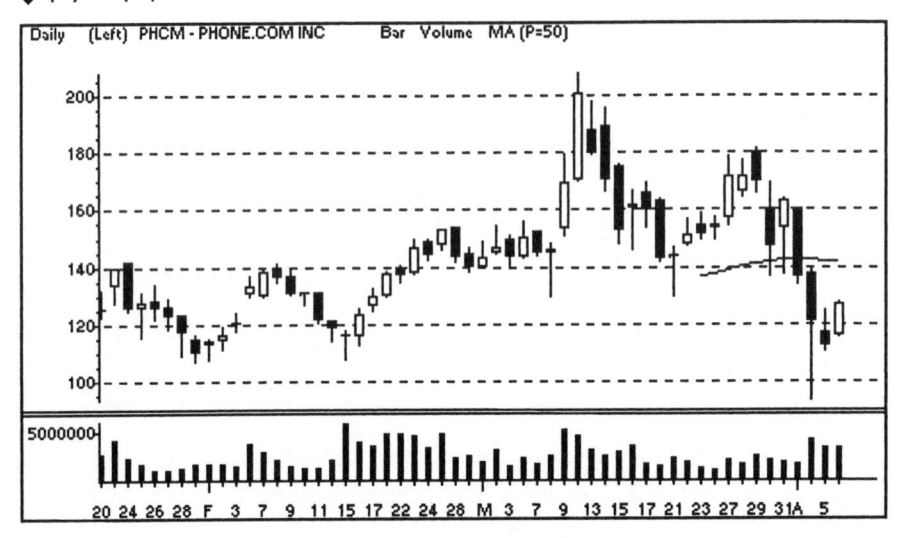

◆１７－１４

PHCMが私のプルバックスキャンに現れた。２０００年３月１０日に付けた高値から５５％も下がっている。昨日のキャンドル足に反転の印が出て、今日も始値から８ドル以上、値を上げている。１４０～１６０ドルまでは上がりそうな気配である。

第17章 集中してのトレード

PHCM：フォーンドットコム（2）

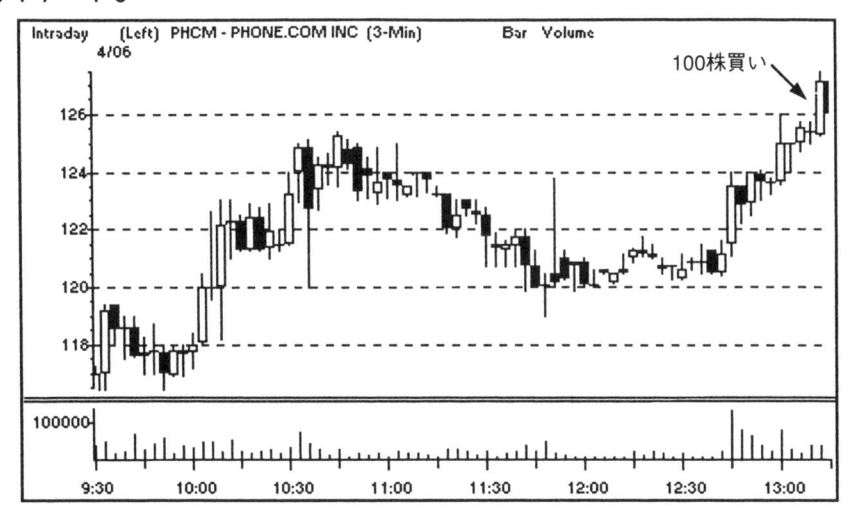

◆17－15

[チャート: Intraday (Left) PHCM - PHONE.COM INC (3-Min) 4/06、100株買い]

　PHCMは11時45分～12時45分の保ち合いから出来高を伴ってブレイクアウトし、今日の最高値を付けた。そこで、127 1/4ドルで100株を購入。目標は160ドル。ストップロスは、今日の安値より少し安い116 1/2ドルに設定した。この銘柄には、少しトレードの余裕を持たせた。ハイリターンを狙いたい。

PHCM：フォーンドットコム（3）

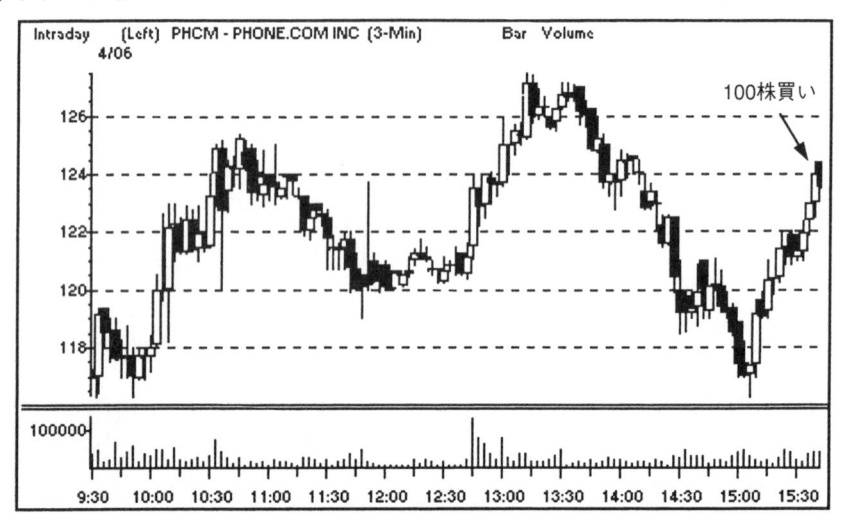

◆17－16

(チャート: Intraday (Left) PHCM - PHONE.COM INC (3-Min) 4/06、「100株買い」の矢印注記付き)

　この銘柄には多くの買い手と、盛んに売っている1社のAXがいた。そのAXとは*HMOT*である。*HMOT*が大量の売りを浴びせたため、PHCMは今日の安値を更新しそうなところまで値を下げた。しかしラッキーなことに、その後、反転したので、もう100株を124 1/8ドルで購入した。マーケットは大引けにかけて上昇を続けたが、*HMOT*は売りを続けた。結局、PHCMは118ドルで引け、アフターマーケットでは122～125ドルで取引された。しかしこのようなことは往々にして起こることであり、私はまったく動揺しなかった。*HMOT*には、今日どうしてもこの銘柄を売らなければならない理由があったのだろう。「マーケットが上がっているのに、1社のマーケットメーカーだけの売りで、その銘柄の株価が下がった状況にある」。こういう場合、売りが終わり、そのマーケットメーカーがレベルⅡ画面のアスク側から消えた途端、株価が急上昇することは、よくあるのだ。

第１７章　集中してのトレード

　今日はブル（上げ相場）が勝利しナスダックは２日連続で上昇した。マーケット終了のベルが鳴ったときナスダック総合指数は昨日の終値に比べ９８ドル高であった。火曜日の極端な下げから反発し２日連続で上げたわけだ。明日、三日連続の上げとなるかどうか楽しみだ。ＰＨＣＭをオーバーナイトするので、期待感は必然と高まる。

◎オープンポジション：ＰＨＣＭ２００株

◎４月６日の取引結果：５７７ドル

第18章
～金曜日で良かった～

◎２０００年４月７日（金）

今朝はとても疲れていた。長い１週間だったので、週末が楽しみだ。マーケットは上げ相場になっている。今日のマーケットはギャップアップ（上に窓を空けて）で始まり、私のオーバーナイト・ポジションも見込みがありそうだ。来週は四半期ごとの決算報告の週にあたるため、それが気掛かりと言えば気掛かりだ。今日のメモには、「週末にかけてオーバーナイト・ポジションは取らないように」と書いておいた。

┌─────────────────────────────┐
│　　　ＰＨＣＭ：フォーンドットコム（１）　│
└─────────────────────────────┘

◆１８－１

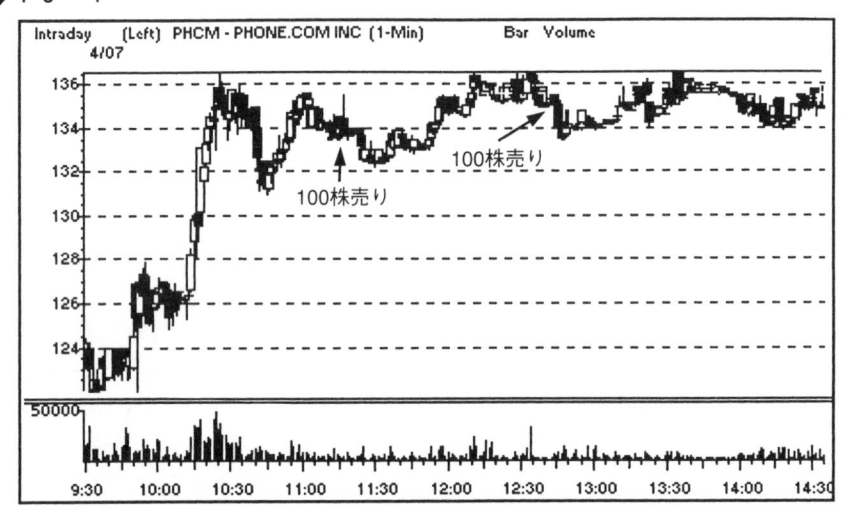

```
Intraday   (Left) PHCM - PHONE.COM INC (1-Min)     Bar  Volume
           4/07
136
134                                          100株売り
132                    ↑
130                 100株売り
128
126
124

50000
     9:30   10:00   10:30   11:00   11:30   12:00   12:30   13:00   13:30   14:00   14:30
```

　私は注意深く見ていた。ＰＨＣＭは１２２ドルから１３６　１/2ドルにかけて順調に値を上げた後、１３１ドルまで下がった。再び１３１ドルから１３５ドルまで上げたが、最高値まで届かなかった。

　このことが気になったため、再度、値を下げ始めると、シェアの半分に当たる１００株を１３３　５/8ドルで売却した。１２時１５分には１３６　１/2ドルまで上がったが、最高値を更新できなかった。１２時３５分にも上昇したが、突破できなかった。

　*HMQT*はまたインサイドオファーに戻っている。１３６　１/2ドルはこの株にとって大きな抵抗線になっているようなので、１００株を１３４　３/4ドルで売却した。

　　　　　ＰＨＣＭの取引結果　　１６８９.１０ドル
　　　　　────────────────────────

第18章　金曜日でよかった

　ＰＨＣＭの売却で今日のトレードを終え、同時に１週間を終わらせることにした。今週の結果は良かった。これ以上、「トレードしたい」と思える銘柄はなかったので、「悪いトレードで週末を台無しにするのはやめよう」と考えた。最後に行ったトレードで利益を上げたことと、１週間全体の利益を上げたことで、次の週を調子良く始めたかったのだ。

●

　終了ベルが鳴り、週末の到来を告げた。今日もブルが勝利し、ナスダックは昨日のクローズから１７８ポイント上がっていた。
　第３週目の挑戦が終わった。今週はチャンスを有効に使えた素晴らしい１週間であった。月曜日では意気盛んに挑んだが、結果は惨敗であった。その日はナスダックが３４９ポイント下がっていたので、損失が大きくなかったことだけでも良かったと思う。火曜日は記録が不安定な日であった。ＳＵＮＷとＣＩＥＮで２連敗した後、ＯＲＣＬ、ＣＩＥＮそしてＣＳＣＯで取り戻すことができた。その日は大きな利益を獲得することができた。水曜日は、技術的な問題から厳しい結果を招いてしまった。流れは変えられたが、バスケットトレードですべて台無しにした。木曜日は普通に勝ちと負けがあった。金曜日はＰＨＣＭのオーバーナイト・ポジションをクローズし、１週間の最後を勝利で飾ることができた。

◆18-2

```
Southwest Securities              SIPC      88-88   214354
1201 Elm St. Suite 3500. Dallas, TX 75270            1113

                                  DATE      AMOUNT
PAY ********6,000DOLLARS 00CENTS  4/ 7/00   $*****6,000.00
Pay To

TONY OZ
LAGUNA HILLS, CA 92654
```

◎オープンポジション:なし

◎4月7日の総利益:1689.10ドル

第19章
～アフターマーケット～

◎２０００年４月１０日（月）

　週末は家族と楽しい時間を過ごした。私の１６歳の弟が訪ねてきたからだ。彼は高校１年生で、フットボール部のレギュラー入りを目指している。彼の着ていたＴシャツに目が止まった。「勝つ気がないなら、グラウンドから出ろ」という文字があった。
　私たちは、彼のトレーニング・キャンプでの経験について話した。特に彼が見せた強い意志と自己規律に感心した。今年レギュラーになると決意している。いや、その決意以上に「なれる」と信じている。
　とても純粋だと思った。若い彼らを動かすのに、おカネはまったく関係していない。彼らにとっての最大の喜びは、チームの一員としてプレーし、そして、勝つことにある。ナンバー１になるために、彼らは身も心も捧げるつもりだ。弟の顔に見える苦労の跡を通して、この週末は大切なことを学んだ。
　私が一番驚いたのは、彼は"苦労"について一度も文句を言わないことだ。誇りにすら思っているようでもある。彼は自分のなしてきたことに心から誇りを持っているし、何よりも、彼は「本当に好きで、しかも楽しいと思うこと」をしている。素晴らしいことだ。
　私のモチベーションは、職業柄、大きな金額を扱うこともあって、弟ほど純粋ではない。だが、何か共通のものを感じた。それは、「自分のしていることが好きで、それに誇りを持っている」点だ。私はトレードが心から好きだし、トレードにいつも関係している自分を、とても幸運だと思っている。もしあなたが、トレーダーを目指しているのならば、覚えておいてほしい。この職業をするのに最も重要なもの、それは楽しむことだ。毎

日、マーケットの始まりを"楽しい"と感じているだろうか？ マーケットはあなたをワクワクさせているだろうか？ マーケットに対する情熱を持ち、本当にこの仕事が好きでなければならない。自分が好きなことであれば成功の確率が高い。これはまぎれもない事実だ。

　私はこの週末に広範囲の調査をした。その結果、「これから数日間、マーケットが弱いかもしれない」という考えに達した。これは単純に、ナスダックが火曜日の最安値から金曜日の終値までに８００ポイントも上がったからだ。今、とても勢いが強い。そろそろ休みが入るかもしれない。

第19章　アフターマーケット

＄ＣＯＭＰＸ：ナスダック総合指数

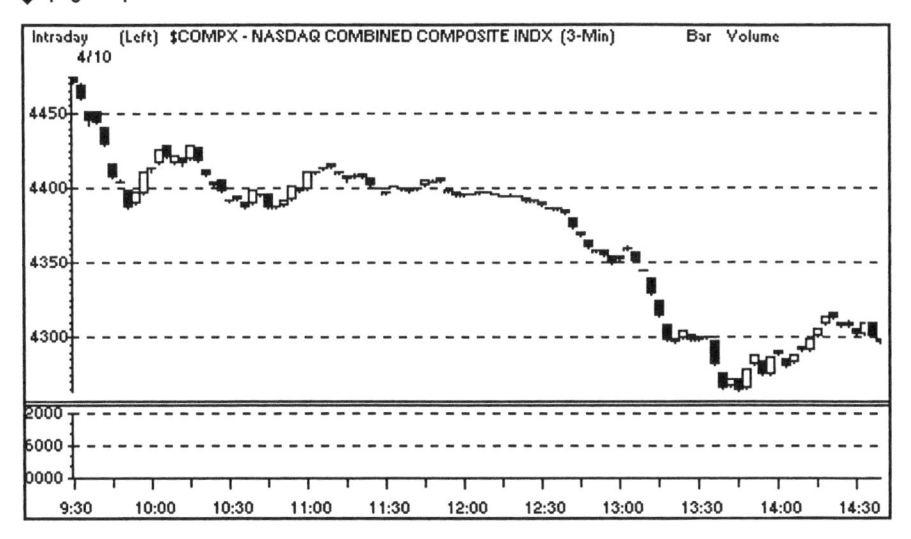

◆19－1

ナスダックはギャップアップ（上に窓を空けて）し、開始早々、激しく値を下げた。9時50分にはいつもの反転が見られたが、これは弱いものだった。インデックスは平行になり、狭い範囲内で2時間取引された。

12時45分。ここで再び、急落開始。4270ドル付近で支持線が出現し、13時45ごろ、また反転して上がり始めた。

ＡＬＴＲ：アルテラ（１）

◆１９－２

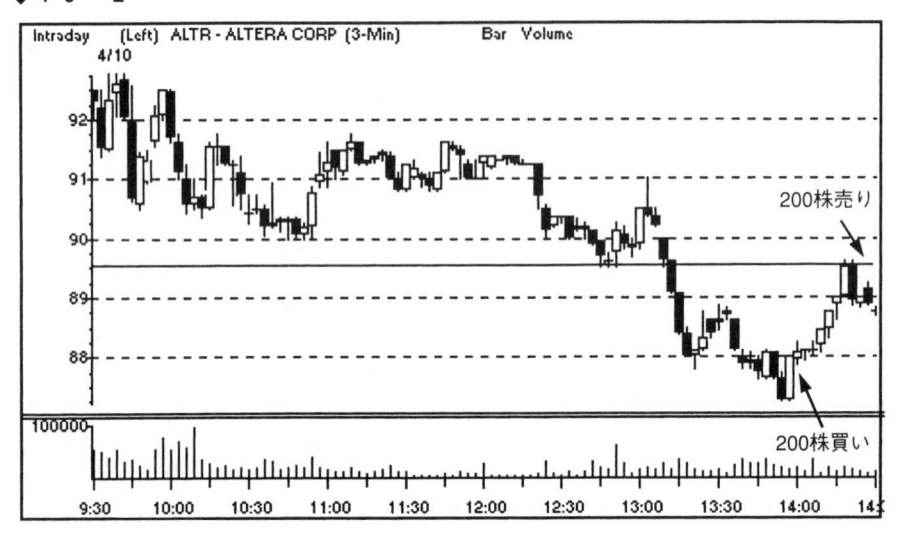

　インデックスが反転したのを見て、ＡＬＴＲを２００株、８７ ７/８ドルで購入した。ストップロスは今日の最安値の下、８７ １/８ドルに設定した。目標は９０～９２ドルだ。

　ＡＬＴＲは１２時４５分での支持線だった８９ １/２ドルまで上がった。この支持線は破られて、今は抵抗線になっている。ＡＬＴＲは、この抵抗線を突破できないと思い、２００株を８９ １/１６ドルで売却した。

　　　　　ＡＬＴＲの取引結果　　２２５．４０ドル

第19章 アフターマーケット

KLAC：KLAテンカー（1）

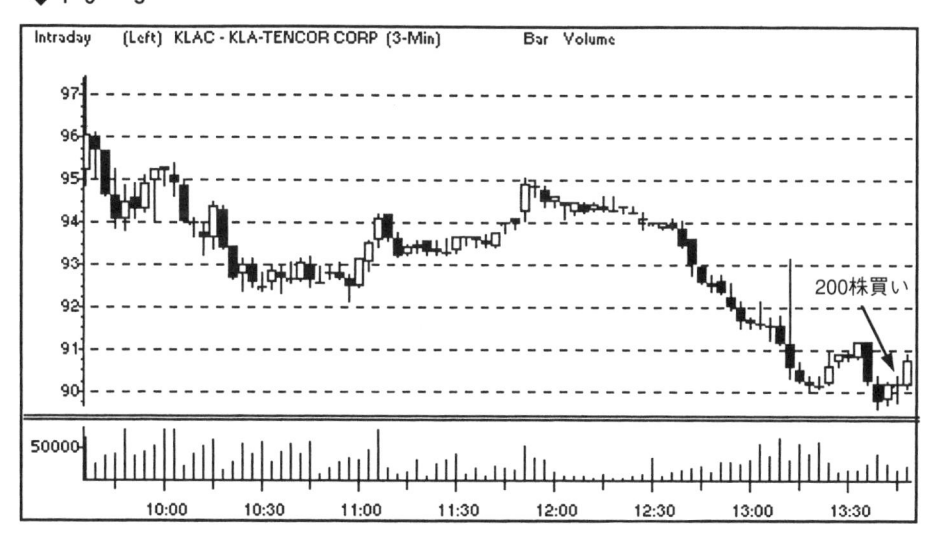

◆19－3

(チャート：KLAC - KLA-TENCOR CORP (3-Min)、「200株買い」の注釈あり)

ALTRを扱うと同時に、KLACも200株、90 1/4ドルで購入した。目標は94ドル。ストップロスは今日の最安値の下、89 11/16ドルに設定した。

ＫＬＡＣ：ＫＬＡテンカー（２）

◆19－4

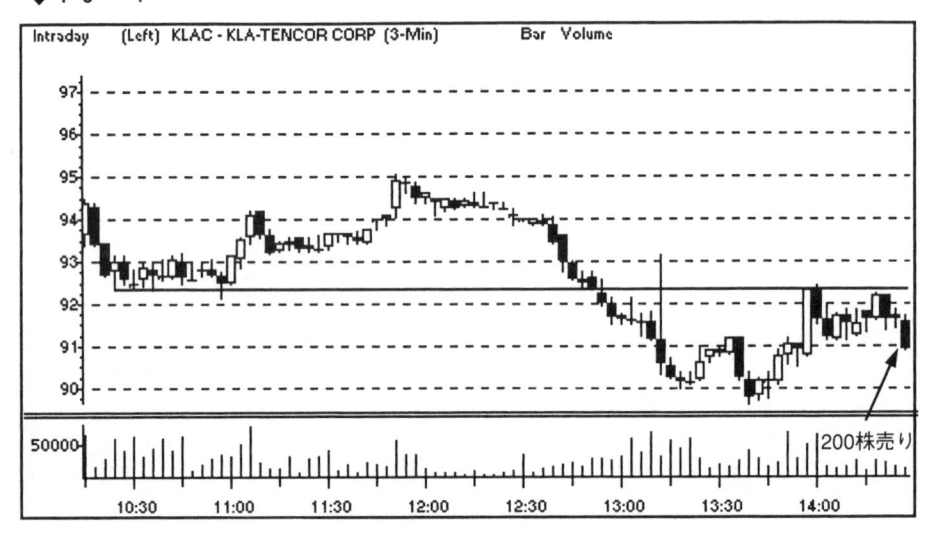

```
Intraday  (Left) KLAC - KLA-TENCOR CORP (3-Min)     Bar   Volume
```

（チャート：縦軸 90～97ドル、横軸 10:30～14:00、「200株売り」の注記と矢印あり）

　ＫＬＡＣはすぐに朝の最安値だった９２ １/２ドルまで上がった。少し値を下げた後、また、９２ １/２ドルまで上がりそうだった（１４時１８分）。しかし、届かずに下げ始めた。そこで、２００株を９１ １/８ドルで売却した。

<u>　　　　　ＫＬＡＣの取引結果　　１６４.３８ドル　　　　　</u>

第19章 アフターマーケット

◆19－5

AAPL：アップルコンピュータ（1）

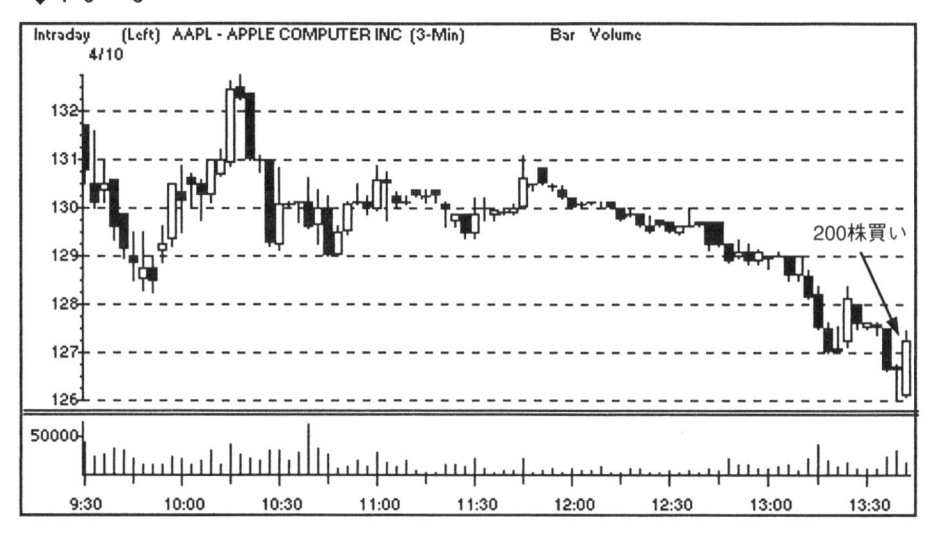

　ALTR、KLAC以外にも、AAPLを２００株、１２７ 1/16ドルで購入した。目標は１３０～１３１ドル。ストップロスは今日の最安値の下、１２５ 15/16ドルとした。

ＡＡＰＬ：アップルコンピュータ（２）

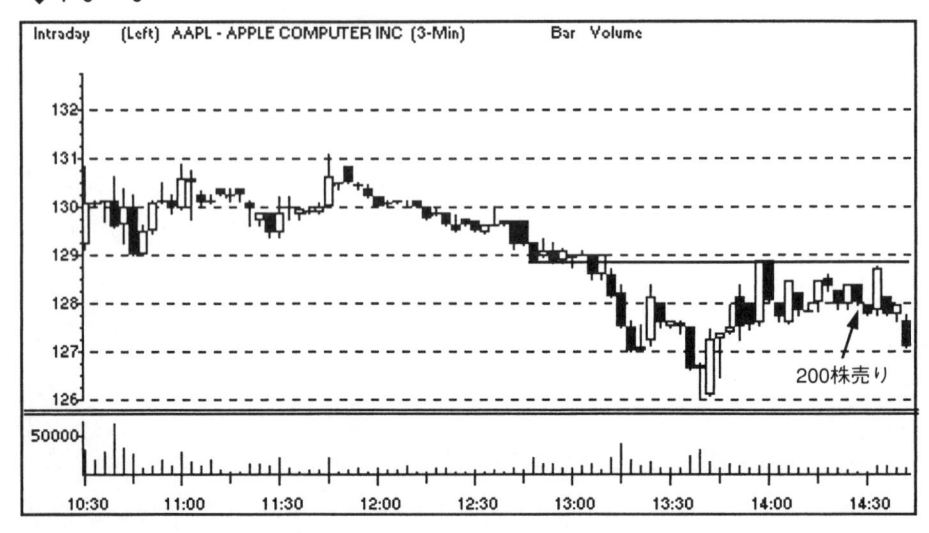

◆１９－６

前述の例（１９－２、１９－４、１９－６）のどれを見ても、支持線と抵抗線がいつもお決まりのパターンであることに気づくはずだ。

ＡＡＰＬは１２８ 7/8ドルで頂点に達した。これは、ＡＡＰＬがブレイクダウンする前（１２時４５分～１３時１０分）に出した"ベア・フラグのパターン"での支持線だ。それぞれ（ＡＬＴＲ・ＫＬＡＣ・ＡＡＰＬ）のポジションには、"次の抵抗線を突破しそうだ"という期待感があったため、そのレベルでは、まだ売り注文は入れなかった。その後、ＡＡＰＬが苦戦し始めたので、２００株を１２８ドルで売却した。

　　　　　ＡＡＰＬの取引結果　１７６.６４ドル

INTC：インテル（1）

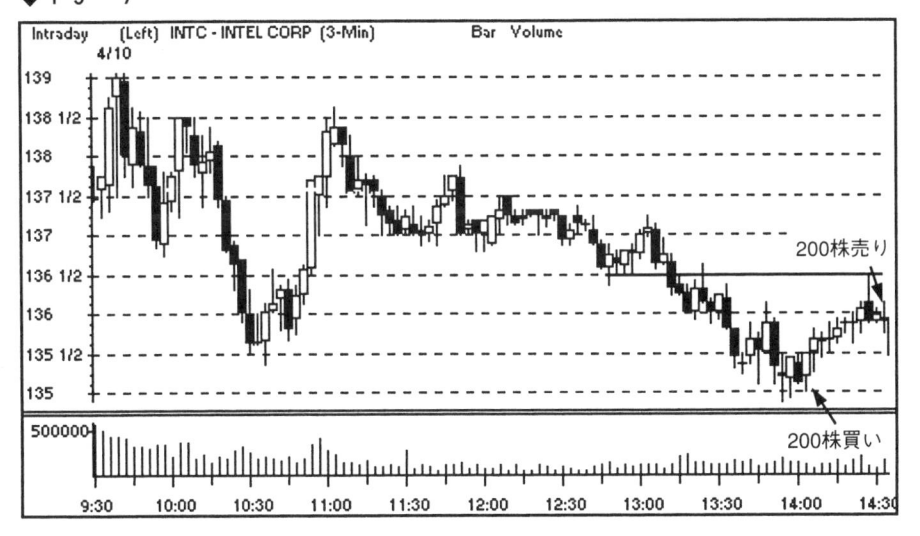

◆19-7

先の3つの銘柄を取引をしているとき、私は底値からの反転を狙ってINTCを200株、135 1/8ドルで購入した。目標は136 1/2ドル、ストップロスは今日の最安値の下、134 3/4ドルに設定した。その後、INTCは136 1/2ドルまで値を上げた。「136 1/2ドルで200株を売る」注文をセットしておいたが、実行されなかった。しばらくすると、株価が反転し下がり始めたため、136 1/2ドルでの指値注文を取り消し、200株を135 15/16ドルで売却した。

<u>INTCの取引結果　148.58ドル</u>

私は４つのポジションを手仕舞いし、合計７１５ドルの利益を得た。ホームランではなかったが、最後の週の初日を４連勝で飾ることができた。すこぶるいい気分だ。
　最後の週になると私は徐々に落ち着いてきた。「"うまくトレードしなければならない"という変なプレッシャーを感じなかった」というと嘘になるが、「"いつも"のことをしているだけだ」の気持ちであったのは確かだ。いつもの気持ち。それはマーケットから利益を得ようとする心だ。
　私は、この最後の週の計画を立てるとき、ひとつの目標を立てた。それは、前の３週よりも、もっと、頭を使って取引することだった。
　私は、ソフトを起動するとき、いつもパスワードを入力しなければならない。私のパスワード（この本が出版されたら変更しないといけない？）は、「Trade Smart（賢く取引せよ）」だ。このパスワードのおかげで、毎朝、最初のトレードに臨む前にいつも大切なことを（トレーディングにおける私の第一目標を）再確認できるのだ。
　私がポジションを閉じた後、マーケットは急落し、その日の最安値を付けて終了した。ナスダックは開始から２８７ポイント、金曜日の終値から２５８ポイント下げた。マーケットは、またベア（下げ相場の象徴）が支配していた。これらの明らかな理由からオーバーナイトはしなかった。
　下げ相場が支配するマーケットで、なんとかプラスで終わった。きょうは賢くトレードができた気分だ。

■フリーマネーを信じますか？

　これは面白いレッスンになりそうだ。ただ、これから教えることは、将来、二度と見せることができないかもしれないが。
　次に紹介するチャートはＫＬＡＣのものだ。今日、私が２つめにトレードした銘柄である。ウオッチリストにあり、毎日観察しているものでもある。
　私はＫＬＡＣを９０ 1/4ドルで一度買い、２時２０分ごろに９１ 1/8ドルで売却した。見てのとおり、株価は激しく下がり８３ 13/16ドルで終了した。

KLAC：KLAテンカー（3）

◆19−8

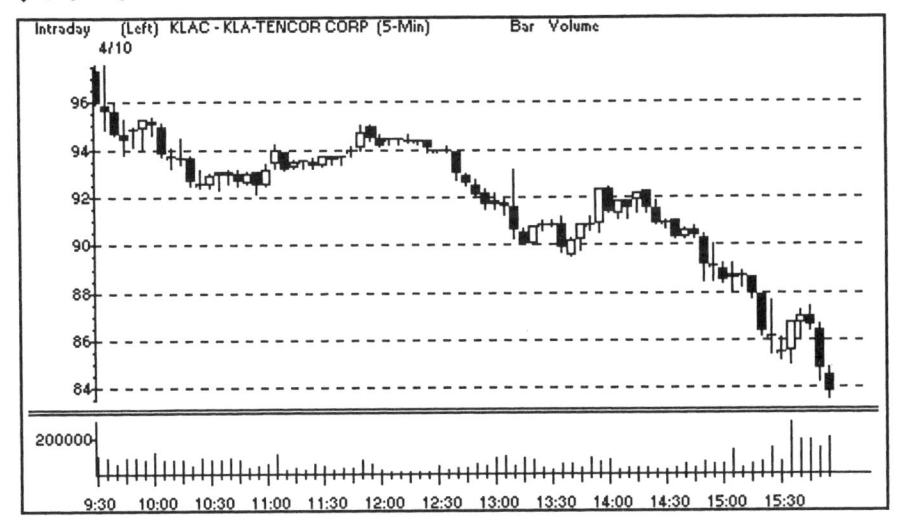

終了ベルの後、私は日誌に実行した取引を記録していた。先ほど取引した4銘柄のアフターアワーでの動きを見ていた。KLACをレベルⅡはこのように表示していた。

◆19−9

KLAC t	V 5,159,300	H 97 5/8
POS	**83 13/16**	L 83 1/2
NEWS 4/10/00	-13 5/8	O -13 1/2

ECN名	買い気配	サイズ	ECN名	売り気配	サイズ
REDI	81	100	ISLD	84 7/8	100
ISLD	80	200	REDI	85	600
INCA	80	300	INCA	85	700

　マーケットがあまり流動的ではないので、スプレッドがアフターアワーでは大きくなる。レベルⅡから分かるように、KLACに対する最良のビッドはREDI・ECNの「100株、81ドル」だった。ISLD・ECNの80ドルでの200株と、INCA・ECNの300株がその次に続いた。最も良いオファーはISLD・ECNの84 7/8ドル。100株あった。次は85ドルで、REDI・ECNには600株、INCA・ECNには700株あった。

　それから面白いことが起きた。KLACをどうしても売りたい人と、どうしても買いたい人が現れた。ほぼ同時にオーダーを入れていた。そのときのレベルⅡは次のページのとおりである。

◆19−10

KLAC t	V 5,159,300	H 97 5/8
POS	**83 13/16**	L 83 1/2
NEWS 4/10/00	-13 5/8	O -13 1/2

ＥＣＮ名	買い気配	サイズ	ＥＣＮ名	売り気配	サイズ
INCA	84	2000	ISLD	81 1/8	800
REDI	81	100	REDI	85	600
ISLD	80	200	INCA	85	700

　目を疑った。私は迷わずにそのオファーに応じて、ＩＳＬＤで３００株を８１　1/8ドルで購入。そして、すぐビッドに応じてＡＲＣＡを使って３００株を８４ドルで売却した。

　　　　　今回の取引結果　　８４７．１６ドル

数秒後、レベルⅡは以下のように表示していた。

◆19-11

KLAC t	V 5,159,300	H 97 5/8
POS	**83 13/16**	L 83 1/2
NEWS 4/10/00	-13 5/8	O -13 1/2

ECN名 買い気配	サイズ	ECN名 売り気配	サイズ
INCA 84	1700	ISLD 81 1/8	500
REDI 81	100	REDI 85	600
ISLD 80	200	INCA 85	700

同じことを繰り返した。ISLDで300株を81 1/8ドルで購入し、ARCAで300株を84ドルで売却した。

今回の取引結果　847.16ドル

◆19−12

KLAC t	V 5,159,300	H 97 5/8
POS	**83 13/16**	L 83 1/2
NEWS 4/10/00	-13 5/8	O -13 1/2
ECN名 買い気配 サイズ		ECN名 売り気配 サイズ
INCA 84 1400		ISLD 81 1/8 200
REDI 81 100		REDI 85 600
ISLD 80 200		INCA 85 700

　そのオーダーが実行されると、レベルⅡは上の図のようになっていた。3回目も81 1/8ドルで300株のオーダーを出したが200株しか約定しなかった。ISLDに200株しか残っていなかったからだ。その200株をARCAを使って84ドルで売却した。

　　　　　今回の取引結果　561.44ドル
　　　　　─────────────────

最後の注文が実行されると、レベルⅡは以下のようになっていた。

◆19-13

KLAC t	V 5,159,300	H 97 5/8
POS	**83 13/16**	L 83 1/2
NEWS 4/10/00	-13 5/8	O -13 1/2
ECN名	買い気配	サイズ	ECN名	売り気配	サイズ
INCA	84	1200	ISLD	84 7/8	100
ISLD	81 1/8	(100)	REDI	85	600
REDI	81	100	INCA	85	700

ＩＳＬＤで丸印の付けられた１００株は、私がＩＳＬＤの３００株を買おうとしたときの残りだ。残りの株に対する注文はキャンセルした。

●

楽しかったのではないだろうか。何が起きたのか理解できなかった人もいると思うので簡単に説明する。要するに、２つの異なった市場だと思っていただきたいのだ。私はＫＬＡＣをひとつの市場で買い、それを別の市場で、さらに高い値段で買うという人に売却したわけだから。

ＩＮＣＡに８４ドルのベストビッドがあったにも関わらず、私がＡＲＣＡに注文を入れた理由。それは、スピードを最優先させたためだ。ＡＲＣＡにはＩＮＣＡへの直接リンクがあるため、他の人が"私と同じことをしようとする"前に注文を入れることができる。この事実が大きかったのだ。

セレクトネットでもよかったが、その設定にまた時間がかかっていただろう。気付いているとは思うが、私の注文は３００株ごとに入力されている。これは私のデフォルトが、そのように設定されていたからだ。デフォルトの設定を変えていたら、数秒失ってしまい、その間にチャンスを奪われていたかもしれない。とにかく急がなければいけなかった。

第19章 アフターマーケット

　確かにフリーマネーではないかもしれない。だが、この取引を通して今週は良い週になりそうな予感がした。この最後の取引はこれからもずっと語り続けるような気がする。

◎オープンポジション：なし

◎４月１０日総利益：２９７０．７６ドル

第20章
～ナスダックが支持線を捜している～

◎２０００年４月１１日（火）

　昨日の株価の下げは、「今日は注意しなければならない」ことを示している。ナスダックはその日の最安値で終わったので、今日は、さらに低い値を記録する可能性がある。確率は８０％だ。
　インデックスが、その日に取引した範囲内の下１０％で引けた場合、翌日は８０％の確率で最安値を更新する。どんな時でもだ。もし、範囲内の上１０％で引けたのなら、翌日は８０％の確率で最高値を更新する。
　なお、最高値、あるいは最安値の更新は日中のいつ起きてもおかしくない。要するに、インデックスが必ずしもギャップオープンさせるわけではない。
　今朝は先物が激しく下がり、テクノロジー銘柄はプレマーケットでさらに安く取引されていた。ナスダックは９４ポイント下がっていた。私はウォッチリストを見ながら、スナイパーポジションで機会をうかがっていた。

ＳＣＯＭＰＸ：ナスダック総合指数（１）

◆２０－１

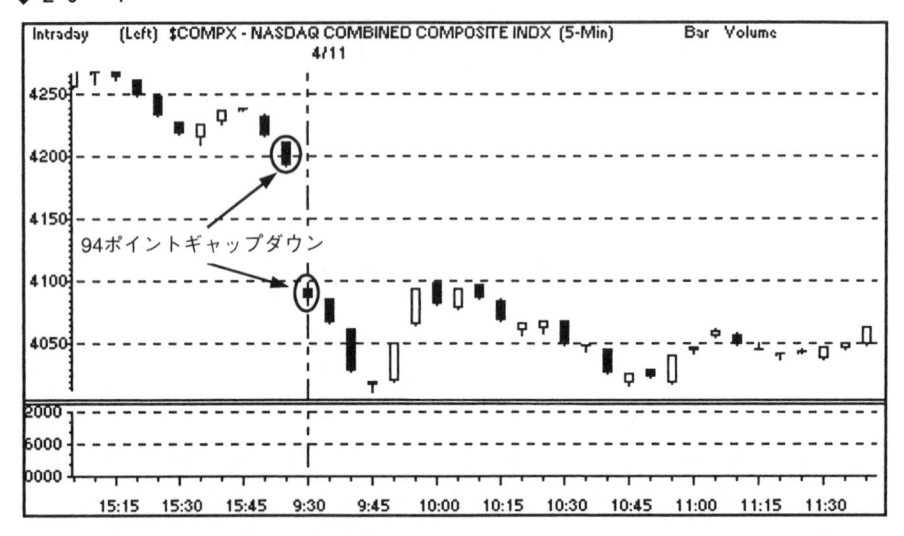

（チャート：$COMPX - NASDAQ COMBINED COMPOSITE INDX (5-Min) 4/11、94ポイントギャップダウンの表示あり）

　ナスダックは９４ポイントのギャップダウン（下に窓を空けて）に続き、最初の１５分で、さらに８５ポイント下がった。昨日の終値から１７９ポイントの下げである。

　その後、４０１５ドルで支持線を出し、反転した。４１００ドルで始まったが、１０時ごろ、それが抵抗線となり、また４０２０ドル台に下がってしまった。今は４０１５ドルの支持線と４１００ドルの抵抗線の限られた範囲の中に挟まれている。

第20章 ナスダックが支持線を捜している

AAPL：アップルコンピュータ（1）

◆20-2

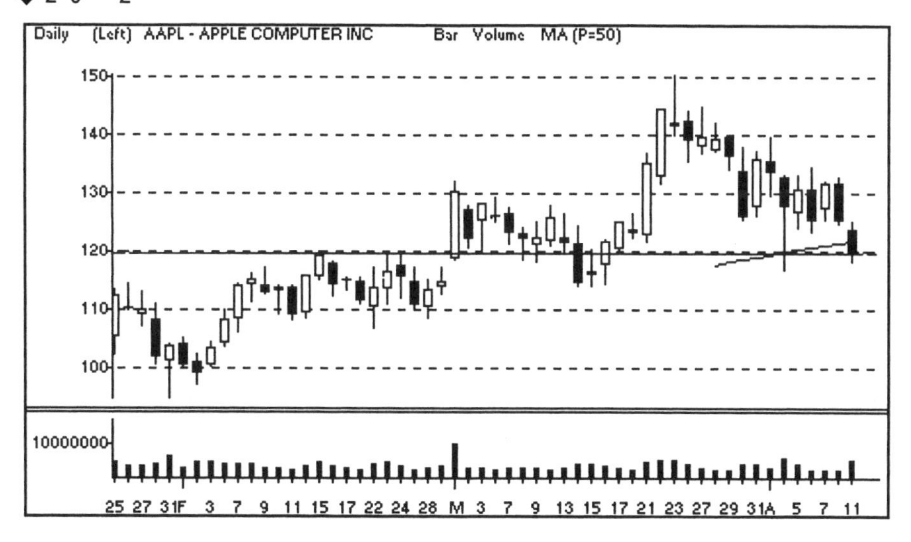

AAPLは120ドル付近で取引されていた。50日移動平均線を突破し、120ドルがこの銘柄の良い支持線になりそうだ。もしここで持ちこたえることができれば、ここ4日間と3月初めの天井領域だった132ドル台までいけるはずだ。

ＡＡＰＬ：アップルコンピュータ（２）

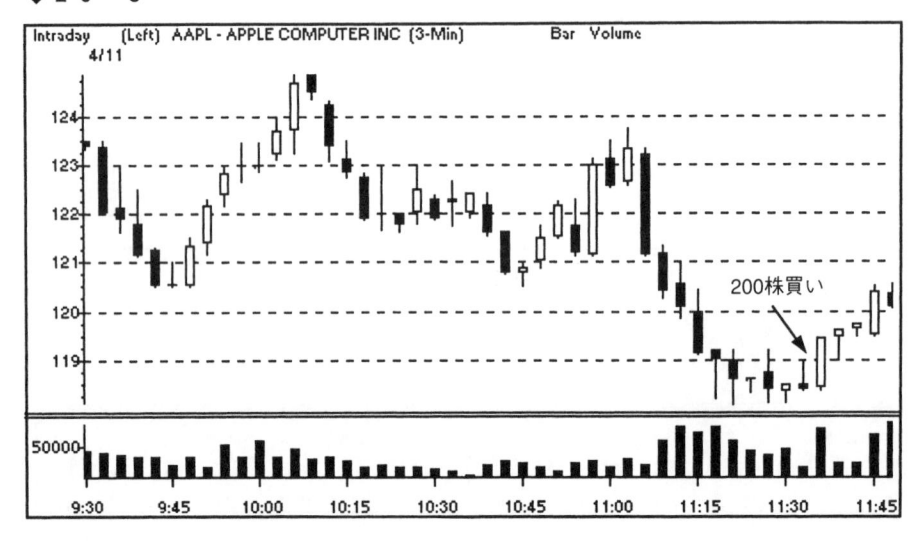

◆２０－３

(Intraday (Left) AAPL - APPLE COMPUTER INC (3-Min) Bar Volume, 4/11)

「200株買い」

　ナスダックは４０２０ドルから値を上げ始めた。ＡＡＰＬにも支持線が現れたようだ。１１時１５分～１１時３５分を見ると、出来高が枯れてきている。
　その後、出来高を伴って１１９ドルをブレイクアウトしたため、私は２００株を１１９ 1/16ドルで購入した。目標は１２２～１３０ドル。ストップロスは今日の最安値の下、１１８ 1/8ドルに設定した。

第20章 ナスダックが支持線を捜している

ＡＡＰＬ：アップルコンピュータ（３）

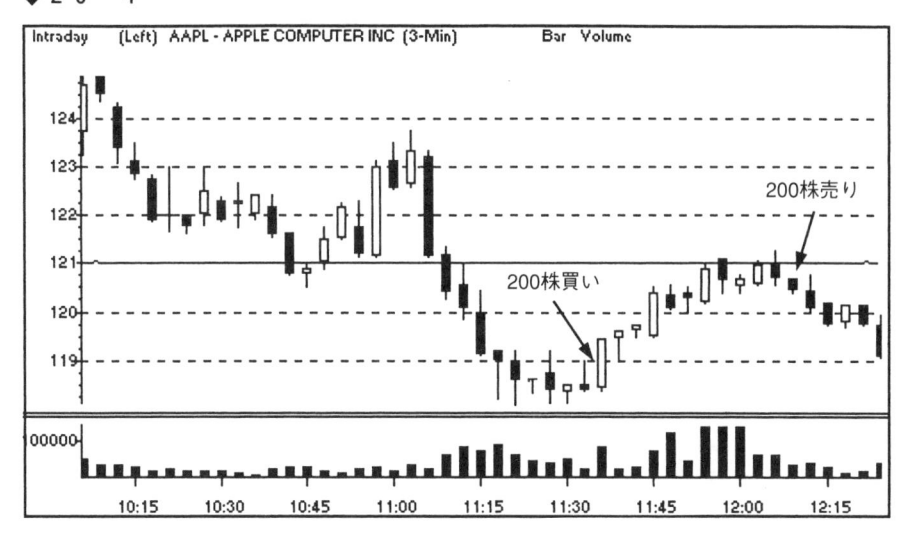

◆２０－４

〔チャート: AAPL - APPLE COMPUTER INC (3-Min)、200株買い、200株売り〕

　ＡＡＰＬは１１時５７分に１２１ 1/8ドルで最初の抵抗線に当たり、わずかに値を下げた。この時点では、少し余裕を持たせてトレードした。１２時６分、抵抗線に再挑戦したが、１１時５７分の時点での高値より1/16ポイント以上高く上げることができなかった。このことを衰えの兆しと考え、２００株を１２０ 9/16ドルで売却した。

　　　　　ＡＡＰＬの取引結果　２８９.２０ドル

ＩＮＴＣ：インテル（１）

◆２０－５

（チャート：Intraday (Left) INTC - INTEL CORP (3-Min) 4/11、「200株買い」の注記あり）

　ＩＮＴＣは強そうだ。ナスダックが反転すると、ＩＮＴＣは１１時５５に今日の最高値を突破した。
　ＩＮＴＣが下がるのを待っていた私は、１３０ 13/16ドルで指値で買い注文を入れた。これは今朝（９時３０分）の最高値より1/8ドル高いポイントだ。予想どおりＩＮＴＣは下げたため、２００株を１３０ 13/16で購入。ストップロスは１２９ 15/16ドルに設定した。

第20章 ナスダックが支持線を捜している

ＩＮＴＣ：インテル（２）

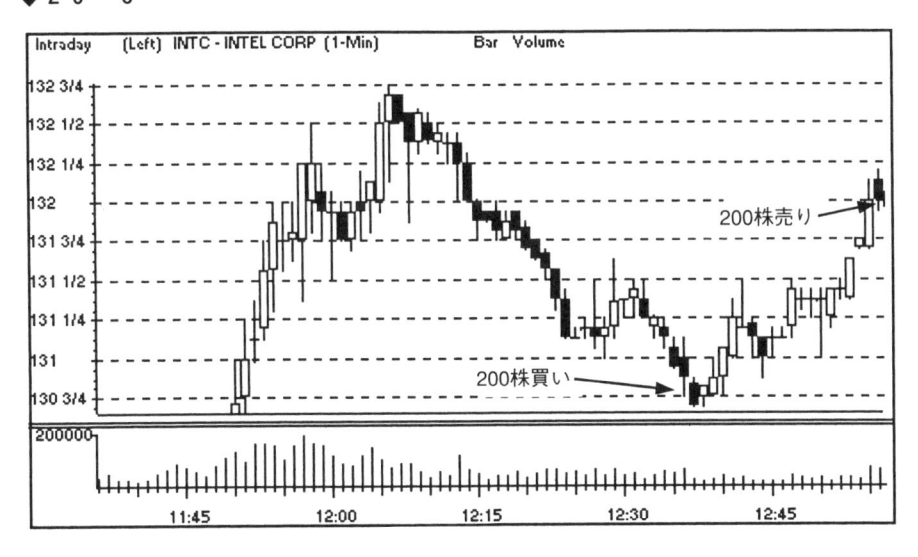

◆２０－６

[チャート：INTC - INTEL CORP (1-Min) 日中足、200株買いおよび200株売りのマーカー付き]

　ＩＮＴＣは１３０ 3/4ドルでの支持線で反転し、勢いをつけて１３２ドルをブレイクアウトした。レベルⅡの画面の動きを見るとＩＮＴＣは勢いを失っている。そこで私は、トレイリングストップロスを１３１ 15/16ドルに上げた。ＩＮＴＣが１３２ドルを割ったので２００株を１３１ 15/16ドルで売却した。

　　　ＩＮＴＣの取引結果　２１４．１２ドル

KLAC：KLAテンカー（1）

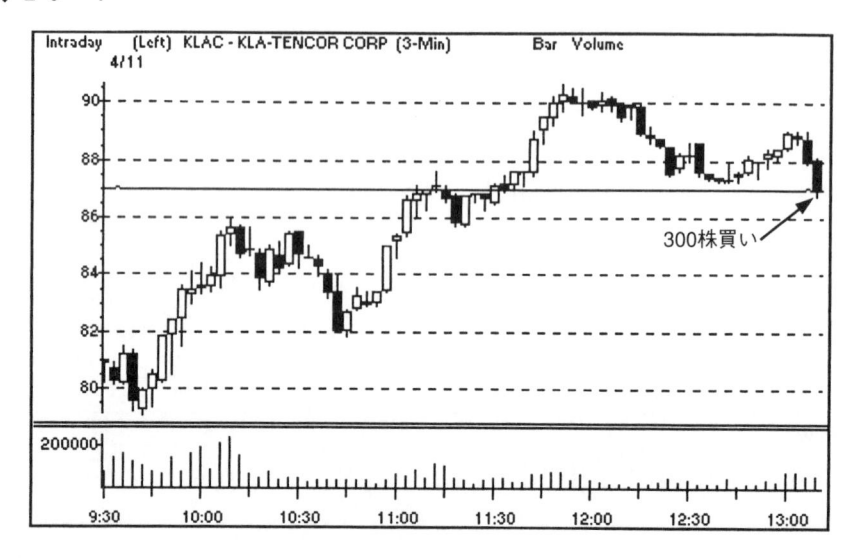

◆20－7

[チャート: Intraday (Left) KLAC - KLA-TENCOR CORP (3-Min) 4/11、Bar Volume、300株買い]

　KLACはその日の最高値の90ドルから下げて、11時～11時45分の高値によってできた支持線で反転しようとしていた。そこで私は、300株を87 5/8ドルで購入した。ストップロスは10時6分に付けた高値のすぐ下、85 15/16ドルに設定。目標は92 1/2ドル。これは前日に取引したときの抵抗線だ。

KLAC：KLAテンカー（２）

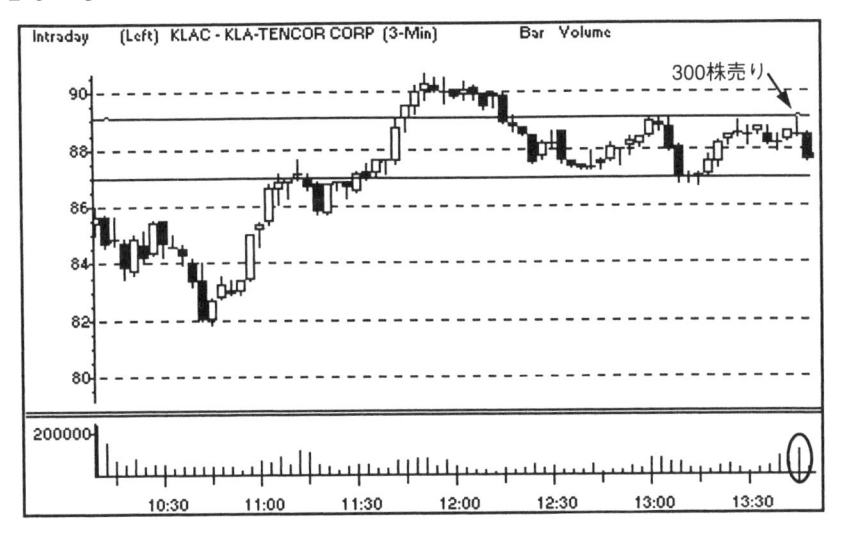

◆２０－８

[チャート: Intraday (Left) KLAC - KLA-TENCOR CORP (3-Min) Bar Volume、「300株売り」の注釈付き]

　KLACは支持線で反転したが、１３時３０分ごろに８８ 7/8ドルの抵抗線で抑えられた。１５分後、８８ 7/8ドルを超えたが、８９ドルを超えることはできなかった。唯一、インサイドオファーにいたMSCOが８９ドルでこの株を妨げていたからだ。

　KLACが抵抗線を超えようとしたときに出来高が増えたが、MSCOはインサイドオファーから離れそうにもなかった。株価が下がり始めたので、私は３００株を８８ 5/8ドルで売却した。

　　　　KLACの取引結果　　２８９.１０ドル

３回のトレードを終え、８００ドル近い利益を上げていた。とてもいい気分だった。今週は一度も負けずに１０回のトレードを終えたので、私の自信は高まった。少し新鮮な空気を吸いたかったので下のバルコニーに行った。私が机を離れる前、マーケットが下がり始めていた。

　山下の学校の校庭で子供たちが遊ぶ様子を見ながら、私はこの挑戦で起きたことを振り返っていた。今までの結果を分析し、この挑戦を始める前の予想と比較していた。「おカネを稼ぐこと」が何よりも根底にあるのは言うまでもない。そして、この「稼ぐ」という目的を達成するために、特に気は付けていることは、ルールを破らないことと、賢くトレードをすることだった。それさえできていれば、後の結果はついてくると信じている。

　１日１日の終わりにはいつも、ルールを破っていなかったか、あるいは賢くトレードしていたかを、自分に問いかけていた。この挑戦も残すところ３日半だ。本当に結果はついてくるのかどうかを、今、自分に問い掛けている。「まぁ、そんなことは終わるまで分からないであろう。２階に上がって有望なトレード銘柄を探しているほうが賢い」。机に向かっていく際、気分はとても良かった。

第20章　ナスダックが支持線を捜している

＄ＣＯＭＰＸ：ナスダック総合指数（２）

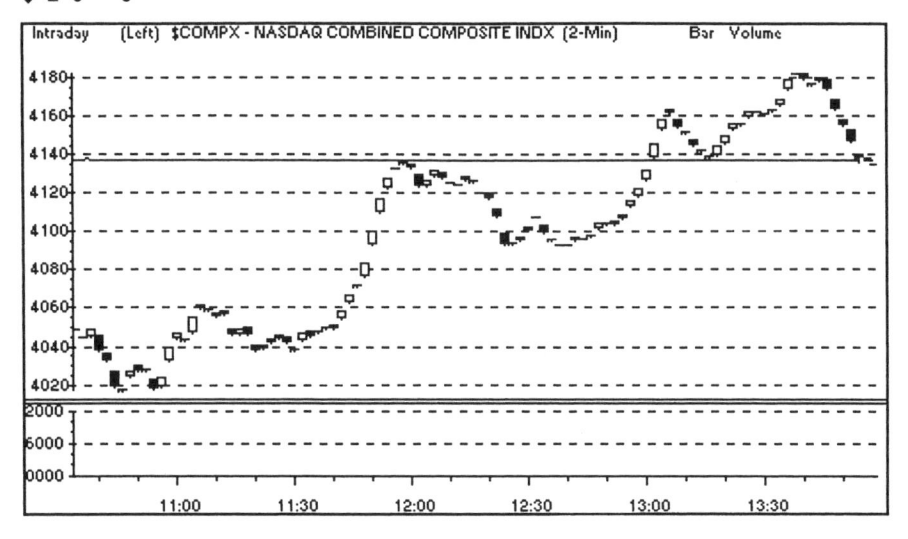

◆20－9

[チャート: Intraday (Left) $COMPX - NASDAQ COMBINED COMPOSITE INDX (2-Min)　Bar Volume]

　１階にいた１０分間に、ナスダックはその日の最高値から下落していた。今、強い支持線である４１４０ドルの辺りにある。そのラインで持ちこたえると思われた。

ＫＬＡＣ：ＫＬＡテンカー（３）

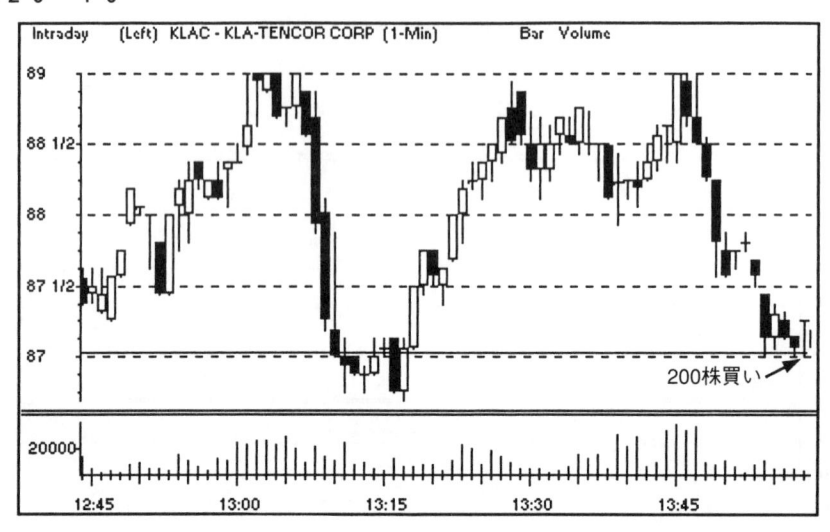

◆２０－１０

(チャート：KLAC - KLA-TENCOR CORP (1-Min)、12:45～13:45、価格帯87～89ドル、「200株買い」の注記あり)

　ナスダックが４１３８ドルで支持線にあたると、ＫＬＡＣは８７ドルあたりで反転しようとしていた。私はＫＬＡＣを２００株、８７ １/１６ドルで購入した。

　ＫＬＡＣが８７ドルと８９ドルの間を行き来している。もしＫＬＡＣがナスダックと一緒に反転することができれば、８９ドルに再び上がることも予想される。私はストップロスをナスダックの４１３２ドルに設定した。

第20章　ナスダックが支持線を捜している

＄ＣＯＭＰＸ：ナスダック総合指数（３）

◆20－11

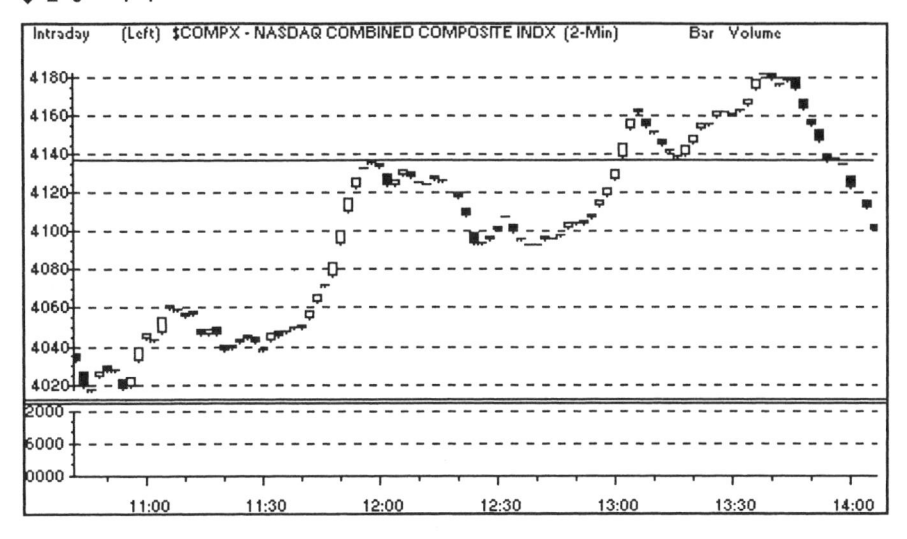

ナスダックが支持線を割った。

　　　　　　　　ＫＬＡＣ：ＫＬＡテンカー（４）

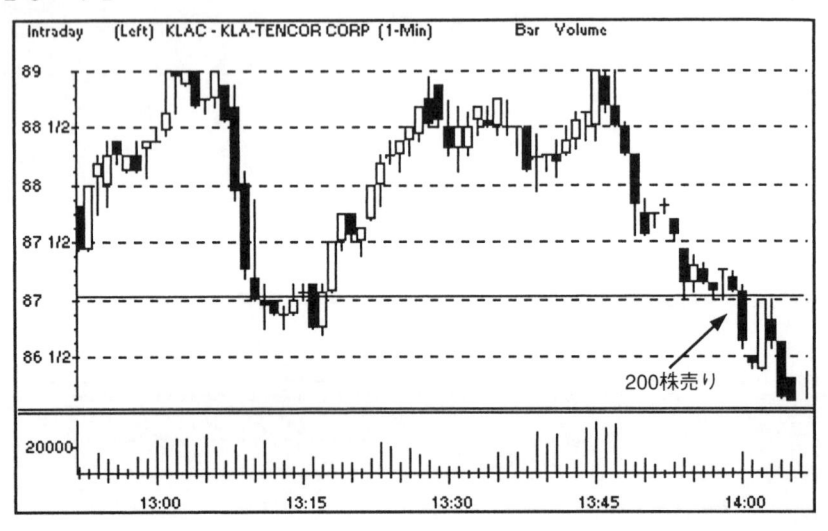

◆２０－１２

（チャート：KLAC - KLA-TENCOR CORP 1-Min、200株売り）

　インデックスが４１３２ドルを切ると、ストップロスが作動した。結局、２００株を８６ 25/32で売却した。

<u>　　　　　　　ＫＬＡＣの取引結果　－６６．８３ドル　　　　　　</u>

　この週の初めての損失であった。だが、私はルールを守り、トレードプランのガイドラインに従ってトレードしていたので、後悔はしなかった。

第２０章　ナスダックが支持線を捜している

$ＣＯＭＰＸ：ナスダック総合指数（４）

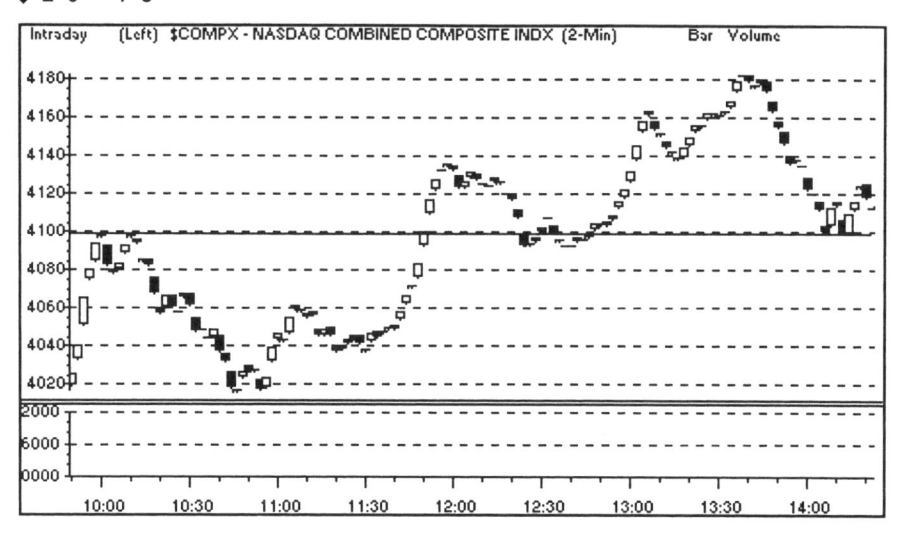

◆２０－１３

[チャート：$COMPX - NASDAQ COMBINED COMPOSITE INDX (2-Min)]

　ナスダックに、朝の高値である４１００ドルで支持線が出現した。４１００ドル台で持ちこたえているのを見て、私はＩＮＴＣを２００株、１３２　１/４ドルで購入した。ＩＮＴＣは１３３ドルまで上昇し、そこから下がり始めた。そこで私は、２００株を１３２　９/１６ドルで売却した。

　残念ながらこのとき、記録に残すことができたのは、ナスダックのチャートだけだった。しかし、上のチャートで見られるように、このトレードの買い、売りを促したのがナスダックだったのだ。

<u>　　　　　ナスダックの取引結果　５１．６１ドル　　　　　</u>

INTC：インテル（3）

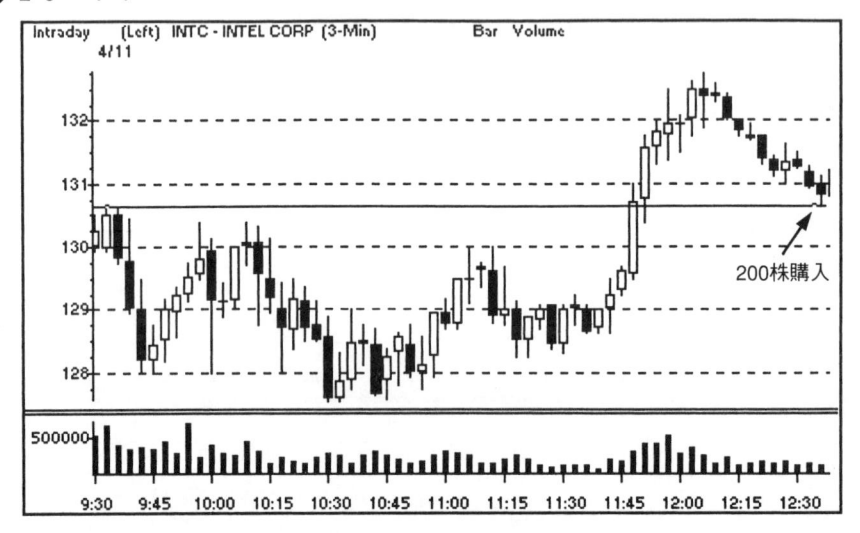

◆20－14

（チャート内注釈：200株購入）

　私が今日、2回目に行った「INTCを支持線のすぐ上の130 13/16ドルで買った」ときのトレードを覚えているだろうか。そのときと同じトレードをしようと思う。先ほどは、「朝の最高値である130 1/2ドルを支持線としてトレード」していたことを念頭に入れておいてほしい。

第20章　ナスダックが支持線を捜している

INTC：インテル（4）

◆20−15

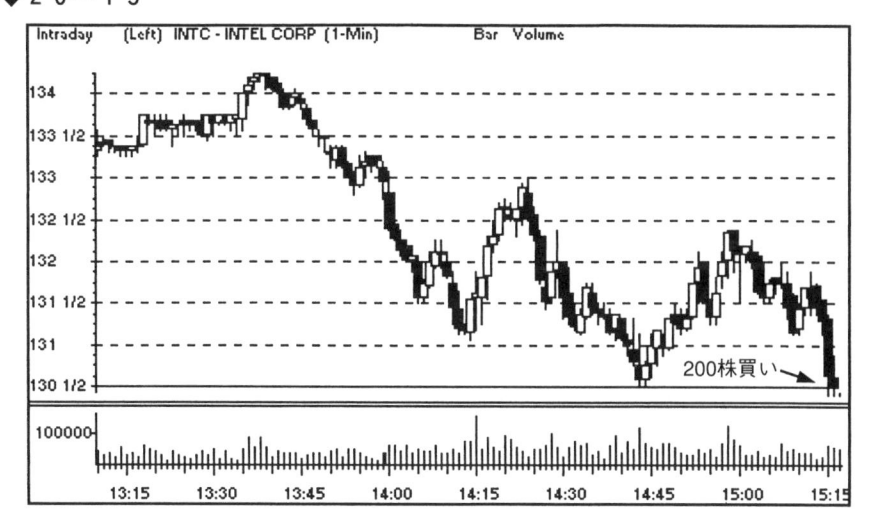

INTCは支持線まで下がった。そこで私は、200株を130 5/8ドルで購入した。ストップロスは129 1/2ドルに設定、目標は133〜134ドルだ。

INTC：インテル（5）

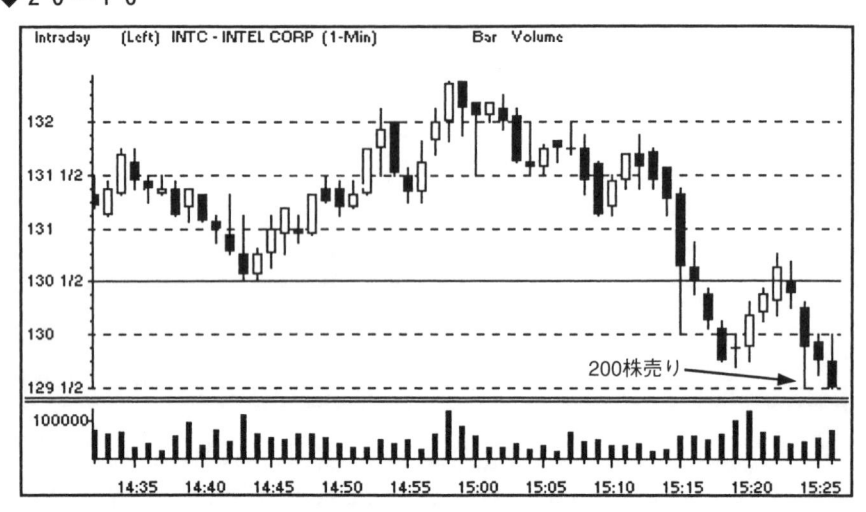

◆20－16

　今回、トレードの神々は私の祈りに答えてくれなかった。ＩＮＴＣは１２９ 1/2ドルまで値を下げたため、ストップロスが作動した。１２９ 1/2ドルではまだまだ動きがあったので、ストップロスが作動したのはとても残念だった（実際のところ、「みんながＩＮＴＣを１２９ 1/2ドルで買おうとしていた」ので、自分の売り注文より1/32ドル高く約定したのだが）。

　２００株を１２９ 17/32ドルで売るには売ったが、次の２５分間、１３３ 1/2ドルまで駆け上るのを黙って見ているしかなかった。私は、自分で設定したストップロスによって、結果的に、その日の最安値で脱出させられたのだ。この痛み、分かるだろうか？

ＩＮＴＣの取引結果　－２３２.６２ドル

第20章　ナスダックが支持線を捜している

＄ＣＯＭＰＸ：ナスダック総合指数（５）

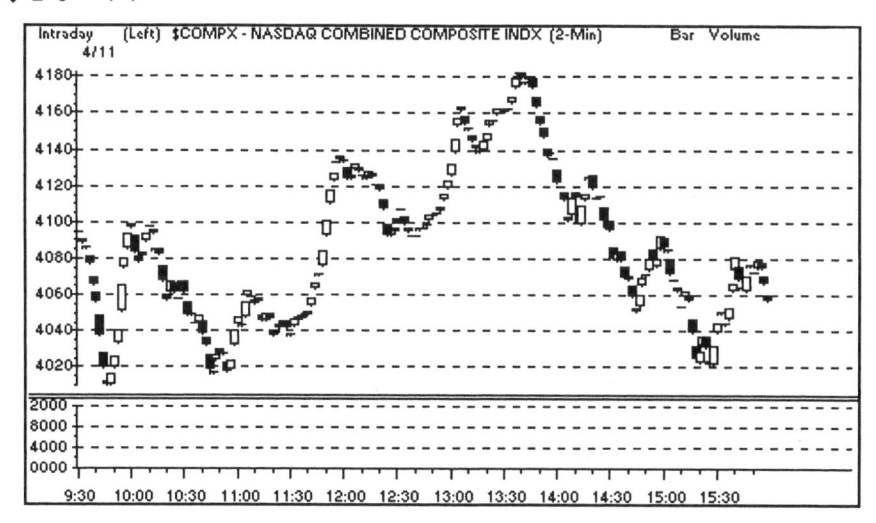

◆20－17

ナスダックが４０１５～４０２０ドルで何回も反転しているのは非常に好感が持てる。支持線が現れたかもしれないので、賭けに出ようと思った。最終的に、オーバーナイトでロングポジションを取ることに。ストップロスはナスダックが４０００ドルを切ったところに設定した。

INTC：インテル（6）

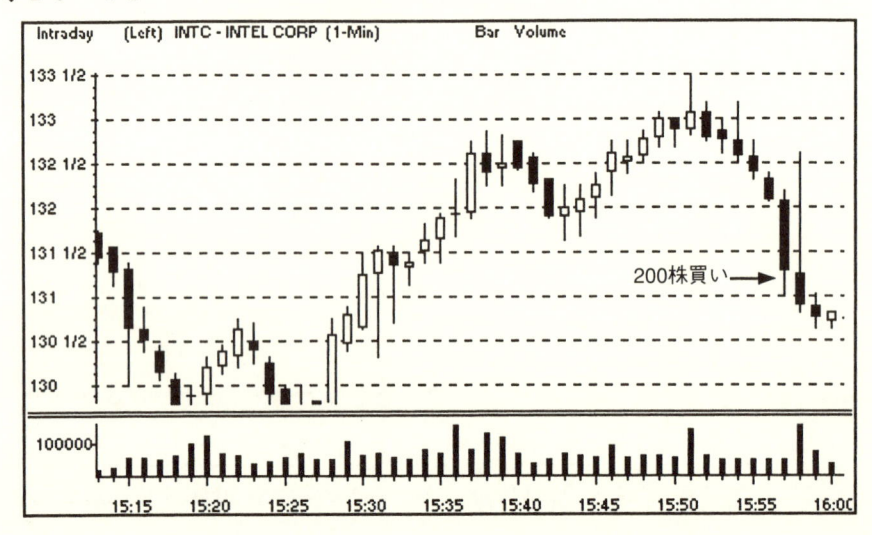

◆20－18

　INTCを選んだのは、この日ずっと強みを見せていたからだ。先ほどのトレード（15時25分）で、INTCを129 1/2ドル売却したときに感じた私の痛み。それが"分からない"人は、上のチャートを見ていただきたい。その後のローソク足の"アップティックのひとつひとつ"が、いかに私の心を痛めていたかを見てほしい。

　私はINTCを200株、131 13/64ドルで買ってベッドに向かった。ナスダックが4000ドルで持ちこたえていることに安心感があった。明日"この取引"で大きく勝って、先ほどの負け以上のものを取り戻したい。

　昨日の終値からナスダックは132ポイント下がり、ベアはまだ幅をきかせていた。高額の利益を得ていたわけではなかったが、下げ相場の中で私はうまくトレードできたと思う。今日は5勝2敗であった。最後のトレードはいただけなかったが、計画どおりにリスクを管理したので、後悔はない（INTCが最初に決めた目標に、その後、達したとはいえ）。こう

第20章 ナスダックが支持線を捜している

いうことが起きると、とてもつらいが、ここは気を取り直そう。明日はまた新しい1日だ。

◎オープンポジション：INTC２００株

◎4月11日の総利益：５７７ドル

第21章
〜悪夢か現実か〜

◎２０００年４月１２日（水）

　寝過ごしてしまい、開始ベルの１０分前か後に起きてしまったことがある。オーバーナイト・ポジションがなければ問題ではない。だが、その逆だとしたら、大問題である。
　そのような場合、私はすぐさま２階の部屋に駆け上がり、トレードの計画を始め、最初に見た取引に飛びつく。時間をかけて準備していたトレード戦術も、目が覚めていないという単純な理由で忘れてしまう。これは、寝ながらトレードをするのと同じだ。そう、悪夢である。このような単純なミスを侵さないよう、マーケットが開くときには頭がはっきりしているよう、朝は余裕を持つべきである。
　昨夜、私が活発にトレードしている夢を見た。次々と、信じられない速さで売買していた。Ｐ＆Ｌは素晴らしい利益を見せていた。ある時、少し前に売ったはずのＸＹＺ株が、売ったときの価格から６０ポイント上がっていることに気付いた。しかし、売ったと思ったのは間違いで反対に買っていた。今は２０００株持っている。私のＰ＆Ｌはプラス１２万ドルを表示していた。
　まだこの株を持っていることに気付いたとき、すぐにそれを売ろうとしたが、急落していて抜けられない。株価は８０ポイントも下がっていて、自分のポジションはマイナス４万ドルに下がっている。今度は株が反転して急上昇している。私は必死に自分の注文をキャンセルしようとするが、できない。株価は１００ポイント上がって更に上昇している。やっと私の注文がキャンセルされたと表示された。株価は１５０まで上がっていた。表示画面を見ると、私が１５万ドルの損で売ったと表示されている。これ

はどういうことだ。何かの間違いだろう。注文がキャンセルされたと表示されたのに。「どうして？　誰か助けて！　助けてください！こんなに損失を出すわけには……」

　突然目が覚め、起きる。非常に緊張している。ただの夢だ、落ち着けと自分に言い聞かせ、深呼吸する。でも何かが違う。日が昇っていて外はすでに明るい。辺りを見回し、目覚し時計を見た。「しまった！」と叫んだ。もう午前6時48分だ。寝過ごしてしまった。マーケットはすでに開いている。しかも、私はＩＮＴＣをオーバーナイトで持っている。ガラガラ蛇にかまれたかのようにベッドから飛び起き、2階の机に直行した。トレードソフトを準備するのに3時間ぐらいかかった気がした。それくらい長く感じた。ＩＮＴＣは129ドルに下がっていた。分析すらしようとしなかった。いや、できなかった。ＡＲＣＡに「200株売る」注文を出した。

第２１章　悪夢か現実か

INTC：インテル（１）

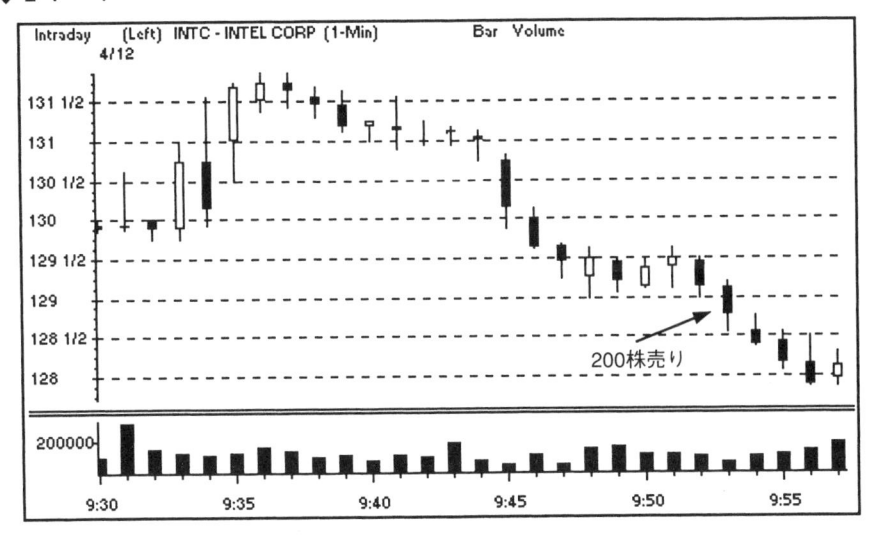

◆２１－１

[チャート：INTC - INTEL CORP (1-Min) 4/12　200株売り]

　１２８ドル３４セントで２００株売却した。最初は起きているのか寝ているのかも分からなかった。だが、悪夢ということだけは分かっていた。

INTCの取引結果　－５８５．６２ドル

もう完全に目が覚めた。これから「できる」ことといったら、Ｐ＆ＬとＩＮＴＣのチャートを１日中眺め、朝きちんと起きていたらどれだけ儲けられたかを考え、後悔することだ。今、目の前で起こっている現実を認識すると、顔に氷水をかけられたような心持ちになる。

　今日はトレードを「やらない」ことにした。トレードを続けるには、精神的に動揺しすぎているからだ。下に降り、２歳の息子が学校に行く前の少しの間、一緒に時間を過ごすことにした。４５分くらい一緒にいると、妻が息子を学校に連れていった。

　私はまた２階に上がり、パソコンと向き合った。ナスダックは昨日の終値から２００ポイント下げていた。４０００ドルでの支持線を割って、３８５５ドルで取引されていた。ここでいくらか損失を取り返すことができると思った。ＩＮＴＣで負けた分だけ取り戻せばよかった。負けた分だけ取り戻すことで、「寝過ごす」という人間的失敗を冒してしまった自分を許してあげたかった。ひとつだけチャンスをつかむことさえできれば流れを変えられる。私はパソコンに向かって、「いい条件をみせてくれ」と叫んだ。

第21章 悪夢か現実か

$COMPX：ナスダック総合指数（1）

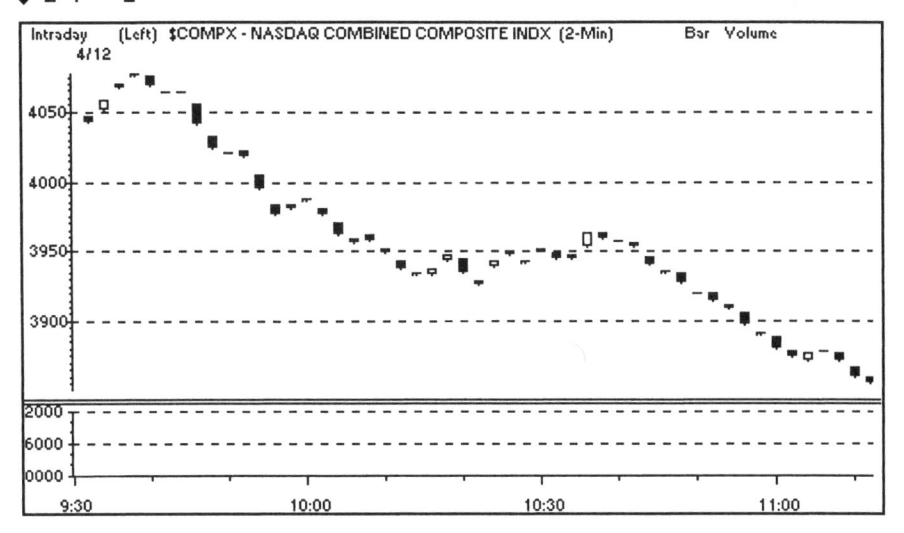

◆21－2

上の図は、開始時から私が机に戻ったときまでの、ナスダックの動きを表している。人間が失敗したときの防衛本能はすごい。今の私は、まさしく、「守りこそ命」の状態だった。必死で言い訳を考えていた。もちろん、心の中では自分が悪いということは分かっていたが。

■現実を見つめる

　もしこのビジネスを長くやっていて、他のデイトレーダーたちと話をする機会があったのならば、きっと、次のような話を聞いたことあるだろう。どこかのトレーダーが自分の力の及ばない事態が生じたために、大損をしたという恐怖体験を。

　何年もトレードを行っている中で、私も、こういう奇怪な話を何人ものトレーダーから聞いている。あるとき、デイトレーダーズ・オブ・オレンジ・カウンティーの会議で、このような話をしたトレーダーがいた。「私はEGRPでショート・ポジションを取り、オーバーナイトした。次の日、その株は急上昇したので、ポジションを閉じようとが、閉じることができなかった。ブラウザーが1日中、落ちていたからだ（彼はブラウザー中心のブローカーと取引していた）。電話でもだめで、結果的に、彼は口座の資金のすべてを失ってしまった」と。

　私はこの運の悪いトレーダーに心から同情した。しかし、私の隣にいたトレーダーは、「私は同情しないよ。あなたの責任だ」と言った。そして今度は、私に言った。「トニー。この集まりに来て"負けの話"をしたうえに、自分のせいではなかったなどと言うような人にはうんざりだ」

　また、隣にいる彼は、さっきのトレーダーに向かって、このように言葉をかけた。「なぜ、あなたが悪いのか知りたいですか。まずひとつ目は、ひとつの銘柄に自分の口座に入っている資金の2倍ものお金をかけたこと。これは非常に愚かなことだ。2つ目は、ブラウザー中心のブローカーと取引したはいいが、そのブラウザーが使えなくなったときの対処法までは調べなかったこと。3つ目は、すでにあまりにも損をしていたために、あなたの性格からして損を受け入れてポジションを切り捨てることができなかったであろうことだ。あなたはトレードプランを立てずに、目標もストップロスもなしにトレードをしていた。そう、口座の資金すべてを失ったのは、当然の結果である」

　私の隣にいる人から「説教」をくらった当のトレーダーは、彼に悪態をつき歩き去った。すると、隣の人は私を正面から見て言った。「きっと図

第21章　悪夢か現実か

星だったのでしょう」と。私は何も言わなかったが、「きっとそうだったのだろう」と思った。

　この話の教訓は簡単である。「現実を否定して、自分の負けを"力の及ばない"何かのせいにしても、決して自分のためにはならない」ことである。プロのトレーダーは取引の結果に対してすべての責任を負う。責任を負うことで自分の失敗に気づき、その失敗から何かを学ぶことができるのだ。責任を負っても失敗を認めないようなトレーダーは、失敗という名の教訓から何も学ぶことができないのである。

　私の場合、その「力の及ばない」何かは目覚し時計だった。いつものように午前4時45分に鳴るように設定されていなかった。あとで分かったことだが、息子がボタンをいじったためにベルの鳴る時間設定が変わっていたのである。私は、寝る前に起床時間の設定を確認しなければならなかった。これを怠ったのは、私の責任だ。

ＡＡＰＬ：アップルコンピュータ（１）

◆２１－３

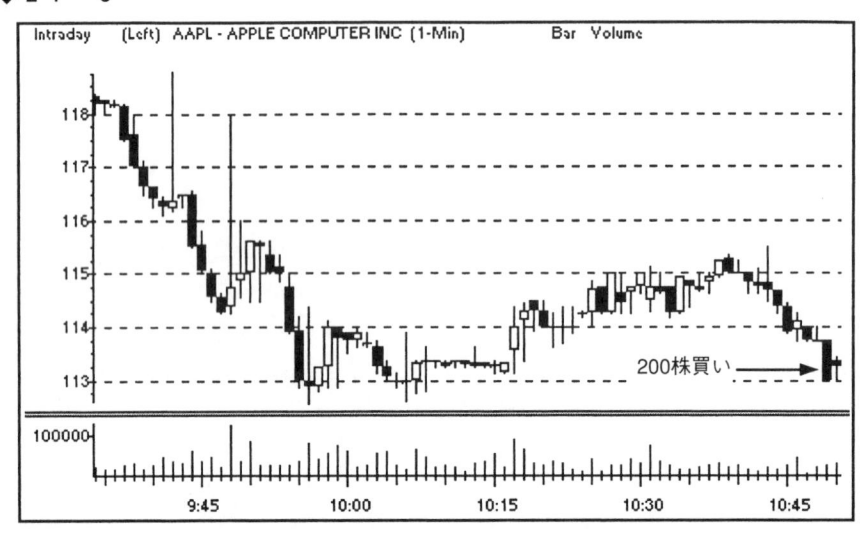

```
Intraday   (Left) AAPL - APPLE COMPUTER INC (1-Min)    Bar  Volume
```

（チャート：９:４５〜１０:４５の１分足、１１３〜１１８ドル付近で推移、「２００株買い」の矢印あり）

　私がパソコンに向かって叫んでいると、ＡＡＰＬは少し前に出現した支持線に近づきつつあった。私は「ありがとう」と言って、１１３ 5/16ドルで２００株を購入した。「１１２ 3/4ドルでの支持線で反転する」と読んで、確信を持って１１２ 5/8ドルにストップロスを設定した。目標は最高値の１１５ 1/4ドルとした。

　私は、ＡＡＰＬがさらに高く値を上げること期待していた。もし１１６ 1/2ドルで売ることができれば今日はもう終わりにするつもりである。「問題はないだろう」と自分に言い聞かせた。

第２１章　悪夢か現実か

ＡＡＰＬ：アップルコンピュータ（２）

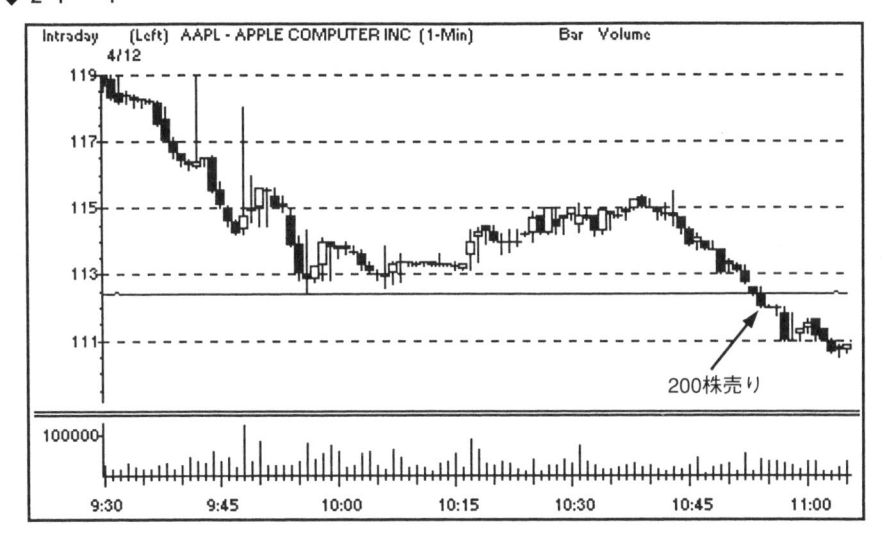

◆２１－４

[チャート：AAPL - APPLE COMPUTER INC (1-Min) 4/12、9:30～11:00、200株売り]

　大丈夫じゃなかった！　１１２ 3/4ドルはしっかりとした支持線ではなく、ＡＡＰＬはそれを割ってしまった。ストップロスが作動し、１１２ 3/8ドルで２００株を売却した。

<u>　　　ＡＡＰＬの取引結果　－１９８.２５ドル　　　</u>

　このトレード自体の問題はなかった。正しく管理され、実行された。だが、私は焦っていた。すでに８００ドルの損を出してしまった。何としても「勝ちトレード」が欲しかった。それでも、集中していないときはトレードをやめるべきである。このルールは分かっていたが、あきらめる気はなかった（このために、私はこのきつい教訓を再び学ぶことになった）。

ＡＡＰＬ：アップルコンピュータ（３）

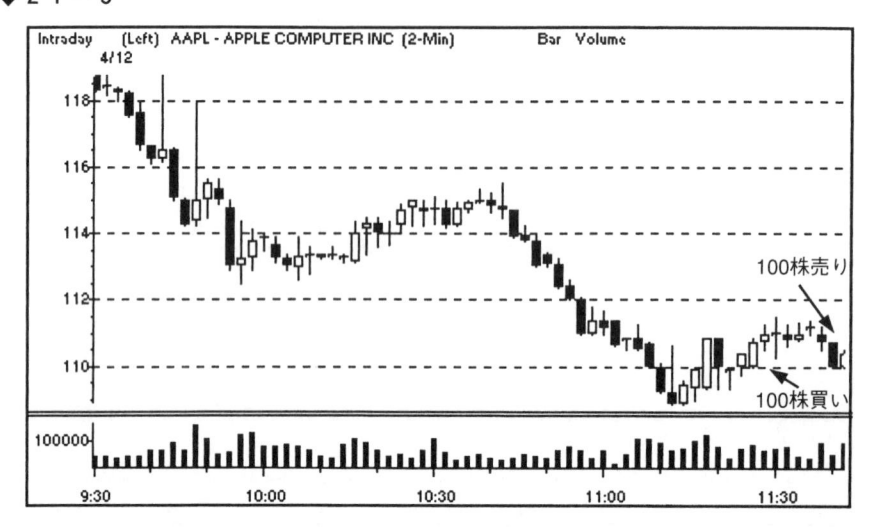

◆２１－５

[チャート: Intraday (Left) AAPL - APPLE COMPUTER INC (2-Min) 4/12、100株売り、100株買い]

　ＡＡＰＬは１０９ １/４ドルで反転した。私は１１０ １/８で１００株買った。目標は１１５ドル。ストップロスは１０８ ７/８ドル（今日の最安値のすぐ下）に設定した。ＡＡＰＬは１１１ １/２ドルに値を上げた。だが、ＦＢＣＯがその株を妨害したため下げ始めた。

　　　　　ＡＡＰＬの取引結果　　５０.６３ドル

PMCS：PMCシエラ（1）

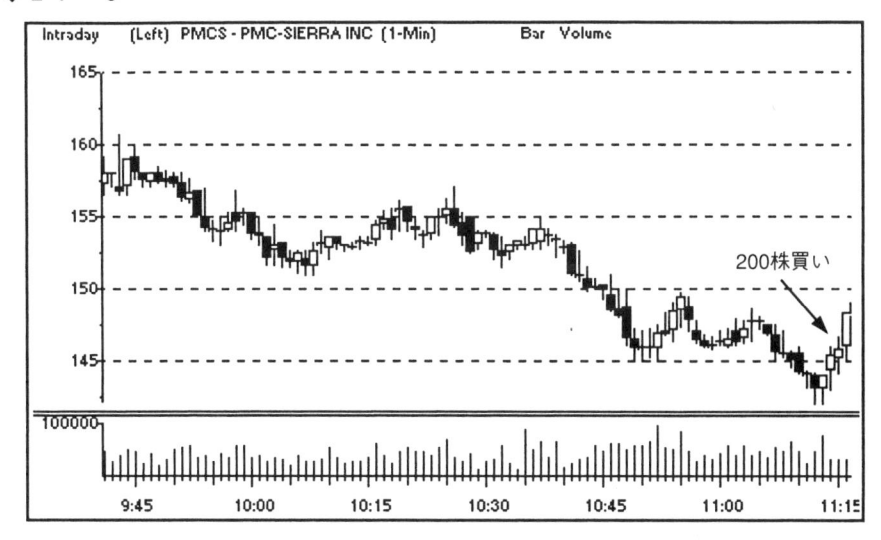

◆21－6

[チャート: Intraday (Left) PMCS - PMC-SIERRA INC (1-Min) Bar Volume、"200株買い"の注釈付き]

　143ドルで、PMCSの支持線が出現し、反転した。145ドルで抵抗線をブレイクアウトした。私は147.56ドルで200株買った。目標は155ドル。ストップロスは144 3/4ドルに設定した。

ＰＭＣＳ：ＰＭＣシエラ（２）

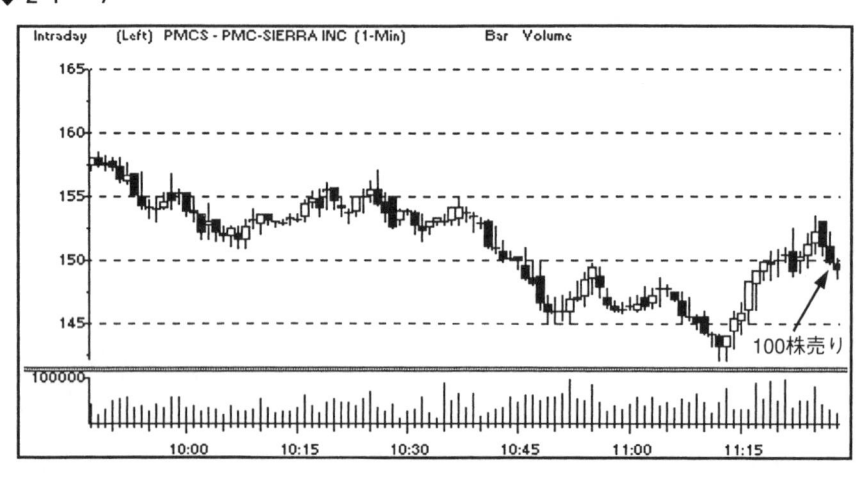

◆２１－７

（チャート：Intraday (Left) PMCS - PMC-SIERRA INC (1-Min)　Bar Volume、１００株売り）

　ＰＭＣＳは１５３ 1/2ドルでピークに達した。その様子を、私はじっと我慢して見ていた。１５３ 3/8ドルになったとき、私は１１６３ドルの利益を得ることができた。ここで、株を売却し、１日の流れを変えることができた。
　だが、今、株価が下がりきっている。ここからまた上がると思った私は、どうしてもポジションを閉じたくはなかった。そこで、１４９ 15/16ドルで１００株にトレーリングストップロスを設定。残りの１００株には１４７ 1/2ドルでストップロスを設定した。目標は１７８～１８５に上げた。
　ＰＭＣＳは１５０ドルを切り、私の最初のストップロスが発生した。結局、１４９ 13/16ドルで１００株売却した。

第21章　悪夢か現実か

PMCS：PMCシエラ（3）

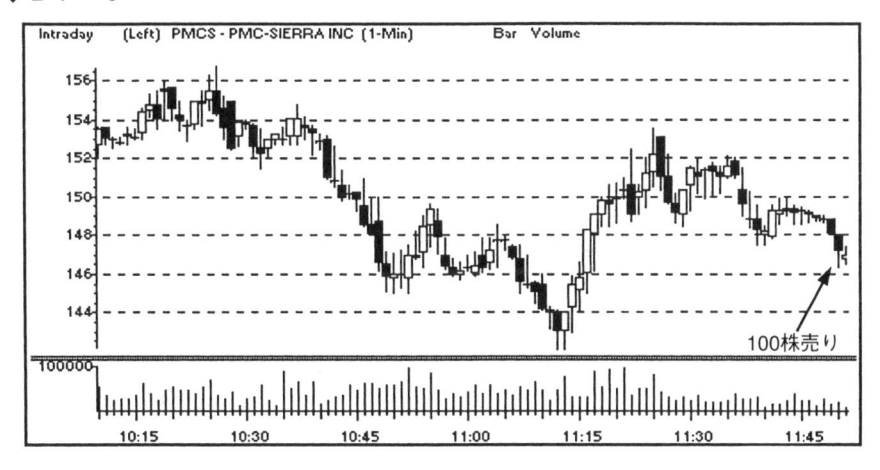

◆21－8

　PMCSは147 1/2ドルを下回った。私のストップロスも作動。146 1/2ドルで残りの100株を売却した。
　「トレーリングストップロスをもっと高めに設定するべきだった」と思っている人が多いだろう。だが、「PMCSは不安定な株だ」という事実を理解してほしい。他の株が2分の1ずつ動くところを、この株に限っては20ポイント動くこともある。事実、先週の火曜日を見ると、PMCSの取引範囲は上下で62ポイント以上も差があった。この株にとって、5ポイントの上下は大したことではないのだ。

　　　　　PMCSの取引結果　97.96ドル

QCOM：クアルコム（1）

◆21－9

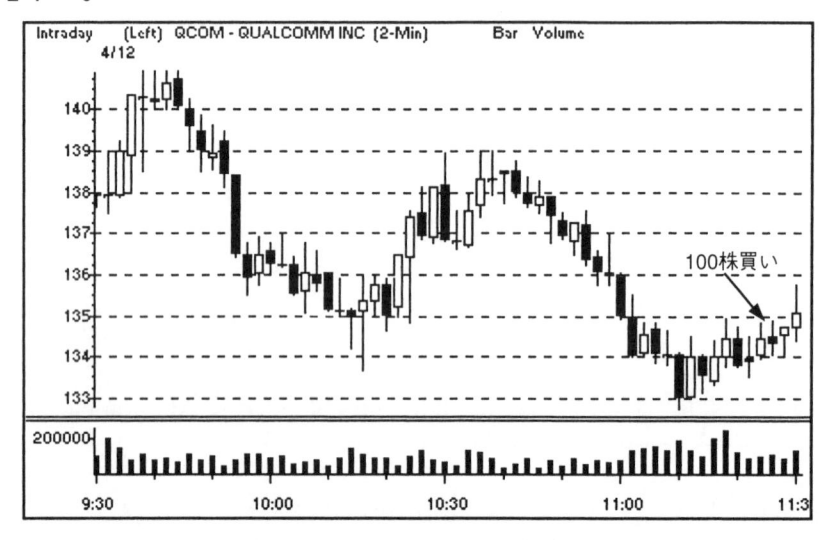

[チャート図：Intraday (Left) QCOM - QUALCOMM INC (2-Min) Bar Volume、4/12、"100株買い"の矢印付き]

　PMCSで取引している間、私はQCOMの株を１３４ 5/8ドルで１００株購入。ストップロスは今日の最安値の下、１３２ 5/8ドルに設定した。
　マーケットは下がりきっていたため、QCOMは直近の高値の１３９ドルに値を上げ、さらに１４５ドルまで行く可能性があると思った。

第21章　悪夢か現実か

QCOM：クアルコム（2）

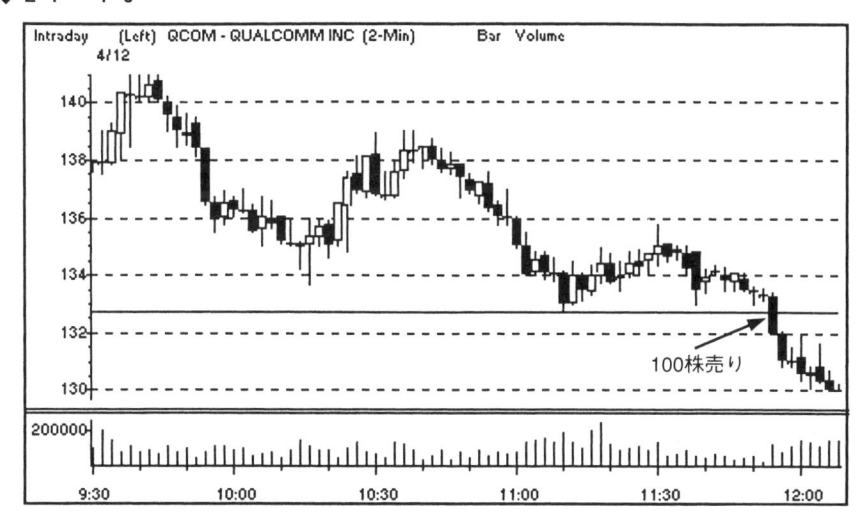

◆21-10

[チャート: Intraday (Left) QCOM - QUALCOMM INC (2-Min) 4/12　矢印「100株売り」]

QCOMは最安値を割ってしまった。ストップロスが作動したため、１３０ 7/8ドルで１００株売却した。思っていたより大きく滑って約定した。１３２ 5/8ドルでの売り注文であったが、何と実行されたのはそこから１ 3/4ポイントも下がったところだった。

　　　　QCOMの取引結果　－３８５．４４ドル

最悪の日だった。ストップロス・オーダーのひどい約定結果を信じることができなかった。このトレードで考えていた"損失"の２倍近くも損失してしまった。しかし、これもビジネスの一部である。速く動いているマーケットでは、自分の売り注文が約定したときの"価格"は、ストップロスが作動したときの"価格"より下がること（それも、かなり下まで下がること）がある。

$COMPX：ナスダック総合指数（２）

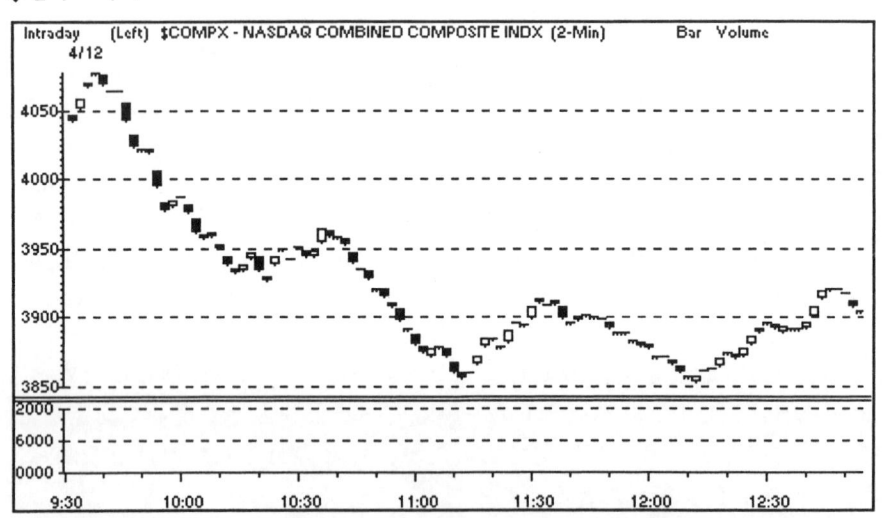

◆２１−１１

[チャート: Intraday (Left) $COMPX - NASDAQ COMBINED COMPOSITE INDX (2-Min) Bar Volume 4/12]

　ここでまたナスダックのチャートを見よう。これを見ると、ＱＣＯＭが１１時５０分に最安値を更新したとき、ナスダックはまだ最安値は付けていなかった。
　ＱＣＯＭはマーケットより弱く取引されていた。ナスダックは１２時１５分に３８５０ドルの支持線に近づき、そこで、反転を開始した。

第21章 悪夢か現実か

PMCS：PMCシエラ（4）

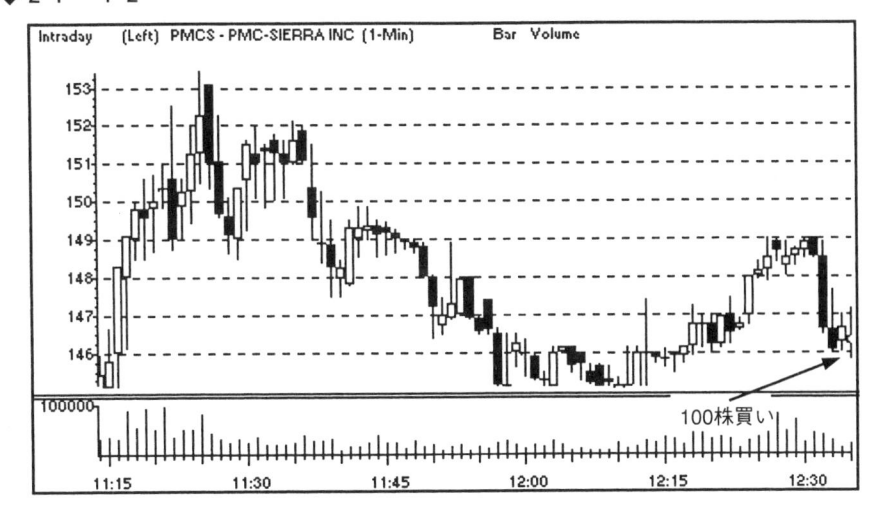

◆21−12

100株買い

ナスダックが上がると、PMCSは146ドルで支持線を見つけた。私は146ドルで100株を購入した。ストップロスは144 3/4ドルに設定。目標は153ドルである。

ＰＭＣＳ：ＰＭＣシエラ（５）

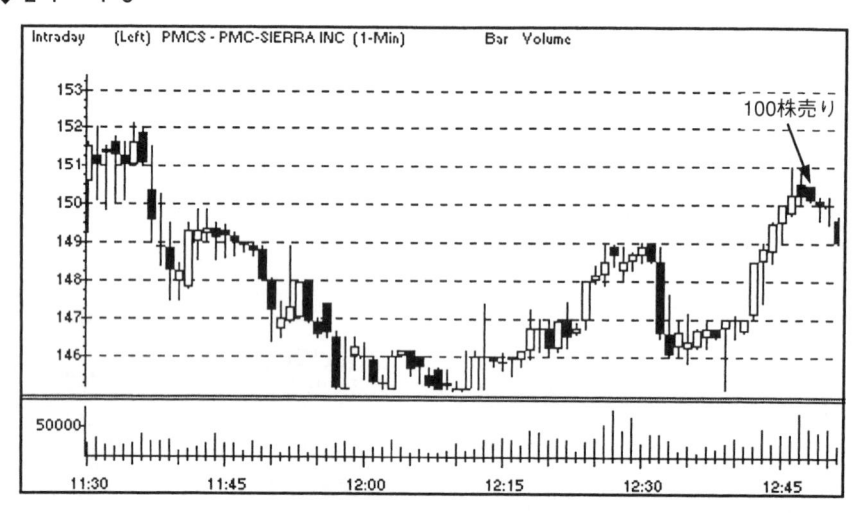

◆２１－１３

[チャート：Intraday (Left) PMCS - PMC-SIERRA INC (1-Min) Bar Volume、「100株売り」の注記あり]

　ＰＭＣＳは１５１ドルに値を上げた。今度は見逃すつもりはなかった。私は勢いが衰えたのを見て、１５０ １/８ドルで１００株を売却した。

<u>　　　　　ＰＭＣＳ取引結果　　４０２ドル　　　　　</u>

　とてもいい気分だ。ＱＣＯＭでの損を取り戻すことができた。
　私はマーケットを注意深く調べた。悲惨な状況である。わずか６週間前には３倍高い価格で取引していた銘柄が、今も下がり続けている。

ＡＡＰＬ：アップルコンピュータ（４）

◆２１－１４

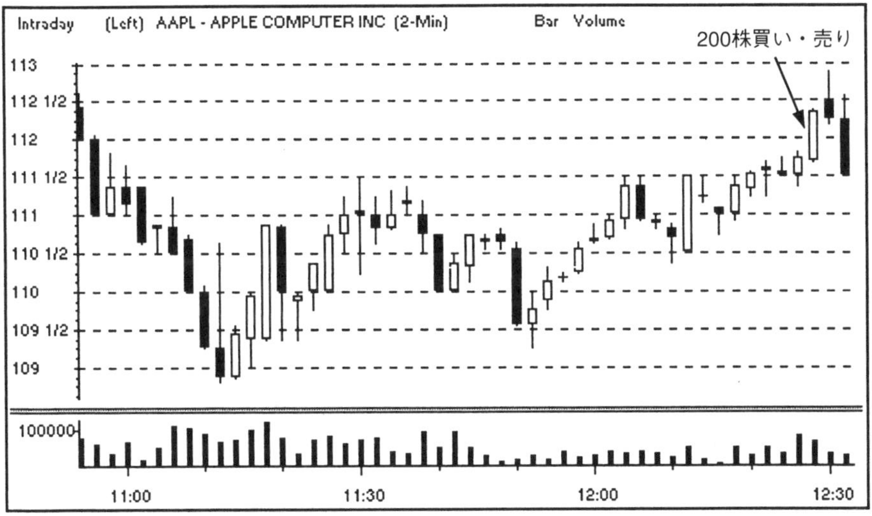
Intraday (Left) AAPL - APPLE COMPUTER INC (2-Min) Bar Volume
200株買い・売り
113
112 1/2
112
111 1/2
111
110 1/2
110
109 1/2
109
100000
11:00
11:30
12:00
12:30

ＡＡＰＬが勢いをつけてきた。そこで、１１２ 1/16ドルで２００株を購入した。１１５ドルまで値を上げそうな勢いであったが、*ＦＢＣＯ*が、また、ＡＸとして妨害していた。さらなる勢いはみられそうもなかったので、１１２ドルで２００株を売却することにした。

ＡＡＰＬの取引結果　－２８.２４ドル

私のルールのひとつは「何かがおかしいときはすぐ脱出しろ」である。私はこの最後のＡＡＰＬのトレードで、このルールを実行した。

ＰＭＣＳ：ＰＭＣシエラ（６）

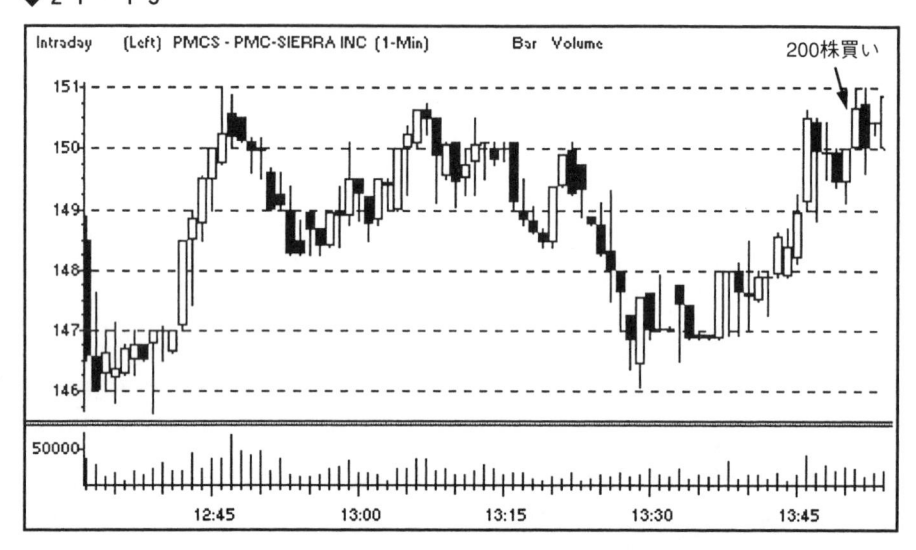

◆２１－１５

（チャート：Intraday (Left) PMCS - PMC-SIERRA INC (1-Min)　Bar Volume、「200株買い」の注記あり）

　１２時５０分頃にＰＭＣＳを１５０ 1/8ドルで売却した後、ＰＭＣＳは１４６ドルまで、いったん下がった。だが、そこから再び勢いをつけ、今は１５１台に入りそうな勢いを見せている。私はこの株の動きにすぐ反応し、１５０ 7/16ドルで１００株、そして１５０ 3/4ドルでもう１００株を購入した。ＰＭＣＳはブレイクアウトして１５６ドルまで値を上げるのではないかと思った。

　ストップロスは１４９ 1/2ドルに設定。ＰＭＣＳのような変化率の大きな銘柄にしては、かなり少なめのストップロスだった。

第21章　悪夢か現実か

PMCS：PMCシエラ（7）

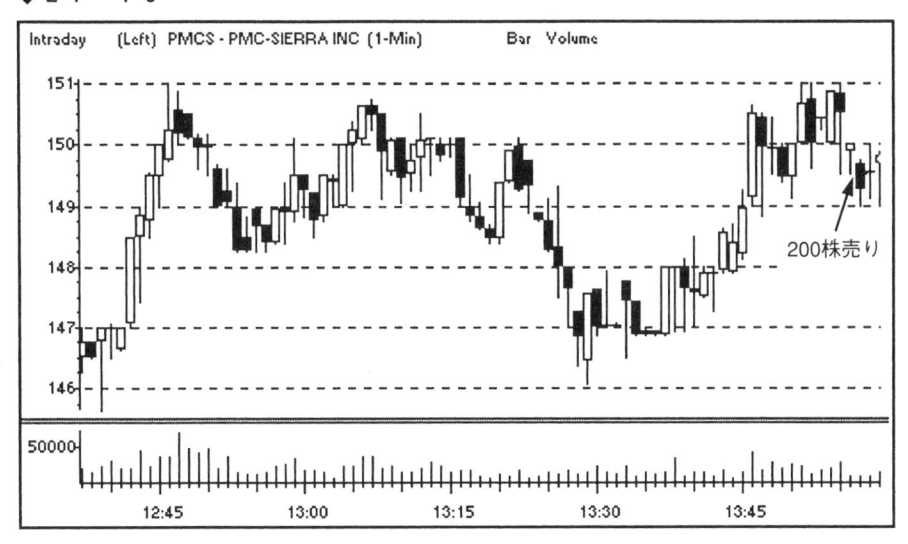

◆21－16

　PMCSは151ドルにまで達しなかった。値を下げ始め、ストップロスが作動。結局、149 1/4ドルで200株売却した。
　「PMCSがブレイクアウトしてからでは取引に入れない」ことを恐れた結果、判断が鈍ってしまった。良い仕掛けではなかったので、勢いが少しでも衰えたら売却を考えねばならなかった。マーケットは今日が底で、ここから大きく反転すると思っている。私は複数のポイントを獲得可能な「スイングトレード」のできる銘柄を探していた。

　　　　　　　　PMCSの取引結果　－284.75ドル

ＡＡＰＬ：アップルコンピュータ（５）

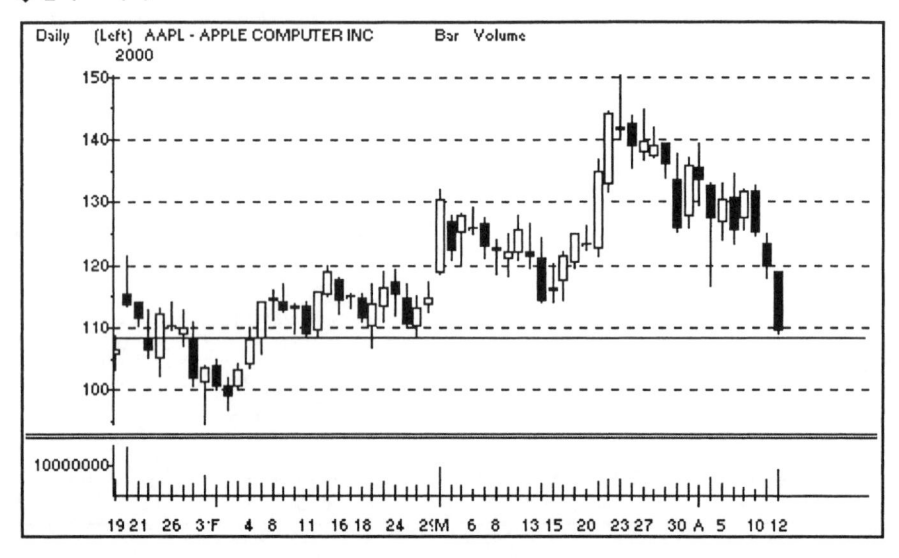

◆２１－１７

　ＡＡＰＬはうってつけの候補だった。下落し始めると、「まともな支持線だ」と考えていたところまで値を下げた。マーケットが少しでも反転すれば、ＡＡＰＬは１２５ドル～１３２ドルに上がると考えている。このトレードは７５％の確率で勝てると思う。

ＡＡＰＬ：アップルコンピュータ（６）

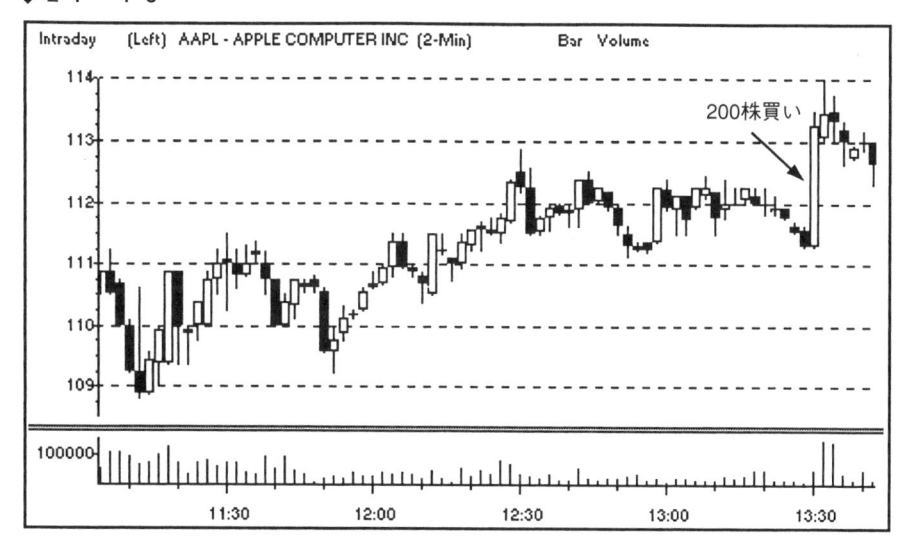

◆２１－１８

```
Intraday  (Left) AAPL - APPLE COMPUTER INC (2-Min)   Bar Volume
```

200株買い

　出来高が増してきたので、私は１１２ １/２ドルで２００株を購入した。目標は１２５～１３２ドルだ。ストップロスは１０９ ７/８ドルに設定した（少し余裕を持たせるべきだと思ったが）。もし１１０ドルを切ってしまったら、すぐ、脱出しなければならない。

ＡＡＰＬ：アップルコンピュータ（７）

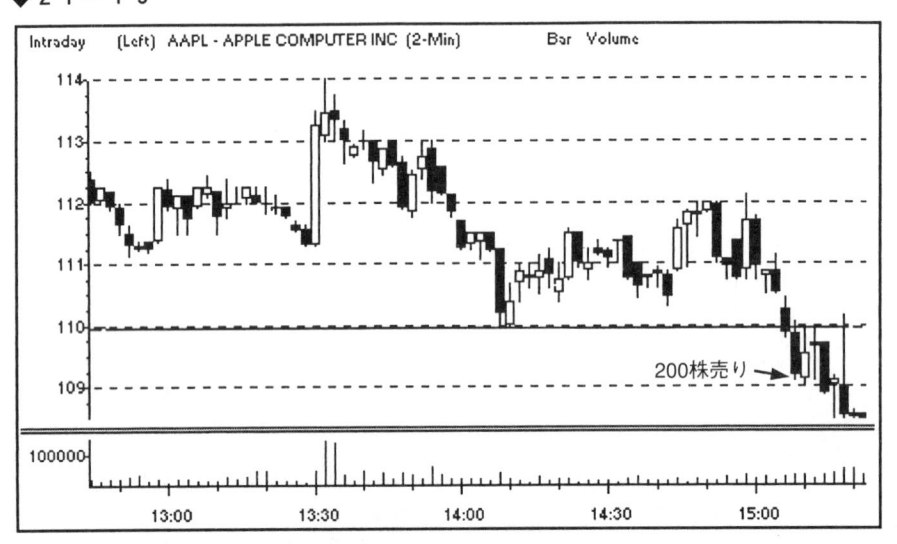

◆２１－１９

[チャート図: AAPL - APPLE COMPUTER INC (2-Min) Intraday, 13:00〜15:00の株価推移。200株売りの矢印あり]

　ＡＡＰＬは１１４ドルまでしか値を上げなかった。そこからマーケットとともに急落した。１４時５分ごろ、１１０ドルに値を下げ、そこで反転した。私は生き延びた。ストップロスも作動しなかった。
　ＡＡＰＬは１１２ドルまで上げた。しかし、マーケットの重みには耐えきれなかった。ＡＡＰＬは１５時１０分に１１０ドルを切る。ここで、ストップロスが作動、１０９ドルで２００株を売却することになった。

<u>　　　ＡＡＰＬの取引結果　－７１２．２４ドル　　　</u>

第21章　悪夢か現実か

　まだ気づいていない人のために言っておこう。私は「最高」の1日を過ごしていたのだ。早朝にＩＮＴＣで、このチャレンジ期間で最も大きい損失を出してしまったが、今は別の銘柄で「損失」という名の不名誉な記録をさらに更新しようとしている。

　ここで理解してほしいのは、「必死になり過ぎたわけでもないし、必要のないリスクを背負ったわけでもない」ことだ。ここまでのトレードは、本当に私が毎日行っているトレードなのだ。負けることも、この職業の一部である。「トレードというビジネスのあり方を、みなさんがあらゆる角度から見物できる」のは良いことだろう。

　ＡＡＰＬで負けてから、もっと気を引き締めないといけないことに気づいた。今日は１５８７.４５ドルも損失を出している。今朝のＩＮＴＣでの事件から１０００ドル以上の損失である。もう終わりにするべきだということは分かっていたのだが、どうしてもできなかった。チャレンジ期間の残り２日のために、今、小さい利益を得ることで勢いと自信を取り戻したかったのだ。

ＰＭＣＳ：ＰＭＣシエラ（８）

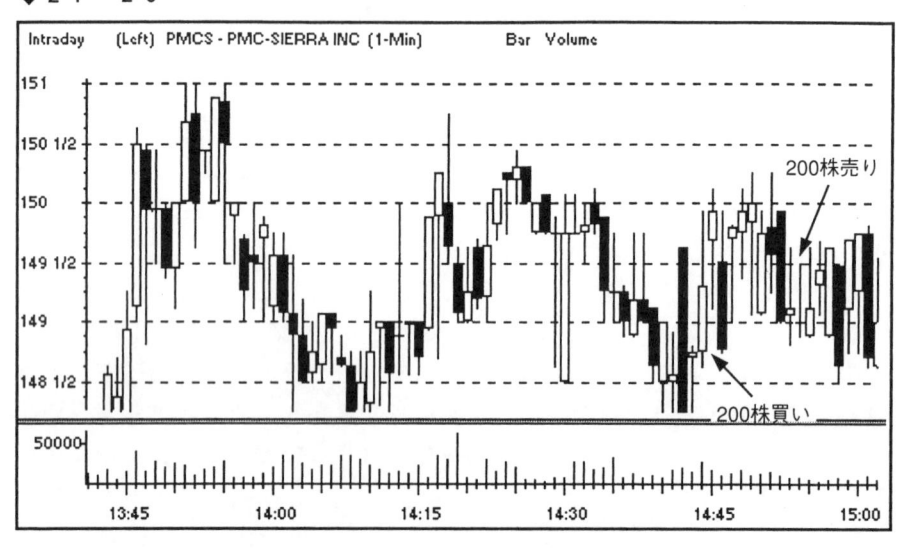

◆２１－２０

私はＰＭＣＳのチャネルをプレーしていた。私は、２００株を１４８ 13/16ドルで購入した。その株は１５０ 1/4ドルでピークに達し、値を下げ始めた。そこで、１４９ 3/8ドルで２００株を売却した。

ＰＭＣＳの取引結果　１０１．５０ドル

第21章 悪夢か現実か

JDSU：JDSユニフェース（1）

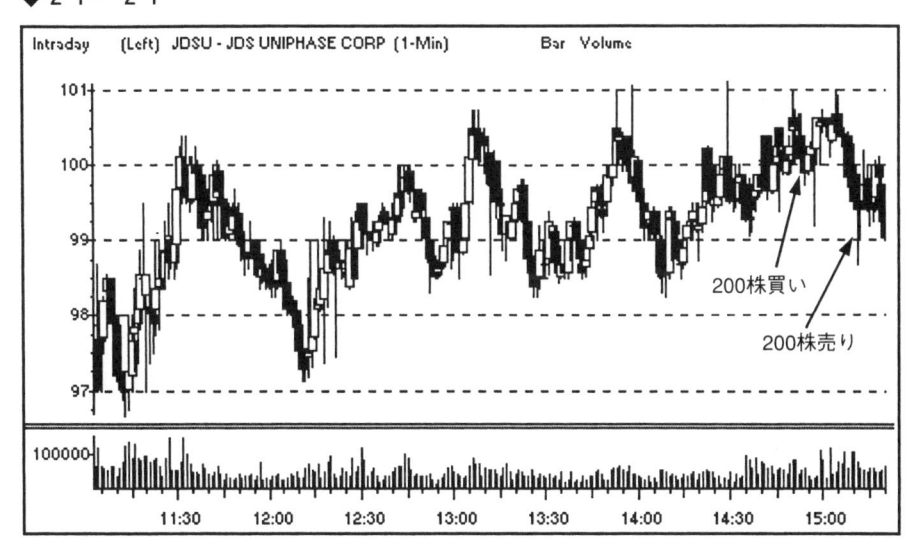

◆21－21

私は99 31/32ドルでJDSUを200株購入した。JDSUは101ドルでピークに達したが、そこから急落した。そこで私は、99 1/8ドルで200株売却した。

JDSUの取引結果　－179.42ドル

PMCS：PMCシエラ（9）

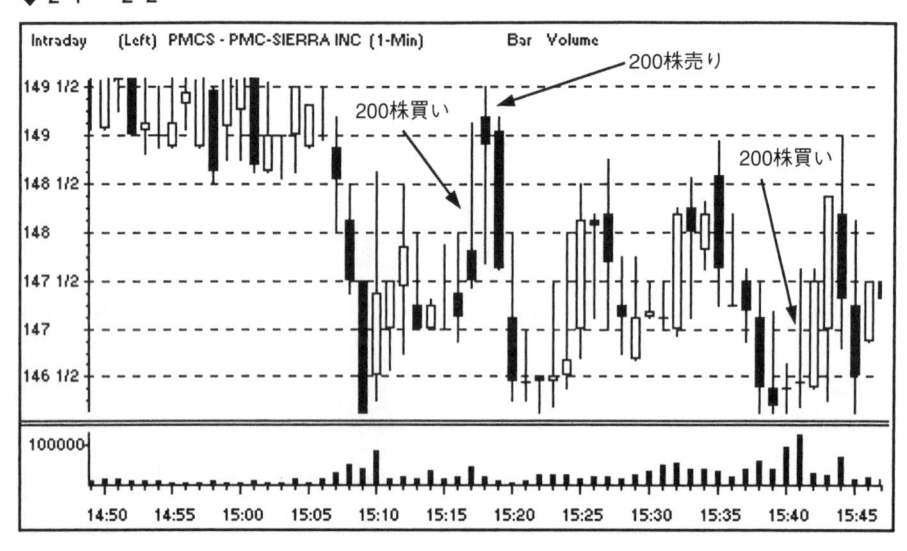

◆21-22

(チャート：Intraday (Left) PMCS - PMC-SIERRA INC (1-Min)、Bar Volume。注釈：200株買い、200株売り、200株買い)

　PMCSが145 1/2ドルで反転すると、私は148 13/16ドルで、再び、PMCSを購入。149.12ドルで売却した。また、オーバーナイト目的で200株を147ドルで購入した。PMCSは147 13/16ドルでその日を終了した。

　　　　PMCSの取引結果　175.72ドル

第21章 悪夢か現実か

◆21-23

JDSU:JDSユニフェース(2)

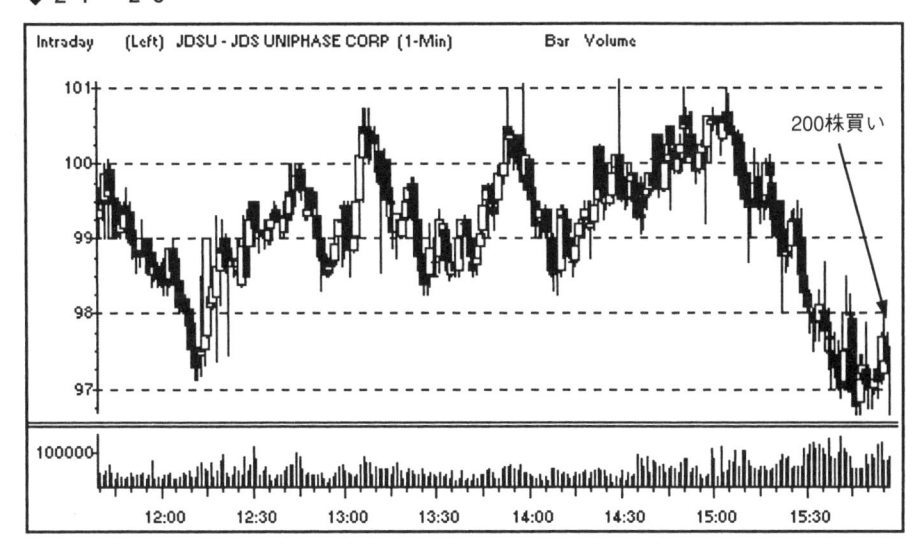

マーケットの終了直前に、再度、JDSUを200株、98 1/16ドルで購入した。

＄ＣＯＭＰＸ：ナスダック総合指数（３）

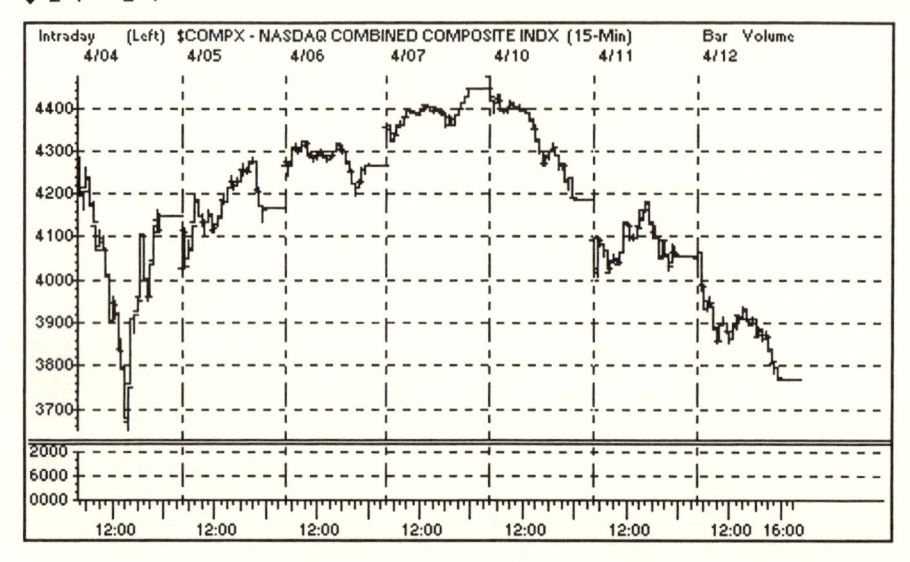

◆２１－２４

[chart: $COMPX - NASDAQ COMBINED COMPOSITE INDX (15-Min), Intraday 4/04–4/12]

　ここでまた、ここ７日間のナスダックの動きを見てみよう。先週の最安値より１００ポイントほど高くなっている。上下の幅は今まで見た中で一番大きくなっている。この時点では、これ以上下がるリスクは限られてくると思った。下がったとしても３６５０ドルで持ちこたえて、再び、４２００ドルに上がると思った。そこで、ＰＭＣＳとＪＤＳＵのポジションをオーバーナイトにすることにした。

　ＰＭＣＳはアフターアワーで上がっていた。　私は１５２ドルで１００株のオファーをＩＳＬＤ・ＥＣＮに出す。１５２ドルで８９株売却できた。私はまた、レベルⅡでＩＳＬＤだけの動きを注意深く見た。なぜなら、「残りの１１株を１５２ドルで売る」注文を出していたからである。

　東部時間の２０時に、"ＰＭＣＳの株を必死で売りたがっている"トレーダーが２人いた。ＩＳＬＤでのベスト・ビッドは１４８ １/４ドルで３００株だった。私は、再度、８９株を購入するため、１４８ １/４ドルの買値

第21章　悪夢か現実か

で参加した。

　1000株持っているトレーダーと、400株を売ろうとしていたトレーダーとが対抗していた。ひとりが"ある価格"で売りオーダーを出すと、もうひとりがそれより1/16ドル下げて売り注文を出してきた。このときのベストオファーは149 1/2ドルだったが。3分を残して、私はついに希望価格の148 1/4ドルで購入できた。

　これで再度、200株持つことになった。「152ドルで11株売る」という注文をキャンセルしたのは言うまでもない。

PMCSの取引結果　436.97ドル

　今日は恐ろしく忙しい日だった。スタートでつまずき、結局、一日立ち直れなかった。負けを取り戻そうとして、かえって、ひどいトレードをしていた気がする。朝、INTCを利益にしていれば……。1000ドル以上は利益を出せた時にPMCSを売っていれば……。AAPLを最小限の利益か損で売却していれば……。おそらく、この日の結果も違ったものになっていただろう。

　反省はしているが、後悔はしていない。得られるであろうと考えた報酬には、リスクを背負うだけの価値があると思ったからだ。

　ナスダックは今日285ポイント下がった。しかし、INTCで585ドルの損を出した後でも、1109.50ドルしか損失しなかった。マーケットはひどい状態にもかかわらず、私はオーバーナイトでロングポジションを持っている。明日になれば私が正しかったのか、間違っていたのかが分かる。

◎オープンポジション：
　ＪＤＳＵ２００株、ＰＭＣＳ２００株

◎４月１２日の総利益：－１１０９.５０ドル

第22章
～交通渋滞～

◎２０００年４月１３日（木）

　４時３０分に鳴るように目覚まし時計を２個セットしておいた。静寂を破って、けたたましく目覚ましが鳴り、わたしはベッドから飛び起きた。外はまだ暗かった。

　昨晩はトレード分析をしなかったので、今日のトレードプランも立てていなかった。今日の関心事は、オーバーナイトポジションを"どうトレードするか"である。２階に上がってソフトを立ち上げると、Ｐ＆Ｌはプラス８００ドルになっていた。これは、「私のオーバーナイトポジションがプレマーケットで高く取引されていた」ことを示している。マーケットは割安感が出ていた。そこで、開始のベルを待って、さらに高値を付けるのを待つことにした。

　マーケットの開始のベルが鳴った。ＰＭＣＳもＪＤＳＵも利益が出ていた。しかし５分が経過したところで思わぬ事態に遭遇した。システムダウンである。慌ててブローカーに電話をして、すぐにＰＭＣＳ、ＪＤＳＵを成り行きで売却するように依頼した。彼らが敏速に行動してくれたおかげで、私の売り注文はすぐに約定した。

　過去にも何回かこのようなトラブルがあった。そのときの経験を生かして、「電話で迅速に処理する方法」を書き留めておいたのが功を奏した。「もしもし、トニーオズです。注文を出してください。私のＩＤはＸＸＸＸです。ＰＭＣＳ２００株を成り行きで売却して、ポジションを閉じてください。ＪＤＳＵも２００株を成り行きで売却して、ポジションを閉じてください」

　もしも電話で早くあなたの株を処理したいのなら、ブローカーとの無駄

話は止めて、成り行きで注文を出すべきである。ポジションを閉じてください と言えば、空売りとの区別もつく。

PMCS：PMCシエラ（１）

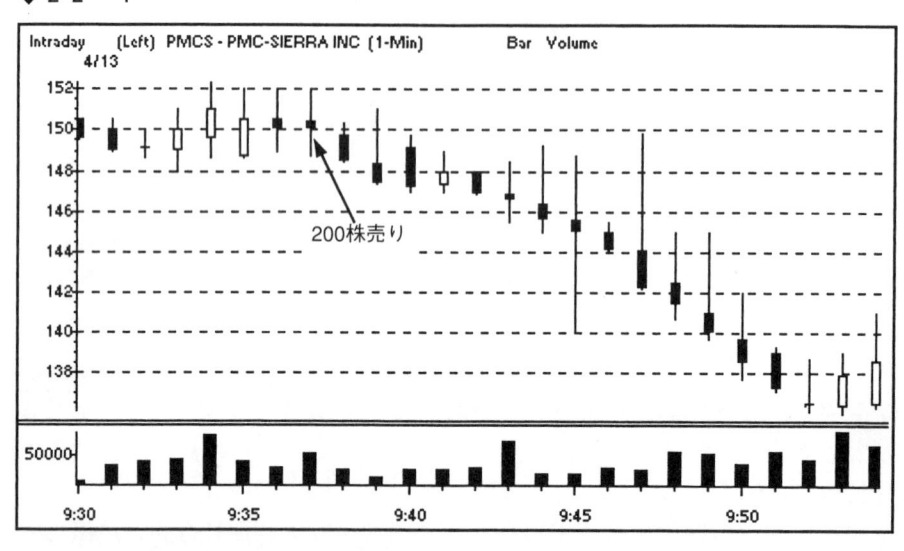

◆22-1

[チャート：Intraday (Left) PMCS - PMC-SIERRA INC (1-Min) 4/13、Bar Volume、200株売りの注記あり]

　　PMCS200株を149 5/16ドルで売却。

　　　　PMCSの取引結果　　337.04ドル

第22章 交通渋滞

JDSU：JDSユニフェース（1）

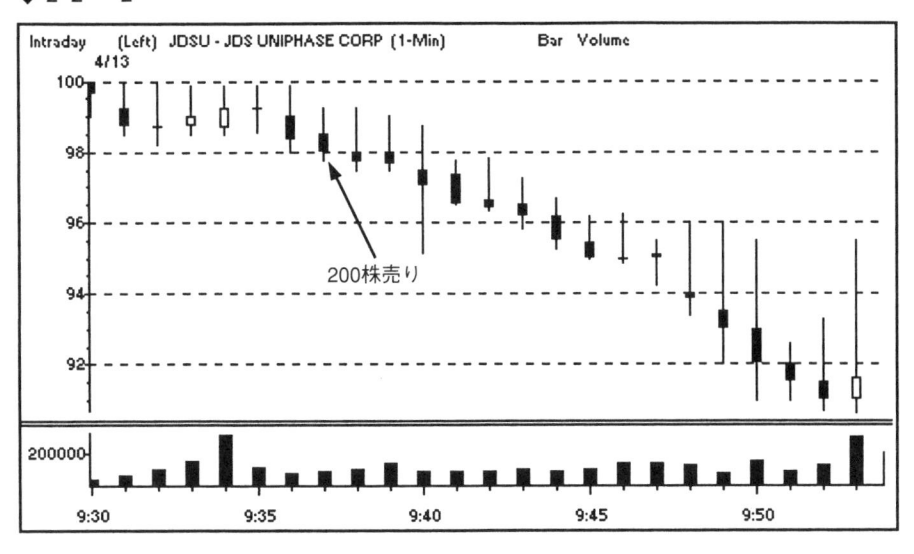

◆22－2

[チャート: Intraday (Left) JDSU - JDS UNIPHASE CORP (1-Min) 4/13、Bar Volume、「200株売り」の注釈]

JDSU200株を97 11/16ドルで売却

JDSUの取引結果　－85.66ドル

9時50分になり、システムが回復した。ソフトは正常に動きだした。

ＰＭＣＳ：ＰＭＣシエラ（２）

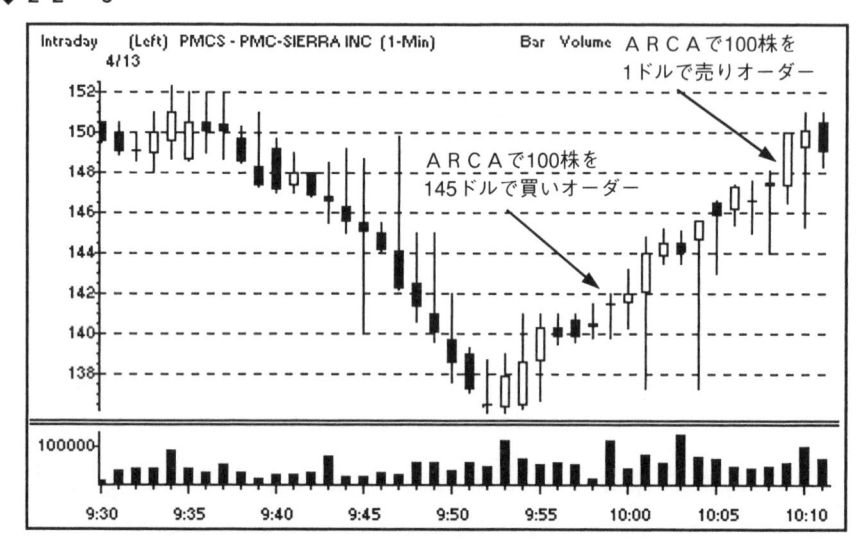

◆２２－３

（チャート：Intraday (Left) PMCS - PMC-SIERRA INC (1-Min) 4/13、Bar Volume。注釈「ＡＲＣＡで100株を1ドルで売りオーダー」「ＡＲＣＡで100株を145ドルで買いオーダー」）

　ＰＭＣＳは激しく売られたが、１３８ 1/4ドルの底値で反転した。かなりの勢いで上がっている。そこで、ＡＲＣＡに１００株を１４５ドルで買う注文を入れた。そのときのインサイドアスクは１４２ドルであった。しばらく時間がかかったが、１４４ 1/2ドルで１００株を約定した。ＰＭＣＳはまだ上がっていた。システムがまだおかしかったので、１００株の売りオーダーを１ドルでＡＲＣＡに出した。つまり、今一番よい値で売却してくれという注文をＡＲＣＡに出したのである。最終的に１４８ 3/8ドルで売却できた。

ＰＭＣＳの取引結果　　３７７ドル

第22章　交通渋滞

ケーブル接続のシステムは完全にダウンした。その前にポジションを手仕舞いできてよかった。ＤＳＬでつないでいるバックアップ用のシステムも調子がおかしかったので、それ以上トレードはしなかった。あとで分かったことだが、この日のネットへの接続不良トラブルは全米各地で起こっていた。

システムは午後１時には完全に回復した。マーケットはまた下げ始めた。

$COMPX：ナスダック総合指数（１）

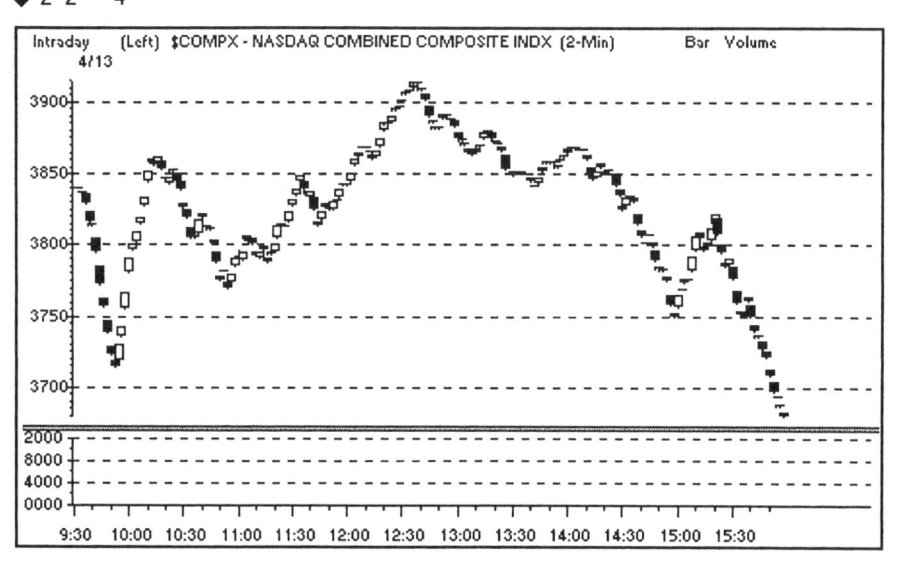

◆22－4

最終ベルが鳴ったとき、また、ベアが勝っていた。ナスダックは、一時１.４５ポイント上げたが、結局、反転した。終値は９３ポイントのダウンだった。

◎オープンポジション:なし

◎4月13日総利益:628.38ドル

第23章
～給料日～

◎2000年4月14日（金）

　昨晩はチャレンジ期間の最後の日に備えて、リサーチを念入りに行った。ウォッチリストにある銘柄と、指標のそれぞれの支持線・抵抗線を書き出した。次にコンピューターで「賢くトレードしろ」という文字を大きく4枚プリントアウトして、どこからでも見えるように、部屋の壁の4カ所に張った。

　今日は何の問題もなくベッドから起きることができた。今日はどうしても良いトレードをしたかった。

　ナスダックが支持線に近づいている。私の好きな銘柄を安値で買えるかもしれない。2階のトレードルームに行き、コンピューターを起動した。ソフトを立ち上げているとき、昨晩、壁に張った教訓が目に入ってきた。すこし微笑み、その教訓を心にとめてトレードに臨んだ。

　先物は急落していた。そしてプレマーケットは弱く推移していた。この日を待っていたんだ。私は舌なめずりをした。

ＡＬＴＲ：アルテラ（１）

◆２３－１

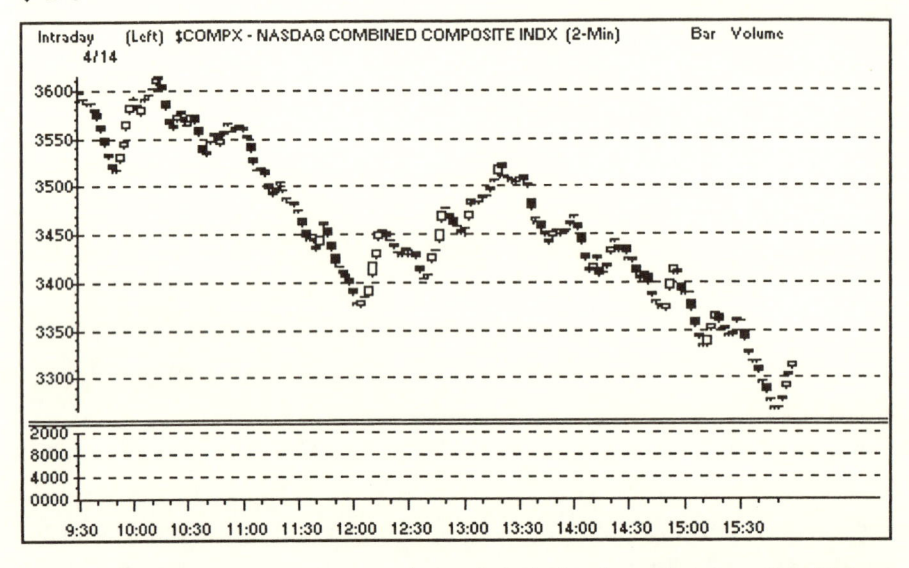

　ナスダックはギャップダウン（下に窓を空けて）で始まり、寄り付きで昨日の最安値を更新した。その後反転して１０時１５分には朝の最高値をつけた。１８分間で１００ポイントの上げは激しすぎる。そこで、この後の下げを狙うことにした。下落後の上げが今日の最高値を更新するようであれば、きょうはアップトレンドで推移するはずだ。

　しかし、ナスダックは１１時に３５００ドルを割って今日の最安値を更新してしまった。

　信用での売りがまだ終わっていないようだ。１３時３０分からはさらに下げ、ひどい状態になっている。今日は私のチャレンジの最終日だ。オーガスタの日曜日、１５打もリードしているゴルファーが、今日はパープレーで行けばいい。そう思っている心境なのに。ナスダックのひどい状況を見て私は１４時に正式にこの４週間のチャレンジを終了した。そしてチェックを送るように請求した。

　しかし、マーケットの、この極端な下げに、どうにも自分を抑えられな

かった。そこで、QQQをスイングトレード用に１０万ドル購入した。もちろん、これは４週間のチャレンジには含めない。だが、ナスダックが３３００ドルになっている今、このトレードのリスクに対する報酬の割合は高いと感じた。

●

チャレンジ期間の最後の週が終わった。マーケットは大きな下げを記録した週だった。ナスダックの総合指数は１１２５ポイント、５日間で２５．３％の下げである。ダウは７．９％、Ｓ＆Ｐ５００は１０．６％下げた。マーケットはもう投げ売りの状態である。

今週は月・火と順調にトレードができた。水曜日は寝起きからすでに苦労した。木曜日はシステムのトラブルがあったが、何とか利益は確保できた。金曜日はナスダックが３５５ポイント失うのを静観していた。

今週は利益が上げられただけでも驚くべきだと思った。今週の総利益は３０４６．２３ドルだ。私はブローカーに３０００ドルのチェックの請求をした。金曜日は給料日だ。

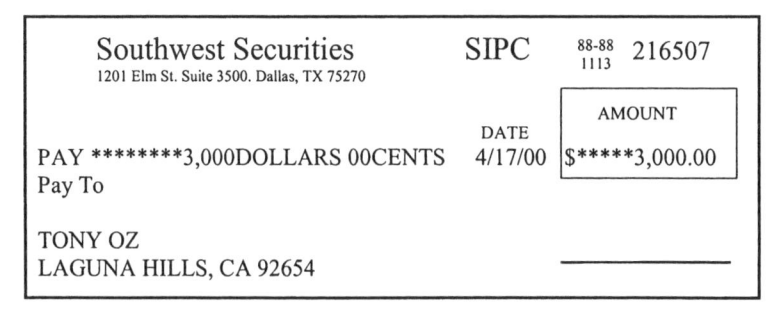

◆２３－２

Southwest Securities 1201 Elm St. Suite 3500. Dallas, TX 75270	SIPC	88-88 1113	216507
PAY ********3,000DOLLARS 00CENTS Pay To	DATE 4/17/00	AMOUNT $*****3,000.00	
TONY OZ LAGUNA HILLS, CA 92654			

◎オープンポジション:なし

◎４月１４日の総合利益:なし

第24章
～シャンペンはまだ飲めない～

　私と妻は、チャレンジ期間の4週間が終わった次の日、お祝いのディナーを計画していた。しかし私の気分は晴れなかった。「マーケットの何兆ドルもの資金が、このベアマーケットで流失してしまった」のを、この目で見てしまったからだ。

　このようなマーケットの状況の中、かなり良い結果を残したので、「私が興奮気味になっている」と読者は想像するかもしれない。だが、事実は反対である。プロトレーダーとして、最もいやな週末を経験したのだ。

　私はトレード社会に非常に深くかかわっており、いろいろな段階にいる多くのトレーダーたちを知っている。プロ、アマチュア、初心者。いろいろなトレーダーと面識がある。この2、3週間で多くのトレーダーがひどい傷を負った。私を気分良くさせる成功例もあったが、ほとんどの人はその逆であった。

　金曜日の夜に父と長話をした。父は、「このマーケットの暴落が消費者の購買意欲を低下させ、景気の後退につながるのではないか」と懸念していた。私は、どう答えていいか分からなかった。不安がよぎる。

　大西洋の向こうに住んでいる私の叔父が土曜日の朝早く電話をしてきた。マーケットが暴落したことをニュースで知って、心配して電話してきたのだ。「生き残った」と話すと、喜んでくれた。後で分かったことだが、私の叔父もかなりの損を出したようだった。「マーケットから取ることもあるし、マーケットに取られることもある」と私の妻が呟いた。

　週末に多くの友人と話をしたが、荒廃と混乱が漂い、とても自分だけお祝いをする気分にはなれなかった。これには、私の妻も理解をしてくれた。

第25章
～成功への鍵～

　この4週間の挑戦で多くの偉大なことを学んだ。人生で初めて次のフレーズを実感した。「ブルでも勝てるし、ベアーでも勝てる、そして欲のある者は滅びる」。
　私のシンプルなトレード手法がベアマーケットのロング取引（株価が上がることを期待して買うこと）でも通用することを、この4週間のトレードで実証することができた。私の生徒から何回も聞かれていた質問への答えを、ベアマーケットでのトレード経験がなかったために答えることができなかった質問への回答を、自らの経験を通して示したのである。
　この4週間の挑戦のなかでの、極めて重要なレッスンは、私が書き記したすべてのトレード記録の中にある。それは「ルールとガイドラインに厳格に従う」ことである。トレードシステムに従い、自己規律を携えてすべてのトレードに望んだことが私の成功につながったのだ。
　セミナーで、生徒に超短期売買手法を教えるようになってから、私のパフォーマンスはさらに向上していった。私が「トレードルールを破りたくなった」ときはいつも、自分に言い聞かせていたからである。「生徒にはどう説明するのか」と。
　自分のトレードを向上させたいと願うあなたのために、ひとつ、良いことを教えよう。仕掛ける前に、「このトレードを全世界に公表しなければならない」と思うことだ。具体的に言えば、「なぜ購入したのか」や「リスク管理のガイドライン」「なぜ売却したのか」を、明白に説明できなければならない。そう考えるのだ。
　「世界が、あなたのトレードの一部始終を見ているか」のようにトレードする。このことができれば、私がこのチャレンジ期間で味わったのと同じような成功を、あなたも体験できるであろう。

もう、読者の皆さんは気が付いたと思うが、私のトレードは非常にシンプルである。そして、それは2つの言葉から成っている、抵抗線（レジスタンス）と支持線（サポート）である。高度なテクニカル指標は使わない。シンプルな手法ほど洗練されたトレードを創り出すからだ（私に関する限りは）。私の1冊目の著書『Stock Trading Wizard』の中では、テクニカル分析とレベルⅡの執行方法について解説した（この本の中で書かれたテクニカル分析をもとにしたセットアップが本書で実践されている）。

　マスコミが好むのは、デイトレードで成功している人たちではない。大きな損失を出した人たちだ。だが、マスコミが取り上げる"大きな損失を出した"人の大部分は、自分で選んだビジネスであるにもかかわらず、"経験もなく学習もしていない"人々ではないかと思う。プランも立てず、ルールも手法もなく、自分の資金をリスクにさらしているのではないかと感じるのだ。どんなビジネスでも、プランなしでは成功しない。

　この本の中で私は誰でも真似できる、簡単なトレード手法を紹介した。私は、この手法の正しさを、「マーケットが30％暴落している時に32.5％の利益を上げる」結果で証明した。

　それぞれのトレード状況に応じた実践方式のケーススタディーで、私のトレード手法を実感していただけたと思う。そして私が、「自分のトレード手法に基づいたルールを守った」ことが、「この最悪のマーケットの中で奮闘できたこと」につながっている事実も理解していただけると思う。「ルールを守って、トレードする」。これが、わたしの成功への鍵なのだ。だからこそ、私はトレードで生計を立てられるのである。

第２６章
～４週間のまとめ～

　４週間のチャレンジで１万６２７７ドル２５セントの利益を上げることができた。これは、口座を開いたときに入金した５万ドルに対して、３２．５５％のリターンである。この利益は毎週末にチェックで支払われた。ベアマーケットであったため、オーバーナイトは最小限にとどめた。最も長くひとつの銘柄を保有したのは２日間だけである。

　次ページのチャートはチャレンジ期間中のナスダックの動きである。

＄ＣＯＭＰＸ－ナスダック総合指数（１）

◆２６－１

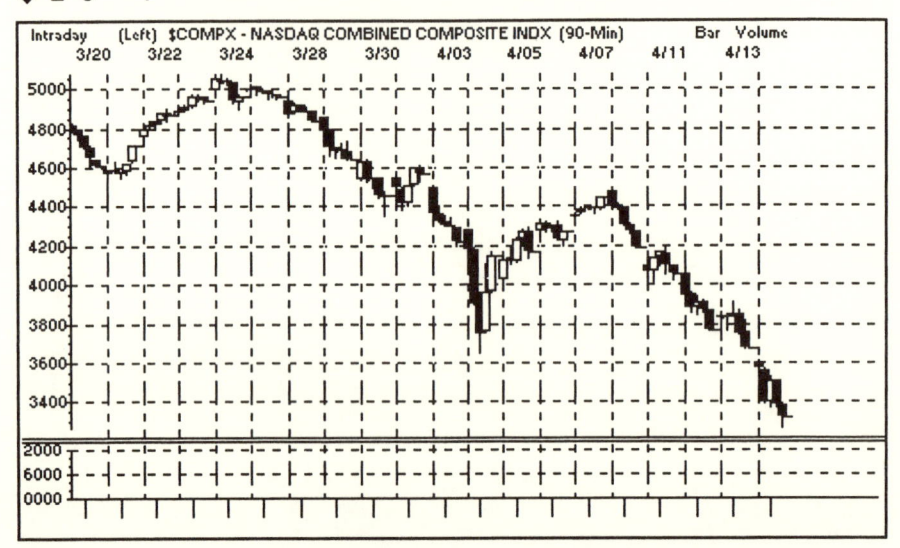

　ナスダックはチャレンジ期間中に１４７６ポイント、３０.７８％失った。ベアマーケットの定義とは、高値から２０％以上下落することをいう。私がトレードしたテクノロジー株はまさにベアマーケットにあった。
　この４週間の下落が一時的なものか、今後、さらに加速して下げていく前触れなのかは、時間が経過しないとだれにも分からない。今は買いチャンスなのか。こんな議論は永遠に結論を見ないだろう。しかし何が起ころうと、いかなるときも、私はこの本の中で示した方法でトレードをする。それは抵抗線と支持線である。
　あなたのトレード結果から、あなたを、より良いトレーダーにするための数字がある。それは勝ちと負けの割合である。私のチャレンジ期間に行った１１６トレードのうち、勝は７５トレード、負は４１トレードである。つまり、勝率は６４.６％である。負けトレードは３５.４％になる。

第26章 4週間のまとめ

　この統計は、素晴らしいもののように思えるかもしれないが、実際はあまり意味を持つものではない。この勝率を毎月維持しても、負け続けることがあるからだ。以前に言ったように、私の目標はあくまでも「良いトレードをすること」である。
　私は勝ち負けの割合を、少し違った方法で割り出している。私のトレードを分析するのに適したパフォーマンスチャートを作った。
　私は、月の終わりに必ず、すべての取引結果を記入している。それが、パフォーマンスチャートである。このチャートを見れば、私が良いトレードをしているかどうか、すぐに分かる。このチャートは、それぞれのトレードであげた利益、損益をドルで表示している。
　次のページのチャートは4週間に区切られている。また、勝ち負けのドルの範囲が配列されている。グレーの部分は勝ち負けが接近しているトレードである。グレーの部分から左に離れるほど大きな勝ち、右に離れるほど大きな負けを表示している。これが良いトレードと悪いトレードの明暗を分けている。成功するトレーダーは右側の白部分の数字が、左側の白い部分の数字より大きくなるはずである。
　この表の結果から勝ち負けの割合を計算してみると395ページのようになる。

右の図のトレード成績表の中のエリアと合計を使って自分のトレードを評価することが出来る。

①最初にどちらのエリアの合計が大きいかを見る。
B1エリアの合計＞B2エリアの合計
C1エリアの合計＞C2エリアの合計
D1エリアの合計＞D2エリアの合計
E1エリアの合計＞E2エリアの合計
F1エリアの合計＞F2エリアの合計

②次に勝ち負けの割合を計算する。
B1エリア／B2エリア＝2．11
C1エリア／C2エリア＝7
D1エリア／D2エリア＝2

この割合（グレーの部分は除く）が1.75以上は欲しいところである。

◆26-2

Performance Table 3/20/2000 - 4/14/2000

	負けトレード							勝ちトレード									
Area	701-800	601-700	501-600	401-500	201-400	1-200		1-200	201-400	401-500	501-600	601-700	701-800	801-900	901-1000	1001-1500	1500+
	F2	E2	D2	C2	B2	A2		A1	B1	C1	D1	E1	F1	G1	H1	J1	K1
Week 1					1	4		3	5	2	2	1	1	1			
Week 2				1	2	7		8	5				1	1			
Week 3	1*		1		3	11		14	3	3	1		1	1	1	1	1
Week 4	1		1		3	5		8	6	2	1			2			
Total	2		2	1	9	27		33	19	7	4	1	3	5	1	1	1

エピローグ

　おそらく多くの読者はチャレンジ期間の４週間の後が"どうなったか"と思っているだろう。少し補足しておく。

　チャレンジ期間の最後の日は（金曜日であったが）、ＱＱＱを１２００株購入、２日後の４月１８日に８８０６ドル３０セントの利益を確定して売却した。ＫＬＡＣも３００株を２回売買して１９７０ドル９３セントの利益を確定。次にＢＶＳＮを３００株売買し、２８０ドル４３セントの利益確定。最後にＩＮＫＴ３００株を２回売買して７９８ドル７８セントの利益を確定した。チャレンジ期間後の２日間のトータル利益は１万１８５６ドル５０セントであった。この口座ではこの日以来、一度もトレードはしていない。

　一番いいトレードをした週を、この本に載せられなかったのは残念である。だが最初に決めた約束は、この４週間に確定した利益だけを本に載せることだったので、仕方がない（ＱＱＱを１２００株購入したのは、チャレンジ期間の最後の日であったが、利益が確定したのは２日後のことであった）。

　この口座で私が上げた利益は２万８１３３ドル７５セントであった。これは１カ月で５６．２６％のリターンである。

　オープンポジションをすべて閉じた後、私は、私の時間のすべてを割いて、この本の執筆にとりかかった。この本を出版する目的の一つに、すべての人に、本当にすべての人に、「トレードは究極のビジネスであることを知らしめたい」思いがあるからだ。もちろんメディアにも知って欲しかった。

　この本の執筆が終わったら……。私は、あなたがこの本で目にしたこと、そう、マーケットから利益を吸い上げていることであろう。

■賢くトレードをする

　この本を読み終えたら、ぜひ、ボーナスパックと補足を読んでほしい。私が多くの時間を費やしたところでもあり、あなたに役立つ情報が数多く含まれたところでもある。

■ボーナスパック

　この章ではパズルの１枚１枚を組み合わせていく。この４週間で多くのことを学んだと思うが、この本の価値がまだはっきり分かっていない人のために、わかりやすくまとめておく。

①最初にマーケット全体を把握しマーケットが向かっている方向を見極める。ダウとナスダックのデイリーチャートを見て、直近の支持線、抵抗線がどこにあるかを認識し、それを書き留め、１日のトレード中、常にそれらを監視すべきである。

②どのセクターが強く、どのセクターが弱いのかを把握し、最も強いセクターをロングで攻め、最も弱いセクターをショートで攻める。トレンドに逆らうべきではない。

③マーケットがどの方向に向かっているかの明確な判断ができ、どのインダストリーをロングまたはショートで攻めるのかが決まったら、次は、個別の銘柄を分析し、それぞれの銘柄に対して、この本に書いてあるガイドラインに従ってトレードプランを立てる。

④トレードする銘柄数は、トレードできる範囲内にする（無理をしない）。

⑤トレードプランで立てた目標、ストップロスを厳格に守る。目標に達し

たら、少なくとも何株かは売却して利益を確定し、残りでさらなる利益を追求する。

⑥もし自分が入ろうとしていた価格よりギャップアップして（上に窓を空けて）始まったら、深追いはしない。まだ未練があれば下落した後を狙う。

⑦不安定なマーケットでは早めに利益確定をせよ。

⑧トレード中は、債券市場を含むメジャーなインデックスを監視すべきである。

⑨もし利益が確定していればストップロスを上げ、ストップロスを確定利益分だけに押さえよ。勝ちトレードをみすみす負けトレードにする事はない（利益が確定していればという表現は、それぞれの銘柄の株価の変化率によって違ってくる。例えばＪＮＰＲの場合、１～２ポイントでは、利益が確定している状態ではない。ＪＮＰＲは１０分で１０ドル動くことは珍しいことではないため、１～２ポイントの余裕を持ってトレードしなければならないからだ。これに対してＣＳＣＯやＭＳＦＴであれば、１～２ポイントでも利益が確定と呼べるかもしれない）。

⑩リスクと報酬の割合を持って、ストップロスを調整すべきである。例えば、もしあなたがＸＹＺ株を７５ドルで購入し、目標を９５ドルに置いたとする。株価が９０ドルになったときにストップロスを８０ドルに置いたら、５ドルの利益に対して１０ドルのリスクを取ることになる。この場合であれば、８７～８８ 1/2ドルにストップロスを置くべきである。

⑪自分の時間を無駄にしないために、時間のストップロスも活用すべきである。

■仕掛けのポイント

　よい仕掛けのポイントはトレードを楽にしてくれる。私には2つ、好きな仕掛けの方法がある。その日の支持線で購入する方法と、前の日の最高値を更新したところで購入する方法である。
　IMNXのチャートを見てみよう。その日の高値圏で終了し、出来高を伴った反転を開始している。これから上げそうだ。

◆エピローグ（1）

　前日のチャートと比べながら支持線、抵抗線を見ると、仕掛けのポイントが浮かび上がってくる。

◆エピローグ（２）

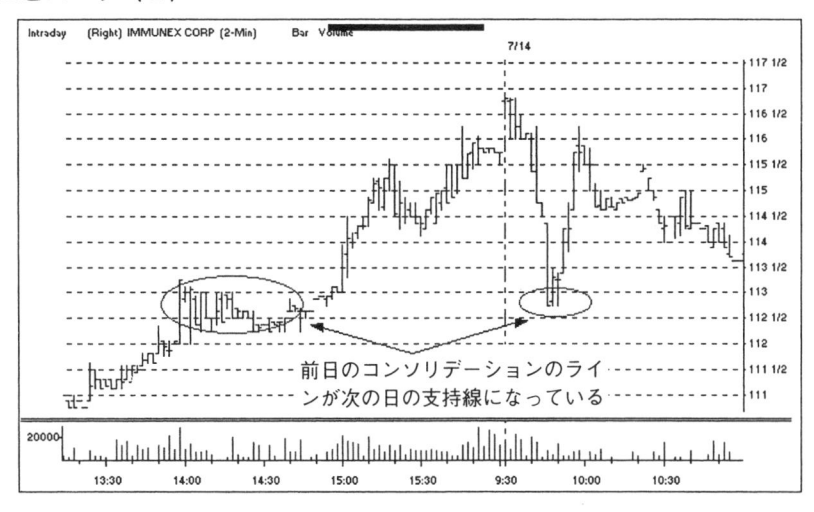

[チャート図：IMMUNEX CORP (2-Min) 7/14 のイントラデイチャート。前日のコンソリデーションのラインが次の日の支持線になっている]

　ＩＭＮＸはギャップアップで始まったが、寄り付きと同時に下落し始めた。このケースでは、前日の１１２ １/２ドル～１１３ドルで抵抗線を築いている保ち合いが確認できる。１１２ １/２ドル～１１３ドルの抵抗線をブレイクアウトした後は、抵抗線が支持線となって、次の日の寄付きでの下げを止めている。

　このことからも分かるように、トレードする銘柄が決まったら、まず、その銘柄のその日の抵抗線と支持線を見つけ出すことが重要になってくるのだ。

◆エピローグ（3）

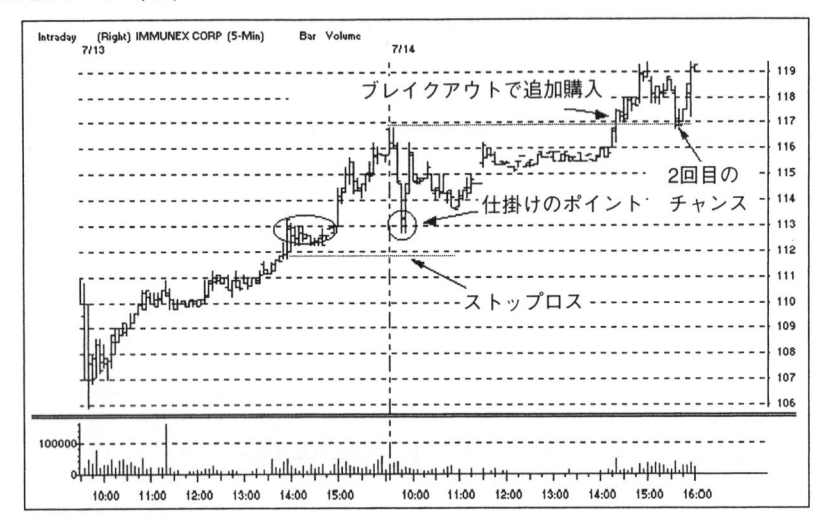

ストップロスは支持線の少し下に置く。2回目の仕掛けのポイントは、前のチャートで示してあるように、ブレイクアウトしたところでる。ブレイクアウトしたあとの押しで購入する方法もある。3日後には株価は130 1/2ドルまで上がった。

◆エピローグ（4）

　ＤＩＩＧは５２週間の最高値を更新した。次のページのチャートがその後の２日間に起こったことを表している。

エピローグ（5）

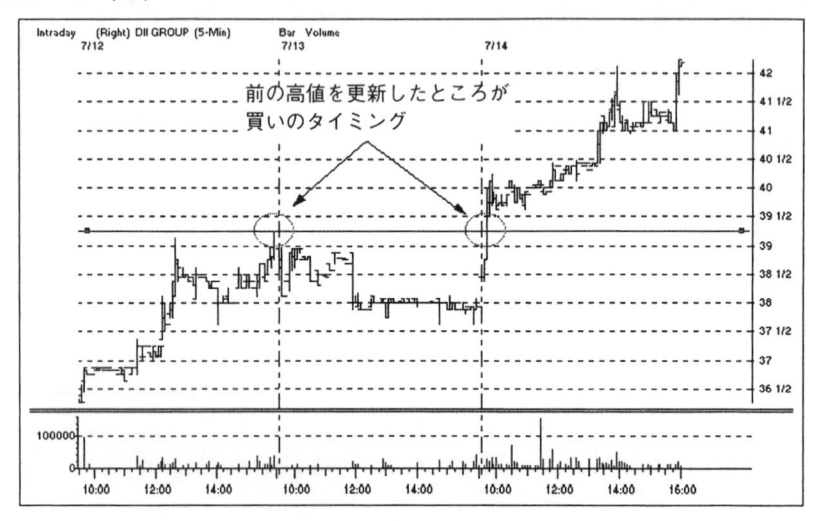

前の高値を更新したところが
買いのタイミング

次の日にＤＩＩＧは前日の最高値であり、５２週間の最高値でもある３９ １/４ドルを超えることはなく、３７ ３/４～３９ドルの間で取引された。
　また、その次の日は、開始から上昇し、３９ １/４ドルを超え４２ ３/８ドルまで値を上げた。このケースではブレイクアウトしたところが、仕掛けのポイントとなる。ＤＩＩＧは上がり続けて、次の日に、４５ドルを付けた。

●

　私の場合、好んで使う２つの戦略がある。支持線と抵抗線を超えたところに仕掛けのポイントを持つことである。プロトレーダーの多くは、前日の高値を更新したところで仕掛けるが……。この本の実践で分かるように、私は、支持線レベルで仕掛けるほうが好きだ。

エピローグ

■お決まりの時間

　寄り付きをトレードするのは常に危険が伴う。しかし昨今のマーケットでは寄り付きの大きな動きが、1日の中の一番大きな動きになっていることが多い。S＆P先物の動きが、マーケット開始の動きを読むのに非常に役に立つ。

　開始から30分は非常に激しく動く。1日の中でのキーポイントは10時～10時半にあると言ってもよい。この時間帯に反転が起こる可能性が高いからだ。寄り付きで仕掛けることができなかったらこの反転を狙っていくことができる。

　もしマーケットが開始の方向性を維持した場合、寄り付きの動きは本物となり、その日は1日中、強いトレンドを形成する。私は普通、10時～11時半に仕掛ける。株価の動きが停滞気味になるランチタイムのときは、イントラデイスキャンで「勝てる可能性の高い銘柄がほかにもないか」を検索している。

　ランチタイムが終わった後、14時～15時に出来高が増えだし株価が動き出す。最後の20分はオーバーナイトポジションを持つかどうかの判断をする時間である。

■ケーススタディー付録

◆エピローグ（６）

　　AMZNは、１９９９年９月２９日に大きく上げた後、続けて３日間下げた。４日目の１０月５日に７５ドルを付けたが、ここが私の狙っていた仕掛けのポイントである。７５ 1/4ドルで購入し、７４ 1/4ドルにストップロスを設定、目標は９０～９５ドルである。

◆エピローグ（7）

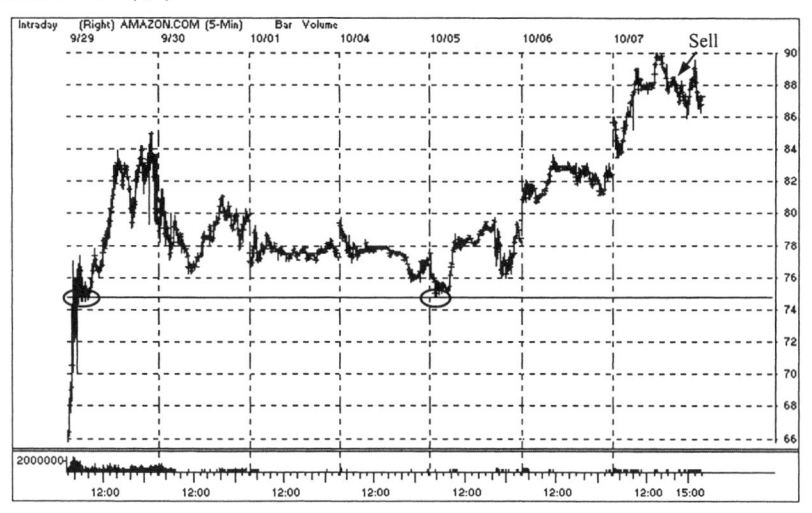

次の2日間でAMZNは90ドルまで上げた後、86 1/8ドルまで戻した。トレイリングストップロスが設定してあったので、88 1/4ドルで脱出できた。
　AMZNが下げた後、また支持線レベルで買うためにISLDを通して86 1/16ドルで注文を入れた。

◆エピローグ（8）

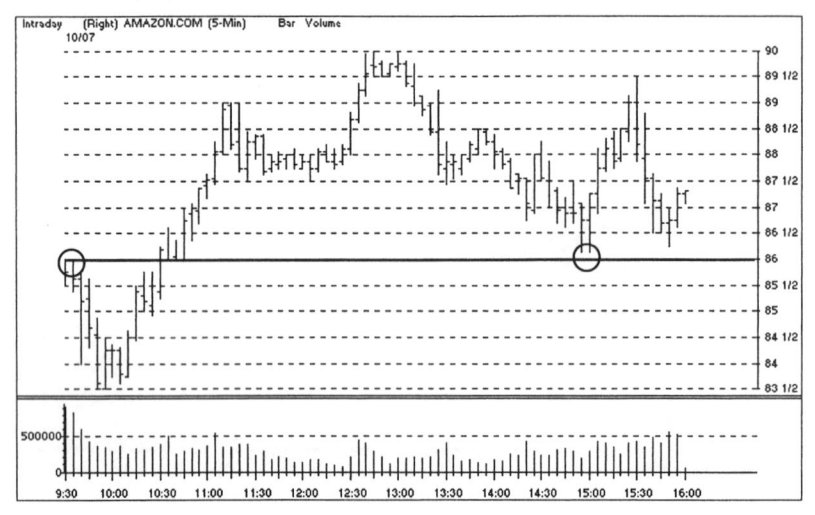

　支持線は86ドルだったが、1/16ドル上で注文を入れた。しかしAMZNは、86 1/8ドルで止まり、その後、86 1/2ドルまで上昇した。86 1/4ドルで注文を入れるべきであった。

◆エピローグ（9）

[チャート: Intraday (Right) AMAZON.COM (5-Min) Bar Volume 10/06-10/07]

　もうひとつの良い仕掛けを紹介しよう。ＡＭＺＮはギャップアップ（上に窓を空けて）で始まり、すぐに昨日の最高値８３ 1/2ドルまで下げた。このケースでは抵抗線が支持線に変わり、そこで反転すると、４０分間で５ 1/2ドルポイントも上げた。最後のＡＭＺＮのケースはブルマーケットで効果的に使う手法の典型である。

　最初、ＡＭＺＮは９月２９日に１８ポイント上げたが、その後の３日間で８ポイント下げた。これは強い銘柄に仕掛けるときの、良いタイミングである。９月２９日の７４～７５ドルの保ち合いが唯一の支持線になっている。そのレベルまで株価が落ちたら、買い得である。これらが、ブルマーケットで私が好んで使う仕掛けのポイントである。

　デイトレードにおける公式は簡単である。良い仕掛けのポイント＝良いトレードである。今回のチャレンジ期間ではベアマーケットが支配していたので、残念ながら、この公式はあまり有効的には使われなかった。

ブルマーケットでの典型的な仕掛けのポイントのもう一つを紹介する。ある銘柄がギャップアップ（上に窓を空けて）で始まり、最初の１５分間に大きく下げた場合、前日の最高値または前日の終値まで下げたところで仕掛ける。その後、始値レベルまで戻し、さらにトレンドが強いときはその後の下げや押しを買っていく。この手法は非常に確率がよい。
　２、３日間上げているか、今日の寄り付きから大きく上げている銘柄は１１時～１３時に急激に下げることがよくある。私は、この下げの後の反転を狙って買うのが好きである。この場合、９時４５分～１０時１５ごろに付けた高値の抵抗線をブレイクしたところで購入する。
　マーケットはサイクルで動くものだ。「どの手法が、今のマーケットに有効なのか」を認識しておく必要がある。このボーナスパックとケーススタディー付録で、私がブルマーケットでどのようにトレードしているか理解していただけたと思う。
　私は、どのようなマーケットの状態の時も基本的には「抵抗線」「支持線」「需要と供給の関係」「欲と恐れ」を考えてトレードするよう、心掛けている。
　このチャレンジ期間でのトレード経験を経て、ブルマーケットでもベアマーケットでも（やるべきではないが、たとえトレンドに逆らってトレードしても）利益を上げることができるのを再確認した。ただ、ひとつ覚えておいてほしい。

「欲はトレードを駄目にする」

補足A

　本書で述べたように、トレードをする前にプランを立てることは非常に重要である。トレードするときは、プランのガイドライン、ルールに従わなければならない。そして、トレード終了後は、必ず、記録をつけてほしい。
　さて、これらの要素をひとつずつ見てみよう。まず、トレードプランには次の項目が含まれなければならない。

①購入価格
②目標価格
③損切りしてもいい金額
④トレードにかける時間
⑤株数

　また、企業の決算発表の日時も把握しておくべきである。
　次に、トレードプランに忠実に従う自己規律が必要だ。そのためにも、トレードを終了したら、そのトレードについて記録を詳しく行ってほしい。「いくらで注文を出したのか」「そのトレードで何を期待したのか、どうして売却したのか」「トレード中に何が起きたのか」「どうして勝てたのか」「どうして負けたのか」などを、漏らすことなく記録するのである。
　トレードを記録して分析することにより、自分の強いところ、弱いところを知ることができる。自分の強いところは、さらに磨きをかけていく。さらに自分のトレード記録を深く分析して、勝ち／負けの割合を出して、私が２６章で載せた成績表を作ってみることだ。
　ほかにも自分のトレードの分析方法はある。今回のチャレンジ期間に私がトレードした銘柄のトレード分析をしてみよう。

◆補足（1）

TICKER	P&L	TICKER	P&L
AAPL	-422..28	**MRVC**	**1,420.74**
ALTR	225.40	MSFT	99.61
AMAT	553.21	MU	597.87
AMBI	486.10	NVLS	75.00
BGEN	39.53	**ORCL**	**2,645.74**
BVSN	766.10	**PHCM**	**1,689.10**
CHKP	-50.57	**PMCS**	**1,492.10**
CIEN	**1,171.65**	~~QCOM~~	**-623.94**
CLRN	389.55	**QQQ**	**8,914.18**
CSCO	**1,078.73**	RMBS	-93.01
INKT	798.78	RSLC	346.01
~~INTC~~	**-754.69**	SUNW	-371.38
JDSU	-265.08	TXN	317.37
JNPR	710.82	VTSS	-581.45
KLAC	**4,625.34**	**WAVX**	**1,863.97**
LOOK	625.06	XLNX	-33.09
LSI	-170.94	XRX	561.69
MOT	-172.99	YHOO	179.47

補足

　左の表は、私がチャレンジ期間にトレードした個別の銘柄の損益表である。見て分かるように、私は３８の異なった銘柄をトレードした。３８銘柄中、２７銘柄で利益を出し、１１銘柄で損を出した。この表から、どの銘柄が一番私の利益に貢献し、どの銘柄で一番損を出したかがすぐに分かる。このデータはウオッチリストの登録銘柄の調整に役立つ。

　表から分かるように、私は２つの銘柄に横線を入れた。ウオッチリストから銘柄をはずすときは２つの条件がある。ひとつは、最も大きく損を出した銘柄、そして、もうひとつは勝ち負けの割合の最も悪いものである。

　なお、ＩＮＴＣをはずした理由は、その月の一番大きな損を出したからである。ＱＣＯＭをはずしたのは、３回のトレードすべてが損を出したからである。

補足 B

　最初はどの銘柄を取引すべきか迷う人も多いと思う。ここでは、ウオッチリストの登録銘柄の選択方法を説明しておく。

　銘柄選択に必要な条件は、まず流動性があること、私の場合１５０万株以上の出来高のある銘柄を選ぶ。次に１％以上の配当金を払っている企業を削除する。それから、株価変化率をみる。株価変化率は月、週、日足で見る。私は値幅の動きが大きい銘柄が好きだ。株価は５０ドル以上のものが多い（もちろん例外もあるが）。

　一度条件を決めたら、自分のコントロールできる範囲で、最低でも５銘柄、多くても４０銘柄ぐらいを自分のウオッチリストに載せ、必要があれば調整していく。私の場合は３０銘柄ぐらい常に登録している。

■私のウオッチリストの銘柄
AAPL、ALTR、AMAT、BVSN、CHKP、CIEN、CSCO、INKT、JDSU、KLAC、LSI、MOT、MSFT、MU、NVLS、ORCL、PHCM、PMCS、RMBS、SUNW、TXN、XRX、YHOO、DIIG

■最近追加した銘柄
VRSN、MRVC、NXTL、CREE、CNXT、RATL

■削除した銘柄
QCOM、INTC、DCLK、NSOL、PCLN、EBAY、CMGI

補足C

　本書では特定のセクターの銘柄を扱うバスケットトレードの長所、短所を取り上げてみたが、以下は私が勢いのあるセクターをトレードする目的のために作った銘柄のバスケットである。

■バイオテクノロジー
IMNX、AMGN、BGEN、MEDI、PDLI

■コンピュータ
DELL、CPQ、SUNW、IBM、HWP、AAPL、GTW、MU

■インターネット
AOL、YHOO、CMGI、DCLK、VRSN、AMZN、RNWK、EBAY、CHKP、INKT、BVSN

■市況産業株
C、DE、F、IP、CHA、AA、UK、UTX、HON、CAT、GT、DOW

■通信
T、WCOM、NT、LU、BEL、NXTL、SBC、PCS、GTE、USW、FON

■ネットワーク
CSCO、NT、LU、COMS、TLAB、CIEN、ADCT、

ADPT、CS、ALA、NN

■石油
HAL、SLB、BHI、RIG、GLM、FLC、TDW、NE、MAVX、CHV、RD

■製薬会社
PFE、AMGN、SGP、LLY、MRK、BMY、ABT、WLA、AHP、JNJ

■証券
SCH、MER、LEH、GS、PWJ、MWD

■航空
AMR、DAL、NWAC、ALK、UAL

■半導体
INTC、AMAT、MOT、MU、KLAC、PMCS、LSI、TXN、ALTR、NVLS、AMD

補足

補足D
リアルタイム及びオーバーナイトスキャン

　この4週間のチャレンジ期間において私が実行したトレードは、ほとんどウォッチリストによるものだった。だが、マーケットの状況によってはでリアルタイムかオーバーナイトスキャンによって、トレード銘柄を探すこともある。特に上昇相場ではそうだ。
　マーケットが閉じていても開いていても、勝つ可能性の高いトレード銘柄の候補をスキャンすることができる。次に挙げるスキャンはマーケットが閉じていても、リアルタイムでも使うことができる。私は銘柄を探すとき、次の基準を見る。

■ボリューム・スパイク・スキャン
　平均出来高が75万株以上で、今日、その平均出来高の1.5倍以上トレードした銘柄をすべて探す。その銘柄は最低で5/8ドルの値動きがあり、株価は40～200ドルの間である。

■ブレイクアウト・スキャン
　平均出来高40万株以上で、今日、その平均出来高の1.7倍以上トレードした銘柄をすべて探す。その銘柄は最低で5/8ドルの値動きがあり、株価は40～200ドルの間である。最後のトレードは4週間の最高値でなければならない。

■プルバック・スイング・トレード
　平均出来高75万株以上で、ここ3日間、連続して下げている銘柄をすべて探す。株価は40～200ドルの間であり、昨日の最安値より高くトレードしていなければならない。

■パワー・スキャン

　平均出来高３５万株以上で、今日、その平均出来高の１.５倍以上トレードした銘柄をすべて探す。その銘柄は最低で5/8ドルの値動きがあり、株価は４０～２００ドルの間である。最後のトレードは、その日のトレード範囲の上部１３％以内でなければならない。

　このスキャンを使えば複数の候補を見つけることができる。だが、これで終わりではない。あなたは、「チャートを研究し、勝つ可能性の高いトレードができるか」を見極めなければならない。すべての候補が「勝つ可能性の高い」とは限らないのである。

　前のページに載せたスキャンの条件は、私の１冊目の著書『ストック・トレーディング・ウィザード』に載せている。スキャンに関する効果的な戦術とソフトを知りたければ、われわれのウェブサイト（※）を訪れてほしい。コンパニオンはだれに対しても開かれていて、ここで紹介されているソフト以外のものでも使える。最新のフォーミュラも載せている。

※http://www.stockjunkie.com/companion.htm

補足

補足 E
レベル II の基礎

　レベル II は個別のナスダック銘柄におけるマーケットメーカー（ナスダックで根付をしている証券会社）のビッド（買値）とオファー（売値）を表示する。どのマーケットメーカーが「いくらで何株購入しようとしているか、または売却しようとしているか」が正確に分かる。下図がレベル II の画面の例である。

◆補足（1）

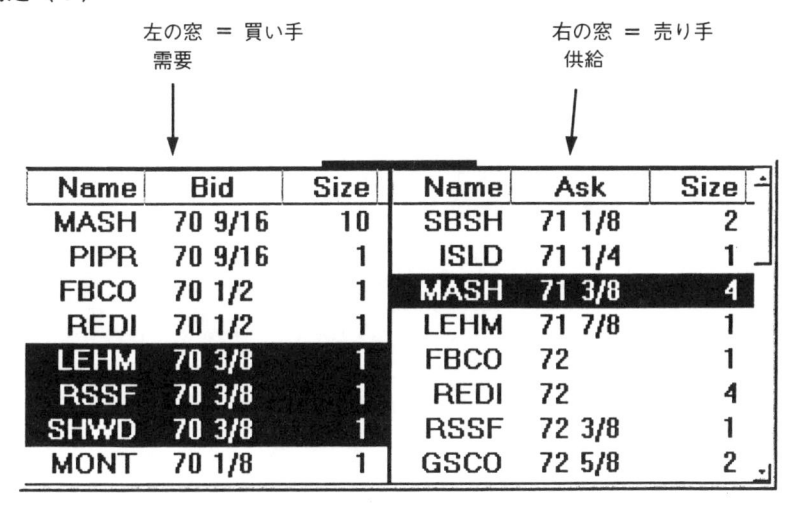

左の窓 ＝ 買い手　　　　　　　　　　　　右の窓 ＝ 売り手
　　　需要　　　　　　　　　　　　　　　　　　供給

Name	Bid	Size	Name	Ask	Size
MASH	70 9/16	10	SBSH	71 1/8	2
PIPR	70 9/16	1	ISLD	71 1/4	1
FBCO	70 1/2	1	MASH	71 3/8	4
REDI	70 1/2	1	LEHM	71 7/8	1
LEHM	70 3/8	1	FBCO	72	1
RSSF	70 3/8	1	REDI	72	4
SHWD	70 3/8	1	RSSF	72 3/8	1
MONT	70 1/8	1	GSCO	72 5/8	2

　レベル II の画面は左と右、2 つの窓に分割されている。各窓には 3 つの欄がある。左の窓はビッド・ウインドウである。そこに並んでいるマーケットメーカーはみんな、その銘柄を購入するためにビッドを出している。右の窓はアスク・ウインドウである。そこに並んでいるマーケットメーカーは皆、その銘柄を売却しようとオファーを出している。

■Name
「Name」はその銘柄を扱っているマーケットメーカーを表す4文字コードである。
■Bid
マーケットメーカーの希望している購入価格である。
■Size
この数字はマーケットメーカーがその価格で何株購入したいかを表す。「Size」は１００株単位で表示されている。よって、Sizeの8は、8×１００＝８００株となる。
■Ask
右の窓も同じような内容を表示するが、Ａｓｋの欄にある価格はビッドではない。マーケットメーカーが売却のために出しているオファーの価格である。

　ＢｉｄとＡｓｋの窓に異なった色の配置があることに気づいたかもしれない。ソフトの設定によって異なるが、これはレベルⅡの色を見やすくするためでしかない（同じ価格レベルにおいてマーケットメーカー／ECNがどれだけいるかを見やすくしている）。

補足 F

日本でダイレクト・アクセス・トレーディングを学べるスクール

◎H.I.S.トレードスクール株式会社
http://www.his-tradeschool.com/
info@his-tradeschool.com
Tel:03-5368-1855　　Fax:03-5368-1866

◎デイトレーディングシステムズ株式会社
http://www.dtsystems.net
info@dtsystems.net
Tel:03-5339-1484　　Fax:03-5339-1485

◎日本デイトレーダー協会
http://www.trade-bay.com/
info@trade-bay.com

用語集

■ARCA
正式名称Archipelago。ＥＣＮのひとつ。

■ＡＸ（アックス）
ある銘柄の売買を最も活発に行っているマーケットメーカー。

■ＥＣＮ
エレクトロニック・コミュニケーションネットワークの略で、個人間取引を素早く実行するシステム。

■ＩＳＬＤ
ＥＣＮの一つ。個人投資家向けで、市場の透明性を売りにしている。

■Real Tick Ⅲ
全米で７割のデイトレーダーが使用していると言われるDAT専用ソフト

■ＳＯＥＳ
スモール・オーダー・エグゼキューション・システムの略で、ナスダックによって提供されている。マーケットメーカーを相手に通常１０００株まで注文を実行できるシステム。

■アスク
売り呼び値。

■アフターアワートレーディング
マーケット終了後の個人間取引。

■アメリカン証券取引所
全米第二の証券取引所と呼ばれている。通称ＡＭＥＸ。

■インサイドオファー
最善の売り気配。インサイドアスクとも言う。

■インサイドビッド
最善の買い気配。

■インデックス
平均株価指数。

■イントラデイ・チャート
１日の間でのチャート。１分足チャートや５分足チャートなどのこと。

■ウォッチリスト
常に観察している銘柄のリスト。

■エントリーポイント
新規の買いもしくは新規の売りのポイント。

■オーバーナイトポジション
現在保持している株をその日のうちに手仕舞いせず、翌日に持ち越すこと、およびその状態を指す。

■オープンポジション
新規で株を購入し保有している状態。

■オプション
将来の一定期日までに、特定価格で売りつけ、買いつける権利。

■ギャップアップ
前日の終値よりも高い値段で寄り付くこと。

■ギャップダウン
前日の終値よりも安い値段で寄り付くこと。

■クロスドマーケット
最善の買値が最善の売値よりも高くなること。

■コンソリデーション
取引がある株価レベルに停滞する揉み合い状態。

■指値注文
値段を指定して売買注文する方法。

■ショート（空売り）
株式の信用取引の売買。株価が下がっているときに、高く売って、安く買い戻して利益を上げる手法。

■スウィング・トレード
２日から数日間株を保持するトレード手法。

■ストップロス
逆指値。

■ストップバイオーダー
買いの逆指値。

■スプレッド
インサイドビッドとインサイドアスクの差。

■セレクトネット
マーケットメーカーやＥＣＮへ直接注文を出す方法。どんな値段でも相手が了承すれば売買が成立する。

■タイム＆セールズ
取引結果。プリントとも言う。

■ダウ
ダウジョーンズ工業株30種平均。

■ダブルトップ
天井を表すチャートパターン。

■ダブルボトム
底を表すチャートパターン。

■ティッカーシンボル
それぞれの銘柄の名称をアルファベットで表したもの。

■デイリーチャート
日足チャート。

■トレーリング・ストップロス
ロスカットポイントを、あらかじめ設定しておいたロスカット幅で自動的に切り上げて行く注文。

■トレンド
株価の動向。

■ナスダック総合指数
NASDAQおよび全米市場システムの全上場銘柄（約5000銘柄）を時価総額加重平均で算出したもの。

■バウンズ
反転すること。

■ビッド
買い呼び値。

■プレマーケット
マーケットオープン前の個人間取引。

■ブル／ベア
ブルは雄牛が頭を突き上げる様をイメージして上昇相場を意味する。ベアは熊が手を振り下ろす様をイメージして下降相場を意味する。

■ブルーチップカンパニー
優良企業。

■プルバック
株価の一時的な押しや戻し。

■ブレイクアウト
抵抗線を強く上抜いて上昇すること。

■ブローカー
ＤＡＴのソフトを供給する証券会社。

■ボラティリティ
株価変化率。

■マーケットメーカー
ナスダックで値付けをしている証券会社。

■マーケットマインダー
銘柄のウォッチリストや、ポジションの状況、注文の状況等がわかるウインドウ。

■レベルⅡ
各銘柄のオーダーを買いと売り、値段別に分け表示される。だれがいくらで何株注文しているかが分かる。

■ロックドマーケット
売値と買値が同じ値段になってしまうこと。

■ロングポジション
新規の買いで株を持つこと。

■支持線
ダウントレンドにある株価で下落の動きが一時的に止まるライン。

■出来高
一定期間内に売買が成立した株数の総計。

■心理ライン
心理的に買いやすかったり売りやすかったりするポイント。例えば0とか5などの株価は心理ラインになることが多い。

■成行注文
値段を指定せずに売買注文をする方法。

■先物
将来の一定期日に取り決めた値段で取引すること。

■損切り
損失を確定すること。

■抵抗線
アップトレンドにある株価で上昇の動きが一時的に止まるライン。

■部分約定
出した注文すべてが約定せずに、分割して約定すること。

■約定
出した注文が実行されること。

■狼狽売り
慌てふためいて持っている株を売る様。

■武蔵
日本人のために開発された日本語DAT専用ソフト。

あとがき
－日本からでもできるデイトレード－

■日本のアメリカ株トレーダー

　本書に書かれているような超短期間でのアメリカ株の売買が、日本でもごく当たり前にできることはあまり知られていない。事実、このような最先端のトレード技法を行う個人の日本人トレーダーは、少なくとも２００人は存在している。方法は後述するとして、個人が直接米国の証券会社に口座を開設することは可能なのだ。関所破りみたいな話だが、まったくの合法なのである。

　１９９９年、レベルⅡもしくはダイレクトアクセスといわれるトレードを米国で学んで以来、私はすっかりこの世界に入り込んでしまった。日本にいながらにして、自宅のパソコンから米国の取引所に注文を出し、瞬時にマイクロソフトの株を１０００株買い、そして、その３分後に売る。そんなことがマウスのワンクリックで可能なのだ。今や、東証で取引されている"漢字社名の銘柄"に違和感を感じるまでになってしまったのだから不思議なものである。

　そんなにアメリカが好きなのかと言われかねないが、好き嫌いで言っているわけではない。アメリカの合理的な制度を利用させてもらっているだけだ。おカネに国境はない、移動にパスポートも必要ない。

■３００万円以上の資金が妥当

　マウスをクリックしただけで数分のうちに何百ドルも稼ぐのを目の当たりにしたら、特にせっかちな若い人にはたまらないはず。パチンコや競馬と同じギャンブルに見えるだろう。しかしトレードの場合、何百万円とい

う資金が必要だ。はっきり言わなければいけない。ここは純粋に資本主義社会だ。資金が無ければ門の中に入れない。差別でも不平等でもない。資金がない人は自分で働いて稼ぐしかない。これは当たり前のことだ。それなのに、「おカネがないけど、どうしたらよいでしょうか」という問合せが多いのには驚いてしまう。

この本に書かれているのは資本主義の最先端の話だ。血も涙もない弱肉強食の世界であることをよく認識していただきたい。キツイ言い方だが、経済的弱者が救いを求める場ではない。真面目にサラリーマンを１０年も勤めれば５００万や１０００万円の蓄えはできるだろう。その資金をスマートに運用したいという人のための解決策のひとつだ。

■規律と知識の世界

「わらをもつかむ」思いかもしれないが、資金がなければ、まず汗して働くのが資本主義の原則である。毎日地道に働くのが辛い、会社で芳しい成果を上げられないなど、"逃げ"の理由でトレードを始めてもすぐに挫折するに違いない。何だかんだ言っても日本の会社はやさしいからだ。普通、失敗しても給料はもらえる。「給料返せ」とイヤミを言う上司のひとりや２人いるかもしれないが、給料を返すようなことはない。

ところが、である。株式投資（＝トレード）では失敗すれば、当然、損失を被るのだ。「ちょっと待った」と言っても、絶対に待ってもらえない。「今度から気をつけます」と謝ってもだめだ。血も涙もない冷酷な世界なのである。自分を厳しく律し、スマートに抜け目なく資金を動かせる知識が必要となる。

そして、超短期の売買を行う場合、この規律と知識の重要度が大きくなる。それは長期売買の比ではない。切れが必要になるからだ。普通に人がやってのける仕事ができなくなった結果の"救いの道"として考えるべき場ではない。

あとがき

■リスク低減のための地道でまじめな手法

　場合によっては数日間株を保有する場合もあるが、私はあまり好きではない。恐ろしくて耐えられないのだ。夜もろくに眠れなくなり、うなされて夜中に目がさめてしまうこともたびたびある。一度緻密なトレードを経験すると、何日も何カ月も保有する方法（専用ソフトを使った超短期売買を知るまでは平気だったのに）は大雑把な振る舞いに思えてくるのだ。
　下記のように、たとえば短期トレードでは、トレードプランを作成し、そのとおりに実行する。銘柄を決め、チャートからタイミングを決める。

「午前１１時過ぎまでに、２４ドルをサポートレベルとする『L字パターン形成』を確認し、２４ドルのブレイクで空売りをする。利益目標は株価の２％に相当する０.４８ドル、損切りは２４.２５ドルを超えた点など」

　これらのプランを過去の経験則から作成するのだ。逆の言い方をすればプランが作成できるところでトレードする。勝てそうなところで瞬時に利益を確定して勝ち逃げするという卑怯な戦法を行うのである。２％という利幅は時間効率で考えると、確かに"とてつもなく大きい"。が、１日の変化の中から"ほんの一部"をいただくだけでもある。私にとって、たとえば３００万円の２％、つまり６万円をこの１回のトレードで稼ぐというのはかなり高い確率で実行可能だ。しかもこの６万円の稼ぎは十分過ぎる金額と感じることができる。この１回のトレードを成功させれば満足してこの日の仕事を終わりにできる。
　１年後に株価が倍になることを夢見て待つか、目前の利益を確実に頂くか。長期投資を経験した方なら、１年後の株価の予測が不可能なことは、十分にご理解いただけるだろう。一般にデイトレードはハイリスクで危険な手法と思われている。だが、予測不可能な要素がないことを考えれば、逆にリスクを低減できるといえるのだ。毎日、地道に稼ぐデイトレードは、実は、堅実な手法なのである。

［図表：i2 Technologies, Inc. (NM), 5 minute チャート。「U字パターンでさらに下落が予測できる。時間を考慮にいれる。」「2％の利益」05-29 Tuesday］

　上の図表のように、株価が上がっていようが、下がっていようが（空売りという"なじみのない方法"を例にしてしまったが）私には関係なく変化こそがチャンスとなる。先にも触れたように、「その先がどうなるか」を過去のパターンから類推できる場合にだけトレードするからだ。「どうなるか」を判断する知識と、妥当なときだけ行動する規律がこの種のトレードでは重要になる。

■確実な利益確定と損切り

　超短期売買において重要な概念が、この「確実な利益確定と損切り」だ。単純に文章で書いてもその重要さは読者には伝わらないだろうが、本書を読めばそれも理解できると思う。
　先ほどの例のように"先が読める部分だけ"で勝負する。３００万円の資金の１％でも３万円の利益となる。これを確実に頂く。
　普通の勤め人が３００万円蓄えるのにどれだけの苦労が必要だろうか。おそらく「外食を控える」「小遣いを削る」など、我慢を重ねた結果が３

００万円というカタチになるのだろう。だが、そんな"我慢の結果"が今度は自らおカネを稼いでくれるのだから、これは嬉しい話とも言える。

数分のトレードで３万円＝１％の稼ぎというのは、もちろん、ただごとではない。だから、もしこのようなチャンスが１０日に１回しか捕まえられないとしても私は愚痴の一つもこぼさず我慢したい。自分の持っている常識的な金銭感覚を失わないよう気をつけたいのだ。

満を持して出撃したが思惑とは逆に株価が動き、資金がマイナスとなることもある。絶対にある、これほど確かなことはない。そのときに「途方にくれて眺めている」「ひたすら回復を祈り念じる」などのいろいろな対処方法があるが、損切りが最も有効な対処方法となる。

■トレードと武道

剣道、もっとさかのぼれば日本の武道で最も栄えた剣術には、極めて現実的な目的があった。それは「時代を生きる」ことである。そして、生きるために必要なのが「強くなる」ことだった。己の技を磨かねば職も食も得られない、己の技を昇華させねば、身を守ることさえできない「武力」の時代。「強くなる」ことが、そのまま、時代を「生き抜く」ことにつながったからだ。

トレードにも極めて現実的な目的がある。それは、自分のおカネを稼ぐことだ。そして、この「稼ぐ」を実現するに当たって頼りになるのは、トレーダー自身の「トレード技術」なのである。この技術が未熟であれば、トレードの世界を「生き抜く」ことはできない。

私自身、武道の心得はない。だが、トレードと武道は同じ性質を持っていると思っている。「己の技が己を救う」点を両者が宿しているからだ。「技こそ命」であることを考えた場合、トレードは「資本主義社会における剣術」といっても過言ではなかろう。

短期売買の勝負はゼロサムゲーム。勝者の影には必ず敗者がいる。俗っぽい言い方をすれば、勝者が敗者の資本を奪うのである（米株トレードの場合、その相手が、日本株の場合とは異なってくるのだが）。

条件反射的に最良のトレード判断ができるようになるには、剣術の稽古同様、繰り返しの訓練が必要だ。そして誘惑に負けない強い意志と、規律、潔さも不可欠だ。剣術同様、トレードにも心理（精神）面と技術面の両方が重要なのである。
　トレード技術は剣術の型のようなものだろう。基本の型は、効率よく剣と体を運べるように工夫されているに違いない。無理やり異なる型を組み合わせても思うようにいかないのであろう。トレードにおいて、超短期手法とその他を混在させれば危険になるのと同じだ。いずれ「トレード道何々流」などの流派が出てくるのかもしれない。
　米株の高速な超短期売買を行うにあたり、スクール、講習会参加は必須ではないが不要でもない。まず原理原則（基本の型）を学ぶのが無難だと思うからだ。初めに方向性を間違わないようにきちんとした基礎を学びたい。

■超短期売買に必要な専用ソフト

　オンライントレードの先端を行く超短期売買を行うには、一般のブラウザーを使用するトレードでは間に合わない。必要な情報量が圧倒的に多く、しかもスピードの早い専用のソフトが必要になる。最近では日本株でも専用ソフトを使用したオンライントレードが出始めた。だが、それとは次元が異なるといってもいい。
　専用ソフトの中核となる機能が図のレベルⅡ画面だ。すべての買い（BID）、売り（ASK）情報や取引結果がリアルタイムで表示される。図の例はワールドコムという銘柄のレベルⅡ情報だ。指値の確認、注文経路の確認（この自由度がダイレクトアクセスの由縁でもある）、株数の確認ができる。後は「買い」のボタンをクリックするだけでよい。画面が動いている状態をお見せできないのが残念だが、慣れないと気分が悪くなるくらいの速度で動く。

送られた注文の確認、状態は次項の図ような管理画面で見ることができる。メッセージもほとんど日本語で表示されるので違和感はない。当日の全取引情報の記録、現在所有しているポジションの損益などリアルタイムで表示される。

アカウントマネージャー									

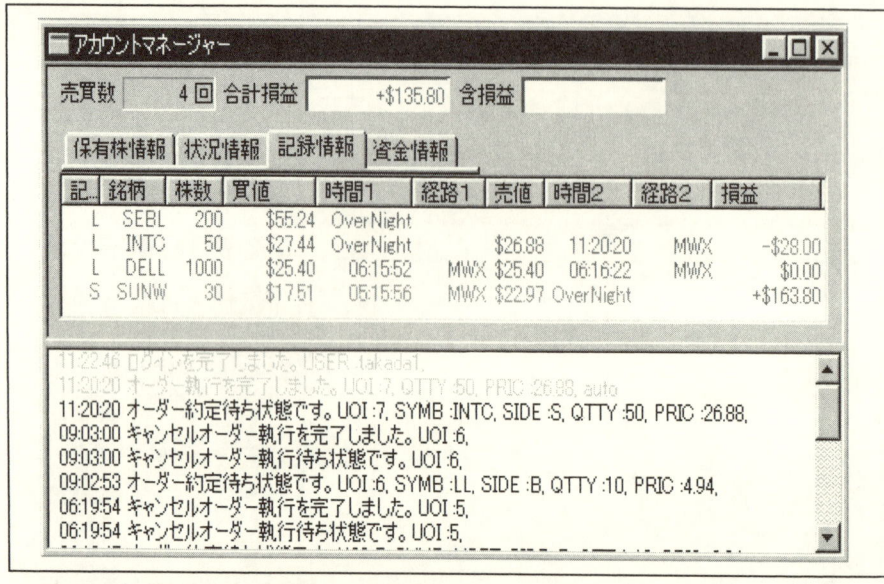

売買数　4回　合計損益　+$135.80　含損益

|保有株情報|状況情報|記録情報|資金情報|

記	銘柄	株数	買値	時間1	経路1	売値	時間2	経路2	損益
L	SEBL	200	$55.24	OverNight					
L	INTC	50	$27.44	OverNight		$26.88	11:20:20	MWX	-$28.00
L	DELL	1000	$25.40	06:15:52	MWX	$25.40	06:16:22	MWX	$0.00
S	SUNW	30	$17.51	05:15:56	MWX	$22.97	OverNight		+$163.80

```
11:22:46 ログインを完了しました。USER :takada1,
11:20:20 オーダー執行を完了しました。UOI :7, QTTY :50, PRIC :26.88, auto
11:20:20 オーダー約定待ち状態です。UOI :7, SYMB :INTC, SIDE :S, QTTY :50, PRIC :26.88,
09:03:00 キャンセルオーダー執行を完了しました。UOI :6,
09:03:00 キャンセルオーダー執行待ち状態です。UOI :6,
09:02:53 オーダー約定待ち状態です。UOI :6, SYMB :LL, SIDE :B, QTTY :10, PRIC :4.94,
06:19:54 キャンセルオーダー執行を完了しました。UOI :5,
06:19:54 キャンセルオーダー執行待ち状態です。UOI :5,
```

　このようなソフトを使用して米株トレードを行うには専門の証券会社に口座開設を行い、口座にあらかじめ資金を入れて売買を行うことになる。

デイトレーディングシステムズ株式会社
代表取締役社長　高田康行
http://dtsystems.net/
tel: 03-5339-1484

■著者
トニー・オズ（Tony Oz）
ダイレクト・アクセス・トレーディングの「神様」と呼ばれるデイトレーダー。2300人が参加した、権威ある全米クラシック・ヘッジホッグ・ストック・ピッキング大会で"3回連続優勝"を果たしことで有名である。国際的にも有名な「デイトレーダーズU.S.A」の設立者のひとりでもあるトニー・オズは、トレードの会議および集会にも参加し人気を集めている。ニューヨークのセミナーでは、2日間で1200人を集めるなど、デイトレーダー羨望の的となっている（2001年の8月下旬から9月上旬にかけて、日本でもセミナーを実施）。多くのトレード参考書とマーケット分析に関する著書がある。

■訳者
林　芳夫（はやし　よしお）
慶應義塾大学、ブリグハムヤング大学卒。現在、H.I.S.トレードスクール代表

THE STOCK TRADER
HOW I MAKE A LIVING TRADING STOCKS
Copyright ⓒ 2000 by Tony Oz.
Translation Copyright ⓒ 2001 by Yoshio Hayasi
Japanese translation published by arrangement with H.I.S Trade School

```
2001年9月10日　初版第1刷発行
2002年4月21日　　　第2刷発行
2004年9月21日　　　第3刷発行
2006年9月 1日　　　第4刷発行
2015年5月 1日　　　第5刷発行
```

ウィザードブックシリーズ⑳

オズの実践トレード日誌
全米ナンバー1デイトレーダーの記録公開

著　者　　トニー・オズ
訳　者　　林　芳夫
発行者　　後藤康徳
発行所　　パンローリング株式会社
　　　　　〒160-0023　東京都新宿区西新宿7-9-18-6F
　　　　　TEL 03-5386-7391　FAX 03-5386-7393
　　　　　http://www.panrolling.com/
　　　　　E-mail　info@panrolling.com
編　集　　エフ・ジー・アイ合資会社　湘南支社
装　丁　　Cue graphic studio　TEL　03-5300-1755
印刷・製本　株式会社シナノ

ISBN978-4-939103-42-1

落丁・乱丁本はお取り替えします。
また、本書の全部、または一部を複写・複製・転訳載、および磁気・光記録媒体に
入力することなどは、著作権法上の例外を除き禁じられています。

©Hayashi Yoshio 2001　Printed in Japan

デーブ・ランドリー

TradingMaekets.com の共同設立者兼定期寄稿者。ルイジアナ大学でコンピューターサイエンスの理学士、南ミシシッピ大学で MBA を修得。コナーズに才能を見出され、独自に考案したトレーディング法で成功を収める。公認CTAのセンシティブ・トレーディングやヘッジファンドのハーベスト・キャピタル・マネジメントの代表で、2/20EMAブレイクアウトシステムなど多くのトレーディングシステムを開発。

コナーズの部下

ウィザードブックシリーズ190

裁量トレーダーの心得 初心者編

システムトレードを捨てた コンピューター博士の株式順張り戦略

定価 本体4,800円+税　ISBN:9784775971574

**PC全盛時代に勝つ方法!
PCの魔術師だからこそ分かった
「裁量トレード時代の到来」!**

相場が本当はどのように動いているのか、そして、思いもよらないほど冷酷なマーケットで成功するために何が必要か。

ウィザードブックシリーズ193

裁量トレーダーの心得 スイングトレード編

押しや戻りで仕掛ける高勝率戦略の奥義

定価 本体4,800円+税　ISBN:9784775971611

**高勝率パターン満載!
思いがけないことはトレンドの方向に起こる!**

トレンドの確定方法を伝授し、正しい銘柄選択と資金管理を実行すれば、スイングトレードの神様が降臨してくれる!?

ジャック・D・シュワッガー

現在、マサチューセッツ州にあるマーケット・ウィザーズ・ファンドとLLCの代表を務める。著書にはベストセラーとなった『マーケットの魔術師』『新マーケットの魔術師』『マーケットの魔術師[株式編]』(パンローリング)がある。
また、セミナーでの講演も精力的にこなしている。

ウィザードブックシリーズ19
マーケットの魔術師
米トップトレーダーが語る成功の秘訣

定価 本体2,800円+税　ISBN:9784939103407

トレード界の「ドリームチーム」が勢ぞろい
世界中から絶賛されたあの名著が新装版で復刻!
投資を極めたウィザードたちの珠玉のインタビュー集!
今や伝説となった、リチャード・デニス、トム・ボールドウィン、マイケル・マーカス、ブルース・コフナー、ウィリアム・オニール、ポール・チューダー・ジョーンズ、エド・スィコータ、ジム・ロジャーズ、マーティン・シュワルツなど。

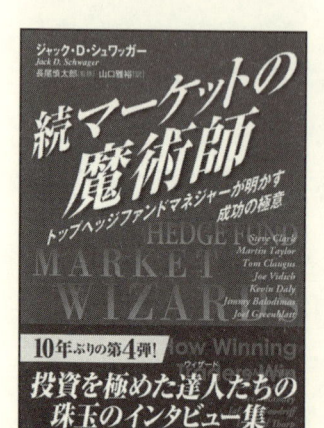

ウィザードブックシリーズ201
続マーケットの魔術師
トップヘッジファンドマネジャーが明かす成功の極意

定価 本体2,800円+税　ISBN:9784775971680

『マーケットの魔術師』シリーズ
10年ぶりの第4弾!
先端トレーディング技術と箴言が満載。「驚異の一貫性を誇る」これから伝説になる人、伝説になっている人のインタビュー集。マーケットの先達から学ぶべき重要な教訓を40にまとめ上げた。

ウィザードブックシリーズ 13
新マーケットの魔術師

定価 本体2,800円+税　ISBN:9784939103346

知られざる"ソロス級トレーダー"たちが、率直に公開する成功へのノウハウとその秘訣

投資で成功するにはどうすればいいのかを中心に構成されている世界のトップ・トレーダーたちのインタビュー集。17人のスーパー・トレーダーたちが洞察に富んだ示唆で、あなたの投資の手助けをしてくれることであろう。

ウィザードブックシリーズ 66
シュワッガーのテクニカル分析
初心者にも分かる実践チャート入門

定価 本体2,900円+税　ISBN:9784775970270

シュワッガーが、これから投資を始める人や投資手法を立て直したい人のために書き下ろした実践チャート入門。
チャート・パターンの見方、テクニカル指数の計算法から読み方、自分だけのトレーディング・システムの構築方法、ソフトウェアの購入基準、さらに投資家の心理まで、投資に必要なすべてを網羅した1冊。

ウィザードブックシリーズ 208
シュワッガーのマーケット教室
なぜ人はダーツを投げるサルに投資の成績で勝てないのか

定価 本体2,800円+税　ISBN:9784775971758

一般投資家は「マーケットの常識」を信じて多くの間違いを犯す

シュワッガーは単に幻想を打ち砕くだけでなく、非常に多くの仕事をしている。伝統的投資から代替投資まで、現実の投資における洞察や手引きについて、彼は再考を迫る。本書はあらゆるレベルの投資家やトレーダーにとって、現実の市場で欠かせない知恵や投資手法の貴重な情報源となるであろう。

マーク・ダグラス

シカゴのトレーダー育成機関であるトレーディング・ビヘイビアー・ダイナミクス社の社長を務める。商品取引のブローカーでもあったダグラスは、自らの苦いトレード経験と多数のトレーダーの間接的な経験を踏まえて、トレードで成功できない原因とその克服策を提示している。最近では大手商品取引会社やブローカー向けに、本書で分析されたテーマやトレード手法に関するセミナーや勉強会を数多く主催している。

ウィザードブックシリーズ32
ゾーン 勝つ相場心理学入門

定価 本体2,800円+税　ISBN:9784939103575

「ゾーン」に達した者が勝つ投資家になる!

恐怖心ゼロ、悩みゼロで、結果は気にせず、淡々と直感的に行動し、反応し、ただその瞬間に「するだけ」の境地…すなわちそれが「ゾーン」である。
「ゾーン」へたどり着く方法とは?
約20年間にわたって、多くのトレーダーたちが自信、規律、そして一貫性を習得するために、必要で、勝つ姿勢を教授し、育成支援してきた著者が究極の相場心理を伝授する!

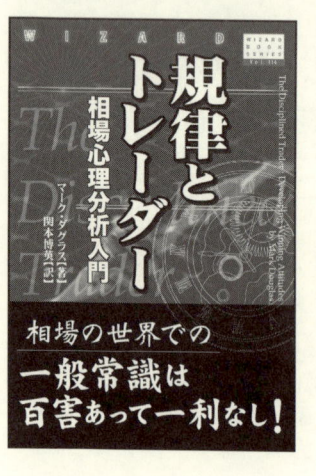

ウィザードブックシリーズ114
規律とトレーダー 相場心理分析入門

定価 本体2,800円+税　ISBN:9784775970805

トレーディングは心の問題であると悟った投資家・トレーダーたち、必携の書籍!

相場の世界での一般常識は百害あって一利なし!
常識を捨てろ!手法や戦略よりも規律と心を磨け!
本書を読めば、マーケットのあらゆる局面と利益機会に対応できる正しい心構えを学ぶことができる。

マーク・ダグラスのセミナーDVDが登場!!

DVD「ゾーン」プロトレーダー思考養成講座

定価 本体38,000円+税　ISBN:9784775964163

トレードの成功は手法や戦略よりも、心のあり方によって決まる──

ベストセラー『ゾーン』を書いたマーク・ダグラスによる6時間弱の授業を受けたあとは安定的に利益をあげるプロの思考と習慣を学ぶことができるだろう。

こんな人にお薦め

◆ 安定的な利益をあげるプロトレーダーに共通する思考に興味がある
◆ 1回の勝ちトレードに気をとられて、大きく負けたことがある
◆ トレードに感情が伴い、一喜一憂したり恐怖心や自己嫌悪がつきまとう
◆ そこそこ利益を出していて、さらに向上するために
　ご自身のトレードと向き合いたい
◆ マーク・ダグラス氏の本を読み、トレード心理学に興味がある

DVD収録内容

1. 姿勢に関する質問
2. トレードスキル
3. 価格を動かす原動力
4. テクニカル分析の特徴
5. 数学と値動きの関係
6. 自信と恐れの力学
7. プロの考え方ができるようになる

購入者特典 1

書き込んで実践できるあなただけのトレード日誌
付属資料
※画像はイメージです
約180ページ

購入者特典 2

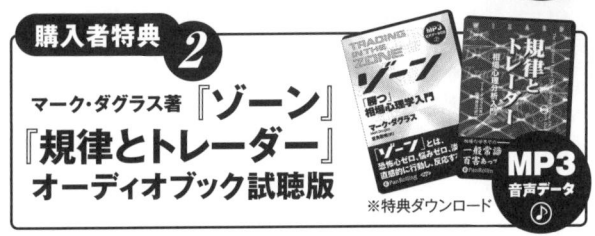

マーク・ダグラス著『ゾーン』『規律とトレーダー』オーディオブック試聴版
※特典ダウンロード
MP3音声データ

◀ サンプル映像をご覧いただけます
http://www.tradersshop.com/bin/showprod?c=9784775964163

アレキサンダー・エルダー

ウィザードブックシリーズ9
投資苑
心理・戦略・資金管理

定価 本体5,800円+税　ISBN:9784939103285

現在 15刷

世界12カ国語に翻訳され、各国で超ロングセラー!
精神分析医がプロのトレーダーになって書いた心理学的アプローチ相場本の決定版!成功するトレーディングには3つのM(マインド、メソッド、マネー)が肝心。投資苑シリーズ第一弾。

ウィザードブックシリーズ50
投資苑がわかる203問

定価 本体2,800円+税　ISBN:9784775970119

ウィザードブックシリーズ56
投資苑2

定価 本体5,800円+税　ISBN:9784775970171

ウィザードブックシリーズ120
投資苑3

定価 本体7,800円+税　ISBN:9784775970867

ウィザードブックシリーズ57
投資苑2 Q&A

定価 本体2,800円+税　ISBN:9784775970188

ウィザードブックシリーズ121
投資苑3　スタディガイド

定価 本体2,800円+税　ISBN:9784775970874

ウィザードブックシリーズ194
利食いと損切りのテクニック
トレード心理学とリスク管理を融合した実践的手法

定価 本体3,800円+税　ISBN:9784775971628

自分の「売り時」を知る、それが本当のプロだ!
「売り」を熟知することがトレード上達の秘訣。
出口戦術と空売りを極めよう!
『投資苑』シリーズでも紹介されている要素をピンポイントに解説。多くの事例が掲載されており、視点を変え、あまり一般的に語られることのないテーマに焦点を当てている。

アル・ブルックス

1950年生まれ。医学博士で、フルタイムの個人トレーダーとして約20数年の経験を持つ。ニューイングランド地方の労働者階級出身で、トリニティ大学で数学の理学士号を修得。卒業後、シカゴ大学プリッツカー医科大学院に進学、ロサンゼルスで約10年間眼科医を開業していた。その後、独立したデイトレーダーとしても活躍。

ウィザードブックシリーズ 206
プライスアクショントレード入門
足1本ごとのテクニカル分析とチャートの読み方

定価 本体5,800円+税　ISBN:9784775971734

指標を捨てて、価格変動と足の動きだけに注視せよ

単純さこそが安定的利益の根源！ 複雑に組み合わされたテクニックに困惑する前に、シンプルで利益に直結するチャートパターンを習得しよう。トレンドラインとトレンドチャネルライン、前の高値や前の安値の読み方、ブレイクアウトのダマシ、ローソク足の実体やヒゲの長短など、相場歴20年のトレーダーが体得した価格チャートの読み方を学べば、マーケットがリアルタイムに語りかけてくる仕掛けと手仕舞いのポイントに気づくことができるだろう。

ウィザードブックシリーズ 209
プライスアクションとローソク足の法則
足1本の動きから隠れていたパターンが見えてくる

定価 本体5,800円+税　ISBN:9784775971734

プライスアクションを極めれば、隠れたパターンが見えてくる！

トレードは多くの報酬が期待できる仕事だが、勤勉さと絶対的な規律が求められる厳しい世界である。成功を手にするためには、自分のルールに従い、感情を排除し、最高のトレードだけを待ち続ける忍耐力が必要だ。

関連書

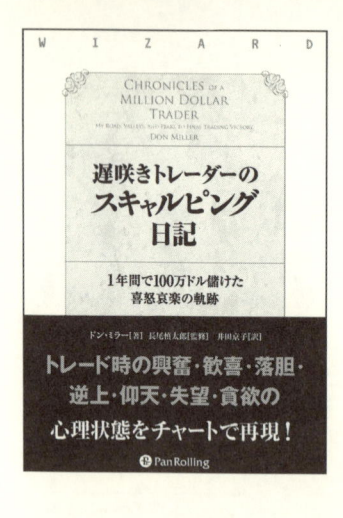

ウィザードブックシリーズ225
遅咲きトレーダーのスキャルピング日記
1年間で100万ドル儲けた喜怒哀楽の軌跡

ドン・ミラー【著】

定価 本体3,800円+税　ISBN:9784775971925

トレード時の興奮・歓喜・落胆・逆上・仰天・失望・貪欲の心理状態をチャートで再現 100万回間違えて、100万ドルを達成した本当のプロ！

あるトレード戦略は、つもり売買ではいつも素晴らしいものに見える。しかし、実際にトレードしてみると、マーケットの混沌や人間の予測不可能な行動によって、最高のはずだった戦略でさえ効果が上がらないことも多い。トレードは、実際に自分のお金を賭けてプレッシャーにさらされると、大変難しいものになるという厳しい現実を、すべてのトレーダーは知ることになる。

ウィザードブックシリーズ223
出来高・価格分析の完全ガイド
100年以上不変の「市場の内側」をトレードに生かす

アナ・クーリング【著】

定価 本体3,800円+税　ISBN:9784775971918

FXトレーダーとしての成功への第一歩は出来高だった！

本書には、あなたのトレードにVPA Volume Price Analysis（出来高・価格分析）を適用するために知らなければならないことがすべて書かれている。それぞれの章は前の章を踏まえて成り立つものだ。価格と出来高の原理に始まり、そのあと簡単な例を使って2つを1つにまとめる。本書を読み込んでいくと、突然、VPAがあなたに伝えようとする本質を理解できるようになる。それは市場や時間枠を超えた普遍的なものだ。